ENERGY REVOLUTION AND GREEN DEVELOPMENT:

能源革命与绿色发展

理论阐发和中国实践

Theoretical Elucidation and Chinese Practice

许广月　等◎著

国家社会科学规划青年项目（17CJL014）
中国博士后特别资助项目（2017T100525）
全国统计科学研究项目（2016LY33）
河南省政府决策研究招标课题（2017B104）
河南省科技厅软科学项目（172400410235）
河南省高等院校重点科研项目（18A790011）
河南省高等学校青年骨干教师培养计划
河南大学民生学院教改项目（MSJG2015021）

中国经济出版社
CHINA ECONOMIC PUBLISHING HOUSE
北　京

图书在版编目（CIP）数据

能源革命与绿色发展：理论阐发和中国实践 / 许广月等著.
—北京：中国经济出版社，2018. 8
ISBN 978-7-5136-5105-9
Ⅰ. ①能… Ⅱ. ①许… Ⅲ. ①能源经济—研究—中国 Ⅳ. ①F426. 2
中国版本图书馆 CIP 数据核字（2018）第 038325 号

责任编辑　张利影
责任印制　巢新强
封面设计　华子图文

出版发行　中国经济出版社
印 刷 者　北京力信诚印刷有限公司
经 销 者　各地新华书店
开　　本　710mm×1000mm　1/16
印　　张　21. 5
字　　数　330 千字
版　　次　2018 年 8 月第 1 版
印　　次　2018 年 8 月第 1 次
定　　价　58. 00 元
广告经营许可证　京西工商广字第 8179 号

中国经济出版社 **网址** www. economyph. com **社址** 北京市西城区百万庄北街 3 号 **邮编** 100037
本版图书如存在印装质量问题，请与本社发行中心联系调换（联系电话：010-68330607）

序　言

党的十九大报告指出："中国特色社会主义进入新时代，我国社会主要矛盾已经转化为人民日益增长的美好生活需要和不平衡不充分的发展之间的矛盾。"这一新矛盾对我国处理人与自然之间的关系提出了更高要求。

人与自然的关系紧张等问题，成为制约我国经济社会发展中的重要因素。因此，人们对美好环境的渴求成为我国全面建成小康社会和实现人与自然平衡发展的内涵要求。实现人与自然和谐相处，既是新时代中国解决新的主要矛盾的必然选择，也是中国绿色发展的主要宗旨，更是实现美丽中国宏伟目标的本质体现，同时也是确保中国可持续发展的前提条件。这是被发达国家的发展经验和发展中国家正在进行的发展实践证明了的真理。因此，找准人与自然和谐共生的战略突破口，成为学术界研究的基本任务。

在这一前提下，中国对此进行了深入的探索，将能源革命和绿色发展上升到国家战略层面，作为国家经济社会发展的指导思想，通过推进能源革命，助推绿色发展。

本书通过剖析绿色发展中非绿色的根源性因素——能源，从能源作为工业化之母的前提性作用和能源消费，特别是化石能源的消费带来的负外部性等角度，建立了推进中国能源革命的理论基础，借此打通由能源革命促进绿色发展的关联通道。基于此，以能源革命的五大内涵为切入点，详细分析了能源革命对绿色发展影响的机制、路径、体制与政策等，以及中国此举对世界经济绿色转型的重要影响。随后，论证了在此过程中污染排放遵循的峰值演变规律，并且分析了中原经济区在能源革命促进下和绿色发展进程中二氧化碳排放达峰的基本情况，以及开封市城镇家庭低碳生活方式的构建等基本内容。

综上所述，本书具有以下鲜明特色：一是站在时代高度重新审视能源问题和经济发展方式转变的问题。我们所处的时代决定了我们要研究的课题，也决定了我们要研究的内容。中国经历了从站起来到富起来再到强起来的转变历程，在新时代，人们对清洁环境的渴求构成时代的主题之一。因此，我们对此进行研究，以期促进对绿色发展认识的不断深化。二是本书采用理论和实践相结合的方式，分析能源革命和绿色发展问题，并从实践层面深入地分析中国通过推动能源革命加快绿色发展进程的机理。这种理论与实践相结合的分析方法赋予本书既有理论高度又有“立地”的实践深度。三是从能源领域切入思考中国绿色发展可行性的问题。

本书系统地剖析了以能源革命推动绿色发展的理论和实践机制，从而为国家深入全面地推进能源革命和布局绿色发展提供了重要理论支撑。这为认识经济发展方式的深刻转变提供了又一个窗口，进而为国家相关部门在更大程度上和范围内推动能源革命和绿色发展提供了坚实的基础，同时也为学术界廓清相关理论提供了学理依据。

在写作过程中我们深知“学海无涯”，通过本书的写作，我们进一步明晰了研究的方向，更加深刻认识到，我们的研究还需要进一步提升，研究方法还需要进一步改进，研究质量还需要不断提高。这就促使我们要以更加紧迫的使命感，尽绵薄之力，继续进行深入研究。

希望以此为激励，以“见贤思齐”为学术追求的精神，以“三人行，必有我师”为科研的动力，取得更大的学术成就，不辜负这美好的时代和我们的初心！

许广月

于美国北卡罗来纳大学夏洛特分校

当地时间：2018 年 2 月 9 日

前　言

探讨人与自然之间关系的问题一直以来都是社会科学重要的主题，特别是作为显学的经济学学科，更是把研究人与自然之间和谐相处看作一项主要的内容。经济学是以资源配置为研究对象的学科，这里的资源包括自然资源和人造资源两大类。因此，从内容上来看，经济学在经济社会中主要处理两大关系。一是人与人之间的关系，二是人与自然之间的关系。在人与人之间的关系方面，取得了很多研究成果，也形成了众多学说和流派。相对而言，在研究人与自然关系方面，起步较晚，研究成果还不太丰富。随着可持续发展理念的深入人心，对人与自然之间关系的研究成为主流，在经济学科中实现了从隐性到显性的转变，其内容在经济学各大分支如发展经济学，人口、资源与环境经济学，区域经济学，产业经济学等中均有体现。这种转变凸显了解决人与自然发展不平衡不协调问题成为时代的需求，成为人们的期盼和国家的战略选择。这既是发达国家过去经验的教训所得，更是发展中国家目前经济社会发展方式转变的迫切需要。

为此，我们从造成人与自然关系紧张的根本原因出发，从能源角度探索通过推动能源革命促进绿色发展，进而能够有效地解决可持续发展问题的路径与方向。同时，根据中国推进能源革命和绿色发展的国家和地方实践经验，对此探讨了其路径的必要性和可行性问题。围绕这些问题，本书按照理论阐发与中国实践的架构，章节安排如下：

第一章从学理上分析了人类进行能源革命的起源性问题。就本质要义而言，能源具有工业化之母的前提性作用。工业化作为推动人类社会发展的重要力量，在近现代世界历史中扮演着重要角色。但从能源角度来看，无论哪一次工业革命都离不开能源的支撑。在煤炭时代、油气时代，世界发生了第一次工业革命和第二次工业革命。因此，可以判断能源是发生工业革命的前提条件。但是，能源特别是化石能源是可耗竭的，且会产生严重的环境问题，成为制约经济社会发展的因素之一。因此，通过推动能源革命，可以促进人类社会诸多能源和环境问题的解决。

第二章重点对能源革命的内涵进行了探讨。以能源革命发生的历史进程为切入点，通过分析能源革命的发展，剖析了能源革命的本质，即能源革命是能源品种或种类之间的替代。前两次能源革命发生在化石能源之间，第三次能源革命则是非化石能源对化石能源的替代，这种替代性具有主导性、核心技术性、层次性、兼顾性等不同性质。因此，各国应该根据自身实际情况选择不同形式的能源革命模式。中国推动能源革命的过程需要从一个相对引领到绝对引领的转换，当非化石能源消费占比达到50%或以上时，中国已基本完成了能源革命。

第三章到第七章重点阐述了能源革命对中国绿色发展影响的机制、路径与对策。第三章论述了能源消费革命与中国绿色发展的关系。由于过度消费以煤炭为主体的化石能源，环境污染日益严重。因此，通过能源消费革命，加快调整能源结构从化石能源向非化石能源的转变，成为提高绿色发展水平的关键。第四章则从能源生产层面论述了能源生产革命为绿色发展提供绿色动能基础。如果能源消费革命是中国绿色发展的关键，那么中国能源生产革命就是中国绿色发展的保障，因为能源消费的调整根源于能源生产的调整。第五章主要阐述了中国能源技术革命对绿色发展的影响。能源技术的清洁化提高，对能源生产和消费产生显著影响。因此，能源技术革命对推动中国绿色发展更具一定的“硬件”意义。第六章探讨了对中国绿色发展其“软件”作用的能源体制革命问题。能源体制革命在影响范围上更广，无论是能源生产和消费，还是能源技术，背后都有着能源体制的因素。因此，能源体制革命对中国绿色发展具有影响深远的保障性作用。第七章则从能源国际合作方面论述了其对中国绿色发展的作用。绿色发展具有国际化诉求，因此，绿色发展的全球化必然导致能源革命的国际化，即能源国际合作。通过开展能源国际合作，提高能源资源优化配置能力，实现能源市场深度融合，实现开放条件下能源安全，为中国绿色发展奠定了坚实的基础。

第八章和第九章论述了中国能源革命和绿色发展对世界的影响。第八章从有利于改变生产方式和生活方式层面出发，分析了在能源革命和绿色发展推动下，人类生活方式的低碳化调整的趋势。第九章则深刻揭示了在能源革命推动下和绿色发展进程中，中国污染排放发生的峰值演变规律。这为中国进入生态文明新时代提供了重要的理论支撑。

第十章和第十一章以中原经济区为例，分析了中国能源革命和绿色发展的实践进展。第十章重点研究了作为中国缩影的中原经济区是否也存在污染排放的峰值特征。结果表明，这种峰值特征也存在于区域层面，这为中国在全域根据这种峰值特征制定相应的生态文明建设政策提供了科学依据。第十一章则从城镇社区家庭角度深刻揭示了家庭能源消费和碳排放的变动、影响因素，为能源革命和绿色发展在中国微观层面的推进提供了重要参考。

第十二章主要论述了能源革命、绿色发展对推动生态文明建设的重要意义。从生态文明新时代的高度，研究了能源革命和绿色发展对保障、推动生态文明进程的重要作用，这为新时代生态文明建设的进一步推进提供了理论指导。

总体而言，本书是我们长时期思考能源、环境与经济发展之间矛盾的结果。在写作过程中，正逢党的十九大召开。十九大报告又把生态文明建设提高至一个新的高度，即“建设生态文明是中华民族永续发展的千年大计”。因此，通过人与自然关系的调整，促进生态文明建设进程，这是中国实现民族永续发展的强要求。我们从能源革命与绿色发展角度进行了探索，尽管取得一些研究成果，但是总感觉能力有限。如果本书能够为学术界提供可行的方案的话，那么我们深感欣慰。同时，我们希望专家学者对此进行批评指正！

目　录

1　为什么要进行能源革命

1.1　能源的重要性

人类自进入文明社会以来，能源在推动人类文明社会进程中的作用日益增强，乃至如今，如果我们离开能源，人类社会便会进入“黑暗社会”“静止社会”。因此，从能源的重要性角度探讨为什么要进行能源革命，是一个值得深入研究的重要课题。

能源是长期储存在地球内部的能量的物质载体，主要以煤炭、石油、天然气等常规形态出现，也可能以非常规的形态出现，如页岩气、页岩油等；还有新型能源也可为人类提供能量，如太阳能、风能、核能、生物质能等。自从有了能源，以及人类开始使用能源，人类社会就在此基础上获得了较大的一次又一次的发展。

以煤炭为例，煤炭的大规模开采和使用是蒸汽机大规模应用所需，也是英国工业革命的主要动力来源。煤炭的使用提高了生产力，推动了工业和文明的发展，煤炭成为第一次工业革命的动力来源。在以煤炭为主要动力的蒸汽机的推动下，以轻纺工业为代表的工业体系在欧洲，特别是在英国得以发展，为英国资本主义社会的产生发展提供了大量的物质资本。可以说，煤炭为英国工业革命和工业化社会提供了能源基础。在此基础上，英国通过航海动力的推动，走向世界，于是全球化在18世纪开始萌发。随着英国经济实力的增长，以殖民地为资本统治方式的模式在全球形成，此时英国被称为“日不落帝国”。英国宗主国和殖民地之间的联系方式主要以信件为主，而这些信件和人员之间的来往均依靠煤炭为动力的运输工具。试想一下，如果没有煤炭，那么蒸汽机也就无法工作，人类社会还是在以人力为主要动力的社会中停滞不前。因此，第一次工业革命诞生在英国，以及第一次工业革命波及的欧洲其他国家，都把煤炭看作工业化的新鲜血液。没有煤炭提供动力，工业化社会很难发展。

这种发展势头一直伴随着英国工业化进程的初级阶段。随着蒸汽机等在不同产业的大规模使用，英、法、德、美等国家在不同程度上建立起以纺织业、手工业为代表的工业体系，而后，也建立起以钢铁为代表的重型产业体系。随着产业体系的发展，这些国家实力不断提升，英国在当时成为全球最发达的国家，远远把清朝甩在了后面，从而加剧了清朝更加落后的地步。因此，从这一过程来看，从根源上梳理，清朝没有利用先进的科技和生产方式，把工业化源头的蒸汽机认为是"异物"，从而错失了近代发展的重大机会。煤炭在工业革命中起到了重大的作用，拉开了东西方经济差距，造成了封建王朝中国的落后，西方国家的崛起。

在石油出现的重要时机中，人类社会更加依赖能源。石油的出现，打破了英国高高在上的社会地位。以石油为动力的内燃机的发明和使用，广泛推动了人类社会的再次发展和进步，一系列重大发明把人类社会推向又一个高度。在石油文明社会中，交通业得以明显发展，带动了其他产业较快发展，这是人类社会历史上伟大的时刻，美国为世界上最发达的国家。如果把煤炭看作英国宗主国地位的基础，那么石油则促使美国成为世界上科技最发达、经济最发达、创新最活跃的国家。

我们在仔细分析美国发展的背后因素，可以找出很多引起和推动美国经济社会发展的因素"菜单"，有制度方面的，有人力资本方面的，有科学和技术层面的，等等。但是，如果我们从能源的角度来看，很容易发现美国经济社会发展的背后因素在于石油的使用和煤炭带来的电力的使用。

石油应用于工业生产，促进了美国经济的发展。汽车行业的发展，推动了美国钢铁、建材和金融等产业的发展，使美国成为闻名遐迩的"车轮上国家"。电力的使用，促使美国电力产业得到极大发展，人类社会告别了煤油灯和蜡烛的时代，进入光明的时代，从而赋予了人类更先进的改造自然的工具和方式，推动了人类向深海、太空中探索的进程。

在石油和电力的作用下，美国尽管建国时间很短，却始终走在世界的前列。在长达百年的世界领先的地位上，美国远远地把英国甩在后面。而与此同时，自中华人民共和国成立以后，中国就在自己特有的能源禀赋中，在一穷二白的基础上，进行社会主义建设和改革。我国在现有资源禀赋的基础上，在工业化和城镇化进程中，通过开采富集的煤炭资源和少量的石油资源，从零基础的产业体系，经过1949年至今的近70年，特别是改革开放近40年的经济社会建设，取得了世界公认的经济奇迹，被非洲一些国家视为发展的榜样。通过对这一历程的梳理，我们可以发现，作为发展中大国，在中国经济社会发展的过程中，能源起着重要的作用。与其他发达国家一样，离开能源，中国经济社会建设无从谈起。

由此可见，在人类社会的发展历程中，能源对于推动人类社会的进步，促进国家经济社会发展，起到了基础性作用。无论人类社会发展到哪一步，即便到后工业化社会以后，能源在人类社会生产和生活过程中仍起基础性作用。

能源的基础性作用，体现在两个方面：一是作为动力来源，能源推动着人类社会的进步和发展。这是最为基本的一点，也是能源初始的要义所在。作为动力来源，能源没有理由退出人类历史的舞台，更没有理由远离人类而去。一旦脱离人类社会，能源便会成为自然界中的客观物质而已，毫无价值而言。一旦和人类社会结合，能源便立即体现出重要性，作为动力，促进人类社会的飞速发展，生产和生活体现出高度的现代化、便捷化与高效化。如果失去能源，人类社会将“停止不前”，将处于黑暗一片的可怕状态。我们可以想象，如果没有能源，世界将是什么样子。举例来说，没有能源，工厂将是寂静一片，道路上没有车迹可寻，人类社会可能退回以人力和动物力为基本动力的时代。有了能源，人类社会光明在前，路上车水马龙，整个世界充满着生机和活力。因此，有理由相信，脱离人类社会，能源价值荡然无存；人类社会的发展离不开能源，可以说，人类社会发展的过程也是人类开发、利用能源的历史。二是作为原材料，能源是生产其他物质产品的必备投入要素。现代社会中，能源是生产其他产品的重要原材料，例如：石油工业中诸多化工制品是生产衣服、装备制品等重要的原材料。假如没有能源，我们将面临更加稀缺的物质世界，人类选择商品的空间更加狭窄，将降低人类对于各种物品的选择性，后果可想而知，必然会降低人类社会的整个福利水平。有了作为原材料的能源，人类社会将拥有更多种类的产品，更具竞争力的武器，更加体现舒适性的生活产品，极大地提升了人类探索太空、海洋的能力，以及有利于人类社会各方面的经济社会建设。

能源对人类社会的这种重要性，来源于人类社会演进过程中的总结。特别需要说明的是，随着人类社会的不断进步，能源对人类社会的推动作用愈加强烈。这种强烈的能源的推动作用，根植于人类社会和能源的极其密切的关联特征。人类社会一刻也不能离开能源，在后现代化社会中，尤其在智慧革命的推动下，人类社会存在和发展必须建立在能源（电力）基础上。假若没有电力，智慧只能是“瞎子”。因此，能源赋予了人类社会更多的智慧特征。

无论是煤炭时代中煤炭的作用，还是石油时代中石油的作用，抑或是未来能源时代中某些能源的作用，能源都会在人类社会中发挥出作用。换句话说，无论是在哪一个时代，能源都会对人类社会的生存和发展起到关键性的基础作用。一言以蔽之，能源是重要的。

1.2 能源改革动因探究：能源的可耗竭性和环境外部性

1.2.1 能源的可耗竭性：未来能源在哪里

目前，在人类社会的能源体系中，化石能源消费占比较大。从全球范围来看，石油是主体能源，在亚洲，特别是在中国，煤炭是主导能源。因此，无论是全球，还是中国，化石能源依然占主导地位。我们知道，化石能源最大的特点就是可耗竭性，通俗理解，化石能源有一天将会被人类消耗殆尽，人类将无“能”可以利用。那么，届时人类社会如何运转呢？

根据《BP世界能源统计年鉴》（2017）的最新数据，2016年，煤炭、石油、天然气的探明储量分别为1139331百万吨、1.707万亿桶、186.6万亿立方米，其储采比分别是153年、50.6年、52.5年。这意味着，如果按照现在的开采速度，全球未来53年以后、153年以后将无油气可采、无煤可挖，也就是说，在150年之后，即到2170年全球将没有化石能源了。

化石能源的可耗竭性给人类社会带来了巨大威胁和挑战，人类害怕因为缺失能源而带来的福利水平的骤降，如果没有能源，人类的生活和生产将不能维持，人类将失去一切所有依靠能源动力的活动。

与此相对，世界人口增长呈加速态势，对能源的需求量越来越大。如果找不到替代能源，那么，人类将急功近利，贪婪地寻求一切能源为我所需，从而会把后代的能源消耗得一干二净，这加速了人类社会化石能源的代际分配不公的问题。如果人类把子孙后代的能源都提前消耗了，那么将加剧人类社会在代际分配上表现出来的极大不公平问题。这是人类社会可持续发展过程中难以解决的问题。

那么，以目前的能源开采能力为什么不能够满足人类社会的能源需求呢？这是因为从人类社会发展程度来看，全球有发达国家和发展中国家之分，目前，发达国家已经完成了工业化和城镇化进程，能源需求总体来说有所下降；而大多数发展中国家正处于工业化和城镇化发展阶段，新型工业化是经济社会发展的主导力量。在经济社会发展中，能源需求必定增加，这是一个规律。100 多个发展中国家，特别是发展中大国，如中国和印度，造成了全球能源需求的巨量增加。在世界化石能源体系的主导下，化石能源需求增速远远高于非化石能源需求增速。因此，人类面临着巨大的能源供需缺口，这是我们应该警惕的。

在学术界，能源危机已成为各国关注的焦点问题，众多学者对能源危机进行了研究，以《增长的极限》最为著名。该研究报告在一定的假设条件下，研究了人类社会未来的发展情况，特别是资源消耗和人口增长的情况。其结果表明，资源危机是制约人类社会进一步发展的巨大障碍，在目前以能源危机为主要代表性的约束下，人类社会存在一个极限，即可能出现停滞不前的状态。尽管学术界对该报告存有很多的批评意见，但是仍然不能抹杀它的学术价值。

关于能源危机在学术界的认知体系中，主要存在争论已久的两大观点：一是能源可耗竭让人类未来发展无能源可用。这是一种悲观论。如同增长极限的学派，悲观论只看到能源耗竭性的客观存在性，却没有看到人类社会的发展，包括科学技术进步、新型能源的发展、人类节能意识的提高等。这种孤立看待能源可耗竭性的悲观论调显然是站不住脚的。二是乐观派。他们认为，能源可耗竭性可以在人类社会科学技术进步中变得不成问题。科技既是人类社会发展的强大动力，也是解决能源危机的根本保障。随着能源技术的创新与发展，化石能源的可耗竭速度将被大大降低，非化石能源的开采利用程度将被大大提高，人类不应该在科学技术进步的条件下受能源可耗竭性影响。

无论哪一学派关于能源危机的观点，都过于片面。只有动态看待能源危机，才能更好地认识能源危机。我们不能否认危机的客观存在性，但是也应该乐观地看待能源危机。

一个极大利好的事情就是，随着人类能源技术的发展，能源特别是化石能源的耗竭危机被不断延后，新型能源和可再生能源既是近期急需的补充能源，又是未来能源结构的基础。这可以从美国以页岩气为标志的能源独立革命看出来。近年来，美国在开发利用页岩气方面取得了突飞猛进的成效，对世界能源市场格局产生了巨大影响。我国最近几年也在尝试开发新能源，以弥补我国化石能源之痛。根据每日财经网讯的消息，中国可燃冰储量全球第一位，在中国 215 万平方公里的冻土区下，可燃冰的远景资源量可达 350 亿吨油当量，其中，海域可燃冰控制资源量达 40 亿吨油当量。中国政府制定了开发可燃冰的战略规划与安排，分三个阶段有序开发该资源，其中，2006—2020 年是调查阶段，2020—2030 年是开发试生产阶段，2030—2050 年，中国可燃冰将进入商业生产阶段。①

然而，从另一方面来考虑，只要是化石能源，就存在或长或短的可耗竭性问题。如果能源存续期较长，说明能源危机的影响不算急迫，但是如果能源存续期较短，那么能源危机的影响就在眼前。根据上述分析，我们可以知道哪些能源即可缺少。因此，我们应增强危机意识、节约意识，让节能理念更加深入人心，人类应从生产和生活各种行为中节约一切能够节约的能源，这是全球能源的现状给我们的启示。

在能源危机面前，世界各国地位平等。如果各个国家没有找到合适的解决能源危机的办法，那么，因为能源危机而导致的解决办法可能会以极端的形式出现。从两次世界大战来看，一切都围绕着能源。近年来，围绕争夺能源的地缘政治角逐的竞争性不断提高。中亚、东亚、北美和南美等都在围绕能源进行精心布局。美国利用世界强国的地位，通过美元与石油

① 资料来源：中国可燃冰试采结束：产气时长和总量创世界纪录［EB/OL］. http://www.news.qq.com/a/20170729/022348.htm

的挂钩，巩固了石油美元霸权的地位。海湾战争、伊拉克战争背后都与石油有关。我们不得不说，能源是决定一个国家和地区采取什么样的途径应对能源危机的重要因素。

由上可见，无论是在人类生产过程中，还是在生活形态中，抑或在国际关系中都有能源危机的身影。因此，通过推动能源革命，利用新能源替代耗竭性化石能源，从根本上使能源不再构成人类社会的极大“威胁”，这是我们应尽的责任。因此，从这个角度来讲，能源革命的本质就是要解决能源可耗竭性的问题，即为人类社会永续发展找到后续的能源动力。这是一个对人类社会继续发展的重要议题。无论是人们的生活，还是工业生产，都不能没有能源，没有能源，整个社会便失去了动力基础，没有能源，人类就不能生存。

综上所述，我们可以推理出解决能源枯竭的发生机制，总体方向是非化石能源替代化石能源，低碳能源替代高碳能源，并且这种替代应该来说是有步骤进行的，替代的程度逐渐提高。通过解决能源可耗竭性问题，能源革命为经济社会发展的稳步推进提供了重要基础和前提。这是一个紧密相关的关联关系。

1.2.2　能源革命的环境效应：美好环境的再造

在能源消耗过程中，会产生大量的污染排放物和温室气体，这在科学界和学术界都已达成共识。无论是在发达国家，还是在发展中国家，化石能源的开发和利用，造成全球性环境问题。经济发展过程中的环境问题在发展中国家尤为突出，局部性的环境污染问题，成为发达国家曾经的伤痛。这既体现了民众对环境问题的极度关注，也体现了民众对美好环境的广泛需求。例如：1952年，伦敦雾霾事件导致约12000人丧生，给英国带来了严重的损失。日本也不例外，因环境污染付出了惨痛的代价。这些发达国家环境污染的事件对当时经济社会造成的影响可谓是空前的。环境问题引起了全社会的关注，从政府部门到普通民众都在关注环境污染问题。

凡此种种，也引起了学术界对环境问题的关注。1962年，美国海洋生物学家蕾切尔·卡逊出版了《寂静的春天》。该书通过描述人类可能将面临一个没有鸟、蜜蜂和蝴蝶的世界，从而唤醒人们的环境保护意识，激发了全世界对环境问题的关注。随后，世界各国政府组织和非政府组织对环境问题进行了深入研究，从探讨其形成原因入手，构建了治理环境污染的基本框架体系，在主要发达国家已见成效。美国、欧盟、日本等主要发达国家经过长达四五十年的时间，已经基本解决局部性的环境污染问题，但是温室气体问题还没有完全解决。尽管主要发达国家在治理环境污染上取得了可喜的成绩，但是其过程代价是非常大的，不仅如此，所需时间还较长。这意味着，化石能源消费而产生的环境污染问题具有顽固性、长期性特点，需要从长计议、持之以恒地加以治理。

在发达国家解决环境污染问题的同时，发展中国家却正处于经济社会高速发展的阶段，印度、巴西和南非等发展中国家，无不把经济社会发展看作主要任务。发展中国家经济社会对能源，特别是对化石能源的需求量大增。巨量的化石能源需求，造成了发展中国家环境污染问题的产生，水体污染、土壤污染、大气污染等污染现象时常发生，且有不断增加的趋势。这种污染严重增加的态势势必造成发展中国家经济社会发展的福利效应折减，对国家的发展形成不利趋势，这在一定程度上造成了经济社会的巨大损失。因此，从理论上讲，发展中国家也必须按照可持续发展的基本要求，从发展理念上彻底转变，把资源节约和环境保护看作经济发展的必要环节和基本要求，以创造更有利的发展条件。

人类对美好环境的需求是人类社会亘古不变的真理，无论是在原始文明社会、农业文明社会，还是在工业文明社会。即便一些国家顺应了可持续发展的基本趋势，世界上仍然存在一些国家不把可持续发展当回事，完全无视环境的作用，不顾及后代子孙的发展所需，这完全与可持续发展的理念相悖。因此，世界各国应该一起坚守资源稀缺和环境友好的发展原则，把经济社会发展与环境保护统一在国家发展过程之中。

人类对环境的美好追求，要求人们在合理利用自然资源的同时，要从根源上解决环境污染的问题。污染产生的物理根源在于化石能源，要实现能源动力从化石能源向可再生能源的转换，发展可再生能源，成为全球能源的重要发展方向。

人类共处在一个地球上，为了防止地球被破坏，所有国家都应该把解决环境问题作为宗旨，通过消减化石能源的使用量，扩大可再生能源的使用量，在不减少经济社会发展动力的前提条件下，还地球美好明天。

2015 年 12 月，联合国 193 个会员国的代表一致通过了题为《变革我们的世界——2030 年可持续发展议程》的文件。这标志着人类社会在可持续发展的认识基础上，第一次就发展的概念达成了共识，从而把可持续发展推向了新时代。

表 1-1　联合国 2030 年可持续发展议程的 17 个目标

目　标	内　容
目标 1	在世界各地消除一切形式的贫穷
目标 2	消除饥饿、实现粮食安全、改善营养和促进可持续农业
目标 3	确保健康的生活方式，促进各年龄段所有人的福祉
目标 4	确保包容性和公平的优质教育，促进全民享有终身学习机会
目标 5	实现性别平等，增强所有妇女和女童的权能
目标 6	为所有人提供水和环境卫生并对其进行可持续管理
目标 7	确保人人获得负担得起、可靠和可持续的现代能源
目标 8	促进持久、包容和可持续经济增长，促进充分的生产性就业和人人有体面的工作
目标 9	建设有复原力的基础设施，促进具有包容性的可持续工业化，并推动创新
目标 10	减少国家内部和国家之间的不平等
目标 11	建设具有包容性、安全、有复原力和可持续的城市和人类住区
目标 12	确保可持续消费和生产模式
目标 13	采取紧急行动应对气候变化及其影响
目标 14	保护和可持续利用海洋和海洋资源促进可持续发展
目标 15	保护、恢复和促进可持续利用陆地生态系统，可持续管理森林，防治荒漠化，制止和扭转土地退化现象，遏制生物多样性的丧失
目标 16	促进有利于可持续发展的和平和包容性社会，为所有人提供诉诸司法的机会，在各级建立有效、负责和包容性机构
目标 17	加强实施手段，重振可持续发展全球伙伴关系

资料来源：《变革我们的世界——2030 年可持续发展议程》。

大量的事实说明，美好的生态环境是人类社会高质量生活的重要决定因素，美好环境是人们对新时代美好生活重要期待。唯有实现物质丰富、精神文明和环境友好协调发展，才能让人们享受真正意义上的高质量生活。因此，从根本上改变工业文明社会中的化石能源消费占比，大幅提高清洁能源占比，无疑成为保护人类美好环境的重要保障。而此时此刻，调整能源结构，并不是一句空话，而是实实在在的具体行动纲领。

为了保护地球环境不被彻底破坏，通过改变原有的生产生活方式，从生产生活所需的能源入手，加快调整能源消费结构，不断提高可再生能源在能源中所占比重，大幅提高清洁能源的开发应用比例，为发展注入绿色动力。已有一些国家在这一方面进行了有益的探索，如中国、美国、巴西等。中国可再生能源利用总量居世界第一位，巴西在生物质能源方面处于世界领先地位，美国通过页岩气革命逐步实现了能源独立的梦想。积极推进可再生能源规模化发展的同时，不可否认，化石能源仍然占比较大。因此，全世界推进能源革命任重而道远，对此我们须有一个清醒的认识。不推进能源革命，我们美好环境和生活的愿望就难以实现；推进能源革命，则需要持续提升可再生能源消费比重，这就会导致经济社会系统的某些成本上升。如果要在能源革命与非能源革命之间做出选择，那么，我们肯定选择的是能源革命。这是世界发展的大潮流和大趋势，是不可逆转的基本态势。唯有此，才能还地球一个崭新的面貌。

在能源革命的推进过程中，需要耐得住诱惑。随着主要发展中国家经济结构的调整，第三产业比重会不断提升，可能会降低化石能源的需求，从而导致化石能源的价格降低。在新价格形势下，如何推动能源革命，通过机制创新与技术进步，让清洁能源有更好的经济性，推动能源革命向纵深发展，进一步增强发展定力，坚持用可再生能源替代化石能源。这既是人类社会顺应能源革命的必然要求，也是人类拯救地球的必要手段，更是人类创造美好生活的基本动力。对此，人类要肩负绿色发展的使命，为人类可持续发展提供可靠的能源保障。

1.2.3 能源革命发生的内生性根源和外生性冲击

基于以上内容，我们认为新一轮能源革命之所以发生，有其内生性根源性因素，即能源的可耗竭性和化石能源的负外部性。这既是当今世界经济社会发展过程中客观面临的重要问题，也是全球进行新一轮能源革命的逻辑起因。这是能源革命发生的内生动力和要求。

当然，在推进能源革命过程中，也会有一些外生性冲击，可能会影响能源革命的进程，大体如下：

第一，能源政策保障性作用的持续性。能源政策是能源革命持续推进的依据，是确保能源革命方向不偏离的基本保障。如果能源政策不能持续，或者中途偏离，则不能有效推进能源革命。这在发达国家是经常发生的事情。以美国为例，美国两党轮流执政的体制，限制了包括能源政策在内的政策体系的延续性，两党轮流执政，新组成的政府修改或推翻另一党制定的政策是常态，政策的延续性受到诸多因素影响，从而可能把能源革命扼杀在摇篮之中。例如，美国布什政府推翻了里根政府《京都议定书》的审批，特朗普政府推翻了奥巴马政府关于应对气候变化的政策。像这样的两党轮流执政，如何保障能源政策的连续性，不仅在美国，在其他国家也存在能源政策得不到有效贯彻的情况。因此，只有保证能源政策的连续性，才能深入推进能源革命。

第二，传统能源利益集团的阻挠。能源领域涉及的生产、消费的企业很多，这些经济主体大多带有垄断或者自然垄断的特性。随着能源革命的推进，能源消费结构不断优化，化石能源消费比重降低，影响煤炭、石油等传统能源企业的发展。因此，在能源替代过程中会受到这些传统利益集团的阻挠。传统能源利益集团通过对相关环节的制约和影响，干扰着能源革命的推进，其结果是能源革命的延续期就会被拉长，非化石能源的替代程度就会降低。由此可见，传统能源利益集团的存在，可能通过经济、行政等不同的方式和手段，来影响能源革命的推进进程。只要存在这种能源革命的阻力因素，特别是在发达国家，推进能源革命就会受到很大程度的影响。因此，全球在推进能源革命的进程中务必警惕这种潜在或现实的影响。与此同时，世界各国应根据自己的国情，制定推进能源革命的法律保障措施，稳固能源革命的法律基础，打破传统能源利益集团的干扰，为推进能源革命奠定基础。

第三，能源基础设施建设的滞后性。能源基础设施滞后问题是推进能源革命过程中的具体障碍。这是因为世界各国现有的能源基础设施都是以化石能源为特质的基础设施，也就是说，这些基础设施绝大多数都是为化石能源服务的，诸如输油管道、煤电设施等。这些基础设施在很大程度上带有化石能源的本色，其具体的操作流程完全符合化石能源发展的特点，尤其是根据煤电而建立起来的现代电力体系，更是独具特色。现代电力体系资产在整个社会固定资产中占有很大的比重，如何把这些电力体系改造成为符合可再生能源发展趋势的体系，成为能源革命中非常重要的一个环节。然而，在目前的状态下，改造现有电力体系存在很大的困难，主要表现在电力体系的改造成本高、时间长等。

综上所述，要在全球和国家层面顺利推进能源革命，不仅要弄清楚新一轮能源革命发生的内生性根源性因素，而且要提前考虑其外生性冲击。只有弄清楚这两个方面的因素，才能深入推进能源革命，同时，我们也要防止能源革命推进过程中出现的干扰性因素，做到“凡事预则立，不预则废”。

1.3 能源革命的特殊性

1.3.1 经济发展阶段的使然

任何一个经济体从经济起飞到经济成熟基本上都要经历一个长期的过程。在这一过程中，任何一个经济体都会经历不同的经济发展阶段。概言之，理论界一般把经济发展阶段分为初期阶段、中期阶段和高级阶段。此外，经济发展阶段更多地从工业化角度进行划分，从而把经济发展阶段分为前工业化阶段、工业化实现阶段和后工业化阶段。其中，工业化实现阶段又可分为初期、中期和后期三个阶段。

对于中国经济发展阶段的划分和研究，学术界有着不同的认识。我们综合这些研究成果，特别是根据中国社会科学院工业经济研究所 2017 年 5 月出版的最新成果《工业化蓝皮书：中国工业化进程报告（1995—2015）》，界定了工业化发展的阶段，把工业化分为前工业化、工业化初期、工业化中期、工业化后期和后工业化五个阶段，同时又把每一个阶段分为前半阶段和后半阶段。该研究结果表明，2010 年中国进入了工业化后期前半阶段，而 2015 年中国则进入了工业化后期后半阶段（黄慧群，李芬芬，2017）。

工业化的整个实现阶段，是任何经济体矛盾丛生的主要时期，不仅要解决人与人之间的收入和分配的问题，更重要的是要解决人与自然之间的矛盾。一方面，中国巨大的经济体量对资源的巨大消耗；另一方面，在经济发展的末端，环境污染和排放问题随之产生，对中国原有的资源环境容量造成影响，这样的发展是不可持续发展。我们知道，中国作为能源消费大国，尽管取得了显著的工业化成就，但是消耗了大量的煤炭资源。煤炭作为工业化的动力，带来了大量的环境问题。这种黑色动力发展严重制约着中国经济发展。

从中国工业化发展进程来看，从2005年，中国开始发展重化工业，一举增加了对能源等资源的需求，进而也使中国面临严峻的环境问题，时到今日，资源环境压力已经到了承载力的临界点。由此可见，中国用了几十年的时间完成了发达国家百年工业化的成就，形成了严重的资源环境问题。

在工业化阶段，我们只有重新构建人与自然之间的关系架构，缓解人与自然之间的矛盾，才能从根本上为中国工业化提供重要的生态支撑。因此，中国现在比任何时候都需要界定这种关系。

转变现有经济发展阶段的动力基础和来源的根本在于减少化石能源的需求。正如能源在经济社会体系中处于基础性地位一样，在中国工业化进程中，化石能源对中国工业化的推进作用不言而喻。破解问题的关键在于实现对化石能源的替代，为中国经济发展提供更加清洁的动力来源。这具有一举多得的效用。其一，推动中国经济中高速发展。国内外的发展经验表明，能源是经济社会发展的重要基础，可再生能源是经济社会发展的清洁保障。生产和消费可再生能源，不仅能够保障中国持续稳定地获得动力，维系社会的正常运转和发展，而且对满足人民对美好环境的需求具有十分重要的作用。可再生能源作为推动中国经济社会发展的重要物质基础，对中国中高速发展提供持续发展动力。其二，扭转环境透支的被动局面。中国面临的资源环境问题严重，要彻底解决这些问题，需要从能源角度加以解决，其根本的思路在于实现可再生能源对化石能源的广泛替代。通过发展可再生能源，扭转生态环境恶化趋势，满足人民对美好生活的需求。其三，推动中国经济快速转型。在党的十九大报告中，习近平总书记描述了中国至2035年和2050年的中长期发展前景。伴随着中国工业化和城镇化的发展，中国经济发展进入提质增效新阶段，在2020年完全实现工业化以后，还面临深度推进和全面推行的发展问题。可再生能源作为工业化的重要支撑，是深入推进工业化的基础保障，特别是在信息化社会中，可再生能源作为全球能源互联网的重要传输内容，支撑着智慧化社会的发展。因此，可再生能源对推动经济发展阶段转换、提升经济发展质量等方面具有不可估量的重要作用。

处于工业化关键阶段的中国，面临人与自然之间矛盾关系。如何正确处理人与自然之间的关系，关键在于能否正确认知中国所处的工业化实现的阶段。要把人与自然之间的关系看作中国工业化进程中的关键问题，并找到解决这个问题的根源性方法，即实现可再生能源替代化石能源。这是实现中国中高速发展的基本指向，也是实现党的十九大确定的中长期发展目标的保障，更是实现中国亿万人民对美好环境需求的基本性支撑。

可以说，处于工业化中期阶段中的中国，其主要矛盾已经转变，解决这个问题的根本性能源保障在于可再生能源。通过发展可再生能源，既能满足人民对美好生活的需求，又有益于解决中国的中高速发展问题。因此，无论是能源革命，还是绿色发展，都是中国经济发展的中期阶段必然要求和内容。这就意味着，随着中国经济发展阶段转换，从化石能源到可再生能源，能源转型的步伐正越来越快。这是经济发展阶段特别是工业化对可再生能源的推进和要求。当下，我们比任何时候都需要实现经济发展阶段的转换，同时，比任何时候都需要可再生能源来保障中国的经济发展阶段的顺利转换。可以说，这种转换到了关键时刻，往前一步，就到了经济发展阶段的另一程度；如果不能转换，中国经济发展就可能陷入“中等收入陷阱”，处于贫困的恶性循环中。因此，我们只有选择推进能源革命，推进绿色发展，以更为积极的态度，以更加务实的行动，加快推动能源革命，提高绿色发展的层次和水平，加速中国经济发展阶段的顺利转换。

中国以巨大的经济体量，创造了世界发展历史上的奇迹，如果以绿色发展的方式实现中国经济发展阶段转换，这将是世界发展史上中国的特色和贡献所在。中国以强大的能源体量、经济体量和绿色贡献，为世界发展注入了更加具有活力的发展动力，这将是中国对世界发展进程的又一个影响力。

1.3.2 破解资源环境约束的必然

党的十八大报告明确指出："面对资源约束趋紧、环境污染严重、生态系统退化的严峻形势，必须树立尊重自然、顺应自然、保护自然的生态文明理念，把生态文明建设放在突出地位，融入经济建设、政治建设、文化建设、社会建设各方面和全过程，努力建设美丽中国，实现中华民族永续发展。"十九大则把生态文明建设定义为事关中华民族永续发展的千年大计。由此可见，中国面临着破解资源环境约束的艰巨重任。

在经济社会的发展过程中，大量的资源如土地资源、矿产资源和能源被消费，这就给国家经济社会发展戴上了"桎梏"。如果不转变发展方式，资源就可能被消耗殆尽，以后没有资源来支撑经济社会发展，这是一件很可怕的事情。更何况中国人口众多，人均资源占有量本来就偏低。与此同时，中国环境污染到了一个临界点。如果不加以处理，环境污染将导致生态环境损害无法修复而退化，严重影响着国家的发展。可以说，治理环境污染到了一个十分迫切的程度。大量的污染存在于土壤之中，严重影响了耕地的土壤质量和粮食生产的产量，可能危及粮食安全。严重的污染存在于水体之中，人们的饮用水可能被污染，将危及人们的健康；同时，河流受到污染，导致附近的动植物死亡，危及动植物的生存状态。大量的污染存在于城市之中，垃圾围城现象严重，在很大程度上影响着城市的美好形象，严重影响着人们的幸福感。大量的污染存在于大气中，可能导致呼吸道疾病、心脑血管疾病等多发，不仅危害老人，而且影响着年轻人。

由此可见，中国现在面临的是严重的资源短缺和环境污染等问题。根据这一情况，我们需要认真解决该问题。破解资源环境约束成为生态文明建设中的主旋律。这是一个长久之计，根据发达国家的经验，需要至少30年的时间。在破解资源环境约束过程中，可以把能源革命和绿色发展看作是一个最重要的战略。这是因为中国推动能源革命和绿色发展的基本出发点就是要破解资源环境约束。根据已有的分析，能源革命的长期目标就是要实现能源的永续利用，绿色发展就是要实现美好环境的再现。尽管我们已经取得了不小的成绩。从表1-2和表1-3中我们发现，2014—2015年，中国主要环境污染物有所减少，同时环境污染治理举措的成效日益突出，但这仍然不能摆脱面临资源环境约束日益增强的事实。

表 1-2　中国 2014 年环境污染及其治理情况

一、废水及其污染物排放		三、工业固体废物	
1.废水排放总量(亿吨)	716.2	1.一般工业固体废物产生量(万吨)	325620
其中:工业废水排放量	205.3	2.一般工业固体废物综合利用量(万吨)	204330.2
城镇生活污水排放量	510.3	3.一般工业固体废物综合利用率(%)	62.1
集中式废水排放量		4.一般工业固体废物贮存量(万吨)	45033.2
2.化学需氧量排放总量(万吨)	2294.6	5.一般工业固体废物处置量(万吨)	80387.5
其中:工业化学需氧量排放量	311.3	6.一般工业固体废物倾倒丢弃量(万吨)	59.4
城镇生活化学需氧量排放量	864.4	四、工业危险废物	
农业源化学需氧量排放量	1102.4	1.工业危险废物产生量(万吨)	3633.5
集中式化学需氧量排放量	16.5	2.工业危险废物综合利用量(万吨)	2061.8
3.氨氮排放总量(万吨)	238.5	3.工业危险废物贮存量(万吨)	690.6
其中:工业氨氮排放量	23.2	4.工业危险废物处置量(万吨)	929.0
城镇生活氨氮排放量	138.1	5.工业危险废物倾倒丢弃量(万吨)	0
农业源氨氮排放量	75.5	五、环境污染治理投资	
集中式氨氮排放量	1.7	1.污染治理投资总额(亿元)	9575.5
二、废气及其污染物排放		其中:工业污染治理项目投资额	997.7
1.二氧化硫排放总量(万吨)	1974.4	"三同时"项目环保投资额	3113.9
其中:工业二氧化硫排放量	1740.4	城市环境基础设施建设投资额	5463.9
城镇生活二氧化硫排放量	233.9	2.环境污染治理投资占当年 GDP(%)	1.51
集中式二氧化硫排放量	0.2	六、工业污染治理	
2.氮氧化物排放总量(万吨)	2078.0	1.当年施工污染治理项目数(个)	5951
其中:工业氮氧化物排放量	1404.8	2.污染治理项目当年完成投资额(亿元)	997.7
城镇生活氮氧化物排放量	45.1	其中:治理废水	115.2
机动车氮氧化物排放量	627.8	治理废气	789.4
集中式氮氧化物排放量	0.3	治理固体废物	15.1
3.烟(粉)尘排放总量(万吨)	1740.8	七、环境管理	
其中:工业烟(粉)尘排放量	1456.1	(一)环保系统机构数/人数(个/万人)	14694/21.5
城镇生活烟(粉)尘排放量	227.1	1.环保行政主管部门机构数/人数	3180/5.2
机动车烟(粉)尘排放量	57.4	2.环境监测机构数/人数	2775/5.9
集中式烟(粉)尘排放量	0.2	3.环境监察机构数/人数	2943/6.3

续表

4.核与辐射环境监测机构数/人数	225/0.3
5.科研机构数/人数	323/0.7
6.宣教机构数/人数	263/0.2
7.信息机构数/人数	252/0.2
8.环境应急(救援)机构数/人数	146/0.1
(二)环境监测	
1.环境空气质量监测点位数(个)	2497
其中:国控监测点位数	1436
2.酸雨监测点位数(个)	979
3.沙尘天气影响环境质量监测点位数(个)	82
4.地表水水质监测断面(点位)数(个)	9568
其中:国控断面(点位)数	972
5.饮用水水源地监测点位数(个)	3541
6.近岸海域监测点位数(个)	765
7.开展污染源监督性监测的重点企业数(个)	59123
(三)环境污染控制与管理	
1.清洁生产审核当年完成企业数(个)	10289
其中:强制性审核完成数	6996
2.应开展监测的重金属污染防控重点企业数(个)	3661
其中:重金属排放达标重点企业数	3100
3.已发放危险废物经营许可证数(个)	1921
其中:具有医疗废物经营范围许可证数	280
(四)建设项目环境影响评价	
1.当年审批建设项目投资总额(亿元)	370567.6
2.当年审批建设项目环保投资总额(亿元)	13130.0
3.当年审查规划环境影响评价文件数(个)	441951
(五)建设项目竣工环境保护验收	
1.当年完成环境保护验收项目数(个)	142448
其中:一次合格项目数	137758
2.当年完成环保验收项目总投资(亿元)	85053.9
3.当年完成工业企业环保验收项目环保投资(亿元)	2256.2
(六)污染源自动监控	
1.已实施自动监控国家重点监控企业数(个)	10270
其中:水排放口数	7589
气排放口数	7730
2.COD 监控设备与环保部门稳定联网数(个)	5681
3.氨氮监控设备与环保部门稳定联网数(个)	4841
4.SO_2 监控设备与环保部门稳定联网数(个)	4542
5.NO_X 监控设备与环保部门稳定联网数(个)	4564
(七)排污费征收	
1.排污费解缴入库户数(户)	317902
2.排污费解缴入库户金额(亿元)	186.8
(八)信访与法制	
1.当年受理行政复议案件数(件)	544
2.当年行政处罚案件数(件)	97084
3.当年承办人大建议数(件)	9091
4.当年承办政协提案数(件)	12145
5.当年备案的地方环境标准数(件)	14
6.当年电话/网络投诉数(万件)	151.2
7.当年电话/网络投诉办结数(万件)	149.2
8.当年来信总数(件)	113086
9.当年来访批次/人数(批次/人)	50934/109426
10.当年来信来访办结数(件)	152453
(九)自然生态保护与建设	
1.自然生态保护区总数(个)	2729
其中:国家级	428
省级	858
2.自然生态保护区面积(万公顷)	14699.2

续表

3.陆地自然保护区面积占国土面积比(%)	14.9%	重大环境事件次数	3
4.生态市、县建设个数(个)	457	较大环境事件次数	16
5.国家级生态村镇个数(个)	4834	一般环境事件次数	452
6.国家有机食品生产基地数量(个)	176	(十一)环境宣教	
(十)突发环境事件		1.当年开展的社会环境宣传教育活动数/人数(次/万人)	11619/3330.1
突发环境事件次数(次)	471		
其中:特别重大环境事件次数	0	2.环境教育基地数(个)	1767

注:以上数据来源于《中国环境统计公报(2014年)》。

表 1-3　2015 年中国环境污染及其治理概况

一、废水及其污染物排放		3.烟(粉)尘排放总量(万吨)	1538.0
1.废水排放总量(亿吨)	735.3	其中:工业烟(粉)尘排放量	1232.6
其中:工业废水排放量	199.5	城镇生活烟(粉)尘排放量	249.7
城镇生活污水排放量	535.2	机动车烟(粉)尘排放量	55.5
集中式废水排放量	0.62	集中式烟(粉)尘排放量	0.2
2.化学需氧量排放总量(万吨)	2223.5	三、工业固体废物	
其中:工业化学需氧量排放量	293.45	1.一般工业固体废物产生量(万吨)	327079
城镇生活化学需氧量排放量	846.9	2.一般工业固体废物综合利用量(万吨)	327079
农业源化学需氧量排放量	1068.6		
集中式化学需氧量排放量	14.5	3.一般工业固体废物综合利用率(%)	60.3
3.氨氮排放总量(万吨)	229.9	4.一般工业固体废物贮存量(万吨)	58365
其中:工业氨氮排放量	21.7	5.一般工业固体废物处置量(万吨)	73034
城镇生活氨氮排放量	134.1	6.一般工业固体废物倾倒丢弃量(万吨)	56
农业源氨氮排放量	72.6		
集中式氨氮排放量	1.5	四、工业危险废物	
二、废气及其污染物排放		1.工业危险废物产生量(万吨)	3976.1
1.二氧化硫排放总量(万吨)	1859.1	2 工业危险废物综合利用量(万吨)	2049.7
其中:工业二氧化硫排放量	1556.7	3 工业危险废物贮存量(万吨)	810.3
城镇生活二氧化硫排放量	296.9	4 工业危险废物处置量(万吨)	1174
集中式二氧化硫排放量	0.2	5 工业危险废物倾倒丢弃量(万吨)	0
2.氮氧化物排放总量(万吨)	1851.9	五、环境污染治理投资	
其中:工业氮氧化物排放量	1180.9	1.污染治理投资总额(亿元)	8806.3
城镇生活氮氧化物排放量	65.1	其中:工业污染治理项目投资额	773.7
机动车氮氧化物排放量	585.9	“三同时”项目环保投资额	3085.8
集中式氮氧化物排放量	0.3	城市环境基础设施建设投资额	4946.8

续表

2.环境污染治理投资占当年GDP(%)	1.30
六、工业污染治理	
1.当年施工污染治理项目数(个)	7197
2.污染治理项目当年完成投资额(亿元)	773.7
其中:治理废水	118.4
治理废气	521.8
治理固体废物	16.1
七、环境管理	
(一)环保系统机构数/人数(个/万人)	14812/23.2
1.环保行政主管部门机构数/人数	3181/5.7
2.环境监测机构数/人数	2810/5.2
3.环境监察机构数/人数	3030/6.6
4.核与辐射环境监测机构数/人数	214/0.3
5.科研机构数/人数	297/0.7
6.宣教机构数/人数	258/0.2
7.信息机构数/人数	273/0.2
8.环境应急(救援)机构数/人数	171/0.1
(二)环境监测	
1.环境空气质量监测点位数(个)	3360
其中:国控监测点位数	1436
2.酸雨监测点位数(个)	1199
3.沙尘天气影响环境质量监测点位数(个)	122
4.地表水水质监测断面(点位)数(个)	10154
其中:国控断面(点位)数	972
5.饮用水水源地监测点位数(个)	4764
6.近岸海域监测点位数(个)	894
7.开展污染源监督性监测的重点企业数(个)	68121
(三)环境污染控制与管理	
1.清洁生产审核当年完成企业数(个)	9012
其中:强制性审核完成数	6920
2.应开展监测的重金属污染防控重点企业数(个)	3725
其中:重金属排放达标重点企业数	2881
3.已发放危险废物经营许可证数(个)	1578
其中:具有医疗废物经营范围许可证数	284
(四)建设项目环境影响评价	
1.当年审批建设项目投资总额(亿元)	374142.6
2.当年审批建设项目环保投资总额(亿元)	10063.7
3.当年审查规划环境影响评价文件数(个)	440087
(五)建设项目竣工环境保护验收	
1.当年完成环境保护验收项目数(个)	167230
其中:一次合格项目数	160854
2.当年完成环保验收项目总投资(亿元)	123272.8
3.当年完成工业企业环保验收项目环保投资(亿元)	3085.8
(六)污染源自动监控	
1.已实施自动监控国家重点监控企业数(个)	9049
其中:水排放口数	6602
气排放口数	7435
2.COD监控设备与环保部门稳定联网数(个)	5313
3.氨氮监控设备与环保部门稳定联网数(个)	4742
4.SO_2监控设备与环保部门稳定联网数(个)	4806
5.NO_X监控设备与环保部门稳定联网数(个)	4752
(七)排污费征收	
1.排污费解缴入库户数(户)	277724

续表

2.排污费解缴入库户金额(亿元)	178.5	2.自然生态保护区面积(万公顷)	14702.8
(八)信访与法制		3.陆地自然保护区面积占国土面积比(%)	14.8%
1.当年受理行政复议案件数(件)	701		
2.当年行政处罚案件数(件)	102084	4.生态市、县建设个数(个)	417
3.当年承办人大建议数(件)	8704	5.国家级生态村镇个数(个)	4834
4.当年承办政协提案数(件)	11213	6.国家有机食品生产基地数量(个)	176
5.当年备案的地方环境标准数(件)	38	(十)突发环境事件	
6.当年电话/网络投诉数(万件)	164.7	突发环境事件次数(次)	330
7.当年电话/网络投诉办结数(万件)	149.2	其中:特别重大环境事件次数	0
8.当年来信总数(万件)	161.1	重大环境事件次数	3
9.当年来访批次/人数(批次/人)	48010/104323	较大环境事件次数	5
		一般环境事件次数	322
10.当年来信来访办结数(件)	161252	(十一)环境宣教	
(九)自然生态保护与建设		1.当年开展的社会环境宣传教育活动数/人数(次/万人)	12175/3035.5
1.自然生态保护区总数(个)	2740		
其中:国家级	428	2.环境教育基地数(个)	2345
省级	879		

注:以上数据来源于《中国环境统计公报(2015年)》。

通过能源革命和绿色发展，改变原有的能源发展模式，才能实现社会经济和能源的可持续发展。由此可见，能源革命和绿色发展是中国破解资源环境约束的根本路径，通过推动能源革命和绿色发展，我们可以获得充分的自然资本、环境资本和要素资本。要实现人与自然是生命共同体的基本统一，需要打破资源环境约束，实现中华民族永续发展。

1.3.3 解决中国新的主要矛盾的基本指向之一

习近平同志在十九大报告中指出，经过长期努力，中国特色社会主义进入了新时代，这是我国发展新的历史方位。新时代是党中央在新的发展阶段和时代背景下提出的新的重大命题和重大论断，它为中国经济社会发展赋予了新的前提、条件和内涵，是中国处理各种经济社会发展问题的根本出发点。

解决中国新的主要矛盾，我们要提高发展质量和效益，满足人民美好生活的需要，着力解决发展不平衡不充分的问题。首先，是对美好生活的影响。美好生活的主要特征在于生活富裕、生态良好和能源可获得。能源革命也好，绿色发展也罢，代表了人民对美好生活的期盼。在建成小康社会的基础上，提高人民美好生活的质量，能源革命使人民可以获得可靠而稳定的能源，并且是可再生能源；绿色发展则保障了人民对美好环境和生态的需求，使人民生活得更舒适。

其次，从解决中国新的主要矛盾的角度来看，中国更应该大力推进能源革命和绿色发展。这既是解决中国新的主要矛盾的必然要求，也是在新时代，中国实现伟大复兴的重要支撑。对此，我们应该义无反顾地推动能源革命和绿色发展。

最后，从生态文明建设的高度而言，能源革命和绿色发展均是中国生态文明建设的关键点。生态文明建设的理论要求自党的十八大以来再次被强化，十九大对于生态文明建设的表述为："建设生态文明是中华民族永续发展的千年大计"。因此，在生态文明建设过程中，能源革命和绿色发展都是至关重要的内容。也就是说，推动能源革命和绿色发展，是中国生态文明时代的必然要求。

生态文明时代保障了人们能够获得生态良好和环境适宜的美好生活，这是经济社会发展的必然指向。从物质生活富裕到美好生活的需求，是一种生活内涵方式的重新定义。物质生活主要在于解决温饱问题，而美好生活则是在物质生活丰富的基础上，生活水平和生活质量的全面提升。其中，对良好生态的追求则构成了美好生活的主要内容。能源革命可以为美好生活提供持续稳定的可再生能源，绿色发展能够为其提供良好的生态、清洁的环境、适宜的居住氛围。这既是美好生活的体现，也是美好生活的保障，这体现在国家的战略目标之中。

综上所述，在新时代，中国的主要矛盾已经转化，人民日益增长的美好生活需要和不平衡不充分之间的矛盾成为社会主要矛盾。同时，生态文明赋予了新时代的生态内涵。因此，以能源革命推动绿色发展的思路，为中国解决以上问题提供诸多更为实用的政策体系和方法路径。

我们要勇敢做时代的"弄潮儿"，从解决社会主要矛盾的高度，重新审视能源革命和绿色发展。只有把能源革命和绿色发展放在更高的战略位置，才能在更深层面上领悟国家要坚定推进能源革命和绿色发展的根本性原因。这是一个事关国家战略布局的重大决定，影响着国家和中华民族的可持续发展。

对此，无论是从中央政府角度，还是从地方政府角度，抑或是从企业和普通百姓角度，都应该理解推进能源革命和绿色发展的动因的意义。能源革命和绿色发展，需要地方政府的坚定配合和支持，更需要企业和家庭在生产和消费过程中践行绿色发展理念，为能源革命和绿色发展的推进提供支撑。只有从以上几方面做出努力，能源革命和绿色发展推行的效果才能凸显。

2 能源革命：内涵特征与中国的选择方向

2.1 能源革命的本质探究

2.1.1 能源革命的历程

高世宪、任东明（2014）从人类发展史的角度分析了三次能源革命和两次工业革命：以人工火代替自然火为标志的第一次能源革命；以蒸汽机和煤炭的大规模使用为标志的第二次能源革命，对应于第一次工业革命；以石油替代煤炭，内燃动力、电力替代蒸汽动力为标志的第三次能源革命，对应于第二次工业革命。中国国际经济交流中心（2014）从人类利用主要能源种类变化的角度，将能源发展的历史分为“薪柴时代”“煤炭时代”和“油气时代”三大阶段。朱彤（2014），史丹、王蕾（2015）从文明角度梳理了以往能源革命的发展历程：农业文明对应第一次能源革命，以人工火替代自然火为标志；工业文明对应第二次能源革命，以蒸汽机的发明和19世纪煤炭的大规模使用为主要标志，并将这一时代划分为煤炭替代木材、石油替代煤炭两个阶段；当下正在进行着的第三次能源革命，我们可以将生态文明与之相对应。对能源革命历程的代表性研究成果的直观表现如表2-1所示。

表2-1 能源革命分类及标志

分析视角	第一次能源革命	第二次能源革命	第三次能源革命
人类发展	木材	煤炭	石油
社会文明	木材	煤炭、石油	可再生能源
工业文明	煤炭	石油	可再生能源

资料来源：笔者整理。

能源革命是工业革命的前提与实现条件，两者联系紧密，每一次工业革命都发端于能源的开发利用；核心技术的突破与产业化，使替代能源得到了广泛的应用，推动能源革命进程，进而推动工业革命的发生。当前，第三次工业革命的浪潮正席卷全球，聚焦于工业文明视角分析能源革命，可以更加有针对性地把握能源革命的本质及其与工业革命之间的关系，与现实问题的联系也更加紧密。因此，本书从工业文明的视角，归纳历次能源革命如表 2-2 所示。

表 2-2 能源、技术与工业革命关系

历次能源革命	主导性能源	核心技术	历次工业革命
第一次能源革命	煤炭	蒸汽机	第一次工业革命
第二次能源革命	石油	内燃机	第二次工业革命
第三次能源革命	可再生能源	清洁、智能电力	第三次工业革命

资料来源：笔者整理。

蒸汽机的发明与产业化使得煤炭得到了广泛的应用，由此产生了第一次能源革命，建立在煤炭上的工业与各行业得到了迅速发展，继而引发第一次工业革命；内燃机的发明与产业化使得石油得到了广泛应用，产生了第二次能源革命，建立在石油上的工业与其他产业，如交通运输业得到了快速发展，进一步引发第二次工业革命；电力作为一种清洁动力是当前世界能源利用的主流方向，可再生能源发电技术的突破与产业化，将推动第三次能源革命，促使一系列相关产业的转型、升级，从而引发第三次工业革命。

2.1.2 能源革命的本质

我们通过对能源革命的发展历程与替代规律的归纳，提出能源革命的本质概念：能源革命的本质是替代，由经济问题引发，核心技术突破推动，形成以新能源系统为主导地位的替代过程，促进各个产业转型、升级与相关产业兴起，继而产生工业革命。

在工业文明视角下，我们通过分析各能源系统之间的替代规律，认为第一次能源革命是煤炭替代木材作为主导能源的过程。18 世纪后期，封建制度的瓦解推动了商品经济迅速发展，而木材的使用远不足以支撑大规模商品生产的发展，由此引发了人们对新能源物质的追求。煤炭伴随其核心利用技术——蒸汽机的推广而得到大规模应用，并引发各领域技术创新与相关产业的兴起，从而产生了第一次工业革命。第二次能源革命是石油替代煤炭作为主导能源的过程，是基于石油相对于煤炭在经济上的优越性，伴随核心技术内燃机及电力技术的推广而实现的能源转型，而相关产业的兴起引发了第二次工业革命的产生。由此可见，能源替代的起因主要是原有的能源不足以支撑经济进一步发展，同时，我们应注意到本次能源替代起因的特殊之处在于，还要更多地考虑环境问题。

第三次能源革命是非化石能源替代化石能源的过程，也是可再生能源替代不可再生能源的过程，是当下正在发生的能源变革。虽然以煤炭、石油为主的化石能源系统促进了人类生产、科技、经济等方面的大发展，但化石能源系统不可再生、储量有限及其所导致的环境问题，使其无法持续支撑经济的可持续发展。随着科技的日益进步，人们在探寻能源困境的出路的过程中，逐渐将目光转向了清洁的可再生能源，如太阳能、风能、水能、生物质能等清洁能源。相较于化石能源，可再生能源大多是受到地球外部因素的作用所形成，只要开发利用的技术成熟，在一定程度上就可以超越储量的限制，其替代范围之广泛、影响之深远将会远超前两次能源革命。

我国目前正处于第一次能源革命与第二次能源革命的混合期，主导能源仍是煤炭，其生产量与消费量处于60%以上，煤炭的开采、加工、燃烧等一系列过程造成了严重的环境问题，如地质灾害、水污染、大气污染、地表植被破坏等。中国的煤炭市场还存在产能过剩的现象，这进一步加剧了国内煤炭资源开发利用的矛盾。因此，中国第三次能源革命的本质在于以可再生能源为主的非化石能源系统替代以煤炭为主的化石能源系统，并以非化石能源消费量超过化石能源消费量为标准，即非化石能源的消费量占一次能源消费量达到50%以上。随着可再生能源发电、储电技术的突破与产业化，可再生能源将得到大规模的应用，引导相关产业转型、升级，并引发一批新产业的兴起，将促进经济的可持续发展。

2.2 能源革命的特征

可替代能源的主导性、核心技术性是历次能源革命最核心的本质特征，而对于第三次能源革命，中国还应注重新旧能源替代的层次性、兼顾性以及两种替代模式。

2.2.1 替代的主导性

替代不代表绝对放弃原有的能源消费，而在于对新能源主体地位的确立，即拥有绝对的主导权；替代不是完全抛弃原有能源系统创造的价值，而是在其科技、文明及人们生活方式进步的基础上，进一步推动经济发展，从而引发新一轮的创新与生活方式的改变，是升华，而非另起炉灶。

正如第一次能源革命没有完全放弃柴薪，第二次能源革命没有放弃煤炭一样，第三次能源革命也不会彻底放弃化石能源。因为当前的能源问题主要归因于化石能源日渐枯竭，导致的环境问题突出，当清洁的可再生能源主导能源体系时，这些问题将会迎刃而解。届时，化石能源将基于技术研究、国防等特殊需要走高端发展路线，具体表现为储备技术、不断提高利用效率、经营、管理等发展到新的高度，对可再生能源结构进行必要的补充；可再生能源产业将在互联网等信息技术创新的基础上，推动经济发展，在原有趋势上进一步变革人们的生活方式。

2.2.2 替代的核心技术性

能源革命替代的重点不仅是能源种类的不同，还在于该能源能否被广泛应用，是否解决经济、环境等问题，这就取决于能源替代的核心技术突破与核心技术产业化。

煤炭替代木材并得到大规模应用，主要取决于蒸汽机的发明和其技术的产业化；石油替代煤炭并得到广泛应用，主要取决于内燃机的发明及其技术的产业化。由此可见，可再生能源等非化石能源替代煤炭、石油等化石能源，也必将取决于一项核心技术的突破与产业化，该技术拥有和蒸汽机、内燃同等的战略地位，能够使可再生能源得到广泛的应用。杰里米·

里夫金（2009）认为互联网技术与可再生能源即将融合，并为第三次工业革命奠定坚实的基础。该理论对能源转型有很大的启发性，阐述了第三次能源革命的内涵；联系当今社会发展的核心动力是电力，可以推测，第三次能源革命的核心驱动技术将在互联网、智能技术等推动下，可再生能源在发电、用电及储存电能方面取得技术的创新与突破，该创新技术的产业化将引领各领域技术创新与产业兴起，从而推动第三次能源革命。

2.2.3 替代的层次性

中国当前能源转型具体表现为不同层次上的能源替代，第一层次是化石能源系统内的替代，即天然气替代煤炭、石油；第二层次属于能源系统间的替代，即可再生能源替代化石能源。

基于以煤炭为主，天然气、石油、核能、可再生能源并存的能源结构禀赋，中国目前处于前两次能源革命的混合期，以化石能源系统内的替代为条件推进能源系统间的替代，有助于中国引领第三次能源革命。据相关研究，中国煤炭需求峰值预计出现在2020—2030年，届时非化石能源分别占一次能源消费量的15%与20%，远未达到全面替代的条件。对此，国内能源需求量的空缺，主要由相对煤炭而言较为清洁的天然气弥补，从而实现化石能源系统内的替代。具体表现为煤炭消费量虽然减少，但天然气消费量大幅增加，化石能源总量仍然增加。

替代的层次性可通过图2-1与图2-2的对比体现出来，2010—2020年，煤炭与石油的消费比分别减少6%，而天然气与非化石能源的消费比分别增加6%。其中，天然气的增加属于化石能源系统内的替代，而非化石能源的增加属于非化石能源系统与化石能源系统之间的替代。

能源系统间的替代原理可用技术进步、经济发展及资源约束条件下能源的边际量变化与规模效应等经济现象给予解释。能源的边际生产量是增加一单位生产要素能源产量的增加量，能源的边际消费量是随收入的增加而增加的能源消费量。在资源约束、技术进步条件下，化石能源的总生产量下降，但其利用效率得以提高；在经济发展、技术进步条件下，可再生能源的边际生产量逐步增加，并形成规模经济，同时，其总产量的增加得以满足能源总需求的增加。工业化、城镇化的高度发展，使人们的生产、生活方式发生了改变，随着人们收入水平的提高，人们的消费观念正在发生变化。煤炭消费达峰后，化石能源的边际消费量开始逐步递减直到为零，同时其消费总量开始递减，直至化石能源消费达峰；而可再生能源边际消费量仍然递增，其消费总量增加的速度越来越快，当可再生能源达到一次能源消费量的50%时，便进入替代的第二层次，即可再生能源全面替代化石能源，从而在能源系统中占据主导地位。

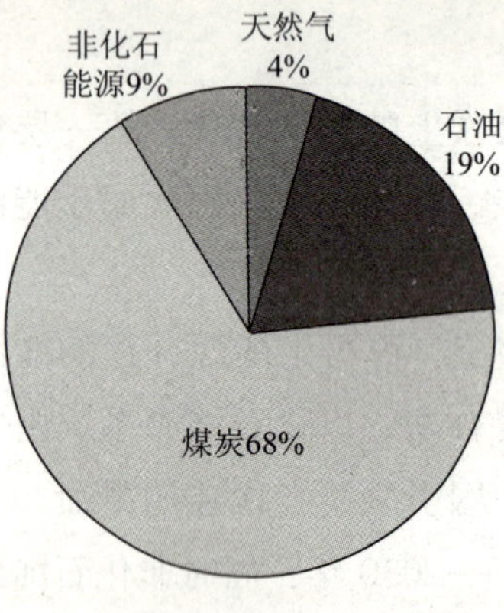

图 2-1　中国 2010 年能源消费比例

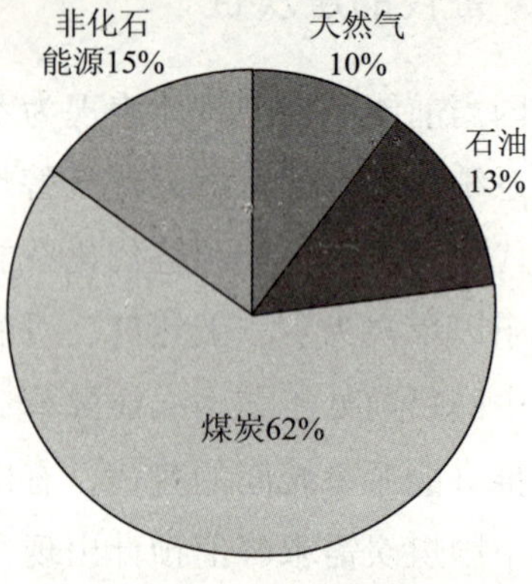

图 2-2　中国 2020 年能源消费比例

资料来源：图 2-1 根据《中国能源统计年鉴 2012》数据整理，图 2-2 根据《能源发展战略行动计划（2014—2020 年）》数据整理。

2.2.4　替代的兼顾性

第三次能源革命应同时兼顾可替代能源种类的多样性、替代的标准以及实际国情，只有三者有机结合，才能为确立主导性的替代能源提供科学依据。

与前两次能源革命不同，第三次能源革命不止有一种替代能源，有太阳能、水能、风能、生物质能、地热能、海洋能等多种可再生能源，另外还有核能等清洁能源。可再生能源占一次能源消费量达到50%，是判断完成第三次能源革命的基本标准。其他替代标准除了成本低、增长快、应用广外，更加注重可再生、清洁度高、安全等新特性。能源替代还必须注重本国的能源禀赋、经济发展需求等实际国情，综合考虑制定相关政策，为能源转型提供战略导向。三者的有机结合形成了世界上各具特色的能源革命，如美国的页岩气革命、欧盟的低碳能源转型、日本的多元化与效率并重能源战略和巴西的生物能源转型等。

根据能源清洁化的利用趋势，未来终端用能主要表现为电能。中国水电发展已基本成熟，风电受自然及技术条件约束，生物能发电受原材料限制，核能、地热能、海洋能发电也存在技术难关及其他兼顾性上的缺陷，短期内无法得到有效的推广应用，从长期来看也不足以引领中国的能源转型。相对而言，太阳能发电在能源革命替代的兼顾性上表现出了明显的优势，最有可能成为中国未来能源系统中的主导能源。

2.2.5 替代的两种模式

第三次能源革命替代的发展模式可分为推广模式与高端模式：推广模式重在使主导性能源的应用广泛化，高端模式重在使化石能源、核能等能源的应用特殊化。

基于主导性能源的可再生、无污染、创新技术成熟、成本低、易推广等兼顾性优势，政府应给予重点扶持，并以市场为导向，使新能源以不同的利用方式走进寻常百姓家；其中，对于一些因为自然禀赋等客观原因而难以全面推广的可再生能源，如风能、海洋能等，要根据自然条件结合已有技术进行区域性的局部推广。煤炭、石油及其他替代能源如核能等，在使用上有相对优势，但又存在环境污染、短期技术难以进一步突破等方面的缺陷，适合走储备技术、研究为主的高端路线，不断地提升经营管理、能效等，满足社会发展的一些特殊需求，如国防、科研等，对能源结构的运行做适当补充，如供电上的调度等，从而完善新能源系统。

通过对能源本质及特征的研究，我们发现从目前发展来看，第三次能源革命是两大能源系统间的替代，从历史角度来看，却是可再生能源的回归，“不是薪柴时代的简单重复，而是以技术进步为支撑的新型可再生能源体系的兴起”。我们要以历史和辩证的眼光审视能源与工业体系的发展关系，研究能源革命的本质及其特征，确立正确的发展方向，推进能源转型与经济建设向前发展。

2.3 中国引领第三次能源革命的条件

18世纪40年代，英国率先完成了煤炭对木材的替代，引领了工业文明下的第一次能源革命，进而领导了第一次工业革命；19世纪70年代，美国将石油确定为主导性能源，伴随着大量相关科技的广泛应用而引领了第二次能源革命，继而领导了第二次工业革命。综观引领前两次能源革命的国家，无论经济、科技、军事，还是政治、教育等，都表现出了强劲的发展张力，其影响力也一直持续到当今。中国近代由于历史原因而无缘于前两次能源革命及工业革命的领导权与发展机遇；但随着中华人民共和国的成立以及改革开放，国内安定，经济、科技等快速发展起来，为实现第三次能源革命和进一步的经济转型提供了良好的基础和条件，我们应抓住机遇，积极争取第三次能源革命的主动权，从而为中国今后在世界上的领先地位奠定基础。

2.3.1 中国引领第三次能源革命方式的界定

中国引领第三次能源革命可以从相对引领和绝对引领两方面进行分析，其中，相对引领是中国在第三次能源革命中已经具备的优势条件，是同其他国家比较所表现出来的优势；绝对引领是中国实现第三次能源革命领导地位根本性的优势条件，是能源系统的绝对替代，在相对引领条件的日趋成熟的基础上而得以实现。

中国相对引领第三次能源革命方式的界定，主要体现在中国可再生能源发电产业的装机量与发电量都居世界第一位，并遥遥领先。据相关资料显示，2014年，中国新增并网光伏发电容量1060万千瓦，约占全球新增容量的1/4，占光伏电池组件产量的1/3，新增光伏电站855万千瓦，分布式205万千瓦；在全球产量排名前10名的光伏电池制造企业中，我国占据6席，前4名均为我国企业；光伏电池组件总产量超过3300万千瓦，同比增长17%，出口占比约68%，多数企业产能利用率提高，前10家企业的平均产能利用率在87%以上。总体来看，我国的太阳能发电装机量、发展速度以及光伏企业的发展都居世界第一位。

2014年，我国全年风电新增装机容量1981万千瓦，新增装机容量创历史新高，累计并网装机容量达到9637万千瓦，占全部发电装机容量的7%，占全球风电装机的27%。而美国仅占全球风电装机的17.8%，居世界第二位。我国的风电上网电量达1534亿千瓦时，占全部发电量的2.78%，全面新增风电核准容量3600万千瓦，同比增加600万千瓦，累计核准容量1.73亿千瓦，累计核准在建容量7704万千瓦，同比增加1600万千瓦。总体来看，我国的风电发电量已占世界30%，相当于整个欧洲与两个美国的风电发电量。

中国绝对引领第三次能源革命方式的界定，主要体现在以可再生能源为主的非化石能源的消费量，占国内一次能源消费总量的50%，进而占世界一次能源消费总量的50%。

可再生能源消费量占一次能源消费比例达到50%，这就意味着可再生能源已经具备了全面替代化石能源的条件，由化石能源系统内的替代层次全面进入可再生能源系统对化石能源系统的替代层次，由此开始确立可再生能源系统的主导性地位，是实现第三次能源革命的标志。

2013年，中国的非化石能源消费比为9.8%，国内的相关战略目标计划于2020年达到15%，2030年达到30%，中国应该在此基础上进一步实现可再生能源消费量的增长。通过多方面的转型与创新，尽快促使我国的可再生能源消费量达到国内一次能源消费总量的50%。我们根据第四章能源情景分析的判断，保守地预测我国将于2050年左右实现这一目标，这就意味着中国绝对引领第三次能源革命的开始。

2.3.2 中国相对引领第三次能源革命的条件

中国目前正处于第三次能源革命的相对引领阶段，相对于欧盟、美国等发达国家并不落后，甚至在一些方面还有自己的优势，主要表现为中华民族复兴的夙愿、政治体制的优越性、可再生能源储量优势、国内能源市场潜力、创新技术潜力等积极条件。

2.3.2.1 中华民族复兴的夙愿

中国作为四大文明古国之一，有着五千年的文明史，一直处于世界领先地位。但由于近代的衰落，近代中国同两次工业革命无缘，错失了发展的机会。新中国成立后，使国内有了一个相对安定的发展环境，经济、科技等飞速发展，综合国力跻身世界前列。

中华民族复兴的夙愿一直萦绕在每一个中国人心中，日趋强烈，习近平主席提出的“中国梦”，便是这种愿望的升华和凝练。综观历史，一国的兴起与能源关系紧密，如煤炭为主的第一次工业革命使英国成为世界强国，以石油为主的第二次工业革命又将美国推到了世界第一的位置；而以能源革命为基础而表现出的巨大发展张力，同中华民族复兴的目标不谋而合，能源革命将成为实现“中国梦”的强力助推剂，中国对引领第三次能源革命，继而引领第三次工业革命，实现大国崛起的积极性也更为强烈，实际行动也必将强力有效。

2.3.2.2 政治体制优越性

各个国家与地区不同的政治制度对经济发展的推动力存在差异，而经济发展在所依赖的能源种类上的不同，又产生了政治制度上的差异。当今世界上主要有两大政治体制，分别是西方国家延续第一次工业革命以来的资本主义制度和以中国为代表的社会主义制度；两大政治制度在当前经济、环境、能源问题面前表现出了截然不同的特点。

西方国家因选举制度等原因，其政府在制定、实施国家战略目标时，会受到国内大企业利益的影响。这些企业主要以化石能源为主，经过多年的发展，其财力和政治影响力远远超过新兴的可再生能源企业，为维护其自身的利益，他们千方百计阻碍能源转型的彻底实施，在环境日益恶化的现实以及国内外舆论压力面前，他们表面赞同能源转型，实际上却奉行拖延策略，阻碍了能源转型的发展步伐。

相对于西方发达国家，我国作为一个中国特色的社会主义国家，基于马克思的政治经济理论与实际国情，实行民主集中制政治制度，是资本主义制度之后的社会发展阶段，在很多方面要优于资本主义制度。中国因其历史特殊性，实现了政治制度的跨越式发展，相对于资本主义制度，在经济建设方面的特点主要体现为，能源大部分领域被国有资本控制，相较于西方国家大部分企业影响国家政策而言，这就为能源革命减少了许多阻力。因此，中国在能源转型初期，政府能够以高效率的方式切实展开能源革命的相关工作。

中国政治结构具有其优越性的有力证明，便是改革开放以来取得举世瞩目的经济成就。对能源转型的政策扶持有力地促进了经济发展、环境改善、人才培养和自主技术的创新，集中体现在每一个五年计划当中，如“十二五”规划中就已提出控制能源消费总量，提高能源利用效率，推进能源清洁化等一系列积极的能源转型措施。“十三五”规划的相关建议中进一步提出了推进绿色低碳发展的战略措施，并明确提出“推进能源革命，加快能源技术创新，建设清洁低碳、安全高效的现代能源体系”；《能源发展战略行动计划（2014—2020 年）》提出了绿色低碳发展战略的具体目标：“到 2020 年，非化石能源占一次能源消费比重达到 15%，天然气比重达到 10%以上，煤炭消费比重控制在 62%以内”。以上战略规划都对能源转型表现出了积极的政策支持，从而有助于稳步推进中国的新型工业化、城镇化建设。

2. 3. 2. 3 可再生能源的储量优势

中国的可再生能源不仅储量丰富，而且种类多样，有太阳能、风能、水能、生物质能、地热能、潮汐能等，其储量大都处于世界前列。我国大部分地区光照条件较好，所蕴藏的太阳能资源处于世界前列；我国风能资源丰富，全国可开发利用的风能资源总量为 10×10^8 千瓦；水能资源是中国重要的可再生能源资源，2003 年全国水能资源技术可开发装机容量就已达到 5. 4 亿千瓦，年发电量 2. 47 万亿千瓦时，经济可开发装机容量为 4 亿千瓦，年发电量 1. 75 万亿千瓦时，水能资源理论蕴藏量居世界第一位。此外，我国的生物质能、地热能、潮汐能同样储量丰富，居于世界前列。2014 年，中国已是世界上最大的能源生产国，占全球供应量的 19. 1%，可再生能源增速快，2014 年全年增长 15. 1%，占全球总量的 16. 7%，是十年前的近 14 倍。

中国地域辽阔，可再生能源还具有很强的地域性特点，而根据不同地域及其经济发展特点，相同的可再生能源的利用方式也大有不同，例如：新疆等西北地区适合集中发展太阳能供电；东部沿海适合发展分布式的太阳能供电，还可利用发展风能和潮汐能；中部地区适合多种可再生能源相协调的集中—分布式能源结构。能源种类及其利用方式的多样化，能够有效地增强中国能源供给的安全保障，稳固经济的可持续发展。

2.3.2.4　国内能源市场潜力

随着中国综合国力的不断增强，经济的快速发展，人们对能源的消费需求越来越大，而伴随着政策的扶持、能源生产利用技术的不断突破与提高，国内企业者们对能源投资的积极性也越来越大。

（1）消费市场

中国人口众多，据统计，2014 年末，中国人口总数已超过 13 亿，占世界总人口的 19%，所以对可再生能源的需求量极大，若能成功实现能源转型，可以很好地拉动内需，从而有力推动中国经济快速增长。据 BP 世界能源统计显示，2014 年，中国占世界能源消费总量的 23%，占能源消费净增长的 61%，表现出极大的能源消费能力，而随着国内政策的扶持，又拥有巨大的消费市场潜力。

改革开放以来，我国煤炭、石油、天然气、非化石能源的消费变化情况如图 2-3 所示。

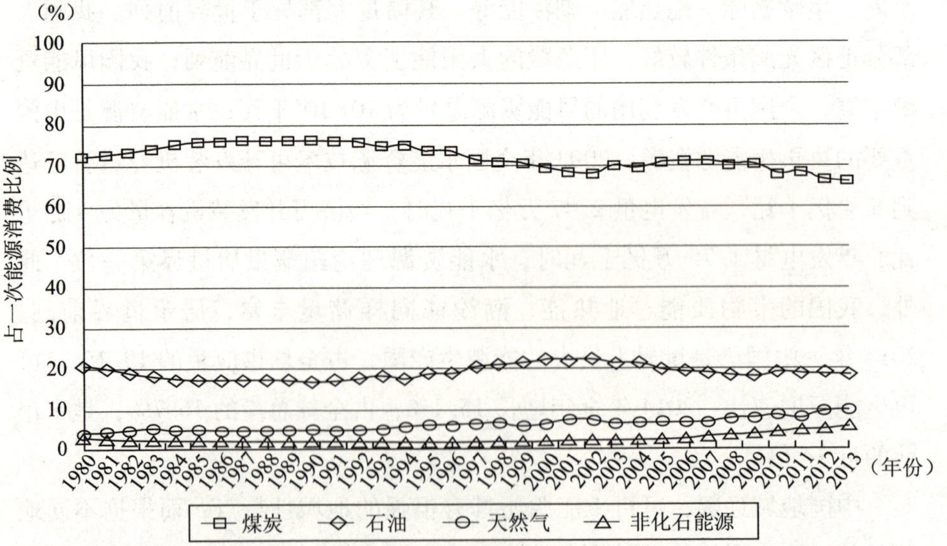

图 2-3　1980—2013 年中国能源消费趋势对比

自1980年以来，中国的能源消费市场一直由煤炭占据绝对主导地位，国内的煤炭消费量占一次能源消费总量的比例一直维持在70%左右，总体来看呈下降趋势，但速度缓慢。石油是中国的第二大能源市场，一直以来消费幅度变化也不大，保持在20%左右，与煤炭消费差距较大，今后的石油消费趋势会因为油价的上下浮动而有所起伏，但总体趋势变化不大。

中国的天然气消费态势良好，虽然起点较低，但从21世纪初呈现一路高涨的消费趋势，特别是近年维持在每年0.3%～0.6%的增长速度，其主要原因在于天然气价格相对石油、煤炭便宜，以及国内汽车市场对天然气应用的广泛化，大多数出租车选用天然气作为燃料，一部分公民的私家车也是天然气与原油两用。然而，与煤炭、石油相比，中国的天然气总体上占国内一次能源消费的比例还很小，仍有很大的增长潜力；同时，天然气为中国能源结构由化石能源体系向非化石能源体系的转变，提供不可或缺的过渡性保障。

近年来，中国可再生能源有了较大的发展，其发展速度也越来越快。这主要是由于环境问题越来越突出，国家意识到发展可再生能源的重要性，并制定了相关政策刺激其发展。但可再生能源所占国内一次能源消费的份额仍旧很小，与天然气的发展趋势相近，但低于天然气的消费比例，并远远低于其所要替代的煤炭和石油的消费比例。主要原因在于可再生能源技术的不成熟而导致其产品生产成本较高，其消费价格较高，消费者的购买欲望不强；同时，人们对新能源产品的安全性仍有所怀疑。

总体来看，中国的煤炭消费处于下降趋势，石油消费有所起伏，但变化不大，天然气、可再生能源呈上升趋势，但还有很大的发展空间；前期天然气作为过渡性能源，其强劲的消费趋势对可再生能源的消费起到了极为有效的作用。

（2）生产市场

随着中国经济的快速发展，而对能源需求的骤增，也极大地刺激了国内能源生产市场的发展；同时，随着能源开采技术、生产技术的不断创新提高，国内能源的生产能力及生产效率不断提高，能源的生产成本逐渐降低，利润随之增加，能源市场也越来越大。此外，政府效能的提高，能源市场制度的不断完善，投资素质的提高，产业化水平的不断提高，都促进了国内能源生产市场日趋成熟，具体表现趋势如图 2-4 所示。

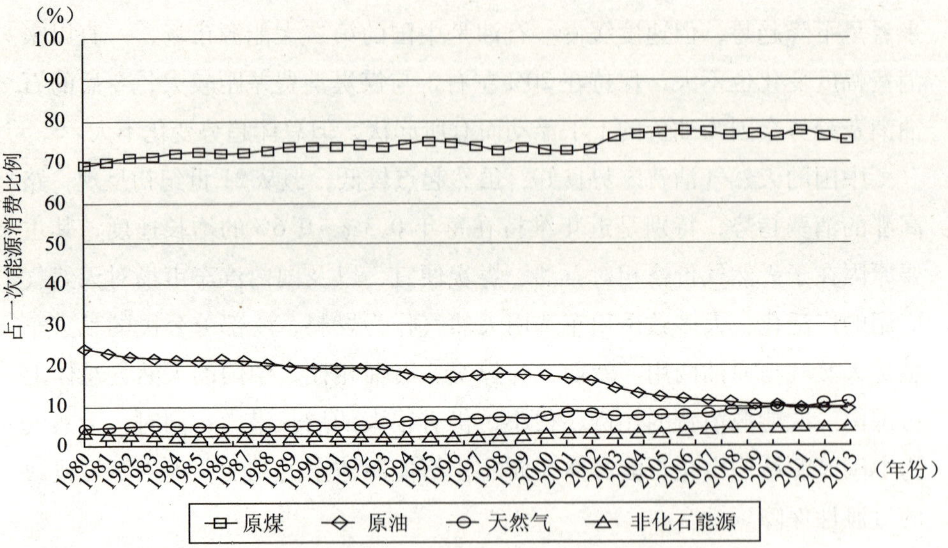

图 2-4 1980—2013 年中国年能源生产趋势对比

自改革开放以来，中国的煤炭产量总体呈上升趋势，虽略有浮动，但所占一次能源生产总量一直高于 70%，在我国能源结构中处于绝对主导地位。中国的石油产量与煤炭相比还有较大差距，并一直呈下降趋势，由改革开放时的 23.8%一直降到 2013 年的 8.9%，下降幅度大，主要原因在于中国的石油储量有限，主要依赖于进口来满足消费。而随着国内天然气生产量的提升，中国对石油的进口在总体上也呈下降的趋势。

中国的天然气产量自改革开放以来有所下降，但变化不大，直到 1995 年产量开始上升，且上升速度越来越快，这主要是因为国家对清洁能源的重视与扶持。另外，国内对天然气开采技术的不断成熟极大地提高了天然气的产量。虽然天然气产量的上升趋势强劲，但是总体产量仍不到国内一次能源生产总量的 5%，很大程度上仍旧依赖进口。

自改革开放以来，中国的可再生能源产量有了显著的增长，1980 年仅占国内一次能源生产总量的 3.8%，但至 2011 年其产量已经与国内石油产量持平，2012 年已经超过 10%。观察其增长趋势，仍十分强劲，这也符合中国推行能源革命的实际国情，是能源替代的实际写照。

总体而言，中国的煤炭产量仍占据主导地位，但呈下降趋势，其下降速度的快慢与国内能源革命的进程联系紧密；石油产量总体水平呈下降趋势；今后天然气的生产趋势将会有所上升，主要在能源系统替代过程中起过渡性作用；可再生能源的产量将会逐步上升，但还有很大的发展空间，发展速度将随着可再生能源生产技术的日益成熟、生产市场的日益完善、国家政策补贴的力度加大等因素而越来越快。从长远发展潜力来看，今后中国的能源生产市场主要表现为可再生能源对煤炭的逐步取代。

从生产角度来看，可再生能源产量的快速增长关系着天然气产量的上升，但从消费角度来看，天然气的消费量的快速增长关系着可再生能源消费量的上升。这主要是因为天然气作为过渡性能源短期内具有优势表现，可以有效地促进消费者对更为清洁的可再生能源的消费积极性。从长期来看，天然气的市场份额将会稳定下来，甚至有所下降，这主要是由于可再生能源主导地位的确立。

2.3.2.5 创新技术潜力

可再生能源利用的核心技术是实现能源革命的首要因素，只有实现了技术创新的突破，许多后续发展才能发挥作用。随着中国经济的不断发展，综合国力的不断提升，当前中国自主创新技术有了很大的突破，多项能源利用技术居于世界先进水平行列。中国的三峡水利工程是世界上最大的水电工程，我国的水电技术已居世界前列；2013 年，中国成立超级电容研究所，专门研发新型超级电容器；北京五星腾达新能源科技发展有限公司研发的“秸秆化机浆”技术攻克了世界性难题，能有效解决污染问题；天津大学石化中心生物质能源专利技术“薯类原料酒精生产方法”，使我国非粮生物质能源技术达到国际领先水平等。此外，一些企业通过收购国外创新公司而形成了创新技术多样化的优势，例如：汉能公司通过收购 Solibro（瑞典）和 MiaSole（美国）两家国外创新公司，而掌握两种铜铟镓硒技术，相对于晶硅发电，该技术是第二代太阳能发电技术，具有无污染、电能转换率高、应用广等优点，是今后太阳能发电技术的主流发展方向。

中国目前虽然还缺乏很多基础性的能源利用技术，但随着政府加大对基础性科研的扶持力度，科技创新能力培养体系逐步正规化，创新动力也逐步增大，技术创新的自主性表现出了极大的发展活力，整体处于上升趋势。

2.3.3 中国绝对引领第三次能源革命的条件

与美国的页岩气革命、德国的新能源革命等相比，我国开发应用新能源起步较晚，基础性设施体系还不够完善，技术创新还需要进一步的提升。但通过研究，我们认为中国并非不能实现跨越式发展，先一步实现对第三次能源革命的绝对引领，中国具有这样的潜力和后发优势。而要实现中国对能源革命的绝对引领，特别是在当前化石能源价格下降的不利条件下继续推广非化石能源的应用，主要依赖技术、市场、政策三方面的革命性突破。此外，还需要合理规划产业、转变能源利用意识等作为补充，实现非化石能源消费占一次能源消费量达到50%，从而推进中国由相对引领转变为绝对引领第三次能源革命。

2.3.3.1 技术的自主创新与引进

技术创新是中国绝对引领第三次能源革命的硬性条件，我国应注重对新能源开发利用相关技术的自主创新，同时还要通过国际的科研合作、技术引进，进一步促进国内的技术研发，提升技术创新水平。

(1) 能源技术的自主创新

技术的自主创新是能源变革的关键与基础，我们可以根据能源革命本质特征中的两种替代模式，来研究能源开发利用技术的创新方向。推广模式下的技术创新，主要是非化石能源发电技术的创新，其将引领汽车行业、建筑业、制造业等行业向清洁方向转型，从而形成能源革命的主导性力量。高端模式下的技术创新，主要表现为对以煤炭、石油为主的传统化石能源的清洁、高效等方面的技术突破，其将引领煤炭、石油等传统化石能源产业的转型与升级，对第三次能源革命起到重要的过渡与补充作用。

第三次能源革命存在诸多的可能性，目前我们无法确定哪一种能源一定会成为未来的主导能源，只有通过相关技术的成熟与产业化程度来加以判断，其中，非化石能源的全天候有效利用与完美的储能效果，对于中国绝对引领第三次能源革命而言是不可或缺的。目前，非化石能源还不能满足全天候的利用。例如：太阳能薄膜光伏发电已经达到了较高的光电转换率，但仍存在阴雨天无法工作的弊端。中国研究人员已经研发出阴雨天正常发电的太阳能电池板，虽然目前转换率较低，只有6.53%，但全天候的太阳能发电是未来的发展趋势。若能有效地解决这一问题，将是引领第三次能源革命的一大助力。另外，非化石能源发电的储能技术还不够成熟，例如：当前太阳能光伏发电等可再生能源发电在很大程度上都属于直接并网，而相关的储能技术还相对薄弱，这使可再生能源在替代化石能源过程中的优势大打折扣，同时，也制约了国内智能电网的进一步发展空间。因此，我们要加快对以可再生能源为主的非化石能源发电技术与储能技术的创新、研发，降低非化石能源产品的成本，促使其尽早投入市场。

传统化石能源的清洁、高效利用，既可以有效地解决能源短缺的难题，又能够有效地改善当前环境污染的问题，同时也符合传统化石能源的高端发展模式，使传统化石能源的开发利用能够满足未来的环境承载力。此外，如煤层气开采技术、洁净煤技术等，通过技术上的升级，不仅有效地缓解了燃煤造成的环境问题，同时也促进了煤炭行业的转型升级，形成一个健康的煤炭市场环境，为非化石能源的替代提供良好的市场条件。

非化石能源中除了可再生能源外，核能等清洁能源同样拥有巨大的应用潜力，关键还是在于其核心技术能否实现重大的突破性进展。核聚变不仅需要少量原料即可产生巨大电能，而且相对于核裂变而言，没有核废料的弊端，若能得到推广使用，也有可能成为未来的主导能源。但是这需要核聚变技术的重大突破为前提，同时还要保证其产业化成本不高，开发及生产的安全性等问题得到解决，而短期还很难达到这样的条件。因此，未来相关非化石能源的主导性选择标准，主要看其开发利用技术的突破力度与产业化发展的成熟程度。从目前趋势来看，太阳能源发电技术最有可能在短期内实现突破，太阳能发电储能技术也是当前的技术创新热点，很有可能成为将来的主导性能源。

（2）创新技术的引进

除技术自主创新外，我国还应积极、有目标地引进创新技术，开展广泛的对外科技合作和交流，促进产业结构升级。对于创新技术的引进，不是对该技术单纯的吸收与运用，关键之处在于再创新，从中研制出对我国生产需要的技术，而这要以我国本身的科研能力为基础。因此，对创新技术的引进是在科学规划的条件下，有针对性地引进，应选取我国已经积累一定的研究经验并且亟待突破的研究项目为引进目标，选择性地引进那些我们能够从中研制出部分设计原理的国外先进技术，并与本土经验相佐证、结合，从而实现自主研发的突破；对于我们完全陌生或处于起步阶段的技术产品，不选择或慎重选择。

中国的高铁技术就是引进、吸收、再创新的典型案例，我国在研发本土高铁技术的同时，曾先后引进了加拿大、日本、法国、德国的先进技术或产品，进行消化和吸收，并结合本土技术的经验积累进行再创新，经过十年的研发，实现了核心技术的突破，使“中国高铁”成为一张颇具影响力的国际名片。我国能源技术的创新也可以在本土技术有一定积累的情况下，引进国外的相关先进技术加以吸收与再创新，从而使国内能源技术创新在短期内实现突破。

在加强与发达国家的科研合作的同时，还应积极关注各国国内的与非化石能源相关的创新企业的动态，抓住机会对其进行合并收购，以获得创新技术，进一步提高中国掌握非化石创新技术能源的数量，从而加大中国在非化石能源技术创新上质与量的绝对优势。

2.3.3.2 能源市场的绿色转型

能源市场的绿色转型是中国引领第三次能源革命的引擎，为我国的能源改革注入源源不断的活力，既包括化石能源产业的转型与升级，又包括非化石能源市场体系的建立与完善，从而形成一个良好的市场环境，通过“看不见的手”引导能源价格，使市场价格最终趋向于均衡价格。

以煤炭为主的传统化石能源市场的转型与升级，既可以缓解采煤、燃煤所造成的环境问题，又能够为非化石能源的逐步市场化提供一个过渡性的机会。煤炭行业的转型主要表现在，从技术层面，提高煤炭产业的生产标准，以清洁煤为煤炭行业的主要发展方向；从市场机制方面，合理规划国内煤炭行业，淘汰生产工艺落后的企业，扶持创新性的煤炭企业，同时大力发展天然气等清洁性的传统化石能源产业，为非化石能源市场提供发展基础与条件。

能源产业转型需要从供给侧与需求侧共同发力，保持供给与需求的对称平衡。从能源市场的供需两侧同时发力，可以在短期内有效地解决化石能源的过度利用与非化石能源推广不足这一矛盾，为推广非化石能源提供一个良好的市场基础。我们可以通过第三次能源革命的替代本质，对从供需两侧同时发力的概念进行拓展：在非化石能源替代化石能源的过程中，应该逐步减少化石能源产量，并控制对化石能源的消费量，同时逐步增加非化石能源的生产量，刺激非化石能源的消费能力，从而有效地推动第三次能源革命。

非化石能源的市场化，需要建立一套长效的市场机制作为支撑，并不断地加以完善。在供求两侧相向而行的基础上，合理配置化石能源与非化石能源的市场比例，建立合理的价格机制，完善供求机制，充分反映且有效调节市场中非化石能源的供求关系，保证其稳定与持久发展；加大以非化石能源为主的新能源厂商的市场竞争力度，维护其竞争利益，提高新能源企业的市场进入率；建立并完善新能源市场监管机制，完善非化石能源的法律体系，提升新能源市场的抗风险能力，为新能源市场提供一个安全的市场环境。

2.3.3.3 政策激励与完善政策体系

对非化石能源的政策扶持与相关体系的完善，是中国绝对引领第三次能源革命的保障，它推动并维护着能源技术创新的积极性与能源市场转型的实际运作，具体体现在企业、消费者、科研三个方面。

（1）对企业的扶持

众多的企业进入市场，可以为消费者提供大量的新能源产品与服务，是消费者广泛接受新能源产品的前提条件。但企业在非化石能源价格优势低的不利条件下，不会主动进行相关的生产服务，对此，政府应大力采取政策激励措施，促进非化石能源产业的发展。

对企业的政策激励措施主要包括经济手段与法律手段，前者主要体现在减免新能源企业的税收、增加对新能源企业的补贴力度、提倡企业进行绿色技术的研发；后者主要表现为建立完善的市场监管体系、缩短新能源企业的相关申请时间、保障新能源企业市场自由竞争的力度，从而提高新能源企业进入市场的积极性，以及刺激传统企业研发相关绿色产品。

政府应全面且有重点地扶持新能源产业的发展，具体表现为加大对光伏发电产业、风电产业的政策扶持力度，打造非化石能源行业的领头军企业，以快速确立非化石能源体系；同时，加大对核能发电、生物质能发电、潮汐能发电等的政策扶持，引导其发展方向，激励其进行技术研发，合理规划相关产业，从而为非化石能源体系的全面确立提供条件。

（2）对消费者的扶持

消费者对非化石能源应用的积极性是推动能源革命的一大动力，然而，我们注意到消费者的积极性与获得利润周期密切相关：若投入大，但短期无法获利势必会极大地影响公民个人消费可再生能源产品的积极性。缩短获利周期的关键在于加大政策的扶持力度，同时，政策体系本身的完善可以很好地鼓励消费者消费、使用新能源，从而达到提高政策效率的目的。

笔者所在研究团队于2016年1月17日走访开封市个人太阳能光伏发电并网用户，经了解得知，目前开封市个人太阳能发展并网的收购电价由国家电网和地方电业局共同补贴，各占0.42元，但地方电业局又在其补贴中收取17%的税费，这进一步导致了补贴金额的下降。根据投资规模的不同，个人收回成本需要4~7年，由于短期无法得到有效回报，消费者们不愿加大投入力度而转向其他消费目标；同时，购买锂电池等一些价格昂贵的基础设备属于太阳能发电设备之外的成本，也极大地打击了居民的投资热情。如果政府进一步加大对居民可再生能源发电并网的政策扶持力度，如免税、补贴电价与居民本身发电量等同、政府或企业提供配套基础设施等，使个人回本时间缩减2~3年，则会大大促进太阳能应用的推广。此外，目前开封市使用太阳能光伏发电并网的用户，仍需像其他用户一样缴纳电费，即用户并网所得补贴费用与供电公司收取电费是两个完全独立的系统，这就造成了公民个人的不便与电力系统上的人力与物力的浪费。如果用户个人所需缴纳的电费可由自己并网所得补贴直接抵销，则为用户提供了极大的便利，也简化了电力系统流程，减少了浪费。因此，对非化石能源的政策扶持还需要完善，同时兼顾国家与个人的利益，最终有力推进第三次能源革命的顺利进行。

（3）对科研的扶持

技术的自主创新与政策创新都离不开科研工作者的研究，政府应加大对科研工作的资金投入，提供政策扶持，使科研工作者在资源充分的基础上进行科学研究，为第三次能源革命提供技术与政策帮助。

根据国内不同的非化石能源发展趋势的快慢，以及不同产业优势、发展潜力的大小，选择性地大力扶持一些主流型的能源技术科学研究，加快科研转化速度。我国应加大对光伏发电技术、风电技术以及相关储电技术的进一步创新与完善，加快其产业化速度，提高我国的非化石能源领先优势；重视对核能、生物质能等其他非化石能源的科研扶持力度，提高我国的创新技术质量，全面提升我国的能源技术创新优势。

2.3.3.4 合理规划国内产业发展

环境问题与以煤炭为主的传统化石能源的不合理利用密切相关，由于化石能源主要用于采矿业、制造业、建筑业等第二产业，以及房地产业、交通业等第三产业的快速发展，因此，对相关产业的合理规划与调整，是实现能源革命必不可少的步骤。

（1）对第二产业的合理规划

工业是一国经济的基石，传统工业部门大多以煤炭、石油为加工原料直接进行开发利用，对其进行合理的规划可以从根本上扭转其产业的发展模式。对第二产业的合理规划，一方面，体现在对传统化石能源的节约，提高化石能源的清洁化利用率；另一方面，逐步加大清洁能源的开发利用规模，进一步推进工业生产方式的绿色转型。

合理规划煤炭开采、石油开采以及金属矿物开采等采矿业的发展，推行绿色开采技术，提高安全生产和绿色开采水平，提高采矿业的资源利用率，并减轻对环境的影响；依据科学产能控制开采规模，加强工业环境管理，在矿区形成并完善循环经济体制。合理规划石油、炼焦、化工、电子设备、纺织等制造业和加工业，规范、提升其清洁化生产技术标准，提高其生产流程的设计水平，同时加强对其生产流程的监管，形成清洁生产模式。合理规划国内建筑业的发展，严格提高建筑清洁生产指标，如严格规定水泥、钢筋等建筑原材料的标准，以引导传统加工制造业的转型与升级；限制建筑业的盲目扩张，避免资源浪费，从而缓解国内能源短缺与环境污染等问题。

（2）对第三产业的合理规划

对第三产业进行合理的规划，可以有效地引导相关产业链的转型与升级。我们可以从终端产业着手规划，减少数量与提高质量并重，减少不合理的产业数量，提高清洁质量标准，从而引导并迫使上游产业进行绿色转型、清洁转型与产业升级。房地产业与交通运输业是我国当前发展最为强劲的第三产业，对其进行合理规划，可以有效地引导一系列产业转型与升级。

房地产业的发展是我国经济的增长点之一，影响着一系列相关产业的发展，对国内房地产业的发展进行合理规划，可以有效地引导建筑业、水泥等原材料加工制造业转型与升级，减少资源浪费，提高能源利用率，增加对化石能源的清洁化利用程度，同时提高对非化石能源的开发利用率，不仅保证了产业的健康发展，还缓解了能源短缺与环境问题。我国的交通运输业发展迅速且影响广泛，通过对交通业的合理规划，大力推行清洁能源汽车，可有效引导汽车制造业以及一系列相关的加工制造业提高生产标准，积极开发利用替代能源，转变生产方式，从而实现汽车制造、销售等整个产业链的转型与升级。

2.3.3.5 转变能源利用意识

中国要实现绝对引领第三次能源革命，需要转变能源利用意识，主要包括公民能源消费意识的提高、能源生产意识的转变等。

（1）能源利用意识的转变

公民能源消费意识的提高，是中国推行能源革命的动力之一，广大消费者对非化石能源使用的积极反馈可以有效地推动第三次能源革命的进行。

能源消费意识的转变主要体现在消费者的消费倾向有了很大的转变，人们更加注重产品的绿色标准，愿意购买清洁性产品，对新能源产品表现出极大的消费欲望。例如：人们更趋向于使用太阳能热水器、空气能热泵热水器、水源热泵热水器等新能源电器；更加乐意购买纯电动汽车、混合动力汽车、燃料电池汽车等清洁能源汽车，取代传统的燃油汽车；人们更加注重绿色装修，对室内装修材料的选取，更加注重其原材料的绿色环保以及提高家庭能源的利用率。

能源生产意识的转变既是公民提高能源消费意识的有力支撑，也是中国引领第三次能源革命的引导性力量之一。

能源生产意识的转变主要体现在生产源、生产线、产品设计等环节上。中国实现绝对引领第三次能源革命，国内的企业要转变生产与管理理念，形成绿色生产、绿色管理的产业模式。首先，加工制造业要在能源原材料上做到以非化石能源为主，如选择太阳能、风能、海洋能、生物能等可再生能源作为原材料进行加工制造；其次，在生产线上做到资源材料的循环利用，提高能源的利用率，充分实现循环经济效益；再次，产品的设计上要同时兼顾产品的销售与清洁、无污染的特性，即处处体现出非化石能源环保的优势特征。

（2）转变能源利用意识的途径

转变能源利用意识的根本手段是加大对基础教育的投入，能源革命需要至少两代人的共同努力，而其所产生的效果却会影响到几代人的生活。我们现在对相关基础教育的大力投入，如加大对学校的教育投入、加大对相关技术培训的投入等，可以使未来社会的生产者、消费者以及服务业等转变能源利用观念，更有效地推进第三次能源革命的顺利进行。

政策性引导是转变能源利用意识的有效措施，政府制定一系列的能源消费与生产标准，同时加大推广非化石能源的宣传力度，可以在短时间内快速转变人们的能源消费意识和企业的能源生产意识。我们现在处于信息化高度发达的时代，与电子信息的有机结合，能够使宣传的范围和力度进一步扩大，而宣传力度的大小也从侧面反映了国内政府对推广非化石能源以及能源替代的重视程度。

随着技术进步、政策推动、消费倾向的逐渐改变，人们对化石能源的边际消费量将逐渐减少，直到对化石能源的消费达到峰值后，其消费总量将开始递减，而对可再生能源的边际消费量将逐渐增加，且速度越来越快，其消费总量将持续增加，直到其消费量占一次能源消费总量的50%，即达到可再生能源替代化石能源的标志性阶段。这意味着可再生能源已经满足替代的绝对条件，此后可再生能源消费的增速将越来越快，相对应地化石能源消费的速度下降得也越来越快。

当可再生能源消费量超过化石能源消费量的峰值时，能源革命将进入到第二阶段，即成熟阶段，此时人们对能源需求总量基本饱和，对能源的需求逐渐变缓，可再生能源消费增速将逐渐变缓，而化石能源减少的速度也将变缓。人们开始着重于可再生能源结构、市场的完善，并进一步进行技术创新，提高能源的利用效率，最终实现第三次能源革命。

2.4 中国能源情景分析与路径选择

2.4.1 中国能源情景定义与特征

本书从政策支持的侧重方向的不同着手，并基于经济、环境与能源结构之间的相互关系，在总体上分为政策支持和政策不支持两组情景，研究不同政策效果下中国能源革命产生的影响。其中，政策不支持情景具体表现为参照情景，政策支持情景分为技术政策、能源政策、环境政策三种情景，加之参照情景，一共四个情景。每种情景各自对应能源转型的一种路径方向，分别是保守路径、温和路径、积极可持续路径、绝对路径四种路径，从经济转型、能源的生产与消费、环境问题、技术、体制等方面分析中国能源革命所面临的路径选择。

参照情景：基本上不提供非化石能源方向的政策支持，维持原有的化石能源系统及其生产方式不变，在经济转型、环境治理、能源转型领域表现的消极被动。该情景发生的可能性不大，仅作为对照参考，对应于能源革命的保守路径。

技术政策情景：中国的政策扶持主要集中在对煤炭的节约、提高能效与清洁化利用上。该情景是中国“十二五”规划初期阶段中国经济、环境、能源的发展趋势，对应于温和路径。

能源政策情景：该情景下，国内政策侧重于非化石能源系统对化石能源系统的替代，但兼顾经济对能源改革的承载力。该情景是未来经济可持续发展的理想情景，对应于积极可持续路径。

环境政策情景：该情景下的政策重心集中在环境治理上，并以解决环境问题为首要目标，在能源转型的初期，就全面展开可再生能源对煤炭、石油等化石能源的绝对替代，政策上的绝对化也引起了经济上的快速转型，该情景对应于绝对路径。

2.4.2 中国能源情景结果分析

（1）参照情景

在参照情景下，中国的能源生产结构维持不变，但仍加大对煤炭的开采与利用，由此造成的环境问题进一步恶化，并严重影响经济发展，可再生能源得不到有效发展，石油仍大量依赖进口，中国的能源结构矛盾加深，中国的能源安全面临更大的风险，经济转型面临的困难愈加难以克服，最终，国内能源生产与消费将成为不可调和的矛盾。在此情景下，中国的能源消费方式变化不大，仍依赖于煤炭、石油等化石能源，而随着中国经济水平的上升，人口数量的增加，对能源的需求日益增加，由化石能源产品造成的环境问题不断恶化，最终造成能源、经济和社会三者之间各种问题的恶性循环。

（2）技术政策情景

中国明确提出了坚持“节约、清洁、安全”的能源战略方针，注重化石能源产业的清洁生产与消费，短期内有效地遏制了由化石能源造成的环境问题的进一步恶化，能源利用效率的提高在一定程度上缓解了人们对能源需求的增长。然而，除了技术上的政策支持外，能源结构调整虽取得明显进展，但是以煤炭为主的能源结构比重仍然过大；天然气、可再生能源的生产量和消费量虽然有所增加，但所占市场份额较小，难以发挥出其清洁性化的巨大潜力；经济转型进程缓慢，环境问题虽然得到一定改善，但环境污染形势依然严峻。

（3）环境政策情景

中国的环境政策目标集中在环境问题的治理上，以保护环境为当前第一要务，使环境问题得到了有效的改善。在能源转型的初期，全面展开可再生能源对以煤炭、石油为主的化石能源的绝对替代。然而，短期内快速建立非化石能源体系的难度较大，成本较高；政策上的持续化虽然引起了经济上的“由重向轻”的转型，但却充满了问题，主要原因是既没有充分考虑国内的经济现状，也没有考虑转型的循序渐进，太过依赖于国内已有的环境治理基础，因而，存在很大的风险，需要慎重考虑。

（4）能源政策情景

国内能源政策的方向侧重于能源系统的替代上，同时又兼顾经济对能源改革的承载力，除进一步提高节能、能效技术外，更加注重对化石能源替代技术的创新与产业化应用，同时保持经济转型稳速的推进。环境问题得到了有效遏制，并逐渐改善。以可再生能源为主的非化石能源得到更加积极且有序的发展，并表现出能源替代的层次性特征：天然气与可再生能源共同替代煤炭、石油化石能源的阶段，以及可再生能源系统替代化石能源系统的阶段。

在能源政策情景下，中国的能源转型并不急于一步求成，而是根据实际国情以及当前的经济发展趋势，制定相应的能源政策目标，逐步完成能源转型，而各个阶段的能源政策目标都指向以最终的能源转型为目的，即实现以可再生能源为主的非化石能源系统替代以煤炭、石油为主的化石能源系统。

2.4.3 中国第三次能源革命的路径选择及预测

中国的第三次能源革命面临四种路径选择，即保守路径、温和路径、绝对路径、积极可持续路径，分别与参照情景、技术政策情景、环境政策情景、能源政策情景相对应。当前我国已有明确的能源转型战略目标，因此，对于保守的路径选择不再做过多分析，仅作为参照标准，我国当前面临的主要问题是如何在后三种路径之间进行选择。

（1）温和路径

温和的发展路径在能源转型的过程中表现得比较平稳，以煤炭为主的能源结构的长期存在，以及可再生能源之间不分主次的发展，意味着将目前的问题拖到未来解决，极有可能造成将来化石能源系统与可再生能源系统之间的利益冲突更加激烈，届时能源转型面临的问题将更加复杂，遇到的阻力也更大。

虽然，在温和路径下，中国能够在短期内维持经济的发展稳定，然而存在能源转型的过渡阶段持续时间过长的缺陷，能源结构与经济可持续发展之间的矛盾将日益加深。随着国内以及全球可开采化石能源量的逐步枯竭，中国依赖于化石能源结构的经济发展模式势必受到冲击，从而极易引发严重的社会问题。总体来看，温和的发展方式虽然有助于能源转型的平稳过渡，短期经济发展问题不大，却不利于长期发展，无法真正实现经济可持续发展。

（2）绝对路径

在绝对路径下，中国的可再生能源得到了快速发展，其产量急剧上升，进而刺激了国内对可再生能源的消费量的增长速度。但是由于利用可再生能源的前期技术不够成熟，生产成本过高，同时政府对可再生能源如果过度扶持而不考虑经济的承载力，将导致地区经济不仅没有增长，反而受到一定程度的抑制。未来经济能否持续地发展，在很大程度上依赖能源转型和经济转型能否顺利进行下去，这种高强度的能源结构变化与经济转型会对中国的经济发展造成影响，其转型过程将产生一些经济问题和社会问题，转型的阵痛在所难免。绝对的发展路径在能源转型初期，势必对经济的可持续发展造成不良影响。

绝对的发展路径所坚持的能源转型道路如果能够实现，将是实现能源革命的最快途径，然而，不可否认的是理想与现实总存在一些偏差。德国在能源改革方面的激进措施，并没有促进其经济发展，反而因转型过快引起的高额成本阻碍了可持续发展，导致污染加重与经济上的一定倒退。这就提醒我们，正确的发展方向只是成功实现能源革命的因素之一，我们更要注重与本国的经济发展状况等实际国情相结合，实事求是、因地制宜地推进第三次能源革命。

（3）积极可持续路径

在积极可持续路径下，中国的能源转型战略目标更加明确，也更为积极，稳步地追求以可再生能源为主的非化石能源系统替代以煤炭、石油为主导地位的化石能源系统，最终确立可再生能源系统的主导地位，从而实现第三次能源革命。

在积极可持续路径中，中国的煤炭、石油产量将持续下降，特别是煤炭的下降速度将越来越快，这主要是由于可再生能源的快速发展表现出强劲的替代作用所导致。随着可再生能源、核能等非化石能源开发利用技术的突破与日臻成熟，非化石能源的生产成本不断下降，价格随之下降，以煤炭、石油为主的化石能源行业将受到以可再生能源为主的非化石能源行业的强烈冲击，其价格优势不再，消费者的消费倾向逐步转向非化石能源产品及相关服务。国内市场实现绿色转型，建立并完善了政策激励与监管机制，保证企业的自由竞争，形成了一个健康的市场环境。随着人们环保意识的提高，能源消费意识的转变，人们更加趋向于消费清洁度高的可再生能源产品。最终，有序且有效地实现了能源转型，从而推进经济转型，同时又实现了经济稳定且可持续的发展目标。

（4）路径选择

温和的发展路径从长期来看不利于经济的可持续发展，而绝对的发展路径在能源转型初期会对可持续发展产生负面影响。因此，这些发展路径都不是解决能源问题与推进能源革命的最佳选择。虽然积极可持续路径与绝对路径都属于积极的能源转型方式，但两者有着很大区别，产生的效果和影响也大为不同。绝对路径虽然在短期内使环境有了极大的改善，能源结构发生了显著改变，但未充分考虑经济的承载力，没有兼顾经济的可持续发展与环境、能源之间的和谐发展，从而导致经济的稳定性和可持续性极易受到影响。积极可持续路径则有效弥补了前者的不足，不仅很好地改善了环境问题，实现了能源转型，同时又兼顾能源改革的经济承载力，保证了经济的可持续发展。虽然该路径的实现时间比绝对路径要长，但比前者更加稳定、安全，也比保守路径与温和路径更为积极。

中国应在温和路径与绝对路径之间，选择积极又可持续的发展路径，从而比温和路径更注重可再生能源主导地位的快速确立，又比绝对路径更注重实事求是与可持续发展。积极可持续路径的发展模式与现实国情的紧密联系是其相对于其他情景模式的最大优势，主要表现为：在转型初期，确立可再生能源主导地位的战略方向，但注重实际国情，以当前经济承受能力为基础，求稳不求快的推进能源转型；当经济、技术、体制、认知等各方面条件满足时，可以大力推进可再生能源的替代任务，提高可再生能源占一次能源的消费比例，确立可再生能源的主导地位。这样既保持了能源转型的连续性，又实现了经济的可持续发展，从长期来看，是中国绝对引领第三次能源革命的最佳路径。

（5）中国实现第三次能源革命的定性预测

1980年我国的非化石能源消费量仅占一次能源消费总量的4%，增长缓慢，到2010年增长幅度不足5%。近年来，我国逐渐重视对非化石能源的发展，并提出了战略性的行动计划，《能源发展战略行动计划（2014—2020年）》明确提出到2020年，非化石能源占一次能源消费比重达到15%。我国在《中美气候变化联合声明》的第三条，明确承诺将于2030年左右二氧化碳排放达峰值，同时，非化石能源占一次能源消费比重达到20%左右，相关数据的直观表现如表2-3所示。

表2-3 中国非化石能源发展趋势数据

年　份	占一次能源消费比例（%）	资料来源
2010	8.6	《中国能源统计年鉴2012》
2020	15.0	《能源发展战略行动计划（2014—2020年）》
2030	20.0	《中美气候变化联合声明》
2050	50.0	根据积极可持续发展路径预测

资料来源：笔者整理。

根据相关数据的分析，非化石能源在2010—2020年的比重约以0.6%/年的平均速度增加；而在2020—2030年将以0.5%/年的平均速度增加，比前10年速度有所下降。供给能力持续增加与需求疲软的双重因素导致煤炭、石油的价格下降，直接造成可再生能源为主的非化石能源投资动力萎缩，其持续时间将取决于新的经济增长周期的来临。对此，我们可以在当前国内能源战略目标、权威性研究报告，以及工业化、城镇化进程等因素的基础上，结合积极又可持续发展路径，对我国2010—2050年的能源发展趋势做出定性预测，如图2-5所示。

《中国工业化进程报告（1995—2010）》研究显示，到2010年东部步入工业化后期的后半阶段，中部和中西部迈入工业化中期的后半阶段，而西部则处于工业化中期的前半阶段。《国家新型城镇化规划（2014—2020年）》表明我国现在仍处于城镇化率30%～70%的快速发展区间，并明确提出到2020年常住人口的城镇化比率为60%左右，户籍人口城镇化比率处于45%左右的城镇规划目标。由此可见，我国现阶段已进入工业化与城镇化快速发展阶段，有望于2030年前后全面实现工业化与城镇化，从而引起生产与生活方式的巨大变化，并为能源革命提供经济、技术、体制机制等基础。而煤炭、石油价格的回升也会加大可再生能源的投资动力，非化石能源的消费速度将成倍增加，因此，在建党一百周年后的第一个五年发展期，即2030—2035年，非化石能源占一次能源消费比将增长5%，与2020—2030年的增长速度相当；至2040年其占一次能源消费比例将增长7%，此时，化石能源仍占主导地位，但随着边际消费量递减，其占一次能源消费比例大幅下降，两大能源系统呈胶着状态。

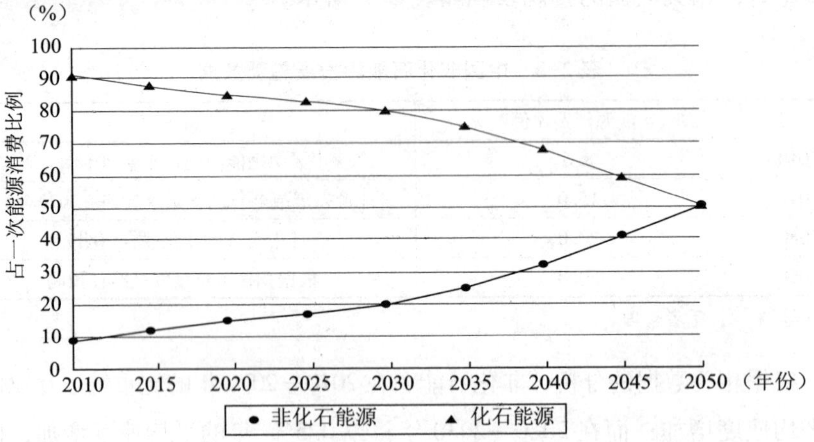

图2-5　2010—2050年中国能源消费趋势

到2050年，也就是中华人民共和国成立一百周年后，在完成“三步走”现代化发展战略，基本实现社会主义现代化，把我国建成富强民主文明和谐美丽的社会主义现代化强国。根据积极又可持续的发展路径，我国处于快速发展并在短期内迅速确立可再生能源主导地位的关键时期，也是可再生能源替代化石能源的转折期，我国应加快可再生能源发展速度，2040—2050年的平均发展速度可达1.2%/年左右，这十年间的发展速度与前三十年的整体发展速度大致相当。2050年，非化石能源占一次能源消费比例达到50%，实现了短期内快速确立可再生能源主导地位的目标，同时又保持了国内经济的稳定发展，无论是从短期还是从长期来看，都有利于经济的可持续发展。至此，中国基本完成了能源革命，即将迎来由第三次能源革命全面推动的新经济增长期。

3　能源消费革命与中国绿色发展

中国绿色发展的目标是否能够真正实现，其关键在于原有的能源消费模式是否真正转变，新型的能源模式是否能够通过能源消费革命的方式被真正建立起来。由此可见，能源消费革命是中国绿色发展的根本出路。现有的能源消费模式是造成中国绿色发展的根本性障碍。只有通过能源革命，转变旧有的能源消费模式，中国绿色发展的战略宏图才能顺利实现，美丽中国的目标才能顺利实现。

3.1　能源消费总量增长的态势强化了中国的能源约束

3.1.1　巨量的能源消费使中国到了能源约束的边界

作为全球第二大经济体的中国，能源消费量位居世界第一位。这样的能源消费霸主的地位，使中国成为影响世界能源价格的主导性国家和因素，从而形成“中国能源需求极大关联世界能源价格”的机制。这样的事实会产生两个方面的实质影响：一方面，中国能源需求的变动成为世界能源价格的重要影响因子，通过能源市场紧密地和世界联系在一起。同时，世界能源价格也会通过能源市场和价格渠道影响中国经济社会发展。特别要密切注意，能源价格成为经济危机的晴雨表。在2008年发生经济危机的时刻，当时国际石油的价格高达140多美元每桶。这样的投机性因素在内的非正常能源价格体系导致美国经济危机的发生，这样非正常的能源价格高位运行最终造成经济危机。另一方面，中国在全球的能源消费主体地位再一次印证了中国在国际能源市场中的影响和地位，应利用能源大国的世界影响力，推动世界能源变革转型。

然而，这种巨量的能源消费却把中国推向了能源消费的约束的前沿。因为随着国家经济社会的快速发展，能源需求不断增长，而国内的能源供应能力有限，能源进口量不断增加。如果不确定因素增加，那么将严重危及中国的能源安全。如果不加以解决，中国很快到了“无能可用”的地步。届时，整个社会将不能正常运转。这意味着，中国已经面临严重的能源约束。如果不控制中国能源消费总量及节能，巨量的能源消费将严重制约经济社会的可持续发展。

这种约束将会对中国绿色发展产生严重的影响：第一，如果能源需求超出正常的需求，存在大量的非常需求，会给中国绿色发展增加冗余量，严重影响中国绿色发展的深入推进。同时，能源约束不仅是中国经济发展的硬约束，也是中国绿色发展的硬约束。只有弱化这种约束，才能为中国绿色发展减压松绑。第二，如果不减少对能源的需求，能源需求在触顶后，那么，中国能源领域就会存在严重的供应不足的情况，其结果便是中国在绿色发展过程中部分能源需求得不到满足，影响绿色发展的推进，导致绿色发展效率损失。第三，如果部分能源需求在绿色发展过程中不能得到有效满足，那么人们正常的生活也会受到影响。这严重违背了人人可获得能源的现代化基本原则，更不能满足人民对美好生活的需要。

从能源需求总量的角度来化解中国的能源约束，是绿色发展的基本要求。与此同时，通过破解能源约束，中国也就获得了绿色发展的能源保障。

3.1.2 中国能源消费总量变动的基本特征及其影响因素

3.1.2.1 中国能源消费总量的变动轨迹

对中国能源消费总量变动的分析有助于深刻理解在中国绿色发展进程中中国所面临的能源约束。在工业化发展的推动下，随着经济规模的不断扩大，中国能源消费总量基本上呈现只增不减的趋势，并且在部分年份中，中国的能源消费增速提高至15%以上（见图3-1）。

从能源消费总量来看，1978—2016年，除了个别年份（如1981年），其余年份的能源消费总量都在增长，其中，最高的是2004年，高达16%以上。根据能源消费增速情况，本书把中国能源增长划分四个周期性变化：

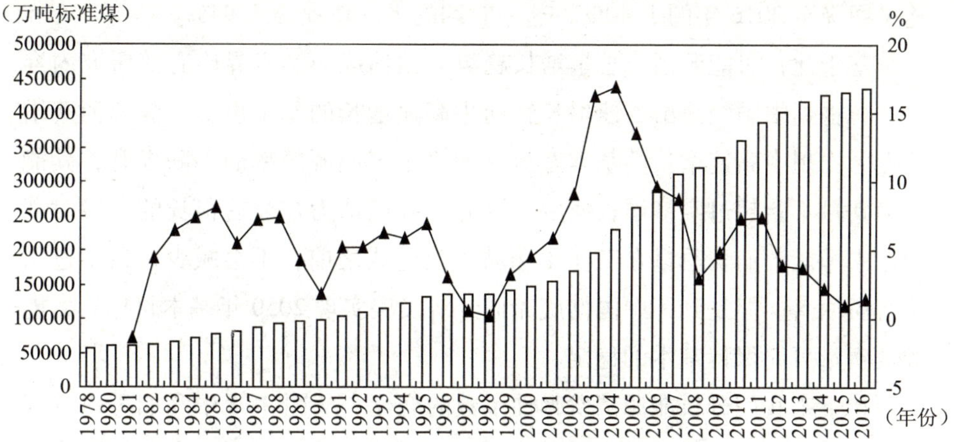

图 3-1　1978—2016 年中国能源消费总量及其增长率

资料来源：《中国统计年鉴（2016）》，2016 年的数据来源于《2016 年国家经济和社会发展统计公报》，下同。

第一，1978—1990 年：随着改革开放政策的实施，中国开启了工业化与城镇化的进程，与之相伴的是不断攀升的能源需求，其增速从 1982 年的 4.4%增长到 1988 年的 7.34%，而后回落至 1990 年的 1.82%，年均增速达 5.09%，这一阶段历经了 13 年。

第二，1990—1998 年：在市场经济的推动下，经济效益明显提高，经济行为异常活跃，能源需求增长明显。但是 1998 年发生的亚洲金融危机，导致能源需求增速明显减弱，由 1991 年的 5.15%增长至 1995 年的 6.88%后，其增速下滑至 1998 年的 0.2%，这一时期能源需求的平均增速为 4.1%。

第三，1998—2008 年：这是从亚洲金融危机到 2008 年世界金融危机的十余年，期间正值中国重工业加速发展，高能耗产业大力发展，城镇化进程加快，能源需求不断增长，从 1999 年的 3.22%增长至 2004 年的 16.84%后，增速又下降至 2008 年的 2.94%，而平均增速高达 9.05%。

第四，2008—2016 年：这是经历 2008 年世界金融危机洗礼后的 8 年。中国经济与世界经济一样，经济增长回落。总体来看，能源需求增速较小。但由于中国实施刺激经济的“4 万亿计划”，能源需求增速从 2009 年的 4.83%，增长至 2011 年的 7.32%。随着政策效应地推移，能源消费增速又回降至2016年的1.40%，这一时期的平均增速为3.94%。

基于此，对能源消费总量增长趋势的预估成为学术界应有的研究内容之一。根据中国经济由高速增长转向中高速增长的基本事实，能源消费增长也会出现中高速增长的基本态势。加之中国能源效率的不断提升，其能源消费量不会超过经济增长速度。因此，我们认为在今后很长的一段时期内，中国能源消费总量在工业化和城镇化完成之前，不会减少，只不过增速有所回落。但是到了中国彻底完成经济发展实现2050年基本目标后，能源消费量可能保持基本的稳定。

接下来我们分析能源消费弹性系数的变化。从图3-2中我们可以发现中国能源消费弹性系数的变动轨迹，对比图3-1，可以发现中国能源消费增速与弹性系数保持基本一致的变化趋势。1990—2016年，总体来说，中国能源消费弹性系数呈现从低到高再回落低的状态。

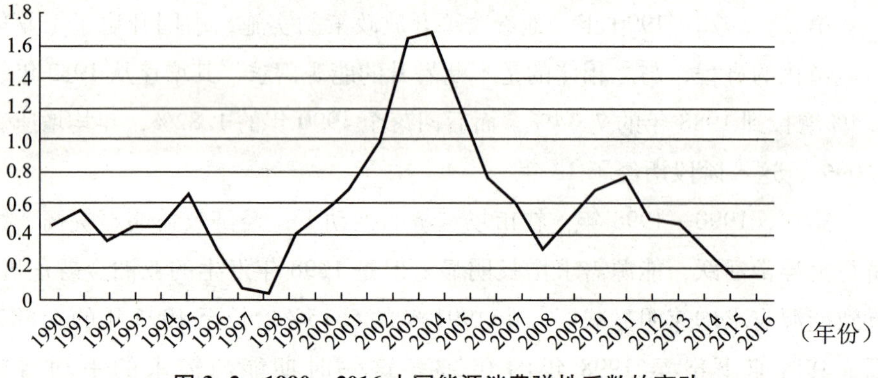

图3-2 1990—2016中国能源消费弹性系数的变动

资料来源：《中国统计年鉴（2016）》。

3.1.2.2 引起中国能源消费变动的主要因素解析

（1）工业化进程

工业化因素是影响中国能源消费变动的第一位因素。这是因为无论是发达国家，还是发展中国家，都是通过工业化实现经济发展目标的。工业化一般是从轻工业化起步，再发展到重工业化的阶段，而后发展至高工业化阶段。在这一发展历程中，整体上看，随着工业化的发展，能源消费量就会增加。特别是到了重工业化阶段以后，各种重型工业开工上马，更加剧了能源消费量的增加趋势。到了后工业化阶段，随着工业化的完成，各种基础设施都已经建设完成，能源需求减少，于是能源需求量进入一个基本上较为稳定的发展阶段。从工业化进程角度就不难理解中国能源消费出现上述变动的基本趋势和规律。中国现在正处于工业化中后期阶段，因此，也正是能源需求大增的时期，以化石能源为主的能源消费结构，更是二氧化碳排放不断攀高的时期。因此，这个时期也是人与自然关系最为紧张的时期。

（2）城镇化进程

城镇化是农民变为市民的过程，这意味着城镇化进程将使我国能源需求在相当一段时间内持续高速增长。随着城镇化集聚能力的增强，大量人口入驻城镇。因此，引起能源需求的不断增长。根据有关专家的测算，中国城镇化率每增加1%，能源消费量将增加6000万吨标准煤。城镇不仅是人口的集聚地，同时也是能源的聚集地。在城镇化初期和中期阶段，城镇化进程不断推进，能源需求量不断增加。随着城镇化进程的完成，能源需求将会稳定在一个平衡的状态。从目前中国处于的城镇化阶段来看，中国正处于城镇化加速时期，对能源需求更加迫切，这一趋势一直到中国完成城镇化进程为止。因此，整体而言，城镇化与能源消费之间的关系呈正向相关关系。

（3）产业结构的变化

产业结构是影响能源需求的重要变量。第一产业、第二产业、第三产业对能源需求有所侧重，其中，第二产业，特别是工业，是能源需求的大户。因此，当第二产业占比较大时，能源需求就会增加。当前，中国的产业结构出现较大的转变，过去从“一二三”转变为“二三一”，现在已经从“二三一”转变为“三二一”的模式。随着第三产业成为国民经济第一大产业，这意味着中国能源需求将呈现减速态势。从上述能源需求在近些年的变动可以看出这一趋势。这种变动的趋势，中国产业结构的作用功不可没。因此，在第三产业成为主体产业的情况下，未来中国能源需求总量增长将会放缓。可见，能源消费与产业结构变化具有相关性。

（4）生活消费模式

无论是从工业化角度，还是从产业结构角度，都是从生产方式角度来分析影响能源需求的因素。然而，除了生产因素以外，生活因素也是影响能源消费的重要因子。发达国家的高消费模式不可取，以美国为例，美国中上阶层是以典型的高消费模式著称，基本上没有循环使用的基本法则，这是因为美国人口较少，经济较为发达，不注意这些生活因素对能源消费的影响。实际上，这些生活因素正是影响能源消费的重要方面。对于人口众多的中国而言，生活方式的转变则成为中国能源消费变动的显著影响因子。这是因为人人节约一度电，便可汇集成海量的节约量。这种生活消费模式的转变，将成为中国能源发展战略的一个重要方面。

（5）对外开放水平

在全球化进程中，中国将会以更加开放的姿态与世界各国开展更加广泛的合作。在全球化经济体系中，“你中有我，我中有你”，实现双赢的合作关系是影响开放经济条件下各国关系走向的基本法则。当然，这一过程是通过商品和服务渠道进行的，没有考虑能源和环境因素。这意味着，在现有的生产环境中，贸易量越大，能源消费量一般来说也越大，引起的环境问题和排放问题也越突出。同时，外商直接投资越多，导致的能源需求越大，进而带来的环境污染也越多，不利于绿色发展。当然，学术界对此也有其他方面的研究与看法，如通过贸易和外商投资，中国能源利用效率和环境效率可能更高，不会发生“污染避难所”的效应。

（6）市场化水平

市场化水平直接反映了一国市场经济的发育程度，它能够促使生产要素优化组合，提高生产技术。市场这只“看不见的手”在资源配置中起决定性作用。在计划经济年代，任何物资购销都要按照计划手段进行调节，能源的消费也是按照票证来消费，当时能源消费量很少，基本上用于生产消费，生活消费的很少。随着市场化进程的加快，生产活力增大，能源需求量不断增加。这也得益于市场化带来的效率变化。需要注意的是，市场化在带来经济发展的同时，也带来了能源消费的增加，这是不可否认的事实。然而，我们需要看到的是，市场化在提高能源利用效率方面的重要作用。市场化水平的高低影响着生产要素的自由流动与配置，进而影响能源消费。

综上所述，中国能源消费总量的变动是一个较为复杂的过程，需要综合考虑各方面的影响因素。通过这些影响因素的趋势变化，我们可以推测中国能源消费量的变动趋势，以此考察中国在经济社会发展过程中的能源约束及其破解的基本思路。

3.2 能源消费结构

3.2.1 以化石能源为主的能源消费体系

根据图 3-3 和图 3-4 可知，1978—2016 年，中国能源消费结构呈现出"高煤"的特征。其中，1978—2012 年，煤炭消费比重超过 70%。在 2012 年以后，煤炭消费比重下降至 70%以下，2015 年煤炭消费总量减少，2016 年煤炭消费比重出现新低，为 63%。

石油消费比重总体来说，较为平稳，处于 17%~22%。作为清洁能源，天然气消费量有较大的增幅，从 20 世纪 80 年代和 90 年代的 2%，增加到 2016 年的 6%。同时显著增长的还有非化石能源消费，从 1978 年的 3%增长为 2016 年的 13%。

中国能源消费结构"煤老大"的地位是中国二氧化碳排放居高不下的一个重要原因。但是从 70%以上的占比到 70%以下的占比，这种变化预示着中国将进入化石能源消费峰值时代和二氧化碳排放峰值时代。

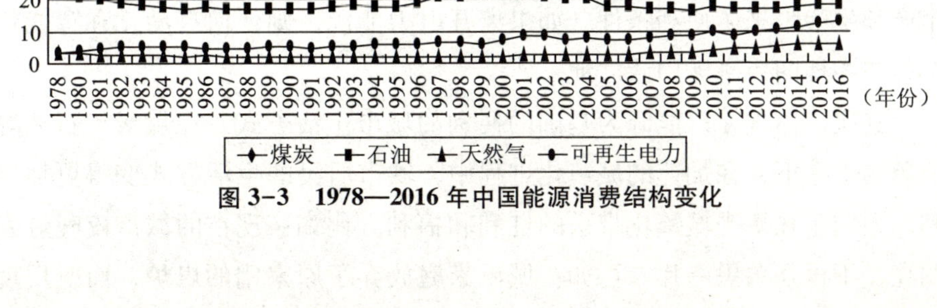

图 3-3 1978—2016 年中国能源消费结构变化

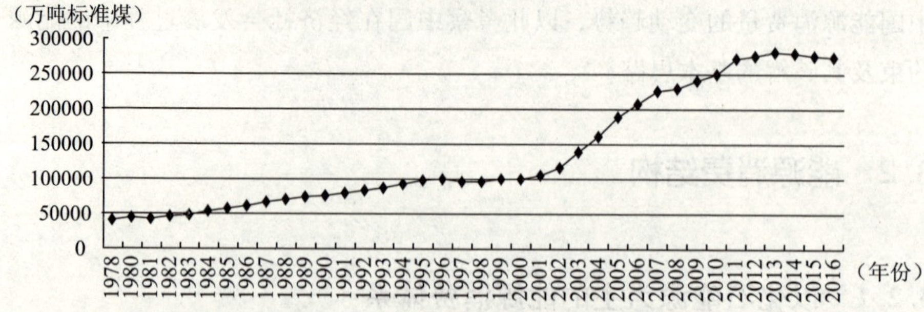

图 3-4　1978—2016 年中国煤炭消费量的变动情况

从以上分析可以看出，中国能源消费结构转变已经取得了显著的成就，特别是煤炭消费占比，从原来的 80%以上，下降至 2016 年 60%多一点。然而，综观整个高碳能源包括煤炭和石油，以化石能源为主导的能源消费体系变化不大。

3.2.2　化石能源消费体系带来的影响分析

（1）以化石能源体系为基础，中国取得了巨大的发展成就

以化石能源为主的能源体系在保障全国用能方面发挥着极大的作用。从原来的煤油灯向电灯的转变，从原来的煤炉向电炉的转换，都表明中国用能来源走向清洁化和便利化。化石能源在支撑经济社会生产和生活的同时，推动了经济社会的大发展和大进步。

首先，体现在以电力为动力的自动化、智能化生产和生活体系的初步建立。在电力推动和先进技术如网络技术、智能化技术等作用下，中国社会自动化程度不断提高，智能化水平也在不断提升。智能化生产、自动化流程的生产模式大大影响着人们的生活水平和生活质量。从物质生活层面，人们获得的幸福感明显增强。这是以电力为基础的现代化，给人们的生产和生活带来了便利条件。如果离开电力能源，则任何自动化和智能化都是空中楼阁，毫无用武之地。

其次，体现在以能源为基础的便利的城市生活方式。在煤炭、石油等能源的支撑下，在加速的城镇化进程中，城市居民的生活方式变得更加便利，人们正在享受城镇化带来的红利和福利。比如：现在的城市夜晚灯光明亮，不再是乌黑一片。再如：城市家庭放弃了原来用的煤炉，而改用现

在的天然气炉灶，极大地方便了人们的生活。总而言之，现代化能源改变了城镇居民的生活方式。

再次，能源推动了更加便利的社会化服务方式产生。在现代化能源的助推下，人们拥有了更加便利的社会服务方式，如先进的医疗条件、便利的公共社会服务以及易于接受的社会管理方式。这些日益先进的现代化方式对现代化社会的塑造、形成产生显著的影响。这背后就隐含着能源的作用。

最后，体现在中国以较低的能源价格代价创造了巨大的经济发展奇迹。在中国市场经济体制的确立过程中，能源价格并不是完全由市场决定的，在价格双轨制的年代中，能源以较低的价格有力地支撑着中国经济社会的发展，为中国经济社会发展创造出一个又一个的发展成就来。如果没有较低的价格保障作用，那么或许中国经济社会发展的进程就可能慢一些。

（2）化石能源的大量消耗使环境问题愈加严重

在化石能源极大地推动中国经济社会发展进而促成经济发展奇迹的同时，化石能源消耗也造成了中国大量污染物的排放。中国仅用短短几十年时间就走完发达国家几百年的工业化历程，这种浓缩化发展模式也带来了污染排放的集中增多，使中国污染排放呈现“集中、多样”的特点。这一特点成为绿色发展的难点，因此，解决巨量污染排放问题是中国绿色发展的重点和难点。

作为固体的高碳能源——煤炭，与石油、天然气等能源类型相比，每生产同样多的能量，所产生排放的大气污染物如二氧化硫（SO_2）、氮氧化物（NO_x）、颗粒物（烟粉尘或一次 PM2.5）、汞（Hg）等重金属和二氧化碳（CO_2）等都更多。不仅如此，在中国经济社会发展过程中，煤炭消费占比很大，大量的产业生产过程都伴随着煤炭的使用。因此，以煤炭为主体的能源消费体系是中国大气污染的主要原因（《中国煤炭消费总量控制方案和政策研究项目》课题组，2014 年）。

另外，根据《中国环境空气质量管理评估报告（2017）》从环境空气质量状况、污染物排放控制进展、环境空气质量管理进展、空气污染治理困难程度等角度分析了中国除西藏之外的 30 个省域 2016 年环境空气质量状况，其结果显示：各地颗粒物污染总体有所改善，但超标情况依旧突出。PM2.5重点控制区域中的京、津、冀、鲁、晋、沪、苏、浙、渝等10省域的平均降幅达7.8%，但京津冀及周边地区采暖期的PM2.5污染仍然较为严重；同时，晋、陕、赣和新4省（区）的PM10年均浓度却不降反升①。该研究表明，尽管中国在治理大气污染方面进行了诸多努力，也取得了一些成就，但是城市空气质量仍有待改善。因此，持续改善大气污染成为中国推动能源革命的诱因，也是中国绿色发展的主要内容。

除此之外，严重的水体污染成为制约中国经济社会发展的瓶颈。水既是支撑国民经济健康发展的生产性资源，也是生物生存不可或缺的环境资源。然而，随着经济的迅速发展和人口的不断增加，对水资源需求的加大和对水体污染物处理不力，造成我国水环境质量出现了令人担忧的局面。除了一系列触目惊心的水质监测数据之外，水体污染导致癌症增多，甚至爆发严重水污染事件。水利部曾经对全国700余条河流，约10万公里河长的水资源质量进行了评价，结果是：46.5%的河长受到污染，水质只达到四、五类；10.6%的河长严重污染，水质为超五类，水体已丧失使用价值；90%以上的城市水域污染严重。水污染正从东部向西部发展，从支流向干流延伸，从城市向农村蔓延，从地表向地下渗透，从区域向流域扩散。

全国水体调查结果显示，在全国七大流域中，主要河流有机污染普遍，主要湖泊富营养化日益严重。七大水系污染程度由重到轻顺序为：辽河、海河、淮河、黄河、松花江、珠江、长江。其中，辽河、淮河、黄河、海河等流域都有70%以上的河段受到污染，可见我国的水污染态势严峻。全国人大环资委原主任委员曲格平曾说："中国水污染问题的趋势是越来越坏，而不是越来越好，前景很不乐观。"2015年颁布的《水污染防治行动计划》开门见山就指出："水环境保护事关人民群众切身利益，事关全面建成小康社会，事关实现中华民族伟大复兴中国梦。当前，我国一些地区水环境质量差、水生态受损重、环境隐患多等问题十分突出，影响和损害群众健康，不利于经济社会持续发展。"

① 中国环境空气质量管理评估报告（2017）发布［EB/OL］. http：//www.sohu.com/a/195102029_630337.

同时，土壤污染问题不容忽视。土壤污染物大致可分为无机污染物和有机污染物两大类。前者主要包括酸、碱、重金属，盐类、放射性元素铯、锶的化合物，含砷、硒、氟的化合物等；而后者则主要包括有机农药、酚类、氰化物、石油、合成洗涤剂、3，4－苯并芘以及由城市污水、污泥及厩肥带来的有害微生物等。当土壤中含有害物质过多，超过土壤的自净能力，就会引起土壤的组成、结构和功能发生变化，微生物活动受到抑制，有害物质或其分解产物在土壤中逐渐积累通过“土壤→植物→人体”，或通过“土壤→水→人体”间接被人体吸收，危害人体健康，这就是土壤污染。① 根据 2016 年公布的《全国土壤污染状况联合调查公报》，中国部分地区土壤污染较重，耕地土壤环境质量堪忧，工矿业废弃地土壤环境问题突出。全国土壤总的超标率为 16.1%，其中重度污染点位比例为 1.1%。土壤污染以无机型为主。南方土壤污染重于北方，长三角、珠三角、东北老工业基地等部分区域土壤污染问题较为突出，西南、中南地区土壤重金属超标范围较大。镉、汞、砷、铅 4 种无机污染物含量分布呈现从西北到东南、从东北到西南方向逐渐升高的态势。

具体来看，第一，不同土地类型都有所超标。耕地土壤点位超标率为 19.4%。其中，轻微、轻度、中度和重度污染点位比例分别为 13.7%、2.8%、1.8%和 1.1%，主要污染物为镉、镍、铜、砷、汞、铅、滴滴涕和多环芳烃；林地点位超标率为 10.0%，草地点位超标率为 10.4%，未利用地点位超标率为 11.4%。第二，从污染源来看土壤污染。镉、汞、砷、铜、铅、铬、锌、镍 8 种无机污染物点位超标率分别为 7.0%、1.6%、2.7%、2.1%、1.5%、1.1%、0.9%、4.8%，其中，镉重度污染点位比例为 0.5%，六六六、滴滴涕、多环芳烃 3 类有机污染物点位超标率分别为 0.5%、1.9%、1.4%。第三，重污染企业及周边土壤超标点位严重。在调查的 690 家重污染企业用地及周边土壤点位中，超标点位占 36.3%，主要涉及黑色金属、有色金属、皮革制品、造纸、石油煤炭、化工医药、化纤橡塑、矿物制品、金属制品、电力等行业。第四，固体废物集中处理处置

① 2017 年中国土壤修复、危废、环卫行业发展趋势分析［EB/OL］. http：//www. chyxx. com.

场地土壤超标点位也较高。在调查的 188 处固体废物处理处置场地中，超标点位占 21. 3%，以无机污染为主，垃圾焚烧和填埋场有机污染严重。调查的采油区中超标点位占 23. 6%，矿区中超标点位占 33. 4%，55 个污水灌溉区中有 39 个存在土壤污染，267 条干线公路两侧的 1578 个土壤点位中超标点位占 20. 3%①。

环境污染制约了中国经济社会的发展，导致人们的实际福利水平下降，从而更加显示出中国经济社会发展所受的资源环境约束日益突出。如果不能很好地解决环境污染问题，那么，中国经济社会的进一步发展会因为环境约束而裹足不前，更有甚者，会影响全面建成小康社会的进程。这也是中国推进能源革命，推进绿色发展的理由。因为没有一个理由比人民生命健康更重要，没有一个理由比经济社会发展带来的红利普及效应更重要。

综上所述，中国的能源革命是在新一轮的经济发展中的战略选择，中国的绿色发展是综合统筹经济、社会和生态各方面的发展模式，不仅具有自我革新的发展要求，而且具有较强的国际示范意义。中国作为发展中国家的一员，中国经济社会发展面临的诸多问题，都是其他发展中国家也正在面临或将要面临的。因此，中国的能源革命和绿色发展模式能够造福于其他国家，这是中国能源革命和绿色发展的国际意义。对此，中国更应该从自身发展方式的转变和国际引领的责任担当，深入推进能源革命和绿色发展。

综观化石能源消费的作用，学术界不能无视化石能源对推动中国取得发展成就的作用，也不能忽视化石能源与环境污染的关系。在不同的经济发展阶段，我们有不同的任务。在工业化起飞阶段，经济发展水平较低，同时资源环境容量较大，环境自净能力较强，由化石能源消费导致的环境问题能够被环境所消解，环境污染不会对经济社会发展形成制约。当经济发展到一定的阶段，大量化石能源消费导致的环境污染日益严重，不仅有局部性的，还有全球性的。此时，环境污染与排放严重影响经济社会的进一步发展。我们唯有以更加彻底的方式解决资源环境问题，才能达成能源

① 全国土壤污染状况调查公报 [EB/OL]. http://www. zhb. gov. cn/.

革命的初衷。能源革命是解决这些问题的根本途径。

3.3　中国能源利用效率低下制约着绿色发展绩效的提升

3.3.1　中国能源效率的总体表现

能源利用效率既是能源革命的关键内容，也是推动绿色发展绩效提升的关键因子。提高能源利用效率成为中国能源革命和绿色发展的起始内容。这主要是因为，中国能源利用效率有待提高。2013 年 11 月 7 日，中国工信部部长苗圩在第三届绿色工业大会上表示，中国目前的总体能源利用率只有 33%左右，能源资源利用效率不高，单位 GDP 能耗是世界平均水平的 2.2 倍、发达国家的 3~4 倍。由此可见，中国能源利用效率低于世界平均水平。由此可见，在能源消费量剧增的今天，中国要提高能源利用效率。

能源利用效率是中国能源革命和绿色发展的基本着手点。这是因为无论是在化石能源消费体系中，还是在可再生能源体系中，能源利用效率的提高，意味着能源供给总量的增加，这种变相地促使能源总量增加的方式，提高了能源供应能力，弱化了能源约束。更为重要的是，能源利用效率的提高，说明了能源利用程度的提高。可以认为，提高能源利用效率是中国能源革命中的“效率”革命。

中国能源利用效率偏低成为国内外专家学者的主要关注点。这是因为效率就意味着能源竞争力水平。因为中国正处于经济转型之中，各种体制机制尚未完善，造成了中国能源利用效率低下的事实。

国内专家学者研究了中国能源利用效率特征。研究表明，中国能源效率偏低。在此，我们引用王晓岭、何枫和武春友（2016）的成果，来说明中国与其他国家之间能源效率的差异程度。他们从绿色化视角出发，构建了环境约束下能源效率的分析框架和相应的非期望 EBM 测算模型，其结果如表 3-1 所示。他们发现，2000—2010 年，发达国家的能源效率最高，其次为发展中国家，金砖国家最低；但在观测期内，金砖国家实现了效率的快速追赶，不断向发展中国家和发达国家组靠近；美国、英国、法国实现了 DEA 有效，巴西则为金砖国家中的高效典范；中国效率得分排名第 18 位，不但显著低于 20 国先进水平，而且显著低于金砖国家平均水平。

表 3-1　中国与主要国家之间的能源效率的比较

	2000 年	2001 年	2002 年	2003 年	2004 年	2005 年	2006 年	2007 年	2008 年	2009 年	2010 年	排 序
发达国家												
澳洲	0.78	0.80	0.84	0.86	0.87	0.86	0.84	0.84	0.85	0.86	0.86	6
加拿大	0.80	0.81	0.85	0.86	0.86	0.86	0.85	0.83	0.84	0.84	0.80	7
德国	0.83	0.82	0.84	0.86	0.85	0.84	0.84	0.82	0.83	0.81	0.83	9
西班牙	0.88	0.88	0.86	0.85	0.81	0.80	0.80	0.76	0.81	0.84	0.88	8
法国	1.00	1.00	1.00	1.00	1.00	1.00	1.00	1.00	1.00	1.00	1.00	1
英国	1.00	1.00	1.00	1.00	1.00	1.00	1.00	1.00	1.00	1.00	1.00	1
意大利	1.00	1.00	1.00	1.00	1.00	0.97	0.96	0.94	0.94	0.92	0.93	4
日本	0.83	0.83	0.83	0.85	0.85	0.84	0.84	0.82	0.84	0.82	0.83	10
韩国	0.69	0.69	0.71	0.73	0.73	0.74	0.75	0.75	0.77	0.78	0.79	13
美国	1.00	1.00	1.00	1.00	1.00	1.00	1.00	1.00	1.00	1.00	1.00	1
金砖国家												
巴西	0.88	0.87	0.88	0.91	0.90	0.89	0.87	0.86	0.87	0.88	0.87	5
中国	0.55	0.58	0.62	0.64	0.59	0.58	0.56	0.52	0.54	0.54	0.54	18
印度	0.72	0.71	0.71	0.72	0.71	0.72	0.71	0.68	0.69	0.67	0.70	16
南非	0.62	0.62	0.67	0.71	0.71	0.72	0.73	0.73	0.74	0.73	0.74	17
俄罗斯	0.33	0.35	0.37	0.40	0.43	0.45	0.48	0.50	0.53	0.50	0.51	20
发展中国家												
阿根廷	0.86	0.84	0.78	0.78	0.72	0.74	0.74	0.75	0.76	0.74	0.77	12
印度尼西亚	0.74	0.72	0.73	0.77	0.74	0.75	0.75	0.73	0.73	0.69	0.74	14
墨西哥	0.78	0.76	0.76	0.76	0.74	0.70	0.70	0.66	0.65	0.62	0.65	15
沙特	0.54	0.53	0.54	0.57	0.57	0.58	0.58	0.57	0.58	0.56	0.55	19
土耳其	0.79	0.79	0.81	0.83	0.85	0.86	0.81	0.74	0.75	0.71	0.73	11

低下的能源效率严重制约着中国绿色发展绩效的提高。因此，通过能源革命，创造提高能源效率的各种政策环境，成为中国能源革命的重要内容。

3.3.2 中国能源效率低下的原因及影响

（1）中国能效低的原因剖析

相较于发达国家和一些发展中国家，中国能源效率低下。其原因主要包括以下两个方面：

一是社会主义初级阶段的基本国情使然。在大规模进行社会主义建设的新时期，中国取得辉煌成就。但是，与此同时相伴的还有中国利用能源技术的低下、原有观念的落后等，导致了中国能源效率低下的现状。较重的产业结构必然要消耗大量的能源，产生严重的环境问题。另外，原有观念对于能源浪费现象的发生存在一定影响。过去我们经常听到有人说，“中国地大物博”。的确这值得我们自豪，但是反思这种观念和提法，在现有的资源环境约束日益趋紧的约束下，在一定程度上不利于节约能源行为的推进，不利于全面提升能源效率。而且，这种观念也广泛存在于企业管理人员的日常经营管理之中。因此，我们要转变这种理念，唯有此，才能扭转人们浪费资源的行为，形成提高能源效率的行为惯性。

二是现代企业制度尚未全面建立，制约了能源效率的提高。现代企业制度崇尚的是以公司治理为核心，以企业获利为主导，以和谐的员工关系为重要导向的制度安排。在现代企业制度中，通过管理阶层的成本和收益管理成本，从而内生地就会节约能源，提高能源效率，进而减少成本，提高利润。然而，中国正处于市场经济体系全面转型和全面构成的时期，一些企业特别是国有企业还有待完善治理机制，通过彻底的市场化转型，建立市场化导向的经营机制，自发地从节能和提高能源效率入手，全面构建提升能源效率的现代企业制度，从生产层面为中国能效提高建立基础性保障机制。

（2）中国能效低的影响

能源效率低下，会对中国产生两大方面的影响：

一是造成能源大量浪费，能源需求只增不减。在能源效率不高的情况下，随着经济社会的发展，一个国家或者地区能源需求就会大幅增长，引起能源需求量的急剧增加。这给国家或地区的能源安全带来严重的挑战和威胁。特别是对于中国而言，本来能源效率就较低，但经济社会发展迅速，这就导致能源需求急剧增长，并成为能源安全的重要影响因素。

二是在能源效率低下的情况下，中国能源需求增加的结果是大量化石能源的消费，由此导致了环境问题。如果提高了能源效率，就会减少化石能源的使用，于是环境污染就会减少，环境约束就会弱化。

但是，应该看到的是，中国能源效率也在提升。如表 3–2 所示。无论是万元能源消费量，还是具体的能源消费品种，其表明能源效率都在逐年提高。

表 3–2　中国万元能源消费量

年 份	生产总值能源消费量（吨标准煤/万元）	生产总值煤炭消费量（吨/万元）	生产总值焦炭消费量（吨/万元）	生产总值石油消费量（吨/万元）	生产总值原油消费量（吨/万元）	生产总值燃料油消费量（吨/万元）	生产总值电力消费量（万千瓦小时/万元）
2010	0.87	0.84	0.09	0.11	0.1	0.01	0.1
2011	0.86	0.86	0.09	0.1	0.1	0.01	0.1
2012	0.82	0.84	0.09	0.1	0.1	0.01	0.1
2013	0.79	0.81	0.09	0.1	0.09	0.01	0.1
2014	0.75	0.73	0.08	0.09	0.09	0.01	0.1
2015	0.71	0.66	0.07	0.09	0.09	0.01	0.1

资料来源：《中国统计年鉴（2017）》。

3.4　为中国绿色发展构建能源消费革命的框架

只有坚持绿色发展，才能实现经济持续健康发展和美丽中国的目标。绿色发展是保障中国顺利破解资源环境约束，进而夯实中国可持续发展的最基本路径。能源革命从根本上是与绿色发展一脉相承的。因此，中国要坚定不移推动能源革命。具体包括：通过能源消费总量的调整，破解中国面临的能源约束；通过能源消费结构的调整，实现美丽中国的基本目标；通过提高能源利用效率，实现中国绿色发展绩效的全面提升。

3.4.1　通过能源消费总量的调整破解能源约束

着眼于控制能源消费总量，采取节约为主的政策措施，着力产业结构的调整，把能源消费总量的增速降下来，抑制能源消费总量强势上升的势头。

第一，优先实施能源节约的战略。节约是过去我们所强调的，同时节约也是能源革命的首要纲领。推动能源革命，首要的便是继续实施能源节约的战略。在能源约束日益收紧的情况下，节约能源是解决我国能源问题的当务之急。然而，在很多情况下，还存在节约与浪费并存的局面，在生产和生活领域内，大量的能源浪费现象经常发生。对此，我们要彻底摆脱过去地大物博的观念，面对能源紧缺的基本现实，认识节能的重要性，树立节约能源的意识。针对目前存在的节约成效不明显的事实，中国应该采取适当的措施，强化人们的节约意识。其一，养成节约能源的习惯。习惯成自然，使人们养成节约能源的良好习惯，通过节约习惯的培养，在社会中形成人人节约的良好品行。其二，加大宣传力度，增强节约意识。我们要通过各种途径大力弘扬节约的美德，树立节约新时尚。通过强化宣传，我们可以建立稳固的社会堡垒，形成有利于能源节约的社会环境。其三，形成良好的家庭节能氛围。节约行为的培养重在家庭，家庭是每个人生活的住所，培养家庭的节约习惯可以对家庭成员的影响起到潜移默化的作用，特别是父母对子女更是影响于无形。要达到无论是什么的家庭，不管是高收入的，还是中低收入的，都应该在节约上不能“吝啬”。其四，开展“节能教育进课堂”活动。在教育教学活动中加强节能环保基础教育，要使节能知识进教材、进课堂，使同学们从小树立节能意识。

通过节约战略的实施，基本上可以杜绝在生产和生活过程中的能源浪费现象，力所能及地保障能源供应，既是中国传统美德的体现，也是中国实施能源革命战略中的重要组成部分。这对于缓解中国能源约束具有显著的效应。可以说，通过节约行动，从源头上确保了能源革命的推进。中国人口多，开展人人节约行动，增强可持续发展能力。

第二，全面落实能源消费总量控制的政策措施。能源消费总量控制是防止能源消费敞开式的增长的关键，控制能源消费过快增长的关键就在于严格落实能源消费总量控制方案。尽管早在“十二五”能源规划中，中国早已提到能源消费总量控制，但实际效果并不理想。其原因在于资金投入不够、行政手段不够，执行力不够等。“十二五”期间，中国经济增长明显，对能源的需求也急剧增加。如果控制能源消费总量，就成为推动能源革命的关键。然而，在经济增长发力的情况下，往往事与愿违，能源消费总量高于原定的控制的能源消费总量。“十三五”期间，伴随着大量产业产能过剩，一些高能耗的产业产能达到顶峰或邻近顶峰，于是能源需求增速减少，这为实施能源消费总量控制提供了前提条件。例如：在2020年中国能源消费总量控制在50亿吨标准煤，而在2030年能源消费总量控制在60亿吨标准煤。

这种能源消费总量控制方案的重要意义在于：

其一，为中国经济社会发展算好能源账，对中国能源革命和绿色发展的能源保障做出中长期战略规划。为保障中国能源消费的中长期供应，为中国绿色发展提供充足的能源保障，以及推动中国经济社会发展的良性运转，能源消费的总量应该落实中长期规划。在能源革命和绿色发展中，规划中国未来的能源消费总量前景，是超前布局能源革命的前提。这种能源消费总量控制方案，既是根据国家经济社会发展趋势、产业结构变动情况等一系列转换而形成的科学预判，也是根据经济发展阶段的动态转换、工业化和城镇化进程的动态演进而制定的能源需求战略规划。这对于提前认知中国能源需求情况具有重大的参考价值。

其二，能源消费总量控制成为中国能源消费总量增速调控的重要保障。通过控制能源消费总量，中国能源消费大幅增长的态势得以扭转，使中国能源消费稳步增长，且应用到最为需要的地方，从而避免了中国能源需求增速超过经济增长速度的弹性大于1的严重情形出现。不仅如此，地方政府也应该按照国家能源消费总量的要求，制定与实施具体而科学的能源消费总量计划，并将其纳入本地能源发展规划之中，以求在保障本地方能源需求得到满足的情况下，顺利完成中国能源消费总量控制的区域和省域目标，从而为中国能源革命和绿色发展的推进提供更坚实的区域保障。特别是一些重点开发区域，应该成为能源消费总量控制的主要实施者，如京津冀、长三角、珠三角地区等。中国应该在这些地区为代表的重点区域，优先实施能源消费总量控制方案，在确保能源支撑经济社会发展的同时，要减少能源消费量，这成为能源消费总量控制的重要内容。

其三，制定产业能源消费总量的规划，落实产业能源革命和绿色发展的基本方案。产业是中国经济社会发展的主要部门，同时，产业也是中国能源需求的主导部门。因此，从产业角度落实能源消费总量控制方案对于推动中国能源革命的加速升级和绿色发展的深度推进具有非常重要的作用和意义。从产业体系和经济体系之间的关系来看，构建现代化产业体系是现代化经济体系的重要内容。当能源消费量在现代化产业体系内出现稳定但不明显的增长态势时，中国整个经济体系进而整个经济社会对能源的需求也会迈入稳定的阶段。因此，制定产业能源消费总量控制方案，成为新时代推进能源革命和绿色发展的重要内容，特别是要研究并制定工业和服务业能源消费总量控制方案。这是因为工业是国民经济的主体，工业能源消费量在整个能源消费总量中所占比重最大，所以研究制定工业能源消费总量控制方案应是重头戏。随着中国产业结构的不断调整，服务业成为国民经济的第一大产业部门。因此，对服务业进行能源消费总量的控制应该提上日程。

其四，在能源消费总量控制中，通过确定煤炭消费总量控制方案，细化中国能源消费总量控制方案，同时也就抓住了中国能源革命和绿色发展的关键能源因素。加大煤炭消费总量控制，不仅是能源消费总量控制的需要，更是能源消费结构优化调整的需要。为此，要制定和实施全国煤炭消费总量控制方案，同时，要落实至各省域。支持发达省域强力推行煤炭消费总量控制，不断强化煤炭减量化行动效力。通过煤炭消费总量控制，实现煤炭消费的慢增长，甚至在有些地区实现零增长和负增长，在工业生产过程中，特别要注意削减煤炭消费总量。

总之，从能源投入端，中国应抓好能源革命的突破口，为绿色发展开辟通道。通过能源消费总量控制，调控能源消费的变动，特别是要调控煤炭消费的增长，再配合节约战略的实施，控制能源消费总量，最大限度地保障中国绿色发展的同时，也为污染问题的解决从源头上找到破解之法。

在推进能源革命和绿色发展过程中，应从源头上控制能源消费总量。根据前面的分析，中国经济社会发展过程中，能源需求巨大，能源保障难以为继。因此，通过能源消费总量的控制，实现可持续的能源供应，解决中国能源安全问题和污染排放问题。发达国家的大量事实也证明，在能源消费总量控制，特别是煤炭消费总量控制的过程中，这些国家的资源保障程度有所提高，不仅如此，这些国家的环境问题也顺势得到解决。中国需要学习借鉴发达国家环境治理经验。因为中国正面临着能源约束和环境问题，不解决这些资源环境约束问题，中国潜在的经济发展水平就可能下降，国民收入倍增计划就可能实现不了，现代化社会也就无从谈起。

3.4.2 通过能源消费结构的调整为绿色发展注入可供永续利用的清洁动能

在能源革命促动下，能源消费结构调整既是中国的战略问题，也是中国实施能源革命的主要内容，更是中国推进绿色发展的根本保障。能源消费结构调整在能源革命和绿色发展过程中的重要性体现在：

第一，解决了能源永续利用问题，有利于解决因能源约束而导致的能源安全问题。众所周知，能源约束是中国经济社会发展过程中的一大心病，由能源约束导致的能源安全问题成为制约我国经济社会可持续发展的瓶颈之一。根据化石能源枯竭的原理，中国化石能源也必定逃不出被使用完毕的命运。虽然目前存在的化石能源能解决中国几代人的能源需求，然而却不能保障中华民族永续发展。因此，中国要从根源上调整能源消费结构，使能源消费结构从化石能源转向非化石能源的需求层面上，只有这样才能实现能源的有效利用。

如果从消费端抑制住化石能源消费的话，那么，中国便可以获得稳定的能源保障。众所周知，可再生能源最为重要的性质是可再生性。这种特性使可再生能源在一定的技术条件支撑中，其消费过程不受时间约束，从而保障能源的永续使用。一旦化石能源逐步被可再生能源替代，那么，中国的能源安全便不是一个问题。其关键在于这种替代的程度和速度。根据中国发布的《能源生产和消费革命（2016—2030）》规划的任务，中国到2050年非化石能源消费的比重超过50%。这意味着在整个能源消费体系中，非化石能源的比重将占到半壁江山。这是一个带有挑战性的任务。从目前的情况来看，中国应该可以实现这一任务。因为目前中国的煤炭消费比重超过60%多一点，国内很多机构和学者分析了未来中国能源消费结构的变动情景，发现到2050年煤炭消费比重将下降至30%左右，而非化石能源消费将上升至50%以上。

在这方面研究上，以国家发改委能源研究所和国家可再生能源中心为代表。他们联合进行了“中国 2050 高比例可再生能源发展情景暨路径研究”。根据他们的研究成果，到 2050 年，中国可再生能源在能源消费总量中所占的比重将达到 60%以上，占总发电量的比重达到 85%以上，这意味着中国可以完全实现能源生产和消费革命。由此可见，提高可再生能源消费比重，实现能源消费结构的调整与转换，成为中国能源革命和绿色发展的主题和标志，也是中国推进能源革命和绿色发展的强力保障。因此，中国应该责无旁贷地在生产和生活领域推进可再生能源的使用，通过制度和政策的制定，保障非化石能源在能源消费体系中的发展趋势。

第二，解决了中国严重的环境污染和气候变化问题，为美丽中国的实现奠定坚实的基础。化石能源是中国环境污染的源头，特别是煤炭消费过程中更是伴随着大量的严重污染。因此，解决困扰绿色发展的环境污染问题的关键始终在化石能源的替代上。对此，中国唯有坚实地通过实现能源消费结构从化石能源向非化石能源的转型，才能从根本上解决污染和排放问题，不仅能够解决局部性环境问题，而且还能解决全球性的环境问题。

任何国家和地区只要大量地使用高碳能源，其环境问题就可能比较严重。中国也不例外，并且，中国在能源体系上的最大特点便在于煤炭能源上。中国是世界上煤炭生产和消费大国，中国煤炭消费在能源消费总量中的比重高于全世界的平均水平。因此，减少煤炭消费量，降低煤炭消费比重，提高可再生能源消费比重，仍有很大的潜力和空间。这也是中国调整能源消费结构的原因之一。可以说，中国现在比任何时候都需要调整能源消费结构，比任何时候都需要可再生能源。即使中国的煤炭消费比重较低，也不能阻挡这种内在的发展趋势，其原因在于化石能源的可耗竭性。全球需要寻找一个可供永续使用的能源——可再生能源，这一点毋庸置疑。

在可再生能源的使用上，欧盟如瑞典等国家在这方面做得较好，形成了可再生能源在各个领域内的全覆盖、环境优美的美丽发展的景象。与此同时，由于我国国情的特殊性，采取了粗放式经济发展模式，虽然取得了一定的成绩，但是破坏了生态环境。因此，中国要大力发展可再生能源，提高绿色发展的水平，这是我们义不容辞的任务。之所以这样讲，经济高速发展带来了诸多的环境问题，我们已经付出了环境污染代价，现在应下决心偿还过去的环境欠债。唯有此，才能及时修复我们所处的环境，进而让亿万人民享受稳定而永续的清洁能源和美丽的环境，使人们的幸福获得感倍增。

中国推动能源革命和绿色发展，在调整能源消费结构时，有几个问题需要格外注意。这是因为如果处理不好这些问题，中国调整能源消费结构的努力可能前功尽弃，既不能完成能源革命的使命，也不能为绿色发展提供充足的清洁动力。

第一，能源替代的平稳性。能源消费从化石能源向非化石能源的替代需要平稳运转。这是因为这替代过程中，既不能冒进，也不能保守。例如：2017 年冬季，北方需要供暖，可是在煤改气的行政干预下，多地区出现天然气供应不足的问题，导致一些地区供暖不足。在非化石能源的演进过程中，由于还存在很多配套不完善的短板，如果我们急切地进行能源种类之间的消费替代，那么其结果可能会适得其反，在生产和生活领域要注意这种情况。因为在这些领域内，如果消费替代转换不成功的话，那么就会影响生产和生活的正常运行，部分企业不能正常运转，部分群众的生活将深受影响。这就是能源替代过程中不平稳带来的代价。因此，中国能源革命需要集中力量解决能源消费替代平稳性问题。不能人为地制造消费替代的不平稳，影响生产和生活。对这个问题的解决之道在于有步骤、有重点地推进能源革命和绿色发展，切忌“一刀切”，急功近利。

第二，能源替代的可控性。能源替代如果控制不好的话，就可能出现反弹、风险等重要问题，这就需要实现能源替代的可控性。这种可控性主要在于满足能源禀赋对中国能源消费结构的支撑。我国煤炭充足、油气较少，在条件不具备之时，如果强硬进行能源消费的替代，必然带来能源消费体系的阵痛。这种阵痛将会对人民福利水平的提高产生巨大的影响。国外发达国家的经验表明，在能源消费替代的过程中，需要保持能源战略储备，以增加对能源消费的临时保障作用，从而提高能源消费的可控性。中国需要超前对煤炭、石油和天然气以及电力的战略储备进行研究。尽管中国石油的战略储备已形成较好的基础，但是我们应该注意的是，天然气和电力的战略储备尚未真正建立起来，甚至一些基本的战略储备观念还没有形成。这种战略储备的不完备性，影响着中国能源革命和绿色发展进程中能源消费替代的可控性。缺乏了战略储备，就降低了中国对能源消费替代的可控性。

第三，能源替代的利益均沾性。能源消费养活了大量的从事能源消费业务的企业，在能源消费结构调整的过程中也将伴随着大量能源销售企业的转型。由此可以推测，这些企业如果转型不成功，将影响企业的生产和经营。因为利润是企业生产和发展的导向。如果企业不转型，那么很快便被市场淘汰。我们必须顺应市场的规律，因为适者生存，所以这些以能源为商品销售对象的企业，必然存在三种方向上的调整：要么转型其他类型的企业，要么销售其他类型的能源商品，要么破产。企业在这种调整中，最好的办法是企业在能源消费过程中既不被市场法则淘汰，同时也能转型，获得更多的发展机遇。这便是利润均沾性。这种利益均沾性体现出能源革命对每一个能源销售企业的关照，尽量让每一企业都得到“甜头”。由此断定，在能源革命中，促进了大量能源企业的转型升级，同时也造就了很多能源企业。

在能源革命和绿色发展中，能源消费结构的调整始终决定其成效。从化石能源消费向非化石能源消费的转型，也是能源革命和绿色发展的关键，其中的道理不言自明。实现能源革命，最好的途径也是要以实现能源消费结构的稳步调整为立足点。这是中国推进能源消费革命，进而促进能源革命和绿色发展的主要保障。完成了能源消费结构的转型，也就完成了能源消费革命的基本内容。因此，调整能源消费结构，不能停顿，更不能影响能源革命的推进。

3.4.3 通过能源效率的提高提升绿色发展绩效

一般而言，满足能源需求主要有两条路径：一是以能源供应来满足；二是在能源供应既定的条件下，提高能源效率。由此可见，能效被看作“变相的能源”，尤其是在能源技术条件下，能源效率的提高对能源保障具有十分重要的意义。因此，我们要改变我们固有的能源假设。随着经济的增长，能源供应必须增加以适应能源需求。现在我们可以用提高能源效率的办法解决以上问题。

提高能源效率具有两个明显的作用：一是在能源供给不变的情况下，通过能效的提高满足能源需求。这意味着，即便是经济发展后能源需求增加，通过提高能源效率就可以满足能源需求，无须增加能源供给。这意味着能源需求量由于内生经济体系能源效率的提高而得到解决，无须外部干预。这种自愈式的解决方案，正好符合能源生产革命的初衷，即保障能源供给安全。二是在不增加能源供给的情况下，提高能源效率就可以解决能源需求的情况，就会产生一个很理想的结果：化石能源需求可以保持不变，于是对环境的影响就可以保持原有的情景，即通过提高能源效率的办法，对环境产生的影响甚微。这既符合中国绿色发展的导向，更符合绿色发展绩效的基本实质。

综合以上两种情况，能源效率的提高，既可以保障能源供给，对环境也不会产生负面的影响。这意味着，提高能源效率成为能源发展的首要目标。于是，国际上流行的说法是“能效是一场无形的革命”。因此，我们要站在能源革命的高度重新审视能源效率对中国绿色发展及其绩效的影响。要从世界范围内借鉴提高能源效率的普遍性经验法则，要在全人类社会中形成既定的具有一定普适性的提高能源效率的办法，在推动本国能源革命的同时，也对世界上其他国家和地区能源保障和绿色发展有一定的参考价值。

对此，我们要从能源效率革命对能源革命和绿色发展及其绩效的影响角度，厘清能源效率革命对中国绿色发展的影响。这是我们研究能源效率革命对绿色发展产生促进作用最有效的方法，也是我们最为实际和直接的推进能源革命和绿色发展绩效的提升路径。

无论是发达国家，还是发展中国家都应该在提高能源效率过程中，深刻体会能源效率的最新理念，要通过转变旧有的认识，来进一步理解能源革命和绿色发展的深度内涵。

从以上层面来看，能源效率和绿色发展绩效方向一致；从内容上来看，提高能源效率与提升绿色发展绩效是一脉相承的。从中国目前存在的能源效率较低方面，我们可以判断中国绿色发展绩效有着较大的潜力。因此，通过提高能源效率的方法，成为中国提高绿色发展绩效最为重要的一个方面。

通过提高企业管理水平提高能源效率。从理论上来说，减少能源使用，能够降低企业的成本，从而提高能源效率。但是在企业实际生产过程中，或是企业管理水平欠佳，或是企业管理人员尚没有节约能源意识，导致中国一些企业在能源管理水平上成效较低，不能实现对既有能源的节约。这样能源效率就因企业管理水平低而变得较低。因此，提高企业管理水平成为提高能源效率的主要途径。

首先，要把节约成本和节约能源的意识融入企业管理当中。充分利用能源作为企业成本的杠杆作用，以节约能源从而节约成本的理念，对企业员工进行节能培训，从而让提高能源效率的意识深入人心。这是企业提高能源效率的第一策。只有增强节约能源和提高能源效率意识，才能从根本上建立提高能源效率的保障机制。当然，应该认识到企业员工的教育素质、技术水平存在差异，在实际生产中，对提高能源效率也有不同影响。因此，各企业可能会存在能源效率参差不齐且差距较大的情况。正是通过员工之间的你争我赶，才能在提高能源效率的竞赛中，实现企业整体性能源效率的普遍提高。因此，企业管理阶层应该充分利用这一优势，在员工之间适当开展提高能源效率的演讲比赛、技能活动比赛等，树立节能榜样，形成人人节能的良好局面，提高能源效率和绿色发展绩效水平。

其次，促使以生产设施和能源设备为基础的基础设施的升级代换。在能源效率提升的过程中，生产设施和能源设备的基本情况决定了能源效率的情况。原有的老旧基础设施，显然不再适应能源革命和绿色发展的需求。因此，应顺应能源革命和绿色发展的大趋势，加快更换生产设施和能源设备，使其符合绿色发展的基本要求。国家应出台相关政策，支持企业淘汰落后生产实施和能源设备，在更换新的基础设施的同时，享受国家的改换补贴。基于此，在全国范围内，推进更换落后生产设施的基本进程，推动各个领域（特别是生产领域）更新设施，从而可以构建提高能源效率和绿色发展绩效的框架，为中国从较大范围和更多环节上提高绿色发展绩效奠定基础。无论是企业，还是政府部门，在这次基础设施淘汰之中，应该成为基础设施升级换代的主力，淘汰落后生产设备，促进能源合理利用。

最后，通过产业结构调整，实现能源效率的提高。产业结构调整既是工业化的必然规律，也是加速推进城镇化进程的必然依托。通过服务业的实力增进，可以实现提高能源效率的产业基础。相对而言，服务业具有能源消费少和排放少的特点。大力发展服务业，可以在减少能源消耗，进而提高能源效率和绿色发展绩效。因此，进一步推动服务业的大发展，推动能源产业转型升级，为中国能源效率和绿色发展绩效的提升夯实基础。

4 能源生产革命与中国绿色发展

能源消费取决于能源生产，能源生产革命决定了能源消费革命的内容与层次。能源消费总量受制于能源生产总量，能源消费结构取决于能源生产结构。因此，为了保障中国绿色发展能够拥有充足的非化石能源供应，能源生产革命必然跟进。唯有此，才能保障中国千家万户的可再生能源需求；也唯有此，才能为中国经济社会发展注入清洁的动力能源，才能为实现美丽中国的目标提供保障。

中国正处于能源生产的转型关键期，也是可再生能源生产的突飞猛进的关键时期。中国目前在可再生能源领域已经取得了显赫的成就，目前，中国创造了若干个“第一”，是全球最大的可再生能源生产和消费国，是全球最大的可再生能源投资国，水电、风电、太阳能光伏发电装机规模居世界第一位，中国核电在建规模居世界第一位，是全球最大的新能源汽车生产和消费国。这些“第一”为绿色发展奠定了重要基础，为推进能源革命奠定基础。只有在可再生能源产业取得进步的基础上，能源革命才能取得较大的突破，才能创造出一个又一个的绿色发展奇迹。

4.1 能源禀赋导致的能源生产的格局

根据已有的研究，能源生产情况决定了能源消费情况，这是基本的概况。能源禀赋又决定了能源生产的基本概况，中国的能源禀赋特征概括为“富煤少油贫气”的基本状况。这种能源禀赋特征决定了现在中国的能源生产格局。对能源禀赋的官方分析，主要体现在 2007 年 12 月发布的《中国的能源状况与政策》白皮书。该白皮书指出，中国能源资源有总量丰富、人均拥有量较低、分布不均衡、开发难度较大等特点。

第一，整体而言，能源消费总量富集。白皮书以 2006 年为例，分析了中国能源消费总量，认为中国煤炭资源保有量为10345亿吨，位居世界第三位；从理论上讲，水力资源蕴藏量折合年发电量为6.19万亿千瓦时，但其经济可开发年发电量约为1.76万亿千瓦时。尽管如此，这种经济开发年发电量相当于世界水力资源量的12%，位于列世界首位。

第二，总体而言，人均能源资源拥有量较低。其中，煤炭和水力资源的人均拥有量大体上是世界平均水平的50%，而石油、天然气的人均资源量更低，仅仅为世界平均水平的1/15左右。这种人均能源资源拥有量决定了中国在世界中资源的享受水平。

第三，中国能源区域分布不均衡。中国能源资源具有分布广泛但不均衡的特点，如煤炭主要分布在华北、西北等地区，而水力资源主要分布在西南地区，石油、天然气主要分布在东、中、西部等地区和海域。

第四，中国能源资源开发难度较大。例如：中国煤炭资源埋藏较深，地质开采条件较差，大部分需要井工开采。石油和天然气地质条件更为复杂，对勘探开发技术的要求较高，且容易对环境产生影响。水力资源多集中于西南部的高山深谷，其开发难度和经济成本较大。

这种“富煤、少油、贫气”的能源格局，决定了能源生产中主要的结构、区域和运输等。

4.1.1 能源禀赋与能源生产的高碳格局

1990年以来，中国能源供给量出现一个明显的整体性增加趋势。从1990年的103922万吨标准煤，增加至2015年的362000万吨标准煤，增长了2.5倍，年均增速为5.21%。

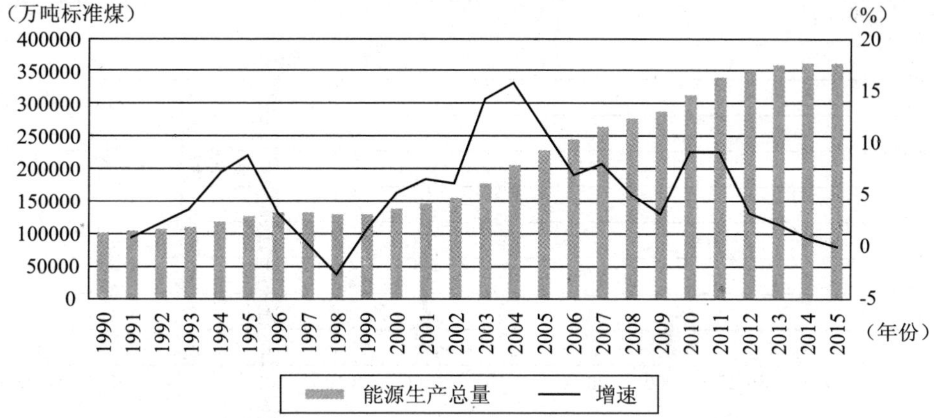

图 4-1　1990—2015 年中国能源生产总量及其增速

尽管如此，但是能源供需之间的差距不断扩大，危及中国的能源安全。从图 4-2 可见，中国自从 1992 年能源生产和能源消费出现 1914 万吨标准煤的供给小于消费的差额后，到 2016 年，中国一直存在能源生产小于能源消费的供应不足的状态。这种差距随着经济社会发展越来越大，这就导致中国能源的进口量和对外依存度逐年提高（见图 4-3）。

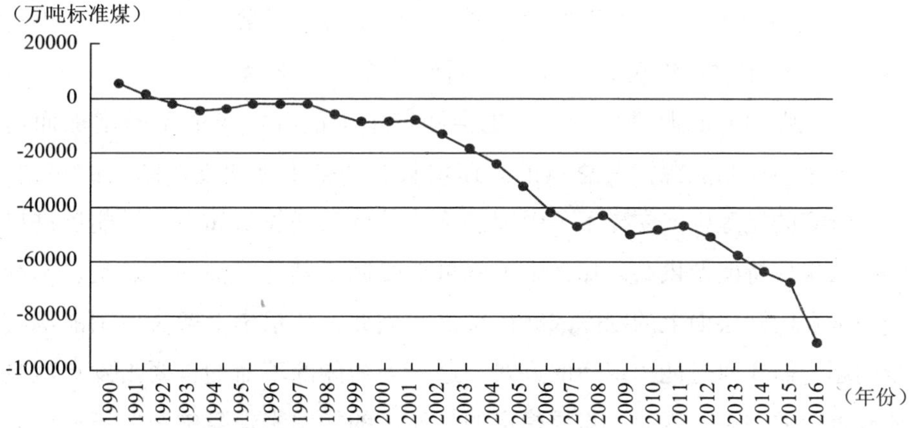

图 4-2　1990—2016 年中国能源生产与消费之间的差距

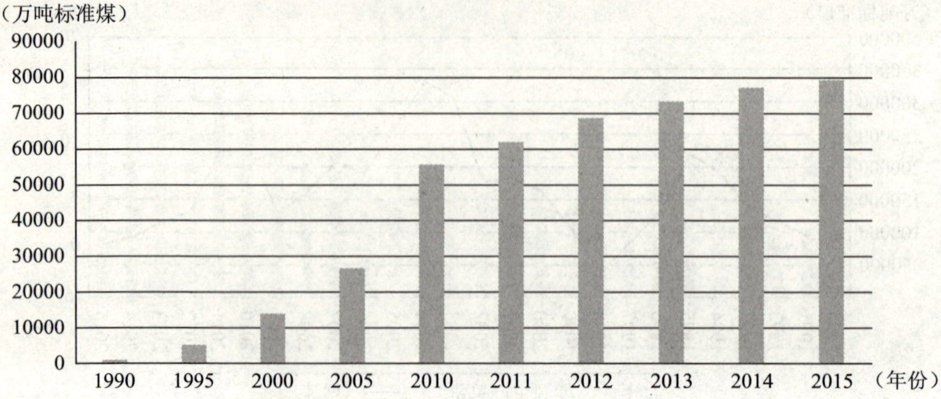

图 4-3　1990—2015 年中国能源进口量变动情况

对于具体的能源种类的进口量也有研究。例如：有报道称，中国从1993年开始，就从原油净出口国转变为原油净进口国，结束了大庆油田发现以来中国实现石油自给并略有盈余出口的30年历史。近年来，石油进口屡创新高。原油进口先后于2004年、2009年、2014年分别突破1亿吨、2亿吨、3亿吨大关，而到2015年，中国的石油对外依存度已超过60%，2016年，中国石油对外依存度提高到65.4%。同时，天然气和煤炭进口亦持续增长。2016年，中国进口天然气721亿立方米，同比增长17.4%；2016年，全国进口煤炭2.56亿吨，同比增长25.2%。①

如此强劲的能源进口趋势，也会随着中国能源需求的不断增加而增加。如果不控制能源消费总量的急速增长，如果不加快能源结构的转型，那么既有的能源生产支撑不了中国经济体的巨量增长。如果通过能源进口的办法来保持能源供给，那么中国就可能受制于其他产油国的影响，不利于中国在国际层面上的国际战略的推进。因此，从根本上解决中国能源安全问题，需要通过能源革命的方式。这是因为能源革命的首要出发点就是要破解能源约束。因此，需要稳定的、充足的能源来保障中国经济社会的可持续发展，这也是中国持续推进工业化和城镇化的动力基础。

同时，中国更需要调整能源生产结构。通过能源生产结构从生产化石

① 中国能源进口逐年创新高　它让能源储备上台阶［EB/OL］. http：//news.163.com/17/0519/16/CKQIEQMR0001875N.html.

能源向生产可再生能源的转换，加速推进能源生产革命，促使能源生产结构的快速转型，从而为中国经济社会发展提供更加充足、更加清洁的能源。这既可以满足中国的能源需求，又可推进中国环境治理。因此，中国能源革命和绿色发展的根本保障就在于能源生产革命的加快实施。

从能源生产结构层面来讲，中国以生产化石能源，特别是煤炭为主。从图 4-4 中可以发现，自从改革开放以来，特别是自 1990 年以来，在中国能源生产总量中，煤炭保持了主导地位，煤炭在中国能源消费结构中所占比例保持在 70%及以上，这个消费比重一直维系到 2014 年。而石油的消费比重基本稳定，天然气和可再生能源的比重增幅较大。因此，中国能源生产结构的高碳比重较大，不利于中国能源生产革命的推进。从这一层面上来讲，推进中国能源生产革命就要从总体上降低煤炭生产规模，增加包括天然气和可再生能源在内的低碳能源的消费规模和比重。

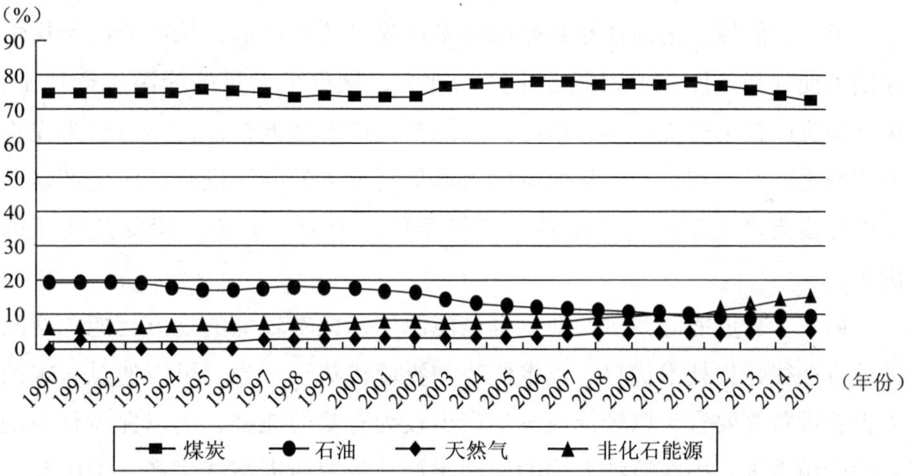

图 4-4　1990—2015 年中国能源生产结构演进

能源生产的这种高碳格局，是中国目前高碳消费和环境污染的重要原因。对此，我们可以从两个方面来看：第一，这种高碳能源生产的基本格局产生于中国固有的能源禀赋。我国能源特征是“富煤、少油、贫气”，这种能源资源禀赋状况，决定了中国以煤炭生产为主体的基本事实。这其中的原因在于生产煤炭技术条件优越，且生产成本较低。选择煤炭作为中国的能源生产对象，是符合技术经济原则的。因此，中国仍能通过固有的能源生产满足了改革开放以来的能源需求，这是中国能源生产的贡献。第二，这种高碳能源生产的格局决定了高碳能源消费的格局。高碳能源的消费带来了严重的环境问题，因此，扭转这种高碳消费的局面，成为中国能源生产和消费革命的重要内容。这样一来，在能源革命中，中国需要加大力度推进低碳能源的生产，以满足日益增加的能源需求。此外，还需要强力政策的支撑，增加可再生能源的生产，在满足中国自身能源需求的同时，适时出口国外，构建全球能源互联网，推动能源革命。

4.1.2 能源禀赋与能源生产的区域格局

能源禀赋的格局决定了能源生产的区域格局。这是因为在靠近能源禀赋的地方进行能源生产往往是最经济的做法。自古到今，从中到外，都是采取这种能源生产模式。这种生产模式的主要特点在于：

第一，能源富集地往往是能源技术优先试验的区域，从而为能源探索提供了便利和条件。中国能源生产的地方，聚集了大量的能源生产技术，是能源生产技术的集中体。由此，在能源生产的地方，往往具有较为先进的能源生产经验和技术，从而可以采取更为妥善的办法进行能源生产。这是能源富集之地带来的能源技术研发条件。中国的大庆油田就是明显的例子。

第二，靠近能源禀赋的地方也是能源生产成本较低的地方。能源禀赋的地方往往是集技术优势、成本优势和资源优势于一身，可以通过一定的人力、设备等要素，以较低成本生产出较为充足的能源，用以保障日益增长的能源需求。中东石油大国的原油生产、俄罗斯天然气生产、美国和中国的煤炭生产基本上都符合这样的原则。

在封闭条件下，在能源富集地进行大规模的能源投资、建设与生产，就能产生较大的规模效益。这样一方面可以维持现有的能源生产基地的正常运转；另一方面为经济社会提供必需的能源动力。

从能源生产格局来看，中国主要的化石能源生产主要集中在中部和西部地区。其中，一些国家规划的煤炭石油生产基地主要包括：

（1）煤炭基地

这里介绍的煤炭基地以《全国矿产资源规划（2016—2020 年）》中列入的 14 能源生产基地为框架，以及主要煤炭矿区如表 4-1 所示。

①神东亿吨级煤炭生产基地。该基地以神府、东胜矿区为主。其中，神府煤田位于陕西省榆林市，于 1984 年被发现，占地面积约为 2. 6 万平方公里，煤炭储量高达 1349. 4 亿吨。与其连为一体的是内蒙古东胜煤田，是中国规模较大的优质造气动力煤田。该煤田位于内蒙古鄂尔多斯盆地东北部境内，占地面积为 12860 平方千米，探明煤炭储量为 2236 亿吨，是中国已探明储量最大的整装煤田，占全国已探明储量的 1/4，是世界知名的八大煤田之一。

神府—东胜基地是我国重要的优质动力煤生产基地，煤质上等，尤其是基地南部的煤质更优质。早在 2005 年，神华集团神东分公司原煤产量就超过 1 亿吨，因此，神东煤田成为中国第一个亿吨级煤炭基地，为中国经济社会发展提供一定的能源保障。在国家的亿吨级煤炭基地规划中，神东煤田地区主要包括神东矿区、神府新民矿区、榆神矿区、榆横矿区、渭北矿区、彬长矿区、宁东矿区、平朔矿区 8 个矿区。在此基础上，神东矿区已成为位列国家的第一个亿吨级煤炭生产基地。因此，神华集团成为中国最大的煤炭生产公司，其中的神东分公司可以看作神华集团的最大分公司，其原煤产量均在千万吨级别，建成了以大柳塔煤矿、补连塔煤矿、榆家梁煤矿、上湾煤矿等为代表的 7 个千万吨级矿井群和 3 个千万吨综采工作面来完成煤炭生产任务。其中，大柳塔煤矿年均原煤生产量突破 2000 万吨，被认为是“世界第一矿”。

②晋北亿吨级动力煤生产基地。作为中国特大型的动力煤生产基地，晋北煤炭基地位于山西省太原以北的地区，主要包括大同、朔州、忻州、太原、娄烦县、吕梁和岚县。矿区主要由大同、平朔、朔南、轩岗、河保偏和岚县等组成。其中的平朔矿区，是晋北基地的主要矿区，以生产优质动力煤著称，拥有的煤炭资源总量约为 95 亿吨；作为“煤乡”之称的大同，煤炭的主要特点是“储量大、质量好、热值高”，其已探明煤炭总储量高达 376. 9 亿吨。

③晋中亿吨级煤炭基地。该基地位于山西中部及中西部，基地主要涵

盖太原、吕梁、晋中、临汾、长治、运城6个地级市的31个县（市）。矿区有太原西山、东山、汾西、霍州、离柳、乡宁、霍东、石隰等矿区，其煤炭可采储量可观，为192亿吨。其中，西山矿区、汾西矿区、霍州矿区的煤炭储量分别为65.2亿吨、58亿吨和65亿吨。

④晋东亿吨级无烟煤生产基地。该基地是中国最大和最重要的优质无烟煤生产基地，主要包括晋城、潞安、阳泉和武夏4个矿区。其中，晋城矿区位于山西省沁水煤田南部，从南部煤层露头线起端，北部至高平市南缘马村、河西一线，该矿的矿区面积约为280平方公里。此外，阳泉具有丰富的煤炭资源，已探明地质储量为104亿吨。

⑤蒙东亿吨级煤炭生产基地。该煤炭基地的煤炭资源丰富，探明储量约为909.6亿吨。在全国五大露天煤矿中，其中的霍林河、元宝山三大露天煤矿处于此地。仅呼伦贝尔市的煤炭探明储量就是东三省总和的1.8倍。其中，伊敏煤田的煤炭探明储量为50亿吨；霍林河煤田和元宝山煤田的保有储量分别为131亿吨和16亿吨。

⑥两淮亿吨级大型煤电基地。此基地包括淮南、淮北矿区，煤炭探明储量约为300亿吨。其中，淮南矿区的远景储量为444亿吨，探明储量为153亿吨；淮北矿区的含煤面积约为4100平方公里，探明储量约为98亿吨。

⑦云贵亿吨级煤炭生产基地。云南和贵州两省是中国南方重要的煤炭生产基地。贵州已初步探明南、北盘江腹地的煤炭储量为330亿吨，其中可就近通过水运的煤炭储量超过90亿吨；云南文山、红河两州的煤炭储量已超过50亿吨。

⑧冀中亿吨级煤炭基地。该基地探明能源煤炭储量为150亿吨，其中，可采储量超过20亿吨，包括开滦、峰峰和蔚县3个矿区。

⑨鲁西亿吨级煤炭基地。该基地包括兖州、济宁、新汶、枣滕、龙口、淄博、肥城、巨野、黄河北9个矿区，这些矿区探明的煤炭储量超过160亿吨。

⑩河南亿吨级煤炭基地。河南是中国主要产煤大省，全省2000米以上已探明的煤炭资源储量约为1130亿吨，保有储量约为245亿吨。其中典型的煤矿主要有鹤壁、焦作、义马、郑州、平顶山、永夏6个矿区。

⑪陕北亿吨级煤炭基地。该基地地处黄土高原的陕北地区，是中国重要的煤炭基地之一。其中的榆神、榆横矿区最为知名。榆神矿区的占地面积约为5500平方公里，探明储量约为301亿吨；榆横矿区分为南北两个矿区，这两个矿区以中部的无定河为界。该矿区占地面积约为3200平方公里，含煤面积为2700平方公里，可采储量约为188.89亿吨。

⑫宁东能源重化工基地。该基地位于银川东部的灵武，该区域以优质无烟煤著称，其储量高达273亿吨。该基地规划区面积为645平方公里，主要包括鸳鸯湖、灵武、横城3个矿区，以及石沟驿井田和煤化工项目区。其中宁东煤田的煤炭探明储量超过270亿吨，约占宁夏煤炭资源总量的85%。

⑬黄陇亿吨级煤炭基地。该基地包括彬长（含永陇）、黄陵、旬耀、铜川、蒲白、澄合、韩城、华亭等9个矿区。

⑭新疆亿吨级煤炭基地。该基地煤炭预测储量为2.19万亿吨，约占全国预测储量的40%以上。

表4-1 国家规划的煤炭矿区

矿种	序号	名称	位置
煤炭	1	开滦矿区	河北省唐山市
	2	邯郸矿区	河北省邯郸市
	3	邢台矿区	河北省邢台市
	4	峰峰矿区	河北省邯郸市
	5	平原矿区	河北省廊坊市、沧州市
	6	大同矿区	山西省大同市、朔州市
	7	轩岗矿区	山西省忻州市
	8	岚县矿区	山西省太原市、忻州市、吕梁市
	9	平朔矿区	山西省朔州市
	10	朔南矿区	山西省朔州市
	11	河保偏矿区	山西省忻州市

续表

矿种	序号	名称	位置
煤炭	12	西山矿区	山西省太原市、吕梁市
	13	东山矿区	山西省太原市
	14	霍东矿区	山西省长治市、临汾市
	15	霍州矿区	山西省临汾市、晋中市
	16	离柳矿区	山西省吕梁市
	17	乡宁矿区	山西省临汾市、运城市
	18	晋城矿区	山西省晋城市
	19	潞安矿区	山西省长治市
	20	阳泉矿区	山西省阳泉市、晋中市
	21	汾西矿区	山西省晋中市、吕梁市
	22	石隰矿区	山西省吕梁市、临汾市
	23	武夏矿区	山西省长治市、晋中市
	24	五九矿区	内蒙古自治区呼伦贝尔市
	25	准哈诺尔矿区	内蒙古自治区锡林郭勒盟
	26	查干淖尔矿区	内蒙古自治区锡林郭勒盟
	27	吉日嘎郎矿区	内蒙古自治区锡林郭勒盟
	28	哈日高毕矿区	内蒙古自治区锡林郭勒盟
	29	赛汗塔拉矿区	内蒙古自治区锡林郭勒盟
	30	绍根矿区	内蒙古自治区赤峰市
	31	纳林希里矿区	内蒙古自治区鄂尔多斯市
	32	纳林河矿区	内蒙古自治区鄂尔多斯市
	33	呼吉尔特矿区	内蒙古自治区鄂尔多斯市
	34	台格庙矿区	内蒙古自治区鄂尔多斯市
	35	新街矿区	内蒙古自治区鄂尔多斯市
	36	扎赉诺尔矿区	内蒙古自治区呼伦贝尔市
	37	胡列也吐矿区	内蒙古自治区呼伦贝尔市
	38	宝日希勒矿区	内蒙古自治区呼伦贝尔市
	39	伊敏矿区	内蒙古自治区呼伦贝尔市
	40	五一牧场矿区	内蒙古自治区呼伦贝尔市
	41	诺门罕矿区	内蒙古自治区呼伦贝尔市

续表

矿种	序号	名称	位置
煤炭	42	霍林河矿区	内蒙古自治区锡林郭勒盟、通辽市
	43	农乃庙矿区	内蒙古自治区锡林郭勒盟
	44	贺斯格乌拉矿区	内蒙古自治区锡林郭勒盟
	45	白音华矿区	内蒙古自治区锡林郭勒盟
	46	高力罕矿区	内蒙古自治区锡林郭勒盟
	47	道特淖尔矿区	内蒙古自治区锡林郭勒盟
	48	乌尼特矿区	内蒙古自治区锡林郭勒盟
	49	五间房矿区	内蒙古自治区锡林郭勒盟
	50	巴彦胡硕矿区	内蒙古自治区锡林郭勒盟
	51	巴其北矿区	内蒙古自治区锡林郭勒盟
	52	吉林郭勒矿区	内蒙古自治区锡林郭勒盟
	53	白音乌拉矿区	内蒙古自治区锡林郭勒盟
	54	那仁宝力格矿区	内蒙古自治区锡林郭勒盟
	55	胜利矿区	内蒙古自治区锡林郭勒盟
	56	准格尔矿区	内蒙古自治区鄂尔多斯市
	57	准格尔中部矿区	内蒙古自治区鄂尔多斯市
	58	神东矿区东胜区	内蒙古自治区鄂尔多斯市
	59	万利矿区	内蒙古自治区鄂尔多斯市
	60	高头窑矿区	内蒙古自治区鄂尔多斯市
	61	塔然高勒矿区	内蒙古自治区鄂尔多斯市
	62	上海庙矿区	内蒙古自治区鄂尔多斯市
	63	乌海矿区	内蒙古自治区乌海市
	64	白彦花矿区	内蒙古自治区包头市、巴彦淖尔市
	65	巴彦宝力格矿区	内蒙古自治区锡林郭勒盟
	66	阜新矿区	辽宁省阜新市、锦州市
	67	沈阳矿区	辽宁省沈阳市、辽阳市
	68	鸡西矿区	黑龙江省鸡西市
	69	鹤岗矿区	黑龙江省鹤岗市
	70	双鸭山矿区	黑龙江省双鸭山市
	71	七台河矿区	黑龙江省七台河市

续表

矿种	序号	名称	位置
煤炭	72	淮北矿区	安徽淮北市、宿州市、亳州市
	73	淮南矿区	安徽省淮南市、阜阳市
	74	巨野矿区	山东省菏泽市、济宁市
	75	济宁矿区	山东省济宁市、泰安市、菏泽市
	76	黄河北矿区	山东省聊城市、济南市、德州市
	77	永夏矿区	河南省商丘市
	78	郑州矿区	河南省郑州市、洛阳市
	79	平顶山矿区	河南省平顶山市、许昌市
	80	义马矿区	河南省三门峡市、洛阳市
	81	焦作矿区	河南省焦作市、新乡市、济源市
	82	鹤壁矿区	河南省鹤壁市、安阳市
	83	古叙矿区	四川省泸州市
	84	筠连矿区	四川省宜宾市
	85	六枝黑塘矿区	贵州省六盘水市、安顺市
	86	普兴矿区	贵州省黔西南州
	87	黔北矿区	贵州省遵义市、毕节市
	88	织纳矿区	贵州省毕节市
	89	水城矿区	贵州省六盘水市
	90	发耳矿区	贵州省六盘水市
	91	盘江矿区	贵州省六盘水市
	92	恩洪矿区	云南省曲靖市
	93	镇雄矿区	云南省昭通市
	94	庆云矿区	云南省曲靖市
	95	老厂矿区	云南省曲靖市
	96	跨竹矿区	云南省红河州
	97	小龙潭矿区	云南省红河州
	98	昭通矿区	云南省昭通市
	99	神东矿区神府区	陕西省榆林市
	100	榆神矿区	陕西省榆林市
	101	榆横矿区	陕西省榆林市

续表

矿种	序号	名称	位置
煤炭	102	彬长矿区	陕西省咸阳市
	103	永陇矿区	陕西省宝鸡市、咸阳市
	104	韩城矿区	陕西省渭南市
	105	澄合矿区	陕西省渭南市
	106	蒲白矿区	陕西省渭南市
	107	铜川矿区	陕西省铜川市、渭南市
	108	古城矿区	陕西省榆林市
	109	吴堡矿区	陕西省榆林市
	110	黄陵矿区	陕西省延安市
	111	旬耀矿区	陕西省铜川市、咸阳市
	112	府谷矿区	陕西省榆林市
	113	宁正矿区	甘肃省庆阳市
	114	红沙岗矿区	甘肃省武威市
	115	华亭矿区	甘肃省平凉市
	116	灵台矿区	甘肃省平凉市
	117	甜水堡矿区	甘肃省庆阳市
	118	沙井子矿区	甘肃省庆阳市
	119	吐鲁矿区	甘肃省酒泉市
	120	木里矿区	青海省海西州、海北州
	121	鱼卡矿区	青海省海西州
	122	马家滩矿区	宁夏回族自治区银川市、吴忠市
	123	积家井矿区	宁夏回族自治区银川市、吴忠市
	124	韦州矿区	宁夏回族自治区吴忠市
	125	灵武矿区	宁夏回族自治区银川市
	126	鸳鸯湖矿区	宁夏回族自治区银川市
	127	红墩子矿区	宁夏回族自治区银川市
	128	萌城矿区	宁夏回族自治区吴忠市
	129	大南湖矿区	新疆维吾尔自治区哈密市
	130	淖毛湖矿区	新疆维吾尔自治区哈密市
	131	沙尔湖矿区	新疆维吾尔自治区哈密市
	132	三塘湖矿区	新疆维吾尔自治区哈密市

续表

矿种	序号	名称	位置
煤炭	133	艾丁湖矿区	新疆维吾尔自治区吐鲁番市
	134	库木塔格矿区	新疆维吾尔自治区吐鲁番市
	135	五彩湾矿区	新疆维吾尔自治区昌吉回族自治州
	136	大井矿区	新疆维吾尔自治区昌吉回族自治州
	137	将军庙矿区	新疆维吾尔自治区昌吉回族自治州
	138	西黑山矿区	新疆维吾尔自治区昌吉回族自治州
	139	老君庙矿区	新疆维吾尔自治区昌吉回族自治州
	140	和什托洛盖矿区	新疆维吾尔自治区塔城地区
	141	阜康矿区	新疆维吾尔自治区昌吉回族自治州
	142	硫磺沟矿区	新疆维吾尔自治区乌鲁木齐市、昌吉回族自治州
	143	黑山矿区	新疆维吾尔自治区吐鲁番市
	144	伊宁矿区	新疆维吾尔自治区伊犁州
	145	尼勒克矿区	新疆维吾尔自治区伊犁州
	146	玛纳斯塔西河矿区	新疆维吾尔自治区昌吉回族自治州
	147	四棵树矿区	新疆维吾尔自治区塔城地区
	148	沙湾矿区	新疆维吾尔自治区塔城地区
	149	昌吉白杨河矿区	新疆维吾尔自治区昌吉回族自治州
	150	阿艾矿区	新疆维吾尔自治区阿克苏地区
	151	阳霞矿区	新疆维吾尔自治区巴音郭楞州
	152	克布尔碱矿区	新疆维吾尔自治区吐鲁番市
	153	三道岭矿区	新疆维吾尔自治区哈密市
	154	巴里坤矿区	新疆维吾尔自治区哈密市
	155	塔城白杨河矿区	新疆维吾尔自治区塔城地区
	156	艾维尔沟矿区	新疆维吾尔自治区乌鲁木齐市、吐鲁番市
	157	喀木斯特矿区	新疆维吾尔自治区阿勒泰地区
	158	北塔山矿区	新疆维吾尔自治区昌吉回族自治州
	159	昭苏矿区	新疆维吾尔自治区伊犁州
	160	俄霍布拉克矿区	新疆维吾尔自治区阿克苏地区
	161	拜城矿区	新疆维吾尔自治区阿克苏地区
	162	塔什店矿区	新疆维吾尔自治区巴音郭楞州

注：此表来源于《全国矿产资源规划（2016—2020年）》。

（2）石油基地

①大庆油田。该油田位于黑龙江的松嫩平原中部，地处哈尔滨市和齐齐哈尔市之间。油田南北长 140 公里，东西最宽处 70 公里，总面积 5470 平方公里，现年产原油近 4000 万吨，是中国第一大油田。

②胜利油田。该油田位于山东北部渤海之滨的黄河三角洲地带，主要分布在东营、滨州、德州、济南、潍坊、淄博、聊城、烟台 8 个地级市的 28 个县（区）境内，年产原油约为 3000 万吨，是中国第二大油田。

③长庆油田。该油田主要位于陕甘宁盆地，勘探总面积约 37 万平方公里，主要有油气田 22 个，年产原油近 2000 万吨，是中国第三大油田。

④辽河油田。该油田地跨辽宁省和内蒙古自治区的 13 市（地）32 县（旗），现已开发建设 26 个油田，建成兴隆台、曙光、欢喜岭、锦州、高升、沈阳、茨榆坨、冷家、科尔沁 9 个主要石油生产基地，是中国第四大油田。

⑤克拉玛依油田。该油田位于新疆克拉玛依市，主要有 15 个油气田。

⑥四川油田。该油田位于四川盆地，发现气田 85 个，油田 12 个，含油气构造 55 个，现有南部、西南部、西北部、东部 4 个气区。其中的生产天然气产量占全国总产量的 42. 2%，是中国第一大气田。

⑦华北油田。该油田位于河北省任丘市，包括京、冀、晋、蒙区域内油气生产区。

此外，还有大港油田、中原油田、吉林油田、河南油田、江汉油田、江苏油田、青海油田、塔里木油田、土哈油田、玉门油田等。

由此可见，中国现有的能源分布在中西部地区。煤炭和石油的分布情况，决定了中国能源生产区域和消费区域的严重分离，换句话说，中国能源生产和能源消费之间存在错位。这种错位加重了中国能源生产和使用过程中的成本，以及可能造成的能源运输过程中的风险等。这种空间错位性带来的严重后果便是资源配置效率的滞后性，我们不能把所有的能源集中在一起。能源生产中心远离能源消费中心的结果便是能源配置过程中的时滞效应。这种时滞效应根据能源运输的快慢又有所区别。一方面，如果能源运输效率高的话，那么能源配置效率就高；如果能源运输效率低的话，那么能源配置效率就低。因此，在改革开放初期，中国铁路运输体系发展较快，运输能力虽然增强，但是仍然无法满足经济不断发展和人民生活日益提高的需要。中国铁路运输能力不足，导致当时的中国能源配置效率不高。而现在，随着中国铁路的提速，区域间的能源配置效率有所提高。这就使得从能源生产中心到能源消费中心的货物运输时间不断在缩短，提高能源配置效率。

另一方面，关于一个资源富集与经济发展的现象，就是资源诅咒。该理论讲述的是“丰富的自然资源可能是经济发展的诅咒而不是福音”，而大多数经济学家将原因归结为贸易条件的恶化。这一现象在煤炭和石油的富集区域可能也存在。综观以上的煤炭和石油的基地，我们发现，这些基地位于中西部地区，然而，尽管能源富集，但是经济社会发展水平不及东部地区。

根据能源与经济社会发展之间的关系，我们不能否认能源在经济社会发展中的作用，但是也要避免能源的决定论。要在重要的能源聚集区发展多种多样的产业，以弥补单一的能源产业带来的产业体系的空位。多维产业发展应该成为当地区域经济发展的必要条件。同时，按照能源枯竭与否，应该有条件地选择一些区域，加速接续产业的跟进，要选取合适的产业接替原有的资源型产业，以提高该地区经济发展的动力。

4.1.3 能源禀赋与能源生产的运输格局

能源运输是连接能源从生产到消费的中间环节，其作用主要体现在加速能源从生产到消费过程中的配置时间，提高能源的配置效率，有利于实现能源的优化配置。我国地域广阔，能源地区分布不均，能源生产和消费地区的严重错位性，导致能源运输，特别是远距离运输成为中国能源运输的一大特色。中国能源运输的特点表现在以下几个方面：

一是运输量巨大。为了保障能源消费中心的能源需求，需要跨省调剂和配置能源。与此同时，能源消费中心对能源的需求与日俱增，需要运输的能源数量巨大。根据《中国统计年鉴（2016）》中的数据，2015 年，中国铁路的货运量为 270824 万吨，煤和石油的运量分别为 143221 万吨和 12533 万吨，分别所占的比重为 52.9%和 4.6%。由此可见，在中国的铁路运输中，57.5%的运量是煤炭和石油，能源运输量占中国总运量约 60%。

可见能源运输的数量巨大。在能源运量巨大的背后，是因为中国能源消费中心与能源生产中心不匹配，而且两者相距甚远。能源生产中心往往在中国的西部和中部地区，而能源消费中心往往在中国的东南沿海地区，特别是经济发达的东部沿海地区。随着经济的发展和人民生活的提高，能源需求量不断增加。这就导致中国大量的能源从中西部地区的生产中心运输到东部沿海地区的消费中心，这种趋势在短时期内不会改变。从发展态势来看，这种趋势可以保持到能源消费中心的工业化和城镇化进程基本完成之日。这是因为随着东部地区工业化和城镇化进程的基本完成，东部地区产业结构不断调整，从“二三一”转为“三二一”，在“三二一”的基础上，第三产业不断发展，第二产业不断萎缩，有利于东部沿海地区能源消费结构的调整。这样一来，第二产业的能源消费量就会下降，第三产业的能源消费量有所增加，但是第三产业整体上属于低能源消耗的产业。因此，产业能源消费量比原先有一个整体上的下降。同时，随着城镇化的基本完成，人们生活水平保持一定的高质量发展，在这样的基础上，城镇化引起的能源消费量就会随之稳定下来。由于以上原因，作为能源消费中心的东部地区，一旦基本完成了工业化和城镇化，那么该地区的能源需求就会进入一个稳定的阶段，这样就会促使能源运输量保持稳定甚至减少，这是一个长期的发展趋势。

二是运距较长。因为中国能源消费中心距离能源生产中心较远，所以中国能源运输的距离较长。无论是在西煤东运、北煤南运，还是西气东输的能源运输过程中，距离较长成为中国能源配置过程中的一大特点。以最近开通的能源通道干线——瓦日铁路为例，该线路全长1269.836公里，西起山西省吕梁市兴县瓦塘镇，东至山东省日照市日照港，其间途经13个城市，其行车速度约为120公里/小时，其运输能力为2亿吨/年，是一条按30吨重载铁路标准建设的铁路，是连接中国东部和西部地区的重要煤炭运输通道。这意味着这条铁路的运距为1270公里，是2015年中国铁路平均运距792公里的1.6倍。除此之外，天然气运输的距离更长。跨省域“西气东输”工程是中国距离最长、口径最大的输气道管。它西起新疆塔里木盆地的轮南，东至上海市，其供气范围涉及中原、华东、长江三角洲地区。该管道东西横贯新疆、甘肃、宁夏、陕西、山西、河南、安徽、江苏、浙江、上海10个省域，全长4200千米。这意味着天然气的运距为4200公里。这么长的运输距离，造成了在配置能源过程中，亟须注意能源安全问题。例如：运输方式的效率、运输过程中能源泄漏等方面。

由于能源运输方式的长距离性，为保障能源运输安全畅通，需要提高能源管理水平，以保障能源供应安全。这说明较为复杂的能源运输问题需要加强能源运输管理，特别是对生命和环境有重大影响的能源，如石油和天然气。这是因为在运输过程中稍有不慎，便可造成严重的危害。例如：2017年12月，奥地利天然气管道枢纽发生爆炸并起火，造成1人死亡20余人受伤。此次事故还切断了通过该枢纽输往意大利的天然气，影响了意大利的供气情况。因此，能源安全事故不仅发生在能源生产过程中，而且还发生在能源运输过程中。

目前，中国能源运输的主要方式包括：铁路运输、水路运输、公路运输、管道运输和电力输送5种运输方式。

铁路运输能源是中国最为常见的方式。一些能源品种如煤炭、石油和液化天然气都可以通过铁路运输，其中，最为常见的是煤炭。中国大规模北煤南运和西煤东运基本上都是通过铁路运输的，特别是一些铁路运煤专线的开通，造就了中国以煤炭为主体的铁路运输的基本格局。现有的运煤专线主要包括大秦线（大同至秦皇岛专线）、神黄线（神木至黄骅线）、焦日线（焦作—兖州—日照线）。这些专有的铁路干线主要负责煤炭的东向和南向运输。可以说，这些铁路干线成为中国能源运输的大动脉，肩负起中国能源运输的重任，责任重大。一旦遭到破坏，则严重影响着中国能源的正常运输。因此，中国必须始终确保能源干线的正常通畅，保障中国东部地区能源供给的万无一失。这是中国能源管理的重中之重。在专门的货运铁路干线中，超过1/2的干线是运输能源的，这就意味着，铁路运输是中国能源运输的重要载体。就目前而言，任何其他的运输形式都替代不了铁路运输的重要作用。

水运方式在水域特别盛行，如在长江流域或海上航行。水运的主要优势在于：成本低、运量大。例如：散煤都可以通过水上运输至消费中心。随着液化天然气的使用不断增加，中国对液化天然气的需求与日俱增。通过水运的方式，海外的液化天然气运输到中国，供应消费。目前，在国内，水运主要以运煤为主。例如：湖北已经开通了由秦皇岛至武汉的水运方式，解决了湖北煤电的短缺问题。之所以水运在某种程度上能够补充铁路运煤的方式，原因在于水运的低成本和高运量，这也是中国古代保存下来的运输方式，尤其沿江靠海的地方。在这些地方，水运以港口为据点，以煤炭为运输对象，在一定程度上可以弥补铁路不能到达的地方，成为南方及近海区域运输能源的主要方式。从源头来探讨，水运方式得益于中国古代的人们根据各个地区的实际情况，开发出来的一种运输方式，无论是运人，还是运货，这种方式随着船舶的演化而不断改进。特别是到近现代，随着造船技术的不断提高，承运量不断增加，正适合散煤的运输。在这样的情况下，中国水运被一些地方进一步采用，以保障当地能源的及时供应。由此看来，水运在中国南方的地区，是必要的运能方式，特别是一些生活用能方面。

公路运输方式在现代立体式交通体系中占据很大的部分，特别是随着高速公路、国家道路的建造、开通和运营，公路运输成为越来越重要的运输方式。在能源种类的运输上，主要以运煤、油和气为主。其中，通过公路运输的煤炭主要以散煤为主，运输的石油主要是大型灌装石油，而距离短、小规模的天然气的运输也可以通过公路来完成。公路运煤成为仅次于铁路运输的重要方式。在公路运煤的过程中，运输煤炭的车辆一般为中大型货车，且大部分是由运输公司来完成。运输公司负责业务的洽谈，而后货车司机具体负责运输事项。这意味着公路运输的过程中，货车司机对能源的安全运输起着重要的作用。因此，公路运输相对来说较容易管理，主要对司机进行严格的资格认证、安全意识的培训、运输过程中的安全防护等，一般就可以保障煤炭的安全抵达。随着国家高速路线的完善，公路运输发挥的作用日益增大。

管道运输主要针对油气资源。管道运输是以管道为运输工具，主要运输液体和气体能源的运输方式，适合运输石油和天然气等能源。因此，该运输方式成为国际能源合作和国内地区合作的最为常见的方式。其主要特点在于运量大、连续、迅速、经济、安全等，是长距离运输较为理想的运输方式。这一方式可以节省水运方式的中转环节，缩短了运输周期，同时也降低了运输成本。其成本一般介于水运和铁路运输的成本之间，因此，备受推崇。中国目前的西气东输都是通过管道运输的方式。可以预见的是，随着东部地区和中部地区能源需求的增大，管道运输将扮演着越来越重要的角色。

中国的油气管道工程建设持续推进，油气管网稳步完善，基本形成了“连通海外、覆盖全国、横跨东西、纵贯南北、区域管网紧密跟进、储备设施不断完备、网络调度日趋灵活”的油气骨干管网的总体布局。到2016年底，中国的油气长输管道总里程累计约为12.6万千米，其中，天然气管道约7.43万千米（已扣减退役封存的管道），原油管道约2.62万千米，成品油管道约2.55万千米。这意味着，中国的天然气管道比重最高，占总里程的58.99%，原油、成品油管道分别占总里程的20.8%和20.2%①。

就天然气管道而言，中国通过天然气干线管网带来的总输气能力每年超1700亿立方米，已经建成了以西北的新疆、华北的鄂尔多斯、西南的川渝滇黔桂、东北和海上为五大跨区域性的天然气主干道系统，负责向中国的中东部地区输气。不仅如此，中国已初步形成了以西一线、西二线、陕京线系统、川气东送、中缅天然气、中贵线及忠武线等为主体的骨干管道网线，以兰银复线、淮武线、冀宁线等为联络线的全国性基干管网架构，从而形成了主干管道和全国性基干管道网络体系。据此，可以实现与环渤海、长三角、东南沿海三大天然气消费市场的链接，基本构建了“西气东输、川气东送、海气登陆、就近供应”的供应格局。此举获益人口超过5亿人，成为世界上覆盖人口最多、辐射地域面积最广的天然气管网。由此可见，在天然气管道建设方面，中国为世界树立了榜样，成为世界上较为突出的能源管道大国。对于在全国范围，甚至全球范围内调配天然气资源，发挥着重要的作用。

就石油管道而言，以原有的中哈、中俄、中缅、兰成、长呼等原油管道为基础，在中国东北、西北、华北、华东、中部和西南地区形成了区域性的原油输油管网，促进了中国以长三角、珠三角、环渤海、沿长江、东北、西北及西南等地区为主的原油和化工加工基地战略布局的建设。以兰成渝、兰郑长、呼包鄂等为代表的成品油管道，在中国西北、西南和珠三

① 资料来源：http：//www.sohu.com/a/152271777_ 99897355.

角地区建成了骨干输油管道，初步形成“西油东送、北油南下”的格局①。

管道运输成为中国在全球和区域间配置能源的重要手段。管道运输对于调节能源供需状况，进行系统性的能源配置，调控能源供给，具有十分重要的作用。特别是管道运输相比其他运输方式的优点，决定了其在能源综合运输体系中的重要作用。

除此之外，还有电力运输。无论是铁路运输、水运，抑或是公路运输和管道运输，都是针对一次能源的。从能源分类角度来看，除了一次能源之外，还包括电力在内的二次能源。对于二次能源电力的运输往往采取电网的运输方式。中国电力的运输网络主要由六大电网构成，分别被两大集团公司管理，即国家电网公司和南方电网公司。其中，东北电网、华北电网、华中电网、华东电网、西北电网属于国家电网公司，南方电网属南方电网公司。由这六大电网公司分别负责本辖区内的电力运输等事项。与其他运输方式相比，电网特别是以特高压为基础的智能电网具有十分显著的特点：传输速度快、效率高、智能化、自愈性高等。因此，未来电网的发展趋势就是朝向能源互联网的方向。

在能源现代化的进程中，电力作为清洁的高效能源被认为是体现现代化发展的重要标志。无论是发达国家，还是发展中国家，电力在能源体系中的地位非同寻常。离开电力，任何国家和社会都无法运转，更谈不上发展了。特别是在城市，可以说，城乡之间的差别在一定程度上体现为电力的保障作用。我们无法想象，如果离开电力，社会会成为什么样子。由此可见，电在中国整个现代化体系中的重要作用。从固定资产的角度来观察，任何一个国家能源资产，特别是电力资产都占30%左右。因此，这么庞大的固定资产对于维护经济社会发展、能源安全和保障具有非常重要的作用。由此更加印证了电网运输在现代化社会中不可替代的重要作用，这也就更加突出了电力体系在整个现代化经济体系中的重要作用。

由此可见，能源运输是能源从生产到消费过程中的一个必需环节。如果没有能源运输，从能源生产到能源消费就不能继续下去，能源运输是实现能源生产和消费的必要条件。加强和完善能源运输体系建设，对于确保

① 以上对天然气和原油管道的表述可以参见 http://www.sohu.com/a/152271777_99897355。

能源生产革命和消费革命的顺利推进具有显著的意义。正是由于中国固有的能源生产中心和消费中心的空间错位性，才形成了中国多种多样的互为补充的能源运输体系。如果离开能源运输的话，中国绿色发展因为没有能源动力，就不能取得有效进展。因此，要使能源革命和绿色发展协同共进，能源运输体系必然要跟上时代发展的步伐。

4.2 能源生产革命为中国绿色发展提供动力基础

绿色发展对我国今后能源高质量发展提出更高要求，高质量能源意味着要彻底改变传统生产消费模式，增加清洁能源供应。因此，推动能源生产革命，为经济社会提供更多的非化石能源，在保障能源稳定供给的同时，为绿色发展提供可再生能源，这是中国实现绿色发展目标的根本保障。生产决定消费，只有从能源生产方面进行彻底地改变，中国经济社会才有清洁的能源可供消费，才能建立中国绿色发展的清洁能源基础。推动能源生产革命可以为中国绿色发展提供动力基础，具体包括以下方面。

4.2.1 能源生产结构的替代革命

为中国提供清洁的可再生能源是能源生产革命的重要内容。因此，调整能源生产结构，实现非化石能源替代化石能源的根本性转变，成为能源生产革命最为显著的标志性内容。

这一根本性转变，是由人们的需求决定的。这是因为人们对美好生活的需要带来新的主要矛盾，其中美好生活的内涵之一就是美好的清洁环境。这是人与自然关系问题的最为本源性的表述。对优美生态环境的需求就是人们的新时代需要。这就意味着人们对优美生态环境需求，要求我们改变以化石能源为主体的能源体系。实现能源生产结构的替代革命，背后的决定因素在于人们的美好生活所需。

同时，这一根本性转变是由能源消费革命引领的。能源消费革命是人们对清洁能源需求的综合反映。人们为了获得可再生能源，必然对能源生产领域提出更高的要求。此外，国家也顺势利导，强化能源生产侧的改变，而这一改变在能源市场中体现得最为明显。这是因为在能源市场中，在市场经济条件下，需求引领着生产。根据市场价格机制的原理，哪里有需求，哪里就有生产，需求体现在消费者的货币投票中。由此判断，在能源市场中，人们用货币来体现需求的清洁能源。凡是清洁能源人们都愿意购买，这样就形成了清洁能源的市场。在此市场中，清洁的可再生能源必然备受人们的欢迎。因此，清洁能源生产企业便能够在市场中存活和发展，乃至在一定条件下，国家也会对清洁能源生产企业加以补贴和奖励。等到这些企业发展到一定阶段时，即便是补贴消失后，这些企业也能够在市场中生存。这就是市场法则在能源市场中的应用。在这个能源市场中，清洁能源的需求引领着清洁能源生产企业的生产，这种引领作用会在一定条件下持续加强，助推着清洁能源企业对能源价格的调节作用。

此外，这一根本性改变也和国家对能源生产革命的推动有很大关联。中国的社会制度与西方国家的差异之处就在于中国的举国体制。举国体制就是举国家之力，即举国家的人力、物力、财力，以国家利益为最高目标，完成国家既定的发展规划。能源生产和消费革命是国家确定的重大战略。为了实现能源生产革命，国家也必然采取举国机制的模式。这就赋予了能源革命的国家使命。这一举国机制保障了能源生产革命的科学政策实施、发展道路选择和替代方向保障。在这一机制下，能源生产革命获得了全民认可和国家支持，不仅在政策保障上有所助力，而且还在投融资上有所优惠。在能源生产革命中，必然产生大量的获利企业，活跃在能源市场中，成为能源市场的主角。

那么中国能源生产革命的情景是什么呢？未来中国能源生产中有多少非化石能源呢？这些问题都是学术界、企业界和政府界尤其关注的。这是因为消费非化石能源成为未来的重要需求导向，但是如果经济体不能提供那么多的非可再生能源，对这些能源的需求就会成为无本之木。因此，能源生产革命的程度决定了能源消费革命的程度。这也关系到能源结构的替代程度。如果在能源生产结构中，非化石能源占比很大，那么能源消费中非化石能源的比重也较大。因此，对于可再生能源在能源生产中的比重的探讨成为学术界的重要内容。

其实对于这个问题，已有相关的国家文本参考，最为重要的就是《能源生产和消费革命（2016—2030）》。在该规划文件中，规划至 2050 年中国非化石能源消费占比为50%（以上），而在国家发展与改革委员会能源研究所《中国2050高比例可再生能源发展情景暨途径研究》中，明确了中国可再生能源消费到2050年的比重，即2050年可再生能源可满足中国一次能源需求60%以及电力需求85%以上，并且这在技术上是可行的，在经济上是可承受的。

如果按照以上研究确定的50%和60%的比例标准，这意味着中国可再生能源消费到2050年的比重至少达到50%以上。这进一步要求中国可再生能源的生产比重也至少达到50%和60%，即中国可再生能源50%的比例情景和60%的比例情景。按照这样的情景发展趋势，我们可以逆推出中国在这两种情景下可再生能源生产量占能源生产总量的比例。

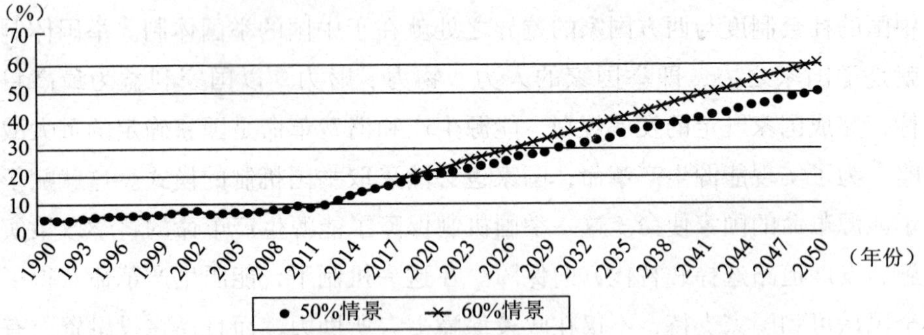

图4-5 中国非化石能源生产比重的50%和60%情景演进趋势

根据图4-5，在可再生能源生产比重达到50%的情景下，2050年非化石能源生产比重达到50%，年均增长1个百分点。这意味着，中国到2020年、2030年、2040年和2050年非化石能源的生产比重分别为20%、30%、40%和50%。这是完成能源革命最为保守的步骤。按照60%的情景安排，中国非化石能源生产比重年均增长1.3个百分点，到2020年、2030年、2040年和2050年非化石能源的生产比重分别为21.2%、34.2%、47.2%和60.2%。

只有实现以上情景目标，才能保障中国在能源消费革命中确定的非化石能源消费的比重。因此，唯有下大力气积极推进能源生产革命，提高非化石能源生产的比重，实现可再生能源对煤炭资源的替代，才能完成国家和时代赋予的能源革命的任务。全社会包括家庭和企业在内的各个经济主体，要在全社会树立可再生能源意识，构建能源革命的微观基础。以消费做引导，以生产做基础，夯实能源生产革命的全社会基础。同时，配合国家的政策，以政策做保障，强化中国可再生能源生产的积极性、获利性和协同性。此外，充分打造可再生能源市场，以市场法则调控非化石能源的生产。当然，要处理好自然垄断和市场竞争的关系。鉴于能源生产的自然垄断性，只要政府采取一定的措施，就可以按照市场有效的法则来组织可再生能源的生产。这样一来，能源生产革命是国家主导下全社会力推的一种能源生产变革方式。只要推进能源生产革命，中国环境污染问题、温室气体排放问题就能得到解决，经济社会发展的清洁动力问题也可以得到解决。总而言之，推进能源革命，是转变发展方式和推动新旧动能转换的必然要求，是国家动力机制的大改革。

无论是50%非化石能源占比，还是60%非化石能源占比，对于中国来说都具有挑战性。这是因为非化石能源生产的增加必须伴随着煤炭等化石能源生产的减少。在其他条件不变的情况下，非化石能源生产比重增加一个百分点，那么煤炭生产比重就要减少一个百分点。这对于中国来说，无疑是一个巨大的挑战。其原因在于：要减少煤炭生产，就要调整生产用能和生活用能。这一调整的过程，需要强有力的用能结构转换。这一转换必然伴随着能源基础设施、能源设备的调整。比如，在“煤改电”中清洁能源设备取代燃煤设备。这个过程需要大量的替代技术的研发、投入和试验，也需要大量的资金投入。此外，必然伴随着风险的存在，而风险则影响着能源生产革命的推进。

能源生产结构的替代革命是一场主导性的革命，是决定能源革命成败的关键环节。中国的能源革命也应该从能源生产革命入手。如果非化石能源不能大量替代化石能源，中国可再生能源的消费总量目标就会落空。因此，在能源生产结构的调整过程中，要做好风险防范。为防止风险的发生，国家应该完善政策措施，优化能源结构，实现清洁低碳发展。

综上所述，能源结构的替代革命要从两个方面着手：一是按照既定的情景，提供政策支持，在能源技术保障下，确保能源结构的替代顺利进行，保障非化石能源替代化石能源的基本方向。二是采取灵活的调控措施，最大限度地减少风险的产生。要创造合适的环境和条件，强化推进控制煤炭生产的基本进程，为非化石能源生产创造一定的空间。

在能源结构替代性进程中，所有的结构调整均依照一定的发展情景进行。其中，非化石能源生产比重到2050年达到50%以上。作为低碳能源的天然气，一般而言保持持续增加的生产趋势。这是因为天然气较为低碳和清洁，所以大力发展天然气资源，成为能源生产革命的趋势。2015年，中国天然气生产量在能源生产总量中的比重约为5%，如果能够以过去五年的平均增速0.5个百分点为参考依据，那么到2050年将达到22.4%。因为随着能源革命的推进，增加天然气生产量成为常态，那么，我们可以对2050年的天然气生产比重进行调整，调整后的比重设计为25%。这样一来，加上非化石能源生产的比重50%，那么中国到2050年低碳能源的生产比重将高达75%。通过低碳能源的生产，不仅可以满足中国绝大部分的生产性消费和生活性消费，而且还对美丽中国的构建形成巨大的帮扶作用。

对于煤炭和石油的生产则应该采取保守的生产方式。进一步降低煤炭消费比重，严控煤炭新增产能，煤炭消费量比重从70%以上，下降至60%以下，再减少至50%以下，到2050年可能达到10%~15%。这是一个非常难以达到的目标。但是为了全面实现能源革命，必须要有步骤有目标地完成既定的煤炭减产的任务，其中的道理不言自明。对于石油，则应该保持稳中有降的趋势。尽管石油在国民经济中占有十分重要的地位，但是随着电力生产强度的加大，加之电力在生产和生活领域正取代化石燃料，石油应该在工业化和城镇化完成以后，存在一个保守性的下降趋势。

这样一来，中国能源生产革命具有一个较为清晰的情景路径，至2050年，在能源生产总量中，煤炭、石油、天然气和非化石能源的占比分别为15%、10%、25%、50%。这应该是一个保守的估计。至此，能源生产将为中国的能源保障提供重要的支撑，同时，可再生能源的生产将占据主导地位，形成了较为明显的优势，主导着能源生产结构的演变，其作用功不可没，主要体现在以下两点：

一是对清洁能源的需求不断上升。通过上述论述，我们发现，中国对清洁能源的需求，是新时代的内生期盼。能源革命的目标是实现从高碳能源向低碳能源转型。只有通过发展清洁能源，才能还老百姓蓝天白云，才能守住中国的生态红线。这是生态文明新时代的要求。

二是为中国在全球的绿色贡献提供重要支撑。随着能源革命的推进，清洁能源将得到大规模开发利用，不仅能满足国内需求，而且还能出口。通过全球能源互联网的方式，与全球建立起能源产销关系，从而不断地为全球输送大量的清洁能源。同时，也接纳来自全球范围内的天然气、石油和电力等不同类型的能源，由此推动全球能源贸易的大发展。

由此可见，中国能源结构调整的替代革命，不仅能够推进能源总量的稳步上升，而且还有益于全世界，让全球都能够享受中国为全世界带来的绿色红利。如果中国能源结构彻底改变，那么环境污染将会得到良好改善，二氧化碳排放也会降低。这不仅是中国生态文明建设取得的成果，也是全世界生态文明的重要内容，从而有利于把中国能源生产革命的经验推广至其他发展中国家和地区，从而为全球能源结构的实质性替代提供有益的经验样本。

更为重要的是，不仅在一次能源生产结构中发生替代性革命，而且还应该在二次能源结构中发生深刻的替代革命，要让电力成为中国生产和生活的主要部分。其原因在于：一是电力是目前最为清洁的二次能源，电力是现代文明社会必不可少的动能基础；二是将非化石能源生产中绝大部分转化成电力能源，电力是人类利用非化石能源的主要能源形式。在调整一次能源结构的过程中，应该同时推进电力的大量生产，逐步过渡到以非化石能源发电为主、以煤炭和天然气发电为辅的状态，使电力行业成为推动我国经济发展的主力军。

4.2.2 能源基础设施现代化革命

能源生产革命，必须要与能源基础设施现代化革命相匹配。这是因为没有能源基础设施现代化的革命，能源生产革命就失去了效率、速度和质量。在发展经济学中，基础设施成为工业化的先行官。因此，推进能源生产和消费革命，能源基础设施建设应该先行。在一定程度上可以说，能源基础设施现代化是中国能源革命的先导性标志。试想一下，如果没有现代化的油气管道、电网，那么中国部分地区就不能消费所需的石油、天然气和电力能源。如果没有高速的煤炭运输通道，那么一些地方也就没有了煤炭消费。可以说，在一定程度上，这些能源基础设施的现代化水平决定了能源在全国层面上的配置效率、配置水平和层次。只有高效的、高速的、无缝对接的现代化基础设施，才能把更加清洁的能源以更快的速度运输至能源消费中心。同时，也只有通过建设现代化的能源基础设施，才能实现能源国际共享，提高能源利用效率，促进各国经济发展，让全球共享中国绿色发展成果。因此，构建现代化的能源基础设施具有非常重要的意义。具体体现在：

一是借此打通全国各区域间能源配置通道，在全国实现无障碍的能源配置目标。要让全国各地无条件地低价享受现代能源带来的巨大便捷红利，要让全国各地都能够享受到稳定的能源供应，特别是清洁电力和油气管道的建设和优化，通过全国油气管道的铺就，中国建成主干道和辅干道相结合的科学干线网络，把全国的油气资源进行全国范围内的配置，保障能源消费中心的能源供应，特别是保障交通不发达地区和低收入群体的能源供应，要让全国的每一个人都能够分享到能源带来的福利。同时，铺设现代化的电力网络，打造以特高压电网为骨干网架，以智能化为主要手段的现代化电力网络，把分散在全国各地的风力、水力和太阳能资源加以利用，通过现代化的电力网络输送至全国各地，确保人们对电力资源，特别是清洁电力的使用，这将更加凸显能源基础设施的现代化功用。

二是通过加强现代化能源基础设施建设，使中国成为全球能源体系中的重要组成部分。加强现代化能源基础设施建设是深化国际能源合作的重要内容。通过能源基础设施的建设，构建互联互通能源网络，让中国成为全球能源配置的重要力量，使中国成为石油和天然气资源的消费中心。同时，通过全球能源互联网，把中国的清洁电力配置到其他国家和地区，也吸纳来自其他国家和地区的清洁电力。因此，能源基础设施是中国与全球进行能源配置的基础。

中国在能源革命进程中，应该着力规划设计建设强力支撑的现代化能源基础设施。从内容上来看，主要包括：

第一，现代化的能源生产设施。能源生产是能源生产革命中的重头戏，因此，提高能源生产的现代化水平成为中国深入推进能源革命的重要内容。在信息化背景下，提高能源生产的机械化和智能化水平，减少现场作业人员。我们知道，能源生产条件一般环境恶劣，地质条件复杂，容易导致事故的发生。因此，应提高能源生产的机械化和智能化水平，在煤炭、石油和天然气化石能源生产方面推广先进技术设备，提升可再生能源的机械化和智能化水平。不仅如此，还应该提高能源生产的智能化和自动化水平。大力研发智能化和自动化的煤炭、石油和天然气生产设备，提高风力发电设备、水力发电设备和太阳能发电设备的效率，从而提高中国能源生产的整体性智能化水平。

第二，能源现代化的运输设施。正如前文所述，能源生产革命需要现代化的能源运输设备，在全球实现能源配置和利用，特别是在全国范围内的配置。因此，提高能源运输设备的现代化水平将是关键的一环。在原有能源运输设备建设的基础上，为顺应能源革命发展，中国应该从两个方面推进能源设施的现代化水平。其一，以油气管道为核心，重点打造全国性的油气中转中心，同时，完善管道布局，以实现在全国区域范围内能源的互通有无。特别是以西北、东北、西南和东南等为管道中心，打造中国联通海外的管道运输中心。以此为基础，构建辐射全国范围内的现代化管道网络，以期实现油气资源在全国的自由配置。现代化管道建设应该伴随中国能源革命的始终。这是因为作为石油资源，它是重要的战略性能源，交通运输业、航天航空业等关键行业离不开石油。随着产业结构的调整，尽管石油需求量有所降低，但是以上关键行业仍然对石油有所需求。天然气是重要的低碳能源，随着城镇化进程的加速，城镇居民对天然气的需求大增，需要加强管道建设，保障油气供给，支撑能源生产和消费革命。其二，构建全天候供应的超级电力网络。能源革命推进的越深入，电力的作用越日益凸显。作为清洁能源的电力资源，将是能源生产革命的中心，也是能源消费革命的重点。以电力发展趋势为引领，以全球能源互联网为支点，以构建全国性的特高压线为重点，全面融入信息化、智能化的要求，打造与能源革命相适应的现代化电力网络。同时，整合国家电网集团和南方电网集团，突破垄断因素，以更加公平的价格让电力服务更多的民众。

第三，能源现代化的储能设备等。随着可再生能源发电的大规模部署，有效储能是能源生产革命的关键。这是因为，同一地方的太阳能发电存在白天和夜晚的转换，风力资源存在风大和风小，甚至无风的问题等。这样就导致这些可再生能源产生的电力不稳定，有波动，可能给电网安全带来影响，可能出现局域电网瘫痪，导致大面积停电。由此可见，储能设备在整个能源生产革命中的作用。如果更专业地讲，就是储能设备的特性在于：一方面，能够把非化石能源发电量毫无条件地保存起来；另一方面，把储存起来的电力资源稳定地输送至电力网络中，并确保电力网络的无波动运行。因此，应该结合中国的实际情况，以调高电力网络系统调峰能力为导向，以可再生能源发电为主，配合其他能源如天然气发电，实现电力系统的平衡，对大电网实现自愈的支持，同时，要与用户侧相连接，提升用户的响应能力。要把研发储能设备作为能源革命中的重要任务，及时推广能源现代化储能设备，以一流的储能设备，构建一流的能源生产革命的基础。

就全世界而言，解决储能设备的问题，成为全球推进能源革命的基本内容。现在全球在解决储能设备问题上进展缓慢。因此，解决可再生能源的储能设备应成为全球的共同任务。世界各国应该集中攻关，携手一起推动储能设施的研发和利用，重点以可再生能源的储能设施为切入点，不断提高储能设备的容量以及对电网的契合程度。由此看来，能源革命不是单独一个国家的事情，而是全世界的大事。研发先进的储能设备，应该提上日程。要通过专门的能源设备研发项目的形式，集中全球知名的科研机构和专家学者，建立储能技术系统研发、测试等平台，进而在全球加以推广使用，以期真正把可再生能源与现代化电力网络相契合。这是能源革命赋予全球科学界的重大使命，也是中国能源革命对世界的贡献。中国应该凭借强大的可再生能源市场的优势，抢先一步，研发使用储能设备，以便为中国能源革命添上浓墨重彩的一笔财富。

整体而言，能源基础设施现代化水平决定了能源生产革命推进的深度，其中，能源生产设备决定了能源生产革命推进的广度和影响覆盖面，无论是推进煤炭和油气等化石能源清洁化生产的设备，还是智能化自动化生产的设备，还是可再生能源大型发电设备，都影响整体能源的现代化体系。同时，也在一定程度上决定着能源革命的成败。能源运输基础设施的现代化水平则决定了中国能源革命中能源配置效率的高低。通过油气管道的建设和现代化电力网络的构建与完善，中国即将形成全国性的联通海外的能源大网，加速能源在全国乃至全球中的配置，为中国绿色发展提供较为稳定的能源（特别是清洁能源）供应。储能设备关系到中国可再生能源的开发利用程度，中国集成全球的智力因素，汇集全球科研部门进行科研攻关，加快推动先进储能技术应用与产业发展，充分发挥储能在可再生能源生产上的优势，充分开发利用可再生能源，确保中国能源革命朝向清洁高效利用方向发展。

4.2.3 能源生产中的生命保护革命

目前的能源生产还是以劳动力参与为主，自动化和智能化水平较低。在一些地质条件较为恶劣的环境下，时常发生能源生产事故，这给能源生产蒙上了阴影。特别是还存在一些人员伤亡的事件，引起了社会各界的关注。

以 2016 年为例，在 2017 年 1 月 16 日召开的全国安全生产工作会议上，国家煤监局介绍了 2016 年的煤矿生产安全事故。2016 年全国共发生 249 起煤矿事故，其中，死亡 538 人，较 2015 年，分别减少 103 起、60 人，分别下降 29.3%、10%；百万吨死亡率为 0.156，同比下降 3.7%。这意味着，随着对安全生产意识的增强，无论是国家和政府，还是企业和个人，都非常重视安全生产，其意识不断得到强化。尽管事故有所下降，但是还有人员伤亡，这与人们对能源安全生产的期盼相差甚远。按照能源革命和绿色发展的要求，应完善和落实安全生产责任，坚决遏制重特大安全事故发生，因此，在推进能源生产革命过程中，降低能源生产的人员伤亡率，就成为一项重要的任务。

除了人员伤亡以外，从事煤炭生产的人还容易患上严重的尘肺职业病。这些严重的职业病影响着劳动者的健康水平。因此，妥善解决能源生产过程中的安全问题，是中国推动能源生产革命中的一个基本的任务。坚守发展决不能以牺牲人的生命为代价的红线，提升安全生产水平。

之所以发生能源生产安全事故，其原因是多维的，例如：一些能源矿主无视国家生产的安全性法律，违规生产，甚至无照生产。他们为了取得高额的利润，无视国家法律法规，完全依靠人力劳动从事煤炭生产，甚至为了获取高产量的煤炭资源，高强度让劳动者从事井下煤炭生产活动。在生产过程中，安全措施不到位，生产设备简单，这样就会造成人员伤亡和职业病的意外事件。此外，地方监管体系不到位，致使安全生产形同虚设。国家虽然建构了监督管理体系，但是一些地方在监管上仍然“睁一只眼闭一只眼”，日常监管更是走过场。因此，从根本上探索能源革命和绿色发展中安全生产监管服务新路径，守护生命红线，提升安全生产水平。

在推进能源生产革命和绿色发展过程中，要妥善解决在能源生产过程中关乎人民群众生命与健康的问题。因为对生命的尊重成为人权最为重要的标志，对健康的守护成为健康中国的根本指南。因此，推进能源生产革命再不能以牺牲生命和健康为代价了。

为了从根本上解决这一问题，在推进能源生产革命和绿色发展的过程中，应该重点做好以下工作：

第一，守住能源安全生产底线，任何人都不能突破这条底线。底线是能源生产的安全保障线，任何组织和个人都不能突破这条底线。即在能源生产中，从安全生产意识，到安全生产操作，对劳动者都要进行全方位地培训，要把矿产企业建成一个安全教育的基地。在生产过程中，应该强化安全措施，提高生产的机械化和自动化水平，要把安全生产时刻放在生产的全过程之中。我们没有任何理由漠视安全生产，要把精力放在安全生产上，在企业内应该建立安全生产的规章制度，做到生产的全部流程都应该按照安全生产的原则进行，杜绝生产事故的发生。

第二，着力强化监管机制，杜绝地方政府对矿企生产的袒护。在国家安全生产管理总局的总体要求下，按照安全生产的总体部署，地方政府，特别是在煤炭和油气资源密集的地方，要协调建立和完善相应的安全生产监督部门，切实履行维护安全生产责任，形成一种对生产事故的威慑力量。要将安全隐患扼杀在摇篮里，要落实安全生产的一票否决制度，各个地方更应该强化一票否决的重要警示作用，要建立起地方党政在安全生产中的同责任的行政考核机制，把能源安全生产完全融入地方各级政府、各种类型的能源生产企业之中。这对于维护好已定的能源安全生产的社会大局具有良好的促进作用。

第三，提升安全意识，关爱一线员工生命。安全生产是大事，它关系着千家万户的安危，是全社会共同关注的焦点。要通过开展安全宣传等活动，提升安全意识，保护劳动者的生命安全。一方面，对其进行安全生产的培训。从事能源生产的职工大部分都是欠发达地区的农民，他们的安全生产意识较低，因此，应该通过全国工会、地方各级工会以及专业的安全生产组织的培训，使他们能够在生产过程中始终把安全放在第一位。另一方面，组织职工定期进行体检，提高他们预防职业病发生意识。企业和地方政府应该拿出一定的资金，为那些一线职工治疗职业病提供必要的支持。地方政府应加大对重点行业领域企业职业病治理的扶持力度，提高职业病危害防治技术水平。在能源生产过程中，强化安全生产红线意识，坚持生命至上，唯有此，才能在能源生产革命和绿色发展进行中，让更多的人享受健康之乐。

安全的问题，不仅发生在能源生产过程之中，而且还发生在其他的环节和流程中，如能源运输过程中。要在全流程和各环节中，融入安全意识，防止严重危及生命事件的发生。因此，要从生产到流通，再至消费的一切环节和过程中，严把安全的关卡。从顺利推进能源生产革命的角度以及深刻体现绿色发展的角度来看，降低能源生产过程中的生命代价，减少能源生产对人们健康的威胁，构建能源生产安全底线。

综上所述，中国在新时代推动能源革命和绿色发展，就应该有新的格局，而对生命的尊重理应成为中国能源革命和绿色发展的新境界。随着经济社会的发展，中国再没有什么比生命更宝贵，没有什么比健康更重要的了。因此，保护生命和维护健康，是持续推进中国能源生产革命和绿色发展的保障因素。中国应该加大力度研究并实施保护生命安全的制度政策和维护健康的各种机制，特别是能源生产领域，要研究制定保护职工生命的重要规章制度和体制，要把“生命高于一切”的理念落实到生产、管理的全过程，严格执行各项安全制度，提升安全发展能力，以安全生产推动能源革命和绿色发展。

5 能源技术革命与中国绿色发展

从工业化起始，技术就成为推动经济社会发展的重要力量。可以说，一部工业化的历史，就是一部技术变迁的历史。技术进步造就了国家的钢筋铁骨，塑造了欧美日等发达国家的形象。由此可以说，技术进步是国家的标签。发达国家把先进技术看作一个企业和国家的生命线，把防止技术外泄作为首要的任务。发展中国家则以引进、消化、吸收为基本手段，以自主性研发为基本形式，打造出一些支撑本国发展的关键技术，推动了本国的经济社会发展。关于技术进步的重要作用，邓小平同志提出了“科技是第一生产力”的重要论断。这是关于科学技术最为科学的认识论。实践证明，科学技术已经在生产和生活各领域内起到先导性的作用。

在能源和绿色发展领域内，技术的作用也很重要。从推进能源革命的强弱因素来说，能源科技既是推动能源革命的主要因素，也是推动绿色发展的硬件因素。能源技术革命是中国能源革命的重要组成部分，在影响中国绿色发展方面作用显著。因此，系统研究能源技术革命对中国绿色发展的影响显得格外重要。

5.1 能源技术革命

5.1.1 中国能源技术革命的重点方向

能源技术革命是中国能源革命的先导，凡是能源技术爆发的领域，一般都会在某一能源领域呈现出革命性发展的态势。综观能源生产的历史，我们就可以发现这一点。现代意义上的能源生产可以说是从煤炭起家的。煤炭生产技术直接加速了英国、德国、法国、荷兰、美国等欧盟和北美国家的煤炭开发，而这些国家都是工业化革命的诞生地和受益地。与之类似，石油勘探开发技术促进了全球石油时代的来临，直接带来了全球以交通运输业和化工产业为代表的工业体系的深刻变革，改变了我们的生产方式和生活方式。非化石能源的发电技术从无到有，从小规模到大规模，都渗透至世界绝大部分国家和地区。由上我们可知，无论是煤炭技术和石油技术，还是非化石能源发电技术都推动了当时及后来的能源领域的大发展。退一步来讲，没有能源技术的研发与利用，就没有能源经济取得的这些成绩，更没有能源开发与利用带来的全球经济社会的飞速发展。我们没有什么理由拒绝这一事实。

大量的能源经济实践再一次证明了能源技术对能源革命的推进和保障作用。因此，在新一轮能源革命中，对能源技术的研发与利用仍然是重中之重。实现能源技术革命对于保障新一轮或者第三次能源革命有着至关重要的作用。值得注意的是，能源技术革命要在深入分析第三次能源革命缺什么和转什么上做足研究工作。只要把握住第三次能源革命朝向低碳化和清洁化的发展方向，能源技术革命就不会出现偏差。

按照这一大方向，中国公布了《能源技术革命创新行动计划（2016—2030）》（以下简称《计划》），在这一《规划》中，中国强调了能源技术革命的需求和重点。其需求表现在：

第一，能源安全技术有助于实现中国“两个一百年”的目标。《计划》提出围绕中国“两个一百年”目标，能源安全应该形成“常规和非常规、化石与非化石、能源与化工、多种形式能源相互转化的多元化能源技术体系”。根据这一能源技术体系的特征，能源技术革命不在于彻底改变过去的化石能源技术体系，而在于通过大力发展新能源和可再生能源技术，形成两者有效互动的良性发展体系，从而保障中国的能源安全。

第二，清洁能源技术有利于保障中国环境质量的改善和美丽中国的构建。清洁能源技术是中国能源技术革命的核心主轴，对于保障中国环境质量的持续改善以及美丽中国目标的实现具有异常重要的作用。要向经济体提供更多的清洁能源产品，在能源消费过程中实现能源清洁化调整。

第三，低碳能源技术有利于实现中国二氧化碳排放峰值目标。根据中国已经确定的二氧化碳排放峰值目标，中国要到2030年左右实现该目标。这就要求中国的能源体系从化石能源为主到非化石能源为主的转变。这意味着，中国需要从高碳能源向低碳能源的转变，从而需要低碳能源技术的保障作用。

第四，智慧能源技术有利于提高中国的能源效率。自改革开放以来，中国能源效率有明显的提高，但是与世界先进国家相比，能源效率依旧低下。因此，提高能源效率成为中国能源革命的重要内容。通过智慧能源技术，推进能源系统和信息系统的有机融合，强化整个能源系统的优化集成，从而实现各种能源的集成，打造一体化、智能化的现代能源体系，重点应该发展分布式能源和各种能源节能技术。

第五，配套关键材料装备支撑能源技术革命。能源技术需要关键材料设备支撑，如《计划》中提到的特种金属功能材料、高性能结构材料等。这些特殊材料的研发与利用，有效保障了能源技术的顺利开发，推动着能源技术的发展。由此可见，能源技术产业不只是自身产业的发展，还需要其他产业支撑。

5.1.2　中国能源技术革命的主要内容

根据上述《计划》确立的中国能源技术革命的大体方向，研究并制定了中国能源技术革命的主要内容。从技术涉及领域来看，基本上涵盖了中国能源技术的各种领域范围，包括煤炭领域、油气领域、可再生能源领域等。下面我们将重点详尽论述。

（1）煤炭领域内的技术创新

在这一领域，主要包括两大内容：煤炭无害化开采技术和煤炭清洁化利用技术。煤炭资源既是中国的富集资源，也是中国的资源禀赋的集中体现。中国能源革命不是要彻底去除煤炭在经济社会中的重要影响，而是在保障能源供应的前提条件下，努力实现煤炭无害化开采和清洁化高效利用。

煤炭无害化开采技术是煤炭资源开发利用的开端，要把加强煤炭开采过程中隐蔽智能因素探测、重大灾害监测预警、矿井灾害防治、重大事故应急救援等关键技术设备作为重点，探索煤炭无害化开采的硬件体系。同时，也要加强煤炭开采中的生态环境保护，做到煤炭开发对当地造成的生态环境代价最小化。通过井下一体化开采技术、绿色高效充填开采、保水开采等措施，强化煤炭开采与生态环境保护一体化的程度。切实提高煤炭开采过程中伴生矿的开采利用水平，特别要提高煤矿综采工作页面的无人化水平，推进煤炭开采的智能化和机械化层次，为煤炭无害化开采奠定基础。

煤炭清洁化高效利用技术则重点围绕煤炭从污染型利用向清洁化高效利用转变而研发的技术体系。以能源梯级利用为导向，重点强化煤炭资源的煤气化、煤焦化、煤化工等下游高附加值的产品的技术研发。煤气化是一个非常重要的发展方向。随着城镇化水平的提高，人们对天然气需求日益增长，导致天然气市场供应不足，在一定条件下影响了人们生产和生活。因此，应该利用中国较为富集的煤炭资源，加速进行煤气化的进程，不断提高煤炭资源的再生利用水平，以解决天然气的供应不足情况。再者，应该加强煤化工产业的发展，通过热加工和催化加工，把煤炭转化成用于日常生活的化工产品。此外，利用煤炭资源发电应该注重清洁发电的方向，充分利用脱硫技术和再生利用技术，消解利用废弃物资源，从而全面提高煤电的能源效率水平。

（2）油气领域的技术创新

通过自主开发一些关键油气技术，重点围绕页岩油气、煤层气、天然气水合物以及深海油气资源进行技术攻关。根据石油峰值和枯竭理论，中国陆地石油储量不断减少，因此，中国在推进能源革命的过程中，应以非常规的油气资源为开发重点。以美国开发页岩气为参考，大力推动中国页岩气资源的探测、开发利用，争取把中国埋藏地下的宝贵页岩气资源有效开发出来；同时，围绕海上油气资源，以海底天然气水合物和石油为重点，率先开发与利用，保障中国能源革命在油气资源领域内“开花结果”。

（3）新能源和可再生能源领域的技术创新

这一领域规划设计的技术创新最多，主要包括：

其一，先进核能技术。以铀资源的深度利用为推动力，在布局第三代核电技术应用的同时，依托国内主要核电科研机构，开发第四代核电利用技术，加快核电开发利用进程。以核聚变理论为指导，超前研发以核聚变为核心的技术体系，探索性研究中国未来能源新技术，通过新能源开发利用，实现经济社会可持续发展。

其二，太阳能高效利用技术。在太阳能利用方面，以发热和发电为主，其中，太阳能发热技术较为成熟，主要用于太阳能热水器领域。这已经在生活领域广为使用。太阳能发电技术则是中国能源技术革命的重点，以晶体硅产业化技术为突破口，重点发展薄膜电池产业化技术，提高设备效率，提高关键材料设备的国产化水平。同时，开发高参数的太阳能电池，推广其应用范围。此外，发展高参数太阳能发电技术，以此为基础，建立智能化太阳能光伏发电站、分布式光伏发电点等，并形成以与其他能源形式如风光热呈互补性的能源开发系统。

其三，大型风电技术。在大型风电技术方面，应该从陆上和海上两个角度进行研究。大型陆上风电技术主要涉及200~300 m高空风电机组及其配套设备，重点研发适用于高空风电的叶片；海上部分主要研发海上风电机组及其轴承、控制系统、变流器和叶片等关键技术和设备，以大数据为支撑，研发海上风电集群运控并网系统等。

其四，氢能与燃料电池技术。氢能作为新能源的形式之一，应该加大开发利用程度，以可再生能源和先进核能、煤气化制氢等的制氢技术为着力点，积极推广氢能的试点与应用，以氢气储运技术为开发重点，努力实现大规模和低成本地制取、运输、储藏、应用，大力发展氢电池技术，推广新能源汽车利用。同时，研究开发燃料电池技术，实现该技术的示范与推广工程的推进。

其五，生物质、海洋、地热能综合开发利用技术的突破。以中国丰富的生物质资源为基础，重点研发生物质柴油、乙醇，并推广生物质冶炼技术。同时，以海洋能为保障，形成海洋能发电的设备、装置及其配套技术，完善海洋能综合利用产业链。另外，利用有利条件，开发地热能资源，形成规模较大的地热资源利用项目。

（4）关键技术的创新

关键技术制约了中国能源技术革命的发展，因此，在重点领域重点推进关键技术创新，成为中国能源革命的主要保障。

其一，燃气轮机高效利用技术。以燃气轮机先进材料和智能制造为核心，推进燃气轮机的机组设计、高效清洁燃烧等先进技术的研发工作，开展燃气轮机的整机试验，由重点深入研究与突破高温合金涡轮叶片和设计技术等影响燃气轮机关键发展的技术创新，适当发展微小型、工业用、商业用等不同性质的大中小型燃气轮机，实现燃气轮机全部构件的自主化，形成一系列国家品牌。

其二，先进储能技术创新。研究开发利用较为先进的光热储能设备。以太阳能光热资源为基础，重点研发太阳能光热高效高温储热技术、分布式能源大规模储热技术；以可再生能源为支点，深入研究支持可再生能源的储电技术，如可再生能源并网、分布式和微电网等储能技术。另外，也要积极探索其他形式的新近储能技术，如新概念储能技术、基于超导磁和电化学的储能技术等，这样就可以保证储能技术的突飞猛进。

其三，现代电网关键技术创新。以柔性直流输配电技术、直流电网技术等为核心，重点开发系列大规模现代电网关键技术，构建现代具有智能化、网络化、自适应性的电网，并且能够实现各种类型的发电及时上网，如可再生能源发电，保障电力资源正常运输至消费中心。

其四，能源互联网技术创新。能源互联网是把能源生产和消费联系在一起的网络体系，是一种集智能化生产、智能化消费、智能化传输等为基本特征的能源网络，标志着能源现代化发展的基本方向。中国应该加紧在关键环节，如智能路由器和交换机等设备，智能用能终端和监控等环节给予重点关注，集成研究部门，重点开发研究能源互联网综合集成技术，推动能源生产和消费的双侧响应，形成较为完备的技术标准，引领全球能源互联网的发展。

（5）其他领域的技术创新

除了上述技术创新设计以外，《计划》还提出了其他领域的重要创新，如二氧化碳捕捉、利用技术以及节能能效提升技术。其中，二氧化碳捕捉和利用技术涉及资源化利用以及低碳发展的方面。我们知道，治理气候变化是一个两端发力的过程，一端是减排，一端是利用。二氧化碳捕捉和利用就是将二氧化碳作为原料、材料等加以利用，以此形成重要的利用二氧化碳的产业体系；节能和能效提高技术则以节约能源和能效提高为重点，重点研究以高效工业锅炉、新型节能电机为代表的节能设备，以建筑工业化、装配式住宅、智能家庭等为代表的新型建筑节能体系，以节能交通工具为代表的交通运输业节能设备创新。

基于上述研究内容，中国能源技术革命的发展目标也被《计划》设定。《计划》设定的两步走目标，即到2020年，中国的能源关键技术设备取得重大突破，不断提升中国能源自主创新能力，大大减少对国外设备和技术的依赖；到2030年，中国能源自主创新能力将全面提升，能源技术水平达到国际先进水平，届时，与国情相适应的能源技术创新体系将得以形成，促使中国进入世界能源技术强国梯队。

由此可见，中国能源技术革命的创新与发展，是推动能源革命的根本途径。能源技术革命的实施，保障了中国能源革命的路径不偏离既定的发展轨道，同时，为中国能源革命扫清障碍。因此，能源技术革命的发展程度决定了中国能源革命的发展程度，能源技术革命的影响范围决定了中国能源革命的影响范围。基于此，能源技术创新成为建社创新型国家的重要内容。中国要集成科研院所、高等院校、企事业单位等不同领域的关系能源技术革命的实施主体，构建起协同推进能源技术革命的主体力量，从而为实现能源技术革命的目标奠定坚实的基础。这是我们期待已久的事情，也是任何阻力都不能阻止的发展趋势。

5.2　能源技术革命决定中国绿色发展的基本走向

能源技术革命涉及能源从生产到消费的各环节和全过程。因此，能源技术革命关系到中国能源革命目标的实现，要实现现代能源体系的总目标，必须依靠技术进步。不仅如此，能源技术革命也承载着中国绿色发展的希望。如果没有能源技术革命的深入推进，中国绿色发展也就失去了坚强的保障和后盾。从这一角度来讲，能源技术革命决定了中国绿色发展的基本方向，使中国绿色发展可以获得稳定的可持续的清洁能源，可以有效处理环境问题从而实现美丽中国的美好目标，可以妥善推进二氧化碳排放峰值目标的顺利实现等。因此，作为能源革命的重要部分，能源技术革命对推动中国绿色发展起着至关重要的基础性作用。哪里有能源技术革命发生，哪里的绿色发展便能顺利推进；哪里能源技术革命深度发展，哪里的绿色发展推进成效也就显著。因此，千方百计提高能源技术，为绿色发展奠定基础，从而进一步保障了中国绿色发展的基本方向、基本路径和基本目标。接下来，笔者将具体论述。

5.2.1 能源安全技术保障了中国绿色发展的基本动能

在完成工业化和城镇化的过程中，在其他条件不变的情况下，中国能源需求量将会大增。对此，从人口数量的角度可以给予很好的解释。随着人口政策的逐渐放松，人口数量会有一个反弹，从人均能源消耗来看，根据沈镭等（2015）对2050年中国能源消费进行的情景预测结果，2050年中国人均能耗为4.75~9.31吨标准煤，中国能源消费总量还将持续增长，2050年的能源消费总量将达到61.91亿~121.33亿吨标准煤。面对如此巨量的能源消费量，如何保障能源供应的问题成为中国绿色发展进程中的首要问题。

这个问题在能源技术革命尚未突破的前提下更为棘手。这是因为，如果能源消费总量不能得到保障，那么人们对能源的需求就不能得到满足，这势必影响人们对美好生活的追求。例如：人们希望购买更多的智能家用电器，但是电力资源出现供应不足，这样就限制了人们对智能家电的选择和使用，也就在一定程度上不能保障人人都有稳定的充足的能源获取。因此，可以说，中国绿色发展的前提，也是中国工业化和城镇化推进的前提，即稳定的、可靠的、充足的能源供应。一旦脱离了这个前提，一切发展在现代化社会中都失去了任何意义。

如何才能解决这个事关全国人民用能的问题呢？可以从“开源节流”的两端找到解决的思路。其一是节流端。这意味着可以通过人们的节约能源来抑制能源需求的增加。但是这起到的作用却十分有限。我们不能否认节约能源在控制和影响能源消费过程中的作用，但是我们也应该看到节约作用的局限性，即不能阻止能源消费随着人口数量增加而增加的态势。其二是开源端。通过开源，通过各种有利于能源生产的措施和技术手段，采取多种能源互补方式，优化能源结构，提高能源供应的品质和效率。

在影响能源生产的众多因素（技术、政策、市场等）中，技术因素被看作第一位影响因素，这是国内外学术界和企业界的共识。因此，能源技术革命是促使能源生产进而解决中国绿色发展过程中能源需求问题的首要动力因素。

中国绿色发展的能源保障要依靠能源技术革命。能源技术革命在提供能源供应的过程中也需要有步骤、有计划地推进。其原因在于：中国能源革命存在能源结构的替代，但是这种替代需要稳步推进，不能毫无代价地推进。如果不能打乱人们的能源需求计划，能源结构的任意调整也将无功而返。这就意味着，在实现能源结构的清洁化调整的过程中，利用能源技术革命，应该有步骤地推进这种调整，这样才能保障到2050年中国在能源生产和消费结构中，可再生能源比重达到50%（以上）。这进一步说明，近一段时期的能源技术革命，首先的任务就是保障中国绿色发展的能源供应。这就需要能源技术革命应该采取的“多元能源技术协同发展”的策略，随着科学技术的进步，而后过渡至“清洁能源技术为主”的策略。

具体而言，当前至2030年，中国绿色发展取得重大成就的时候，中国环境问题得以解决，各种环境污染排放有望达到峰值。在这一时期，能源技术革命应该采取的是“多元能源技术协同发展”的能源保障策略，其内容是以稳定能源生产总量为基本目标，最大幅度减少煤炭生产量，增加非常规低碳能源如天然气水合物等的生产量，稳步增加非化石能源的生产量。这一策略保障了中国能源生产总量能够满足中国工业化和城镇化的能源需求。而且高碳能源生产量会有所下降，低碳能源生产量明显上升，这总体上符合中国绿色发展对能源生产总量及其结构的要求。

2030—2050年，能源技术革命以清洁能源技术为主。随着能源技术的快速发展，能源技术，特别是清洁能源技术的关键材料设备的突破，中国清洁能源技术不断得到发展。在这20年间，中国能源生产结构应该出现“可再生能源占比有望突破50%，高碳能源显著下降”的态势。这既是能源技术革命的成效，也是能源技术革命的最重要任务。这期间，在能源技术革命推动下，中国能源生产层面出现的最为明显的特点就是非化石能源通过增量出现一个最为明显的上台阶的过程。与此同时，高碳能源特别是煤炭将结束辉煌的发展阶段，但在能源供给中仍然发挥着重要的作用。

能源技术革命对于促进能源生产总量特别是清洁能源总量，从而确保中国能源供应具有决定性的意义。这也是中国为什么把能源技术革命当成是能源革命的重要组成部分。离开能源技术的支撑，能源供应将得不到保障，能源技术革命在能源革命中起决定作用。因此，我们要把能源技术革命放在中国能源革命和绿色发展的中心位置上。以此为基础，推动形成中国绿色发展的空间格局。

综上所述，在一定程度上可以说，能源技术革命是维系中国工业化和城镇化能源需求的核心因素，是中国通过绿色发展保障人人获得清洁能源的基本保障。在一定条件下，能源技术革命比其他因素在影响能源供给方面的力度更大，作用更强。

从能源保障的功效作用来看，中国应该推进持续增强能源供应的技术革命。在人口众多、经济体量巨大的基本国情背景下，能源在经济社会发展中的作用越来越大的要求下，为确保能源供应，维护中国的能源安全，成为中国绿色发展进程中必须完成的基本任务。能源供应得不到保障，能源安全就要受到影响，能源对外依存度就会不断攀高。这样就使中国受制于一些重要能源国家的制约，严重影响着中国在国际事务上作用的发挥。因此，中国必然要解决巨量的能源供应问题，这关系到每一个中国人对健康的美好的生活的追求。

根据以上分析，中国大力推进能源技术革命，其中首要的任务就是解决中国巨量的能源需求问题。为此，需要广泛调动一切积极因素，推进能源技术革命，保障能源技术革命的实施条件和动力机制等。国家在能源技术革命中的重要性不言自明。这从中国政府颁布的《能源技术革命创新技术（2016—2030 年）》中可以看出。能源企业的作用主要表现在：顺应能源技术革命的发展趋势，着力推动能源技术在能源生产中的示范、推广和应用。以探查重要的非常规油气资源为基本导向，打造一批又一批经得住能源需求考验的能源生产点，扩充能源供应数量。同时，围绕能源生产结构的转型，大力开展有效的清洁能源生产工作，在太阳能、风电、水电、核电等领域内，培育一些有代表的能源企业，打通非化石能源生产的关键环节，使之成为中国典型的新型能源企业，让它们在能源革命过程中发挥更大的作用。此外，应该做好传统能源企业的转型工作，防止在能源技术革命推进过程中出现社会问题，如失业。要提前考虑这些问题，研究其解决方法，为推动能源技术革命和能源革命减少阻力。

应该看到的是，能源技术革命保障了中国绿色发展对能源特别是对清洁能源的需求。因此，我们没有理由不发展能源技术，更没有理由阻碍能源技术革命的发展。要把能源技术革命作为能源革命的第一位内容，加以深入推广。在保障能源供给和能源安全方面，能源技术革命的作用无可代替。要顺利完成绿色发展的目标，中国要立足国情，深入推进能源技术革命，只有这样，才能形成中国绿色发展的架构，才能为绿色发展提供有力保障。从这个角度来看，此时的能源技术具有一定的保障能源安全的作用，我们可以把它们称为能源安全技术革命。

由上可知，能源安全技术重点解决的是中国绿色发展过程中能源持续供应的问题。通过以上分析可知，能源安全技术在保障中国可持续的能源供应方面具有高度的有效性。因此，中国绿色发展首先应该着眼于能源安全技术的突破。

5.2.2 清洁能源技术保障了中国绿色发展的基本底色

中国绿色发展的底色就是以清洁为主的绿色，而绿色代表了生机盎然，是生物界生命的颜色。因此，绿色成为中国绿色发展的基本色调。这表明了中国对环境问题的重视，以及治理环境污染的迫切性。中国提高其生命底色的绿色发展水平，就应该保持清洁能源技术的优势，在清洁能源技术领域开展较有意义的推进工作。

中国亿万人民对清洁环境的需求经历了一个演进的时期转换。1949 年至 1978 年改革开放这一段时期，中国由积贫积弱的工业化起步阶段开始集中力量进行社会主义现代化建设，而这一时期的主要任务就是进行经济社会发展的基础设施建设，为中国经济社会的进一步发展提供重要基础，同时，大力发展工业，为全国建设较为齐备的工业体系不懈努力。同时，在这一阶段，由于经济发展规模还没有引起大面积的环境污染，人与自然之间的关系尚没有进入矛盾的尖锐期。此时，人民对环境的清洁需求基本都能满足。1978—2000 年，随着中国改革开放的推进，中国经济快速实现了起飞，对资源环境压力越来越大。虽然中国经济飞速发展，但是与之相伴的环境问题也开始凸显。这一时期的环境问题主要体现为局部性环境问题，以废水、废气和固废为主要问题。从 2001 年至今，随着中国化石能源的巨量消费，严重的局部性环境问题和全球性环境问题同时产生，严重挤压了经济社会发展的生态红线，人与自然之间的关系变得异常脆弱，人对清洁的美好环境需求成为一个重要的新需要。此时此刻，人们对环境的需求变得异常急迫，人与自然之间的关系更需要亟须处理。由此，人们对环境的需求成为一种刚性需求，彻底扭转人与自然之间这种错位的关系来不得半点马虎，亟须加以解决。此时此刻，绿色发展成为国家的战略目标，也成为城乡人们的期盼模式。

绿色成为社会发展的主旋律，是中国在人与自然关系处理过程中的最基本要求，而清洁能源技术则是最为接近绿色发展的技术保障。

首先，清洁能源技术保障了化石能源系统和经济系统的去污化。清洁能源技术着眼于化石能源的清洁化和清洁能源的生产，无论是从哪一方面，都会对当前的能源经济系统带来由量变到质变的转变，而这种转变取决于清洁能源技术的发展水平。煤炭清洁化技术在很大程度上影响化石能源的去污化水平。当前，在一些先进的煤矿企业，煤炭清洁化水平不断提升，煤制气、煤制油等领域不断取得很大的突破，这在一定程度上降低了煤炭资源对经济系统的环境影响。但是煤炭清洁化技术的实施范围有待提高。随着国家煤炭总量控制的实施，煤炭资源有可能出现大规模转换成其他的能源形式，如油气资源。在这种转变的过程中，环境污染排放量将有减少的趋势。如果煤炭清洁化技术能够在更大范围内实施，那么这种影响更大。为了保障中国绿色发展水平的提高，需要化石能源系统加速推进清洁化技术改造。当然，我们应该注意的是，在这种技术转变的过程中，应该进行科学的技术经济评价。这是因为技术转变成功要符合两个条件：一是能够取得客观的经济利益，二是符合技术经济特征，即具有技术可行性。在两个方面同时满足的情况下，化石能源清洁化技术具备了大规模推广的条件。如果人为主观强硬推广煤炭清洁化水平，不顾及以上两个条件，那么结果可能适得其反。当经济社会系统具备这两个条件，国家就应该广泛推动化石能源清洁化技术。当前，中国可以说已经具备以上条件，应该在绿色发展过程中，有条件地稳步地推广煤炭清洁化技术。要在重点领域如煤炭生产、工业用煤等领域内，推行煤炭清洁化技术，要让煤炭清洁成为工业生产中的新常态。

通过以煤炭清洁化技术为代表的化石能源清洁化技术体系的确立，中国在减少化石能源消费的同时，也对化石能源煤炭进行清洁化改造，这就为中国能源的清洁动能的提高助力。通过这样的做法，就可以把污染型煤炭资源转化为清洁的其他能源形式。这将给中国的绿色发展带来重大利好。这是因为中国充分利用煤炭资源优势，强化煤炭资源的能源形式转化，调整了能源生产结构，促使其高碳能源的减少和化石能源的增加，从而保障了中国能源特别是清洁能源的供应。这是通过对化石能源的清洁化改造带来的重大转变。此外，这种转换增加了煤炭资源的附加值，使煤炭资源由低端走向高端，赋予煤更多工业价值。如果从产业链的角度来看，这提升了产业链价值，带动了相关能源产业的发展，进而通过配套产业的发展，加速了能源产业系统的优化升级，进一步使中国能源现代化水平有所提高。这对于中国绿色发展具有短期和中期的强化效应。

其次，清洁能源技术保障了清洁能源的生产和消费。清洁能源技术不仅是指煤炭等化石能源的清洁化技术，而且还包括清洁能源本身的生产技术。上述内容，我们重点分析了煤炭等清洁化技术对中国绿色发展的作用，以下内容我们着重分析清洁能源技术对中国绿色发展带来的促进作用。

加快太阳能资源的开发利用，成为全世界的共同课题。高效太阳能开发利用技术则为推动太阳能的开发利用提供了重要的保障性作用。通过太阳能的发热与发电技术，打通了中国绿色发展对太阳能资源的开发与利用，有效地把太阳能资源转化为电力，并引入至经济社会中加以利用。最新的技术表明，建筑墙面上玻璃可以成为太阳能光伏发电板，这大大扩大了太阳能的接收面积，增强了利用太阳能的效率。

中国对太阳能资源的利用，主要分布在太阳能资源丰富的地方。可以说，只要有光照的地方，都可以利用光热和光电两种方式对其加以利用。依据这样的原则，如平原、草原、戈壁滩等，都可以利用太阳能。只要有条件，都可以把太阳能用来发热和发电。因此，太阳能资源是中国绿色发展的首要考虑的利用资源。要在利用强度上多下功夫，不断创新太阳能利用的方式，选择其利用的最佳区位，使太阳能资源充分地为人类服务。

此外，中国风电的利用成效也较为突出。中国利用风电技术，在以“三北”地区为代表的陆上、近海地区和深海区域已经布局，形成了较为完备的风电场。充分利用自然界的风力资源发电，这是一个充分利用大自然的力量的能源供应方式，体现了人类的认知水平和科学意识。但是我们也应该看到，风电最大的弱点在于存在有风和无风、风大风小的区别。无风时则设备停歇，不能发电；有风时，则设备工作。风力大和风力小的时候，风力发电产生电力的大小也有区别。因此，从这一角度来讲，风力发电较太阳能发电而言，受制于自然的约束更大一些。尽管如此，中国在风电技术上已经走在了世界前列。展望未来，在推动绿色发展的进程中，中国在风电方面仍大有作为。通过关键风片等设备的创新与驱动，中国应该扩容增点风电场，在广大的西北、广阔的海域范围内，寻找更适合的风电场。前瞻性研究并进行风电开发的可行性论证，打通风电项目的关键障碍通道，把这些地方打造成风力发电的重要场地，不断为中国绿色发展提供更多的清洁电力能源。

与此同时，水电资源的利用成效也较为明显。比起其他清洁能源利用，中国水电技术起步较早，也较为成熟。以三峡为代表的水力发电站成为世界上充分利用水电的标志性工程。目前，中国在大江大河基本上都建立了水电站。这足可以把水力发电的功能得到充分利用。但是水力发电也有缺陷，即枯水期时不能发电，此时，就会导致一些设备闲置。但核电可以不受此局限。中国在核电利用上有所起色，在民用方面更是独具一格。在世界有些国家如日本、法国等放弃核电技术时，中国依然大规模采用，发挥中国核电方面的巨大优势。这可以说是中国利用成熟的核电技术的重大体现。现在中国依然保持了较高的跟进前沿的态势，加速研发第四代核电技术，争取协同其他国家一起在核聚变等领域再实现新的突破。

以上无论哪一种清洁能源技术，都对环境产生较小的代价，并且生产出来的能源为清洁的电力资源。这都成为绿色发展的动能基础。如果能不断提高清洁能源所占比重，那么中国的绿色发展就能够有基本的动力支撑，实现人与自然和谐共生的天然状态不成问题。然而，目前的事实是，中国在清洁能源生产上还处于初步阶段，总体上生产量较少，目前还不具备支撑中国经济社会绿色发展的存量。随着中国清洁能源技术的飞速发展，中国在清洁能源生产能力上再有所增强，那时中国清洁能源生产量就会明显增加，在能源生产和消费总量中所占的比重也将不断提高，是生产和生活领域用能的主要对象。这将是中国绿色发展的希望所在，也是人们对清洁环境需求得以实现的根本保障。

可以想象，如果中国清洁能源的生产比重高达50%，此时中国清洁能源的消费比重也达到半壁江山，那么中国经济社会发展的清洁度也必然会提高，环境质量必然不断得到改善，中国的蓝天会更蓝，绿水更清澈，人与自然的和谐关系进一步实现和谐共生。届时，人人都可以有充足的清洁能源用来消费，人人都可以享受“蓝天白云、繁星闪烁、清水绿岸、鱼翔浅底”式的美好环境。一种田园生活的画面呈现在每一个中国人的面前。解决了资源短缺和环境污染问题，中国绿色发展的红利辐射范围更大更广。此种发展模式不仅为中国人津津乐道，而且也为世界所称颂。这是因为通过发展清洁能源技术，中国不仅解决了自身的诸多人与自然不和谐的问题，而且也为世界绝大部分国家解决类似问题提供了具体的思路，特别是一些发展中国家。我们可以从一些相关的新闻报道中发现，这些国家也面临着经济发展和资源环境问题之间的矛盾。

可以说，清洁能源技术虽然仅仅是针对清洁能源的，但是它会影响整个国家的经济社会可持续发展进程。因此，清洁能源技术在经济社会发展中的作用不容小觑。

5.2.3 清洁能源技术保障了中国绿色发展峰值目标的实现

中国全面推行绿色发展理念，努力实现人与自然的和谐，通过调整产业结构、能源结构和技术创新，着力进行生态治理，达到绿色发展规划中的蓝景状态，这是我们所期待的。在这一过程中，随着环境治理力度的加强，中国主要污染物排放达到峰值。有研究判断，“十三五”期间将是污染物排放的全面达峰期。

污染物排放全面达峰，意味着中国在经济发展过程中环境污染将达到顶峰，也就是说，随着经济发展的加强，中国污染物排放量出现一个先增加至最大值，而后不断减少的趋势，而这个最大值就可能出现在“十三五”期间。跨越这个峰值，污染物排放将不断下降，从而说明了中国经济发展与污染物排放开始脱钩。这是一个令人欢喜的事实。

这种峰值现象不局限于碳排放峰值，也适用于局部污染物排放峰值。我们可以从中国经济发展历程中环境污染排放的历史走向体察出来。中国自1978年以来，经济发展取得了突出的成就。与之相伴的是，中国环境污染物排放也呈现集中爆发的基本情况。局部性污染物排放如废水、废气和固废成为中国发展中的“拦路虎”，全球性环境问题如温室气体排放成为中国绿色发展过程中的重要制约因素。无论是哪一种形式的环境污染都对中国经济社会发展的成果形成折减效应，严重影响了经济发展红利分享的范围和程度。特别是就目前的发展阶段而言，这些环境污染物排放还有增加的态势，这就给中国经济社会发展戴上了“紧箍咒”。

如此严重的环境污染排放问题，给中国经济社会发展带来了深刻的负面影响：

第一，削弱了中国的全要素生产力水平。环境污染现象对中国经济社会发展形成了很强的折减效应，抵销了中国经济社会发展的成果，这就使得中国投入产出效率明显降低。大量关于资源环境约束下中国全要素增长率的文献结果表明，环境污染确实能够使中国全要素生产力下降。这就意味着，环境污染会使中国经济社会发展的绩效大打折扣，从而使中国经济发展的绩效明显下降，中国绿色发展也因此深受影响。因此，治理环境污染，为保障中国全要素生产力的提高，成为中国绿色发展的重要使命。中国应该提早实现经济发展理念的转型，不要追求污染的 GDP，而应该追求纯净的 GDP。这也是中国绿色发展的重要指标。

第二，降低了劳动生产率。无论是发达国家，还是在发展中国家，劳动者一般都喜欢在一个清洁和美好的环境下从事生产劳动。在其他条件不变的情况下，环境越清洁，劳动生产率水平越高。如果整天面对极其恶劣的环境，大量的废水和废气等出现在工厂里面，人们的劳动生产率就会下降。如果人们在愉快的美好的环境下工作的话，劳动生产率自然就会提高。这样就不难理解，环境污染在一定程度上会影响人们的劳动生产率。长期在大气污染中工作，劳动者就可能身患呼吸道疾病，从而影响劳动生产率的提高。因此，环境污染，降低了劳动生产率。中国推行绿色发展就是要通过改变所处的环境，使人与自然和谐共生，从而使广大人民在美好清洁的环境中工作、生产和生活。

第三，影响着绿色中国的构建。环境污染影响到绿色中国战略的实施。无论是在医学界，还是在学术界，污染对人体健康会产生不良的影响，这已成为共识。我们知道，影响人体健康的因素有很多，主要包括生活水平、医疗条件、社会保障机制、家庭护理等因素。然而对环境污染和人体健康之间的关系的研究较少考虑。但是这不能成为环境污染对人体健康没有影响的借口。事实上，环境污染对人体健康的影响也很明显，如果人们长期处于大气污染之中，长期饮用被污染的水源，久而久之，人体健康就会出现问题。正如2017年9月《美国国家科学院院刊》发表了一项研究，该研究分析得出了北方供暖政策导致的空气污染使北方人均寿命比南方少3年的结论。这说明污染排放对人体健康和寿命产生了严重的负面影响。该研究进一步做出了解释，空气污染通过影响心肺疾病而导致人类的死亡。因此，环境污染是影响人体健康的元凶之一。当环境污染超过一定的临界水平时，它对人体健康和寿命的影响更为强烈。一个极端的例子是如果当地发生严重的火灾，导致的烟尘就可能使当地居民逃离这个地方，这在美国2017年的森林大火事件中得到应验。

环境污染制约着中国经济社会的进一步发展。绿色发展正是解决环境污染问题的道路选择。绿色发展解决环境污染的重要标志就是环境污染排放峰值的出现。一旦出现排放峰值，就意味着污染排放和中国经济社会发展脱钩，从而意味着绿色发展将出现良好势头。

污染排放峰值的出现至少在两个方面表征了中国绿色发展的成效：其一，污染排放峰值的出现是中国经济社会发展与污染排放绝对脱钩的重要标志，是中国经济发展与环境之间实现双赢的重要体现。这既是生态文明建设深入推进的成果，也是中国几十年来国人的期盼，希望生活在清洁的环境里，希望工作在舒心的环境里。同时，这也是中国“绿水青山就是金山银山”的质朴生态观的集中体现。其二，污染排放峰值的出现集中体现了中国生态治理的效果。集中大规模进行生态治理，是中国绿色发展的内在要求，也是人们对美好生活的诉求。通过环境投资，产业结构调整，构建了生态文明建设的体制机制，中国具备了生态治理的基础，进行蓝天保卫战，向环境污染说“不”，在铁腕治污减排的效力下，中国污染排放出现峰值是必然的结果，也是人们希望的结果。

在污染排放出现峰值的过程中，清洁能源技术功不可没。从根源上减排治污，需要寻找污染源。如果从能源使用角度来看，中国污染的根源在于大量化石能源的消费。因此，化石能源清洁化技术在很大程度上抑制了污染和排放的过度产生。煤炭清洁化技术减少了烟尘和粉尘的排放，此外也降低了二氧化硫和二氧化碳的排放。因此，大规模地推行煤炭清洁化技术的使用，必然使中国环境污染明显减少。与此同时，还包括清洁能源发电技术，这大大增强了中国在能源生产和消费中的可再生能源的比重，必然促使中国能源生产和消费的清洁化调整，其结果比煤炭清洁化技术带来的结果还令人备受鼓舞，那就是在促进中国经济社会发展的同时，清洁能源不会对环境产生负面的影响，从而有利于中国环境质量的加速好转。

能源技术革命对于推动中国污染排放峰值将起到很大的加速作用。这种作用的大小与中国推进能源技术革命的深度有很大关联。加速推进能源技术革命，增加清洁能源技术的增量和存量，有利于推动中国能源生产和消费结构的清洁化转变，增加中国非化石能源的生产和消费，也有助于中国化石能源的清洁化使用。这两个大的方面将为中国污染排放峰值的出现创造重要的前提。因此，随着中国能源技术革命的深入推进，中国污染排放将会出现一个转折性变化。这更加凸显了能源技术特别是清洁化技术对环境和经济的重要影响，进而使我们更加抱定了加快绿色发展脚步的信念。于是，我们比任何时候都需要清洁能源技术，比任何时候都应该推动包括能源技术革命在内的能源革命，比任何时候都应该加速推进绿色发展的进程，比任何时候都应该提速生态文明建设进度，从而为中国实施生态中国、美丽中国和健康中国的战略提供良好的条件和氛围。

5.2.4　关键设备技术为中国绿色发展提供了保障

能源技术革命必然体现在现代化的能源和环境设备上。只有设备先进，才能把能源技术的作用体现出来。随着中国经济社会的发展，随着中国能源和环境领域投资和创新的力度的加大，能源和环境设备也出现现代化的趋势。例如：各种清洁能源发电设备的研发和利用，提升了国产化的品牌，不仅如此，这些能源设备还出口海外，为中国赢得了一定的国际空间。再如，各地市投资建设垃圾发电厂，这是充分利用现代化的技术，对生活和生产垃圾进行资源化的重要手段，再现了环境设备在能源利用方面的功效。这些都说明了唯有研发和使用日益先进的能源环境设备，能源技术革命才有着落，才能实现绿色发展。因此，中国应该着力在以下领域内做好关键设备技术的工作：

第一，在清洁能源生产方面，努力实现设备的自主化、高效化水平。清洁能源生产设备是能源技术革命的重中之重。这关系到能源结构清洁化调整的程度和范围。清洁能源生产既是生态文明建设的重要保障，也是中国绿色发展的重要内容。顺应清洁能源生产的大趋势，就要提升清洁能源生产设备的现代化水平。清洁能源生产设备应该且必须以清洁能源生产为导向，以国产化为基本原则，打造一批既能够实现能源可持续供应，又能够保障能源结构清洁化调整大体方向的能源生产设备。

这就意味着，中国应该大力提高能源生产的装备化水平。以《中国制造 2025》为蓝本，以确保中国能源安全、推动清洁能源大发展和化石能源清洁高效利用为导向，加快推动中国能源装备的自主化和高效化水平，着力在水电、风电、太阳能发电、地热能利用、海洋能利用、核能利用、储能装备、先进电网设备等方面前瞻性研发设计能源装备。

（1）水电装备设备

加快推进水力发电的成果普及范围，让更多的水电服务于中国的绿色发展。装备设备主要有水力发电设备和抽水蓄能设备。其中，前者要依托国家标准，落实《水电发展“十三五”规划》，加快研发 100 万千瓦级混流式水轮发电机组、单机容量 25 万千瓦级轴流转浆式水轮机组、单机容量 50 万千瓦级、1000 米水头以上高水头大容量冲击式水轮机组等。以此为基础，推动水电系统的智能化水平，下大力度研发水电智能生产管理系统，包括水电智能一体化生产管理和运行控制平台、状态检修智能决策支持系统、智能应急指挥处理系统、工程安全智能分析评估系统、智能安全防护管理系统等。后者重点鼓励推广抽水储能项目，重点开发单机 40 万千瓦级、500 米水头以上高水头大容量抽水储能机组，调整范围在±10%可变速抽水蓄能机组等。通过这些水电设备的开发利用，提高中国水电开发能力，充分利用中国大江大河水资源优势，把水能转化为电能，从而造福中国。

（2）风电设备

在《风电发展“十三五”规划》的指导下，重点研发陆上和海上大型风电机组，如轮毂中心高度 100~200 m 大型陆上风力发电机组、10MW 级海上大功率风电机组，并且提高其国产化水平，尤其要发展5~7MW级大型风电机组。要在10MW级大型风电机组及其关键部件上做好功课，重点设计制造系统智能融合技术、发电机高性能控制技术、基于大数据的风电场群智能运维技术等。我国风力资源较为充沛，在这些技术设备的利用和带动下，提高风电在可再生电力中的比重。同时，以风电设备和关键部件研发为路线演进方向，重点提高其自主化水平，要在关键设备和关键部件上，进一步提高自主化水平，从而使中国形成与欧洲风电发电相抗衡的新的风电场地。

（3）太阳能设备

太阳能设备主要分为发电和发热两种类型。发电设备主要发展新型的高效晶硅电池和组件（例如：研发效率21.5%以上的多晶硅电池、22.5%以上的单晶硅电池、效率25%以上的N型高效电池、26%以上的多结晶体硅电池等，研发多晶CTM高于103%、单晶高于101.5%的高效率组件技术和光伏电池关键材料等）、薄膜及其他新兴光伏电池及组件（例如：效率达到20%以上的碲化镉薄膜电池、效率为21%以上的CIGS薄膜电池、效率为43%以上的三五族化合物电池、钙钛矿电池等新型太阳能电池、染料敏化太阳能电池、有机太阳能电池、量子点电池、叠层电池以及高效砷化镓电池等不同类型的电池体系）、新一代光伏逆变器及其系统集成设备（例如：数兆瓦级高效光伏逆变系统、兆瓦级光伏储能逆变系统、新一代高效智能逆变器、10MW级高压无并网变压器逆变器等，以及高可靠性智能化的光伏跟踪系统、能源互联运营管理平台、智能汇流箱和即插即用光伏集成产品等）、光伏制造设备（例如：多晶切割机、连续拉晶炉、大产能低压扩散炉、背面钝化设备、带二次印刷功能的双通道丝网印刷机等）。光热设备主要包括槽式太阳能聚光发电系统关键设备、塔式太阳能热发电聚光发电系统关键设备、太阳能发电专用高效膨胀动力装置、分布式太阳能冷热电联供发电系统关键设备等。这是国家正式以文件的形式确定的重点研发的关键设备，以自主化为重要发展方向，以快应用为基本原则，加快推进太阳能发电领域的快速发展，提高中国应用太阳能资源的范围，扩充太阳能发电数量在能源生产和消费中所占的比重，从而提高其对中国绿色发展的重要支撑力。

（4）地热能装备

在国家《可再生能源发展“十三五”规划》中，已经明确确定了相关的研发设备，如干热岩开发利用装备、水热型地热开发利用装备等。中国地热资源丰富，根据国土资源部对中国地热资源的评价，中国浅层地温能资源量相当于95亿吨标准煤。另外，中国大陆3000~10000 m深处干热岩资源总量相当于860万亿吨标准煤。如此丰富的地热资源应加以充分利用。要在地热能装备的作用下，加速开发利用地热资源，在一定程度上形成对化石能源的替代。

（5）海洋能装备

在这一方面，主要围绕兆瓦级波浪能发电装备的发电机、液压装置、控制装置等功能部件核心技术重点研发，要完全掌握关键基础元器件、功能部件设计制造技术等，攻克难关，把波浪能发电打造成中国海洋能利用的主导形式。除此之外，还要开发利用潮流能发电技术装备。重点开发高效率的潮流叶轮、冀型叶片等，加快突破以发电机组水下密封、低流速启动、冷却、防腐、模块设计与制造等为代表的关键技术，促使中国形成利用潮流能的形式。利用海洋能发电，中国形成了波浪利用和潮流利用的两种成熟形式，未来还要加快利用海洋能资源。

（6）核能装备

核能也是中国较为成熟的技术，在绿色发展过程中，需要进一步提升核电技术。因此，中国亟须研发先进大型压水堆设备，主要包括核岛设备（如压力容器、控制棒驱动机构、堆内构件、蒸汽发生器、核电站维修专用设备等）、常规岛装备（如汽轮发电机、大型发电机断路器、柴油发电机组、电控系统设备等）、关键泵阀（如关键核级泵、关键阀门、爆破阀等）。另外，需要加速发展关键核级材料、关键仪表和系统、智能化核电装备等，加速提高新一代核能的动力。同时，继续研发高温气冷堆、快中子反应堆和模块化小型堆，以及核燃料及循环利用等。在核能利用上，要遵循军用和民用协同发展的基本方向，适当把军用转化为民用，加速促进核电的利用程度。同时，以核电为基础，加快形成中国特色的清洁能源电力系统。

第二，在专业环保方面，努力实现设备的能源化水平。加强环境保护与能源利用之间的相通关系，把环境保护看作中国加速垃圾资源化的重要驱动力，形成以垃圾资源有效利用的发电设备和系统。在中国大多数城市或城市之间研究布局垃圾发电项目和设备，有效地利用城乡垃圾资源，净化城乡环境和大气环境，同时，把垃圾转换成电力能源形式，以电力的形态供应居民使用。

垃圾发电设备带来的综合效益。一是城乡垃圾的焚烧产生热能能够用来发电，满足城乡居民的用电需求；二是焚烧后的灰渣可用作水泥和建筑材料，符合循环经济的利用法则；三是垃圾焚烧后对环境无害，因为焚烧能杀死垃圾中的病原体，此举可实现垃圾的无害化处理。

中国垃圾发电起源于20世纪90年代末，已形成较为成熟的技术和设备。这和中国城镇化进程加速带来的垃圾围城现象不无关联。而垃圾发电能够比其他形式的垃圾处理方式更环保、更无害，对城市垃圾能够有效利用，是符合中国国情的垃圾处理方式。但是垃圾发电需要较大的投资，这成为其发展面临的主要挑战。在垃圾发电的初始投资中，设备、土建、安装等占比较大；而设备中，炉排、余热锅炉、烟气处理系统及自动控制系统等占设备投资的50%左右。尽管如此，垃圾发电项目依然具有很大的发展空间。中国要在绿色发展过程中，加大垃圾发电项目的推行，增强垃圾发电在城乡垃圾处理中的作用，转变城乡的脏旧面貌，使城乡换上绿色发展的新装。

中国利用垃圾发电项目，广泛布局垃圾发电项目。要在全国280多个城市中规划垃圾发电设备的选址，重点打造以垃圾发电项目为吸引力的低碳能源技术体系。要让每一个地级市及以上的城市都拥有至少一家垃圾发电厂，用于满足本市的垃圾发电需求。垃圾发电厂的选择要科学合理，在一定规划范围内，既可满足本市的需求，又有一定的辐射能力，把周围的垃圾接纳过来，使之成为垃圾能源化处理中心。

在融资上，中国应该采取多种途径和渠道进行垃圾发电的融资计划，充分发挥政府部门的有关职能，通过国有资本、社会资本等不同形式的融合，创新有效的融资模式，使垃圾发电设备和技术落地生根。可以说，2012年，中国垃圾发电行业发展迎来了黄金期，各个省会城市和主要中心城市都先后投资建设垃圾焚烧发电厂，该行业投资回报率较高，获利能力较强。2017年，国家发改委和住建部联合发布了《“十三五”全国城镇生活垃圾无害化处理设施建设规划》（以下简称《规划》）。《规划》提出到2020年底全国城镇生活垃圾焚烧处理设施能力占无害化处理总能力的1/2以上。这就意味着，从国家规划角度来讲，垃圾焚烧发电设备投产进入一个快速发展的时期，这完全符合中国绿色发展的本质。垃圾焚烧发电成为城镇垃圾处理的主要方式，同时，也能获取客观的电力能源。因此，具备条件的城市应该抓住此次机遇，加大资金投入，推进垃圾焚烧发电项目健康发展。

第三，在生态治理和环境保护方面，大力发展环保设备，提升其产业化水平。环保产业是符合绿色发展理念的纯正绿色产业，对于生态治理和环境保护具有十分重要的保障作用。工业和信息化部在2017年10月出台了《关于加快推进环保装备制造业发展的指导意见》，指明了环保产业发展的方向。由此可见，中国环保产业发展前景一片光明。

在“十二五”期间，中国环保产业呈现爆发式增长，以年均15%左右的增速发展，其产业产值占GDP的比重高达2%以上，成为推动经济发展的新的增长点。环保产业的飞速发展，直接带动了中国环保设备业规模迅速扩大，其发展成果表现在主要装备基本实现国产化，部分装备达到国际化领先的水平，实现了跨越式发展。《关于加快推进环保装备制造业发展的指导意见》明确指出中国在2016年环保装备制造业实现产值6200亿元，比2011年翻一番，并且规划至2020年，该产业产值将达到10000亿元，年均增速为12.3%，远远高于经济发展增速。如此强势的发展势头，直接推动了中国环保装备和设备的大踏步发展。

环保装备设备关系到中国治理环境问题的程度和效果，直接影响了中国绿色发展的水平和绩效。因此，发展壮大环保装备设备成为世界各国生态治理和环境保护的重要保障。纵观世界发达国家的环境治理历程，环保装备设备都发挥了重要的作用。在应对发达国家出现的环境公害事件中，环保设备起着非常重要的作用，对发达国家的环保有很大程度上的推动效力。就目前而言，环保设备产业在发达国家已经接近饱和，但是仍然是国民经济重要的运行部门。因此，大力发展环保设备成为中国绿色发展的应有内容，提高环保设备的功效，推广环保设备的应用范围，成为时下中国绿色发展的重要任务。

那么，中国环保设备应该如何发展呢？《关于加快推进环保装备制造业发展的指导意见》给出了明确的答案。该意见紧紧围绕绿色发展，从大气污染防治装备、水污染防治装备、固体废弃物处理处置装备、土壤污染修复装备、资源综合利用装备、环境污染应急处理装备、环境监测专用仪器仪表、环境污染防治专用材料和药剂、噪声与振动控制装备 9 个重要任务和领域，从而为中国环境保护设备的发展提供了重大参考价值。同时，也明确了发展任务、目标和条件，为中国绿色发展奠定了基础。

由此推测，中国环保设备搭上了绿色发展的“春风快车”，势必呈现快速发展的态势，从而在推动绿色发展过程中发挥更大作用。

6　能源体制革命与中国绿色发展

能源体制革命是中国能源革命中不可或缺的重要组成部分。在推进能源生产和消费革命中，如果说能源技术革命是硬件保障，那么能源体制革命就是软件保障。可见，能源体制革命在整个中国能源革命中的重要地位。可以说，如果能源体制革命不能跟进，就势必影响中国能源革命的推进，进而也会影响中国绿色发展进程的推进。

从能源体制革命与中国绿色发展之间的关系来看，能源体制革命成为中国绿色发展的重要保障力量。在能源体制革命的过程中，既是能源结构优化调整的过程，也是生产大量清洁能源的过程，这一过程伴随着中国化石能源的减量和可再生能源的大发展，其结果是为中国绿色发展奠定了坚实的清洁动能基础。因此，能源革命中的能源体制革命必然和中国绿色发展紧密相伴。没有能源革命，也就没有中国绿色发展。

6.1　原有能源体制的不完善不利于中国绿色发展

6.1.1　原有能源体制的基本现状

中国在能源领域内取得成就，主要是在改革开放以后。随着改革开放的不断深入和发展，中国在经济社会领域内取得了巨大成就，同时，中国在能源领域也取得了非凡的成就。无论是能源生产能力，还是能源消费水平，都得到了快速发展，使中国成为世界上能源生产与消费大国，中国在国际能源市场中的一举一动都影响着世界能源市场的运转和格局走势。田慧敏（2014）对中国能源体制现状做了详尽的梳理，具体如下：

第一，中国现已形成了以煤炭、石油、天然气、非化石能源等为主的能源供给体系，能源对经济社会发展的服务水平大幅提升。第二，能源消费集中在煤炭、石油、天然气和电力领域，虽已推行了市场化改革，但是在油气行业、电力等领域还是以国有垄断为主。第三，在市场化形成方面，中国推进了市场化的煤炭价格形成机制，但是油气价格的市场化形成较慢，如成品油价格以政府指导定价为主，电力由政府主导定价，天然气价格改革正在进行中。第四，在能源监管方面，不同类型的能源分别由不同的部门进行监管，监管部门较多，且职能优势相互交叉。政府对能源的监管主要以经济监管为主，社会监管为辅，并且需要事前审批。第五，在能源法律法规体系方面，目前，中国的能源法律法规体系初已成型，主要包括《节约能源法》《煤炭法》《可再生能源法》《电力法》《石油天然气管道保护法》等法律。此外，还包括相关行政法规、规范性文件和能源标准。这些能源法律法规体系的主要内容涉及煤炭、石油、天然气、电力、原子能、可再生能源和能源节约等方面。

现有能源体制也是随着社会的发展而形成的。因此，时代决定了能源体制的基本框架和内容。原有能源体制已经不能紧跟能源革命和绿色发展的时代要求。这是因为现有能源体制产生的正能量从根本上是能源革命和绿色发展对其的更高要求。比如：绿色发展要求释放巨大的清洁能源潜力。但是这与旧有的能源体制的发展情况不太一致。按照现在的能源体制对能源生产结构的调整的影响，清洁能源的生产量尚不能满足中国工业化和城镇化的需求，也不能满足中国绿色发展对清洁能源的需求。如果不能解决能源市场化改革的取向问题，中国绿色发展的市场机制也就不能建立，那么中国绿色发展的软环境保障就不能实现。由此可见，能源体制革命不仅是能源革命的重要内容，也是中国绿色发展理论的基本内容。

为了适应中国能源革命和绿色发展的趋势与潮流，中国应坚定不移革除能源体制中不合时宜的部分，增添适应能源革命和绿色发展的内容，以便减少中国能源革命和绿色发展的羁绊，为推进能源革命和绿色发展增添有生力量。唯有此，才能为中国能源革命的进一步发展创造有利的软环境，才能为中国绿色发展提供更加健康的有利环境和条件。

6.1.2 能源体制不适应的体现

客观而言，能源体制在推动中国经济社会发展的能源需要的同时，也存在一些不能适应新时代新特点的弊端。这些弊端正在对中国能源革命和绿色发展形成桎梏，因此，详尽分析这些弊端，则能够厘清能源体制革命的方向和内容。现有的能源体制存在的弊端主要表现在以下几个方面：

第一，能源市场机制不完善。随着中国特色社会主义市场经济体制的初步建立和逐步完善，国家对能源市场也做出了以“培育市场主体、提高能源资源合理配置”为主体内容的改革，例如：中国已出台了多个油气改革政策，在加强天然气输配价格监管和油气管网设施信息公开方面做了很多的工作，同时，逐步放开了储气设施和化肥用气价格的控制，强化了天然气门站市场化价格改革等。2015 年 10 月国家正式印发了《关于推进价格机制改革的若干意见》，该意见提出要“推进石油、天然气等领域价格改革，放开竞争性环节价格，充分发挥市场决定价格作用”。然而，总体而言，能源市场化改革进展较为缓慢。中国的成品油和电力定价机制由政府定价发展为与国际接轨并不断完善，电力市场需要进一步深化市场化改革。究其原因，主要有以下几点：一是政府对能源市场的过度干预，特别是政府和能源企业的边界模糊以及不同所有制的企业间不能公平竞争，导致政府机制在能源市场中的作用超过了市场机制，市场机制在资源配置、调节供需、节能减排和提高能源效率等方面尚不能充分发挥作用，进而在能源市场上无法形成符合帕累托标准的最优状态；二是由于缺乏统一的市场准入标准，导致民营企业和外资企业进入能源市场的门槛过高，增加了这些企业进入能源市场的成本，甚至不能进入能源市场，从而不能形成在能源市场内各个所有制类型的企业进行良性竞争的局面，于是，市场中有效竞争不能实现，能源市场的经济效益低下。因此，在中国能源市场上，能源价格无法有效地反映市场的供求关系、资源的稀缺程度和环境的损害程度，从而无法有效地引导中国工业化和城镇化进程中的消费、投资和资源配置，使经济发展呈现出典型的高消耗、高排放、高污染和低效率的粗放特征。

能源市场机制不完善，能源的商品属性就不能被还原，从而使能源作为物质资料的属性更加固化，这与市场经济的法则相违背，因此，这为政府干预能源市场提供了机会。同时，能源价格不能反映市场的供求关系、稀缺程度和对环境的损害程度，就不能把中国绿色发展中能源的价值真正体现出来，阻碍了中国绿色发展的全面推进。此外，能源市场化改革，是中国市场化改革中的重要领域和硬骨头，没有能源市场的市场化，就没有中国整个市场的市场化。而且，能源市场的市场化关系到工业化和城镇化中生产和生活的方方面面，成为影响中国绿色生产和生活中的重要因素。因此，我们不能忽视能源市场及其市场化进程。唯有推动能源市场的改革，才能更好地建立起中国特色的能源市场体系，才能为中国能源结构的调整提供更加符合实际的路径。通过不断完善能源市场机制，健全中国能源市场体系，强化能源价格的市场形成机制，使能源价格反映的本质更加全面。这样才能从根本上建立起中国能源革命的基础性制度体系，也才能为中国绿色发展的深入推进提供重要的合乎中国背景的制度性保障作用。总而言之，如果缺乏能源市场的有效运行，中国就不能全面构建能源革命和绿色发展的制度基础。

第二，中国能源法规体系不健全。为了全面保障中国能源的安全开采、保障生产、有效使用和有力管理，中国的能源法律法规体系一直在不断地完善，从无到有，从少到多。但是，与西方发达国家较为完备的能源法律法规体系相比，中国现有的能源法律体系还存在以下几个较为突出的问题：一是能源主体法和专门法不匹配，不能形成完善的能源法律法规体系。目前，在中国能源法律法规体系中，现行法已有《电力法》《煤炭法》《可再生能源法》《节约能源法》4 部单行能源法律。此外，还有《矿产资源法》《水法》《环境保护法》等 30 多部相关法律，有 30 多部国务院颁布的行政法规，有 9 个与能源相关的国际条约，有 200 多部部门规章，有近千部地方法规、规章（叶荣泗，吴钟瑚，2006）。但对各能源单行法及制度规章具有指导意义的《能源法》尚未出台，《能源法》的长期缺位，严重影响了中国法律对能源革命的保障作用（刘芳，2015）。不仅如此，在现有的能源法律法规体系中没有针对新能源的专门立法，也缺少对能源供应的相关立法和能源公共事业的关注。因此，中国现行的能源法律法规体系不适应能源革命和绿色发展的需要。确立《能源法》的统领地位，以及制定专门的专项能源法成为能源立法的一项重要而迫切的任务。二是针对新能源法律太少，导致新能源法律政策实施的依据不足。中国在新能源如太阳能、风能、核能资源的开发利用方面，至今尚未制定专门的法律，仅仅出台一些相关的政策。例如：在太阳能相关法律政策方面，中国出台了

"太阳能屋顶计划"，但是税收优惠政策过于原则化，没有明确的细节说明；在风能相关法律政策中，中国已经推出了风电特许权招标制度，但是这可能导致风电企业恶性竞标，从而阻碍了风电产业的发展，不仅如此，针对风能的财政支持制度也有待完善；在核能相关法律政策中，中国《放射性污染防治法》中对人身、财产和环境造成损害赔偿问题的规定有待进一步完善（刘芳，2015）。

能源法律法规体系的不完备，不能对能源革命和绿色发展形成有力的支撑，这是困扰能源革命进一步发展的法律困境，这是非常重要的软性环境。一旦离开法律的支持和保障，任何经济发展成果都不能得到法规的保护，也就没有了法理存在的基础。我们知道，有专门的法律针对煤炭、石油和电力的，但是尚未有针对新能源和清洁能源的专门立法。这与能源革命的发展是相违背的。因此，从能源革命发展的趋势来看，非化石能源的发展与绿色发展应该得到中国相关法律的保护，但是从目前来说，却出现了法律的真空地带。因此，为顺应能源革命的发展潮流，应制定并出台相关的专门法律，以完善中国能源法律法规体系，为中国能源革命和绿色发展提供坚实的法律制度保障。

第三，中国能源管理的政府机制有待完善。能源管理是个战略工程，需要上下统筹和左右协同，可是目前中国能源管理的相关部门很多，其管理职能分散在国家能源局、国家发展改革委员会、国土资源部、国有资产监督管理委员会、财政部、科技部、环保部、农业部、工业和信息化部、住房和城乡建设部、国家电监会等部门。这样就导致了多头管理、政令不一的局面，造成各种政策措施出现"打架"，很难协调一致，即便是能够出台宏观性的能源政策，也无专门的管理机构贯彻与实施，降低了能源管理的成效。能源管理工作是中国推进能源革命和绿色发展的重中之重，从能源生产到消费的全部过程，都需要建立起国家以及各级政府对能源的管理制度和体系，只有这样才能做好能源管理的全覆盖。这种要求却和实际情况有较大出入，特别是在中国的新能源相关法规中，对政府部门的监管规定也有所欠缺。例如：中国《节约能源法》第八条规定，"各级部门负责本辖区的节能监督管理工作"，但未明确"管理节能工作部门"的具体职责范围和权限规定，使政府的节能监管针对性被严重弱化。再如，《放射性污染防治法》的第二章虽然对放射性污染防治的监督管理做了规定，但在新的核能开发利用过程中出现了一些新的问题，此规定显得有些过时。由此可见，中国能源管理的政府机制的权限分散不集中，且分部门管理相互交叉和重叠。在实现管理过程中，各管理部门可能还存在相互推诿，严重影响了能源管理的效果。

在能源市场中，往往存在两手失灵的事实。一方面，市场无形之手因为过多的市场势力而失灵；另一方面，政府有形之手也存在政府管理实效失灵。这两个方面的同时存在要求我们更应该强调政府在能源市场中宏观机制的作用。通过政府的宏观机制消除或者减少市场失灵给能源市场带来的影响，同时，也应该强化政府对能源市场的管理功能。把政府应该管好的事情和能够管理好的事情管理好，解决在能源市场上政府管理失灵的缺陷，从而加强在能源市场中的能源管理功能。

第四，中国能源市场监管不到位。市场监管是市场赋予政府的重大责任。在能源市场上，因为存在大量的垄断现象，导致了市场价格一般要偏离最优的均衡价格，往往高于市场价格。因此，为了防止过高的能源价格挫伤消费者的积极性，政府应对能源价格进行有效的监管。通过监管，政府可以在能源市场上直接干预市场的配置机制，进而影响能源企业和消费者行为。这样一来，能源市场监管重点需要做好以下工作：一是维持正常的能源市场秩序。能源市场秩序的正常性决定了能源市场是否有效运转。通过监管让市场中能源企业安于和乐于生产，提供充足的能源保障，满足能源需求。通过监管让能源消费者的需求都能够得到满足。这样就可以在能源市场中维护能源生产和消费的基本平衡，如果不能平衡，那么就需要利用能源进口机制，通过外援力量，解决过大的能源供需缺口。如果一旦在一个国家和地区封闭的市场中，引入国际能源市场，那么其必然更加重了能源市场的非稳定性。在此背景下，更需要能源监管的力量，同时维护国内外的能源市场的平衡，或者说让国际能源市场对国内的能源市场造成不太大的影响。二是对非法能源活动的取缔。能源市场监管的另一个重要方面，即要采取行政机制，把一切非法的能源生产和消费活动加以取缔。能源监管的目的在于在能源市场中以较为合理的价格提供优质的能源商品。非法能源生产和消费活动则对能源市场秩序形成严重的干扰。正如大量相关的新闻报道，为获取高额的利润，一些能源企业如大量的小煤矿和其他非法企业偷偷开采，这对能源市场造成了严重影响。非法能源企业往往向市场提供劣质的能源商品如劣质煤炭、成品油等，这些劣质产品干扰了市场秩序。如果消费者购买这些劣质产品的话，那么轻者可造成财产损失，重者则可能损害健康。像这样的伪劣产品，应该在全社会杜绝。然而，在现实能源市场中，大量的非法企业广泛存在。这就需要中国的能源市场监管部门对此严于监管，通过有效的严管，取缔一切非法的能源活动单位，净化中国能源市场运行空间。

从目前能源监管部门来看，中国能源监管部成立较晚，其职能有待进一步完善和强化，在监管力度方面有待提高。从组织体系来看，中国能源监管局隶属于国家能源局，现在主要包括区域监管局：华北能源监管局、东北能源监管局、西北能源监管局、华东能源监管局、华中能源监管局、南方能源监管局。此外，也有一些主要的省级能源监管办公室，如山西能源监管办、山东能源监管办、甘肃能源监管办、新疆能源监管办、浙江能源监管办、江苏能源监管办、福建能源监管办、河南能源监管办、湖南能源监管办、四川能源监管办、云南能源监管办和贵州能源监管办等。其中，国家也界定了能源监管部门的主要责任（吴新雄，2013），即“能源监管职责包括能源规划、能源政策和项目落实情况监管、电力安全监管、能源市场及交易监管、能源成本监管、电网和油气管网公平开放监管、能源市场准入监管、参与协助能源价格监管、能源消费总量控制和能源行业节能减排监管、能源行业行政执法等八大类监管职责。”① 但是，国家能源监管部门成立较晚，部分监管功能还有待强化。特别是在一些重要动能能源领域，要和环境监察部门形成合力，为推动能源革命和绿色发展打造一道亮丽的风景线。

① 能源局召开能源监管工作座谈会分析新形势、新任务［EB/OL］. http：//www.gov.cn/gzdt/2013-09/23/content_ 2493331.htm.

6.2 能源体制革命为中国绿色发展破除障碍

6.2.1 能源体制革命对中国绿色发展的意义

能源体制革命，即通过改变原有能源体制机制中与能源革命和绿色发展不相适应的内容，为中国能源革命和绿色发展提供重要软环境保障。这是能源体制革命的本质。深入推进能源体制革命，有利于扫清中国绿色发展道路上的障碍，促进中国绿色发展更好、更快地进行。因此，能源体制革命对中国绿色发展具有十分重要的意义。

第一，为中国绿色发展提供重要的“无形”保障。市场经济是中国经济社会发展的大环境。中国特色社会主义市场经济体制是中国发展的重要特色，中国绿色发展不能离开市场经济的环境而独立进行。这意味着，中国绿色发展也必然在市场经济中推行，从而表明中国绿色发展也应该按照市场经济的原则。因此，中国绿色发展也应该坚守市场经济的基本原则：其一，市场等价交换原则。绿色产品的生产都是企业利用生产要素生产出来的，因此，企业就应该按照成本定价的法则生产绿色产品，然后在市场中出售。在市场中，绿色产品得到消费者的青睐。于是，发生了绿色商品的买卖交易，这一过程应该是买卖双方自愿的行为，并且以等价形式交换而成的，理应不存在非等价的交换。这就要求，中国绿色发展应该创造一个更加公平的市场环境，让市场机制在绿色商品的生产、交换、流通和分配中发挥着至关重要的作用。通过市场机制，让绿色发展的成果在更大人群范围内得到享受。其二，防止市场失灵的发生。市场失灵作为市场有效的对立面，是市场机制的矛盾统一体。市场失灵和市场有效是市场机制的两个评价方面。在一个非完整性的市场中，两者同时存在，只不过是存在的程度大小不一。在市场有效的前提下，中国绿色发展才能够避免出现较大的波动。

中国能源体制革命，要去除影响市场有效的市场失灵存在的体制基础，促使市场更加有效。因此，中国能源体制革命首先是保障绿色发展的市场机制，在遵循市场原则的基础上，确立中国绿色发展的市场运行法则。这与中国的市场化改革的取向基本一致。

综观中国市场化改革方向，在中国发展成就的背后，多有市场化的影子。市场化是中国经济社会发展取得成就的重要影响因素。市场化既是中国在经济社会转型过程中的重要内容，也是中国取得一切经济发展成绩的法宝。但是中国的市场化改革是一个艰难的过程，即从计划经济走向市场经济是中国自我革命的一个重要体现，提高生产效率和经济发展水平，从此中国走上了快速发展的道路，创造出举世瞩目的奇迹。这一过程最突出的内容就是“淡化计划作用，突出市场作用”。

党的十一届三中全会召开以后，中国进行了市场化的长期探索。十一届三中全会是新中国成立以来党和国家历史上具有深远意义的伟大转折。该会议通过“拨乱反正”，放弃了“以阶级斗争为纲”的指导思想，决定把全党和国家的工作重点转移到社会主义现代化建设上来。自此，中国进入了改革开放和社会主义现代化建设的新时期，随后才有了计划和市场的博弈和较量。从中我们发现，市场的作用从辅助性作用到基础性作用，再到决定性作用的转换。先是党的十二大报告提出并强调要贯彻“计划经济为主、市场调节为辅”的基本原则，而后党的十三大报告则提出了“社会主义有计划商品经济的体制，应该是计划与市场内在统一的体制”。这为市场的作用进一步定了调子。在这一时期，市场的作用仍然是辅助性。这种辅助性的作用至少说明两个情况：一是市场和计划一样，都可以调控经济，都是资源配置的手段；二是市场的出现在一定程度上推动着经济社会的发展。

从党的十四大到十八大，市场的作用被界定为基础性作用。党的十四大报告对此的相关论述为：“我们要建立的社会主义市场经济体制，就是要使市场在社会主义国家宏观调控下对资源配置起基础性作用，使经济活动遵循价值规律的要求，适应供求关系的变化；通过价格杠杆和竞争机制的功能，把资源配置到效益较好的环节中去，并给企业以压力和动力，实现优胜劣汰；运用市场对各种经济信号反应比较灵敏的优点，促进生产和需求的及时协调。”党的十五大报告与十四大报告的表述基本上一致，即“建设有中国特色社会主义的经济，就是在社会主义条件下发展市场经济，不断解放和发展生产力。这就要坚持和完善社会主义公有制为主体、多种所有制经济共同发展的基本经济制度；坚持和完善社会主义市场经济体制，使市场在国家宏观调控下对资源配置起基础性作用；坚持和完善按劳分配为主体的多种分配方式，允许一部分地区一部分人先富起来，带动和帮助后富，逐步走向共同富裕；坚持和完善对外开放，积极参与国际经济合作和竞争。保证国民经济持续快速健康发展，人民共享经济繁荣成果”。而党的十六大报告则进一步深化了对市场作用的认知，要求“在更大程度上发挥市场在资源配置中的基础性作用，健全统一、开放、竞争、有序的现代市场体系”。党的十七大报告则进一步强调了从制度层面完善市场的基础性作用，指出“要深化对社会主义市场经济规律的认识，从制度上更好发挥市场在资源配置中的基础性作用，形成有利于科学发展的宏观调控体系”。党的十八大对市场的作用的认识更加全面。党的十八大报告强调要“加快完善社会主义市场经济体制，完善公有制为主体、多种所有制经济共同发展的基本经济制度，完善按劳分配为主体、多种分配方式并存的分配制度，更大程度更广范围发挥市场在资源配置中的基础性作用，完善宏观调控体系，完善开放型经济体系，推动经济更有效率、更加公平、更可持续发展”。由此，我们看出从党的十五大到十八大，在市场基础性作用前面增添的关键性修饰词都集中在强调社会主义全面改革的基本导向和取向就是要增强市场作用。

从十八届三中全会开始，市场的作用实现了由基础性向决定性的转变。由此可见，十八届三中全会成为明确政府和市场关系的重要转折点，其作用和意义不亚于十一届三中全会。十八届三中全会指出，“紧紧围绕使市场在资源配置中起决定性作用。深化经济体制改革，坚持和完善基本经济制度，加快完善现代市场体系、宏观调控体系、开放型经济体系，加快转变经济发展方式，加快建设创新型国家，推动经济更有效率、更加公平、更可持续发展”。此外，还包括“经济体制改革是全面深化改革的重点，核心问题是处理好政府和市场的关系，使市场在资源配置中起决定性作用和更好发挥政府作用。市场决定资源配置是市场经济的一般规律，健全社会主义市场经济体制必须遵循这条规律，着力解决市场体系不完善、政府干预过多和监管不到位问题”，“必须积极稳妥从广度和深度上推进市场化改革，大幅度减少政府对资源的直接配置，推动资源配置依据市场规则、市场价格、市场竞争实现效益最大化和效率最优化。政府的职责和作用主要是保持宏观经济稳定，加强和优化公共服务，保障公平竞争，加强市场监管，维护市场秩序，推动可持续发展，促进共同富裕，弥补市场失灵”。党的十八届三中全会提出在“使市场在资源配置中起决定性作用和更好发挥政府作用”的基础上，进一步深化对社会主义市场经济规律的认识，进一步坚定了社会主义市场经济改革方向，明确了加快完善社会主义市场经济体制的重点任务。党的十九大报告强调“坚持社会主义市场经济改革方向”“加快完善社会主义市场经济体制”，并指出“经济体制改革必须以完善产权制度和要素市场化配置为重点，实现产权有效激励、要素自由流动、价格反应灵活、竞争公平有序、企业优胜劣汰”。这在市场决定性作用的基础上，再一次明确了中国特色社会主义市场经济体制的构建路径和方向，无疑是强化市场决定性作用的又一次发力。

在这个过程中，市场在经济各领域内的作用不断得到体现，在能源领域尤甚。能源作为重要而特殊的商品，也在走向市场化道路。通过能源市场化改革，构建能源市场体系，是中国能源革命的重要内容。能源的市场化体现在推动绿色发展方面的原理在于：首先，确保了清洁能源的生产。清洁能源是绿色发展的保障，发展清洁能源成为世界共识。如何才能促进清洁能源的生产呢？为促进清洁能源的生产，在市场经济条件下，政府应从财政补贴、税收优惠和价格激励等方面对实施清洁生产的企业给予支持和鼓励，依靠利益引导，让参与清洁能源生产的企业有利可图。这正好与市场化的精神相契合。在市场中对清洁能源存在大量的需求，有了需求，在利益导向下，企业就会参与清洁能源的生产，有利于推广清洁能源的生产，从而不断提高其对绿色发展的重要支撑作用。同时，在市场中，化石能源带来了环境污染，严重影响着人们的健康，煤炭等化石能源在能源市场中慢慢就会丧失需求，进而相关的企业就会转型至其他的行业。因此，市场机制成为调节能源结构的重要手段和机制。

能源革命需要市场机制的激励与推动，让市场在更大程度上和更大范围内发挥决定性作用，让市场在配置能源过程中发挥更好的作用，成为中国能源体制革命的重要导向。基于此，通过重新构建能源市场，确保能源结构的调整，这将对中国绿色发展具有保障作用。

能源体制革命要搭上市场化改革的春风，切实在能源领域内创新市场化改革路径，夯实市场化改革成果，尽早建立起符合市场决定性要求的市场体系，在不同的能源类型中崇尚价格机制的作用，着力推行天然气、电力等价格改革，在确保生产和生活用能的方面充分体现市场的决定性作用，为国家生产更多的清洁能源，创造更美好的环境，提供更加洁净的国土空间，让美丽中国深入人心。这是能源体制革命“无形之手”的重要力量，在发挥市场在资源配置中的决定性作用时，推动能源革命和绿色发展，让市场经济机制在能源领域内生根发芽。

第二，为中国绿色发展提供重要的“有形”支撑。能源体制革命，一方面，让市场机制起决定性作用；另一方面，要让政府在能源配置过程中的作用式微。这意味着，在能源市场上，政府必须肩负起市场机制以外或者说市场失灵的重要任务。

能源市场失灵则可能影响着中国绿色发展的进程与成效。在能源市场中，也存在大量的不完全竞争、外部性、公共物品和信息不对称，因此，能源市场也存在市场失灵现象。市场机制在能源市场中的失灵现象主要表现在：

其一，因不完全竞争导致的能源市场失灵。在中国能源市场中，少数几家能源企业在能源市场中占主导地位。在能源市场中，以国有企业为主，由中国能源集团500强榜单可知，在2016年，能源民营企业营业额收入占总营业额收入的比重为19.59%，而国有企业占的比重超过80%。从具体不同的能源领域来看，煤炭企业至少有90家，石油天然气企业至少有20家，电力公司的数量较少，不到15家。因此，在一定意义上可以说，煤炭领域市场化程度较大一些，其次为油气领域，最后为电力领域。

造成这些企业形成市场势力的原因在于能源投资和建设的特殊性，即自然垄断。能源企业的垄断特征来源于能源生产、运输和分配等过程中的特殊性，这种特殊性体现在：能源生产需要大量的投资和先进的技术，企业实力越大，越有能力开发能源，在开发能源的过程中也伴随着大量的风险，只有大企业才能经得住风险，化解风险的能力比小企业要强。同时，能源企业运输需要特殊的运输方式，如管道、铁路和电网等，这些也需要巨大的投资，非一般企业所承担。因此，能源企业因这些特殊性而成为能源生产的主要企业。此外，能源作为关系国计民生的基础产业，必须由国家主导，可以在某些领域适当引入民营资本提升行业活力。

其二，因外部性而产生的能源市场失灵。能源市场中因为外部性产生的市场失灵，也有很多的事例。例如，煤炭生产带来的山体滑坡、煤坑等，石油钻井平台的爆炸、漏油带来的环境污染、核泄漏产生的辐射等，这都是世界上已经发生的能源生产外部性对环境的影响。这种外部性，甚至影响着人们对能源利用的态度。因为日本的核泄漏，欧洲众多国家已经放弃了对核电的利用。在能源运输过程中，也可能发生外部性的影响。例如：在天然气管道运输的过程中发生管道泄漏事故。另外，在能源消费过程中，外部性事件也常常被人关注和诟病。因能源消费而带来的外部性主要在两个领域，即大气污染和气候变化。这两个环境污染排放现象都在发达国家出现过。在中国，因为化石能源的消费，这两大环境现象正在严重侵蚀中国经济社会发展的成果，危害人民的健康，严重影响着小康社会目标的实现，以及中国“两个一百年”蓝图的实施。由此可见，能源市场上的外部性问题是一个突出的问题，该问题已经成为包括中国在内的世界各国头等大事。因此，采取各种措施减弱能源市场中的外部性问题已经成为重要的经济社会发展任务。

除此之外，能源价格的剧烈变动也可看作外部性的体现。能源市场如果不能随着供需发生及时地变化，这就使能源价格发生剧烈的变动，能源价格的变动就会对整个宏观经济产生影响，进而对经济社会发展产生负面影响，如成本增加、通货通胀等现象，这已被国内外许多学者研究过。维护能源市场的供需稳定，使能源需求及时得以满足，这是防止出现能源价格剧烈变动的重要保障。因此，能源革命和绿色发展的前提就是有稳定的供给和需求，让能源供给更好适应能源需求结构变化。

其三，因公共物品导致的能源市场失灵。在能源市场中具有公共物品性质的主要包括战略石油储备和油气运输通道。根据国家能源局发布的数据，至 2017 年，中国建成舟山、舟山扩建、镇海、大连、黄岛、独山子、兰州、天津及黄岛国家石油储备洞库 9 个国家石油储备基地，其储备原油 3773 万吨，石油储量大体可用 1 个月。这具有公共物品的性质，以防止战乱时、极端灾害和天气时，国家各个领域对石油的需求，特别是在战乱时，首先要保障军事系统对石油的需求。战略石油储备机制的设计主要是为了应对市场供应中断以及价格波动风险，但其战略储备的成本相对集中。而一些较小的经济体没有建立战略储备的经济实力，却受益于稳定的石油价格。① 此外，油气运输通道，尤其是海上油气航线也具有公共物品属性。中国约有80%的石油进口依靠海运，其航线必经波斯湾—霍尔木兹海峡—马六甲海峡（徐斌，2013）。如果在油气运输过程中发生海盗抢劫等问题，会直接影响中国的石油和天然气供应安全。

其四，因为信息不对称而产生的能源市场失灵。石油和天然气领域的不完全信息主要表现为市场供求的基本面数据不足、监管的不确定性以及价格信号失真等现象（徐斌，2013）。中国能源市场化改革刚刚起步，并取得了一定成绩，特别是能源市场信息化进展很快。但是，能源市场仍然存在信息不对称的情况。例如：个别加油站以劣等汽油充当优质油，引发的汽车熄火现象时而发生。由于买方和卖方之间信息不对称，导致劣质商品或服务驱逐优质商品或服务，以致市场萎缩甚至失灵。

如同其他市场上的信息不完全一样，能源市场的信息不对称势必影响能源生产、运输、分配和消费主体对能源的基本判断，在利益的驱使下，企业以劣等的产品获得较大的利益，这样也会发生“劣币驱逐良币”的现象。在信息不对称的作用下，消费者无法区分哪些是优质能源，哪些是劣质能源。劣质产品对优质产品有负的外部影响，导致市场失灵。

综上所述，正是由于能源市场存在的不完全竞争、外部性、公共物品和信息不对称，能源市场存在失灵现象。这是因为能源市场存在着大量的投资，动辄高达千亿元。同时，能源市场的关联性极强，能源市场的变动会很快传导至其他市场，如要素市场和商品市场，有时候还能够影响国际市场。因此，能源市场的失灵也会引发其他市场接着失灵。

能源市场失灵现象告诉我们，如果能源市场一旦发生失灵，能源价格、能源环境、能源波动等一系列问题将迎面而来。如果在能源革命中，不能处理能源市场失灵问题，将会影响中国能源革命的进展，更影响中国绿色发展的进程。通过中国能源体制革命，以市场化为主导方向，同时完

① 徐斌. 市场失灵、机制设计与全球能源治理［J］. 世界经济与政治，2013（11）.

善能源管理体制，以两只更加有效的手，协同解决中国能源市场失灵问题。因此，在能源体制革命中，既要注意市场失灵现象，也要关注政府无为现象。只有让市场更有效，让政府更有为，才能形成“无形之手”和“有形之手”的协调共进的良性循环状态，才能巩固中国能源体制革命的胜利成果，从而为中国能源革命和绿色发展提供重要的保障。

6.2.2 能源体制革命的基本原则

为了更好地推动能源生产和消费革命，必须进行能源体制革命，而中国能源体制革命的基本原则可以概括为健全两只手：市场“无形之手”和政府“有形之手”。

用“无形之手”构建中国能源体制革命的效率体系，为清洁能源的生产提供重要的价格保证，同时，用能源市场的价格之手，降低化石能源在能源体系中的生产和消费比重。通过崇尚价格机制，充分把市场在能源配置过程中的决定性作用发挥到极致。这意味着，在能源市场中能让市场解决的问题，一定让它来发挥作用，其他非市场的力量最好不要参与进来。坚持市场化改革的导向，就是进一步提升市场在能源领域内的决定性作用。要把市场机制作为重要的导向机制，整肃能源市场中的非价格因素，扫清干预力量。概言之，在能源市场中坚持市场化导向，就是要最大化发挥市场价格机制的作用，把价格机制看作能源市场配置的主导性机制。

政府“有形之手”是市场“无形之手”的重要补充。在能源市场中，市场不能有效发挥作用的领域，政府应当主动补位，对市场的作用查漏补缺。当市场发生失灵的时候，政府必须伸手，用“有形之手”的力量弥补市场的漏洞。在一定程度上可以说，能源市场中的“有形之手”该出手时就出手，帮助无形之手解决能源配置问题。因此，“有形之手”必须与“无形之手”协同，只有这样才能抑制能源市场中的失灵现象的发生，才能维护能源市场的正常运转。

以上界定了在能源领域内市场和政府的边界。只有通过厘清两者的边界，市场机制才能在能源领域内发挥决定性的作用，政府机制才能在必要时刻方显重要作用。在能源市场中政府和市场的作用，集中体现在十九大报告中。习近平总书记指出，“看不见的手”和“看得见的手”都要用好，努力形成市场作用和政府作用有机统一、相互补充、相互协调、相互促进的格局，推动经济社会持续健康发展。一句话概括之，即“使市场在资源配置中起决定性作用和更好地发挥政府作用。”离开市场，能源价格不能体现，配置效率就要损失；离开政府，能源市场就会发生失灵，严重影响能源的配置。只有通过协调“无形之手”和“有形之手”的关系，才能保障能源市场的平稳运行。市场的作用是主导的和决定性的，政府的作用是必要的和补充性的。两者只有在各自清晰的边界范围内，才能和谐推动能源改革向纵深迈进，以两只手的力量，促进能源高效率的配置，才能实现能源供给和需求均衡发展。

6.2.3 中国能源体制革命的基本任务

6.2.3.1 持续深入推进能源市场化改革

中国要在现有能源市场化改革的基础上，进一步推动能源市场化改革进程，从重点领域入手，从关键环节着力，在煤炭市场、油气市场、电力市场、清洁能源市场中，把市场机制的决定性作用发挥出来。以《能源体制机制革命行动计划》《关于深化石油天然气体制改革的若干意见》《中共中央国务院关于进一步深化电力体制改革的若干意见》等国家规划文件为指导，在煤炭、油气和电力等各个领域内，形成市场决定价格的基本机制，健全市场价格在能源领域内的决定性机制。

（1）以市场化为导向，加速推进煤炭领域的市场化改革进程

在煤炭市场化进程中，主要引导煤炭企业在煤炭生产上的积极性，增强煤炭企业的实力。通过兼并组合等方式，允许有条件的企业做大做强，强强联合。创新煤炭交易方式，完善现有的山西太原、内蒙古等煤炭交易中心的运行模式，并不断扩充煤炭交易中心的数量，加大煤炭交易中心的服务辐射范围。同时，创新交易方式，在现货交易的基础上，引进期货交易和合同交易等，以煤炭主要品种为试点进行交易。

相较于油气和电力，中国在煤炭领域内市场化取得成就最大，这些都可以为中国市场化改革积累很多的经验。中国煤炭市场化改革开始于20世纪70年代末期，在80年代，煤炭价格开始松动，例如：1984年10月，

中国对未纳入计划的乡镇煤矿放开了价格管制，可以自行销售。1984 年 11 月，中国进一步批准地方煤矿计划外生产的煤炭可以随行就市地自销，这意味着能源价格双轨制的出现。从 1986 年开始，中国的指令性煤炭价格由国家制定的统一出厂价格和在此基础上统一的加价幅度两部分组成。1987 年，增加了指导性计划形式，即对超核定能力、超计划生产的煤炭实行了加价、议价政策。从 1993 年开始，中国煤炭市场化改革进行的更加深入。早在 1994 年 1 月，中国就全部放开了煤炭市场价格，彻底改变了过去一煤多价的局面，实现了计划内煤炭价格与计划外煤炭价格的一致化。尽管在 1996—2002 年，中国对电煤实行国家指导价格，但是在 2002 年，中国彻底放弃了电煤官方指导价格。此后，虽然也对煤电进行了宏观调控，但是至 2005 年，中国也取消了对电煤的调控。随着中国对煤炭市场政府干预的逐渐减少，煤炭市场化倾向越加明显。至今，在能源体制革命中，国家制定了各个领域内的市场化改革文件，加大了市场化改革力度。

今后煤炭领域的市场化改革需要在现有市场化改革成果的基础上，深入推进下去，切实推动价格机制在煤炭资源中的配置作用。通过整合企业，把更多的领域让位于众多民营企业，激活市场活力。继续推进从煤炭生产到运输，再至煤炭交易和销售中的各个环节市场化改革，用市场“无形之手”加速推进各个环节内的市场化进程，坚持煤炭产业诸多环节一体化市场化方向不变，从而搭建起煤炭产业整个的市场化改革框架，增进煤炭市场化改革方向，使煤炭市场成为中国能源领域内市场化改革最成熟的样本工程，从而为其他领域的市场化改革提供更好的借鉴。

（2）以油气资源领域为关键，切实推进油气市场化改革工作

以最新的油气体制改革为基本精神，从全产业链视野出发，在上游勘探、中游输配和下游销售等环节，深入推进市场化改革，通过引入更多的有资质的市场主体，参与油气市场的竞争，深入打通市场化改革的关键领域。同时，对重要油气企业进行市场化运作，支持油气管网分离，支持更多的油气交易中心发展。

需要注意的是，油气领域在能源市场中是垄断程度较高的领域。“油气体制改革研究”课题组（2015）对此进行了较为深入地研究。该课题组指出中国油气领域改革采取了以上下游一体化为特点的国家公司经营模

式，虽然能够显著地扩大和提高油气企业规模和实力，但是这种体制同时也造成了扭曲的市场价格和供求关系，这是中国能源体制改革中较为棘手的制约因素。

该课题组又指出了这种双重体制因素的主要表现：第一，中国长期实行“申请在先”而不是“招标”的矿权出让方式，致使三大油气企业可以取得国内大部分油气区块的探矿权。第二，中国油气管网通过一体化经营渠道，其设施的建设和运营集中在少数央企。不同央企的管道网络之间互不连通，有的地方甚至交叉重复和空置浪费；但有的地方建设不足导致运行饱和。同时，这些央企利用对市场的支配地位，不对第三方开放，不让社会资本和民间资本进入该领域，致使消费者在选择权方面缺失。此外，在城市中，供气也处于垄断的局面，城市供气管网也是由一家公司建设和经营，缺乏竞争性。第三，在流通环节的集中度较为严重，油气流通通过个别国企专营，形成了市场壁垒。在进口方面，中国虽然允许一定数量的非国营贸易，但是总体而言对原油仍实行国营贸易管理，国有企业原油的进口总量占整个原油进口量的90%以上。由于天然气进口依赖进口基础设施，而这种设施具有极强的排他性，从而使民营企业难以从国外进口天然气，而要通过三大油气企业代为进口。在成品油批发和零售环节上传统企业仍占主导地位，民营企业占比逐年提高。第四，炼化主要集中于三大油气企业，其他企业很少涉足。第五，价格以国家定价为主，油品价格调整滞后于国际市场波动。第六，油气税费功能界限不够清晰，各经济主体之间经济利益有待协调。

因此，该课题组对中国油气体制改革的方向提出了建议：第一，通过矿权改革，放开上游市场。第二，应该构建独立多元的油气管网运输体系。第三，加快建立竞争性油气流通市场。第四，按照“主辅分离，做强主业，产权明晰，完善配套”的基本原则，深化国有油气企业的改革。第五，加大油气价格放开力度。第六，积极构建各个经济主体利益平衡的财税关系。

由此看来，在能源革命中，油气体制将按照市场化的方向和路径进行改革。对此，各个经济主体应该按照市场化的路径设计自身部门改革的大体框架，以便更好地顺应发展趋势，避免让潮流冲垮自己。因此，我们必须停止在原有的体制内进行自我欣赏和原地踏步，应该在油气体制革命的大浪潮中，进一步从油气企业、管道公司、销售公司等角度推进油气市场化的变革，在油气领域内打通关键环节，理顺市场化畅通的体制性因素。唯有此，中国油气市场化改革才能畅通无阻地进行下去，才能确保中国油气资源的稳定供应，才能在能源结构调整中提高油气特别是天然气生产和消费的比重。另外，需要说明的是，包括油气企业在内的改革可能会涉及很多利益，妥善处理好诸多利益主体之间的关系关系到油气体制改革的成败。

（3）电力领域的市场化改革

相比煤炭和油气领域的市场化改革，电力市场化改革最为棘手，难度最大。这是因为电力包括发电、输电、配电和售电等不同环节，而中国大多数是采取纵向一体化的战略。政府办企业进行发电，体现出严重的政企不分的特点。市场化改革就是要对政企不分进行干预，让更多的市场主体，参与发电、输电、配电和售电等。1987—2002年，国家已经提出“政企分开、省为实体、联合电网、统一调度、集资办电”市场化改革方针路线，特别是在1997年1月，中国国家电力公司的正式成立，标志着中国电力工业的管理体制开始由计划经济体制向社会主义市场经济体制过渡。接下来，原电力工业部被撤销，该部的行政管理和行业管理职能分别被移交至国家经贸委和中国电力企业联合会，这标志着电力工业彻底实现了在中央层面的政企分开。

在此基础上，国务院于2002年12月下发了《电力体制改革方案》，提出了进一步推动市场化改革的“厂网分开、主辅分离、输配分开、竞价上网”的16字方针，并把总体目标设定为“打破垄断，引入竞争，提高效率，降低成本，健全电价机制，优化资源配置，促进电力发展，推进全国联网，构建政府监管下的政企分开、公平竞争、开放有序、健康发展的电力市场体系”。这标志着以厂网分开为基本特征的市场化改革到了实质性阶段。

2015年3月，中共中央办公厅、国务院办公厅发布了《关于进一步深化电力体制改革的若干意见》，从而开启了新一轮电力体制改革。随后，2015年11月，国家发展改革委、国家能源局发布了《关于印发电力体制改革配套文件的通知》，出台了新一轮电力体制改革的 6 个配套文件。该轮电力体制改革要解决的主要问题是在“厂网分开”的基础上，构建“管住中间、放开两头”的体制架构，建设电力批发市场和零售市场，以期探索电力市场竞争的实现方式（林卫斌，陈可馨，2017）。这是在能源革命背景下启动的新一轮电力体制改革，从文件精神来看，新一轮电力市场化改革对解决电力市场中的垄断问题更为积极，积极引入市场竞争主体，刺激经济竞争，让电力市场化改革的成果更多地惠及全体人民。

在新电改体制下，中国电力市场竞争得以强化，市场主体按照市场化方式进行交易，提高电力市场化的竞争程度，降低了垄断程度。从新电改后，奚增辉等（2017）对电力市场的主体进行了详尽研究（见图 6-1），他们认为电力市场的主体主要包括：

电力市场监管方面。通过实施新一轮电力体制改革，政府相关职能部门如能源监管办公室等，肩负起电流全流程的监管，包括从发电企业发电到电力用户用电的各个流程，监管的范围涵盖了主要市场主体如发电企业、交易机构、电网企业、输配电价和售电公司等。

电流方面。从图 6-1 中可以发现，实施新一轮电力体制改革后，电流输送主要包括两条线路：一是从发电企业出发直接到用户的线路。该线路通过电网企业的输电网络和配电网络，把电能输送至用户。二是从发电企业出发间接到用户的线路。该线路通过发电网企业的输电网络，经过有配电运营权的售电公司的配电网络，最终把电能输送至用户。

业务方面。实施新一轮电力体制改革后的电力业务主要包括两个层面：一是在发电企业、电网企业、售电公司和电力大用户与交易机构之间发生的业务联系，一方面，发电企业和售电公司、大用户之间通过交易机构而进行的交易；另一方面，在输配电价指导下，电网企业通过交易机构而收取交易方规定的过网费。二是售电公司与未参加电力直接交易的电力用户进行的业务联系。

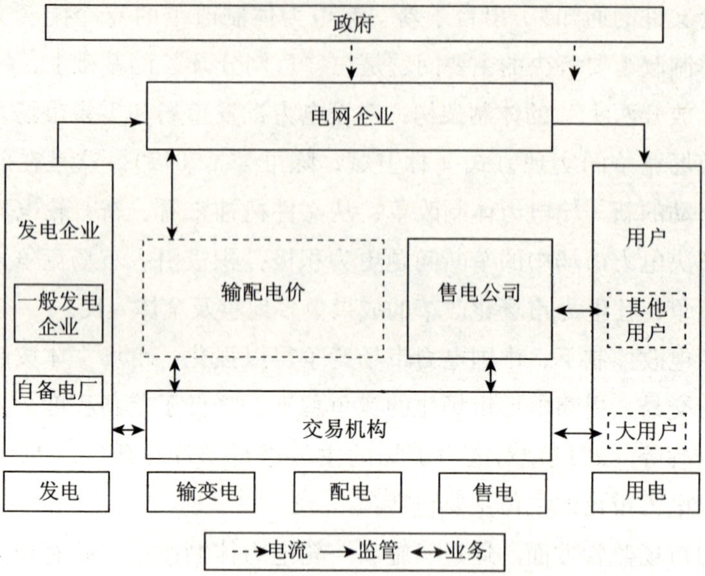

图 6-1　新电改后市场主体之间的关系

在新电改政策的推动下，各省加快推进了电力市场化进程，最具特色的是电力交易试点的成立。该试点先是从云南、贵州开始，而后在北京、广州两个国家级电力交易中心有限公司挂牌成立的示范作用下，在新疆、青海、宁夏、天津、吉林、江苏、内蒙古东部、黑龙江、山东等 30 个省域，成立地方电力市场交易中心有限公司，由此标志着中国的电力市场改革进入全面提速阶段（张世翔，苗安康，2017）。

中国电力市场化改革的趋势：一是以省域为重点单位，倡导各个省域成立电力市场交易试点，并把交易试点的经验加以推广，形成各个省域鲜明的特色，用交易试点把市场化的力量激发出来。唯有此，才能逐步建立起全国上下“一盘棋”的电力市场化体系。二是以创生市场主体为切入点，激活市场活力。垄断市场空间里面，电力市场的活力不足，通过大规模创生市场主体，加大了市场竞争力度，激发了电力市场活力。在市场竞争机制的导向下，市场主体在利润杠杆的作用下，会对电价进行权衡，其最终形成的均衡电价是各方均满意的价格。在这一过程中，国内发电企业获得了远在发电成本以上的利润，输电企业也获得了过往费用，交易公司也获得了中介费用，用户更是获得了较低的电价。这是中国电力市场化改革的方向和路径。

在能源革命中，需要重新审视中国电力市场化机制的构建。为了完善国家和地方电力市场，为了构建中国能源体制革命的市场化基础，应着力通过增加市场的价格机制、竞争机制、优胜劣汰机制等，创新市场交易范式，通过优化后的电力市场规则来约束各交易主体行为，避免和杜绝垄断交易的方式。

同时，应该进一步厘清中国电力市场化改革的影响面。中国电力市场化改革涉及面广，影响深。这是因为，随着中国能源替代的深入推进，能源结构转换的速度加快和成效加深，电力将成为中国和世界发展的趋势。这意味着，以后生产和生活用能基本上都是用电，而电力市场化的改革，将深刻影响发电的上游市场如煤炭市场、天然气市场、可再生能源市场等，下游也会影响要素市场，进而影响商品市场。因此，抓住了电力市场化改革，也就抓住了中国能源市场的主要矛盾，从而为中国市场化改革的全面布局提供重要的依据和基础。

这样就赋予了中国电力市场化改革新内涵，电力市场化改革不仅是电力行业发展问题，在支撑我国经济实现高质量发展，推动生态文明建设中起到重要作用。总而言之，推动电力市场化改革，完善中国能源市场，中国的市场化改革才能深入推进。

（4）中国能源市场化改革的总体展望

中国推行能源市场化改革，是一次影响深远的革命。这是因为，能源市场化改革的难度大，改革阻碍多。推进能源市场化改革，推动能源体制革命，这是前所未有的事情。展望未来，中国能源市场化改革亮点纷呈。

第一，能源市场主体多元化趋势增强。打破垄断，引入更多的市场主体。这是开展能源市场竞争的关键一环。在煤炭、油气、电力等不同市场中，通过拆分、重组原来的能源企业，或者通过引入社会资本和民间资本，让更多的市场主体加入到能源市场中去。当能源市场主体不再单一，能源市场化程度将有很大程度上的提高。这既是能源市场化改革最为有效的创新方法，也是中国以中国智慧解决能源市场垄断问题的最佳方案。

第二，能源市场竞争机制得以完善和合理。通过能源市场交易规则的形成，以竞争为导向的市场机制就会在能源市场中扎根发芽。大量的市场化实践告诉我们，没有竞争，市场化就是一句空话。通过煤炭市场中竞争机制的确立，搞活煤炭市场，在油气市场和电力市场引入竞争机制，促进不同的市场主体在不同的交易平台上的竞争，开展合理有效有序的竞争，这才体现现代化市场经济的典型特点。可以预见的是，在中国能源市场中，由于市场主体的多元化，能源市场的竞争更加强化，市场交易法则成为中国能源市场的合理化基本操作指南。

第三，能源市场价格反映的内容更为全面。在一个市场主体充分、竞争机制完善的能源市场中，能源价格将是市场主体通过竞争而形成的各方满意接受的价格水平。因此，能源商品属性得到充分体现，能源市场的供求关系也从能源价格中得到体现。同时，环境损害量也在能源价格中得到体现。因此，完善的市场是以体现价格为主导因素，在能源市场日益完善的过程中，能源价格能够在市场中更全面反映市场和外部性。这种将外部性内部化的市场机制应该成为中国能源市场的基本做法。

第四，能源市场改革的红利分享范围更多。能源涉及千家万户，因此，能源市场化改革创造的红利将惠及亿万人民。这也是中国改革的初衷。要让更多的群体、更大范围内的人们享受到能源市场化改革带来的利益，这也是中国共产党执政为民的理念在能源市场化改革中的体现。同时，应该看到，能源市场化改革的目标在于建立现代能源体系。这一体系是中国市场化改革中最为重要的组成部分，而改革红利则是由现代能源体系激发出来的。

6.2.3.2 健全中国能源市场监管机制

在进行能源市场化改革的过程中，我们更应该注意到，市场不是万能的。我们应在关键时刻“留一手”，防备市场失灵问题发生在能源领域。因此，对能源市场的监管被提上日程。在这里，有两个问题需要厘清：一是重新认识能源市场监管机制的重要意义；二是中国能源市场监管的布局。

（1）对能源市场监管机制的重要意义的理解

要从革命的总体要求认识能源市场监管的重要性。国家提出能源革命的总体计划，就要以革命的行动和形式推动能源体制革命，构建全方位能源革命的保障机制。能源市场监管重在避免能源市场失灵的发生。因此，构建科学合理、系统的能源市场监管体系，将有助于监管和应对能源市场失灵，确保中国能源市场的宏观运行和微观运转。从能源生产、能源流通、能源交易、能源消费各个过程中，健全能源市场监管体系，能够适时监管能源市场的运行，防范能源市场风险。

第一，完善的能源市场监管体系是中国适应能源革命的总体要求，是国家健全市场机制的内生需要。能源市场监管体系是市场失灵的克星。因此，中国要从能源市场失灵的高度，努力建立健全能源市场监管体系，这是能源体制革命的重要体现。中国在能源市场中推进的各项改革都是以能源市场为活动基础的，离开能源市场，任何一项改革都不能有效推进，其成效也随之折减。因此，能源市场是中国能源革命的土壤。如果土壤有杂质，能源市场也就会产生失灵现象。这是众多能源革命中重要的一环。为了让中国的能源市场更加有效，我们只有强化能源市场监管体系来避免能源市场失灵，从而进一步凸显能源市场的作用。

第二，建立健全更加完善的能源市场监管体系是维护民生能源的重要保障。中国人口近 14 亿，为确保能源稳定供应，成为中国能源革命的重要任务和战略思考。因此，在能源革命推进过程中，为确保每一个人都能够享受能源，是中国能源革命的重要任务。在能源市场中，并不是所有人都能够参与到能源市场中的，如低收入群体。因此，能源市场监管的任务也要确保党和国家的民生需要，从弱势群体入手，提高边疆地区、农村和低收入群体能源利用水平。

（2）亟须健全与完善国家能源监管体系

第一，要完善国家能源监管的部门机构。从中国能源监管的发展进程来看，能源监管部门经历了一个长期的演变过程。1998 年，中国撤销了煤炭、石油、电力和核工业部，成立了国家煤炭、石油和化学工业局；要求除了国有重点煤炭企业以外，其余的煤炭企业全部由地方政府进行管理。同年，进一步对油气产业进行了重新组建，成立了“三桶油”公司，即中国石油天然气集团、中国海洋石油集团和中国石油化工集团。随后，2000 年，中国成立了国家煤矿安监局，次年，成立了国家电力监管委员会，专门统一履行全国电力监管职责。2008 年，国家组建了具有统一的能源行政管理和协调功能的国家能源局，由国家发展和改革委员会管理。2013 年，国务院通过把原国家电力监管委员会的职责并入国家能源局，实现了由“政监分离”向“政监合一”模式的转变。在国家能源局重组和监管政策不断优化的背景下，中国能源领域的审批权下放力度不断增大，市场化监管手段越发齐备和完善（肖兴志，2015）。

而现在的国家能源监管部门主要分布在国家能源局中，有专门的能源监管司负责能源市场的监管工作。除此以外，还有分布在主要省域的能源监管办公室，负责该省域的能源监管工作。从能源监管的职责来看，负责能源发展规划的检查、能源市场非法行为的调整、能源市场的运转等。但是从中国能源监管在全国各地的分布来看，布局有限，尚未覆盖至全国范围，仅在数省之中。这对于科学监管全国范围内能源市场运行十分不利。因此，为了确保能源市场的正常运行，必须尽快完善中国能源监管机构，在全国各省域至少配置一个监管办公室，以利于国家从宏观上把控能源市场的运行情况，以利于国家对能源市场形成总体性的判断和认识。

通过构建上至国家，下至各省域的能源监管部门，在能源监管领域内，建立了全面系统的能源监管部门体系，这为中国能源监管功能的强化提供了基础。这需要国家能源局加速推进能源监管办公室的全国布局，加快推进能源监管职能体制改革，重点形成国家能源监管的系统化操作流程，唯有此，才能建立起强大的针对市场失灵的国家能源监管系统。

无论是市场经济的宏观调节，还是国家对经济管理，都需要具体的政府部门来实现。同样，在能源市场中，如果没有监管部门机构，那么，能源市场失灵现象就不能避免，能源配置效率也就有所弱化。这是现代经济体系不能容忍的。因此，健全完善的能源监管机构成为中国推进能源体制革命进而促进绿色发展的前提。因此，能源监管体系成为中国现代能源体系中至关重要的一环。

第二，能源监管模式需要转型，适时建立多元监管体系。目前，中国能源监管尽管取得了一些实效，但是与能源革命和绿色发展的要求还是相差甚远。对此，卢延国（2017）认为，目前能源监管体制的确存在一些突出的问题，其一，中国能源监管机制不畅，致使其职责不清。中国的能源监督管理职责相对较为分散，能源监管不仅要协调相关部门之间的政策匹配和政策主张，还要协调中央政府部门与地方政府部门之间的政策目标和步调进展等，很多情况下各个部门的工作协调难度就会增大。其二，能源监管工作界面不清，监管效率偏低、监管效力偏弱。尤其是能源监管法律法规缺失，所遇问题的处理依据不足，因此，能源监管工作的强力支撑有待加强。其三，能源监管主体和监管手段单一，不能满足能源革命和绿色发展的需要。目前，国家能源局已下放或取消了64%的行政审批事项，不仅如此，还成立了一个市场监管司、18个能源监管派出机构的架构，拥有400多人的监管队伍。但是无论是监管人员队伍，还是监管技术力量方面都严重不足，难以适应能源革命和绿色发展对能源监管体制的期待。因此，中国能源监管模式亟须创新，从单一型的监管转向多元复杂型的监管。

第三，健全能源法律法规体系，为能源体制革命提供法律支撑。加快制定并实施《能源法》，并按照能源领域和环节关系，分门别类制定相关领域的专门的能源部门法律法规，以此形成较为完善的能源法律法规体系。同时，需要把能源法律法规体系与已经存在的能源环境法律法规相对照与比较，把一些相冲突的法律条款加以重新审视与衡量，加速推进能源法律法规的“存改废”。由此推动中国能源法律法规体系的完整，从而为中国能源革命的推进和绿色发展提供较强的法律支撑。

在完善能源法律法规方面，学术界已经达成共识。许多能源界的专家学者建议要强化能源法律法规体系的建设。在这一方面，以李小林为代表，在2015年的两会上，她共提交了4份提案，其内容涉及能源法律法规体系建设，发展集中供热改善大气污染，协同行动突破海上风电发展“瓶颈”，通过整体上市规范央企管理运作等。其主要内容如下：

迎接世界能源革命，全面推进“依法治国”，都要求尽快建立和完善能源法律法规体系。经多年的酝酿，我国已具备较好的基础加快这一进程；同时，国际上存在成熟的经验可资借鉴。

目前，我国能源法律法规体系存在以下几个方面的问题。

其一，基础性的《能源法》长期缺位。导致我国能源领域综合性、全局性、战略性问题长期依靠各部门的行政协调，缺乏法律层面的有效调整；已有的能源法律法规之间缺少统领和协调，存在彼此重叠、标准不一或互相牵制的情况，可操作性和执行效率受到制约。

其二，已有的部分法律内容亟须修订。一些已有的能源法律法规落后于管理体制和行业实际的发展变化，甚至在某些方面限制和阻碍了行业发展，或者与WTO能源规则体系、生态环境保护等要求相悖，亟待加以修订和完善。例如：20世纪颁发的《电力法》，很多条款已经落后于行业实际情况和发展、改革要求，亟须修订。

其三，一些重要的单行法尚缺失。石油天然气、原子能、核电、能源监管、能源公用事业等领域还没有相应的能源单行法，能源管理实践中一些行之有效的成熟政策也不能及时上升为法律和行政法规。

其四，能源管理行政措施多，市场手段少。我国现行能源法律的规定普遍比较原则，需要大量行政法规和行政规章相配套，才能有效实施。已有的能源管理法律内容也多以行政要求为主，市场化的管理手段不多。加之我国能源管理的职能比较分散，能源立法配套衔接不够，导致我国能源法律法规可操作性比较差，执法困难，降低了法律效力和执法效率。

综上，对于完善国家能源法律法规体系，有如下建议：

其一，加强组织和顶层设计。建议在国家能源局成立联合工作组，在更高层面成立领导小组，做好顶层设计和部门协同工作，与全国人大对口部门确定好“十三五”和中长期能源立法计划。

其二，加强能源法律队伍建设和学科建设。充分利用高校和智库力量，深入开展课题研究，培养专门人才。做好国际交流，吸收先进经验。①

其三，健全能源监管手段和方法，切实提高能源监管的有效水平。在健全的能源监管机构背景下，不断创新能源监管手段和方法，使中国能源监管的力度和效果更强。一是充分利用现代化的信息手段，不断提高监管的信息化水平。要在全球信息化浪潮中，主动完善能源监管的手段，利用现代化技术手段，实现对能源各个环节的监管，提升能源监管的水平和效果。有侧重点在重点环节多加投入，在关键领域需要多加关注。充分利用现代化智能网的优势，把能源监管系统打造成为中国能源系统的“天罗地网”，让一切阻碍能源市场交易的行为无处逃遁。二是积极调动一切民间

① 资料来源：http：//finance. sina. com. cn/energy/news/20150303/161921634071. shtml.

力量，提高参与能源监管的广泛性。能源监管要从大处着眼，充分利用社会力量，发动广大群众，让他们参与到能源监管中来。要从经济激励、荣誉奖励等方面给予重点引导，让更多的民间人士关心能源发展，推动能源革命和绿色发展。要让他们扎根于广大的社会体系中，成为能源监管的重要补充，以增强国家能源监管的力量。三是协同其他资源环境部门，共同构建绿色发展的国家机制。能源监管机构只是国家能源革命和绿色发展中的一个政府组织部门，除此以外，还有其他的政府部门如环保部、国土部。如何与其他政府部门之间协调就成为一个十分重要的课题。因此，在绿色发展背景下，应该及时和其他部门进行沟通，以利于不同的政府部门在关键政策和机制上的协调一致，剔除一些相互矛盾的政策条款，使不同政府部门制定的政策能够相互融合，避免矛盾重叠现象的发生。要把构建统一的能源革命和绿色发展的政策作为不同部门政策相互协调的重要参考。

7 能源国际合作与中国绿色发展

能源国际合作是中国能源革命的重要内容。按照国家能源革命的总体部署，积极开展能源国际合作，协调发展“引进来”与“走出去”，构建全球性能源配置体系，推动中国绿色发展的国际示范效应，这具有非常重要的意义。本章围绕能源国际合作和中国绿色发展之间的关系进行论述，重点探讨绿色发展全球化趋势下能源合作的内生性问题、能源合作的主要内容等。

7.1 能源国际合作是中国绿色发展全球化的内生要求

开展能源国际合作是中国外贸经济的重要内容，特别是随着中国改革开放力度的不断深入，能源需求的激增，中国自身的能源供应远远不能满足能源需求。为保障能源供给安全，我国应加强能源国际合作，加快能源的资源配置力度，以便满足国内经济社会对能源的需求。

全球开放性是中国能源国际合作的根本性大环境。开放经济是全球化特征，每一个国家和地区都是在全球性经济体系内进行资源配置、贸易往来和经济合作的，实践告诉我们，一个国家要发展，必须主动顺应经济全球化潮流。唯有开放，参与全球化分工和配置体系，中国才能立足于民族之林。1978 年，党的十一届三中全会确立了改革开放的重大战略决策，中国从此走向世界。从学习到创新，一步一步地推动了中国的经济社会发展。可以说，没有改革开放就没有中国今天的巨大成就。开放是中国参与全球经济的必然选择，开放也是中国打开国门，主动地参与全球竞争的一个标志。在全球范围内进行资源配置、商品贸易往来、技术合作、引进外资等，有助于推动各方面的互通有无，加速本国和全球的经贸往来，实现双赢乃至多赢。从中国的近现代历史中可以发现，唯有开放，才能进步，才能让我们思考中国已有的经济发展道路是否可行，原有的发展模式是否适合的问题。

比较优势是每一国家或地区参与全球化配置的基石。比较优势是国际贸易中的重要内容，也是每一个国家和地区参与全球化竞争的根本。每一个国家或地区都是按照比较优势的法则从事要素配置、贸易往来等。在国际能源合作中，比较优势的配置法则依然适用。根据中国的能源禀赋，煤炭储量较大，油气资源不足。随着我国对油气的需求持续增加，扩大油气进口有利于中国实现能源进口多元化和能源结构调整。自1993年中国成为石油的净进口国后，石油进口量呈现逐年增加的态势。中东、俄罗斯、美国等石油大国石油丰富，出口石油是其比较优势的体现。因此，进口油气资源是中国遵循比较优势法则的必然产物。中国要顺应这个趋势和潮流，不断与油气大国形成稳定的合作关系，从而保障中国可以持续进口油气资源。

然而，比较优势需要动态化发展。这意味着随着经济社会的发展，原有的比较优势可能转换成比较劣势，而原先的某一种资源、产品或许构成比较优势。因此，在动态发展过程中，需要每一经济体重新考虑比较优势，不断调整自身的比较优势。

由此可见，全球经济进入生态文明社会建设的新阶段，联合国也积极推动全球可持续发展系列目标的实现。绿色发展是发达国家应对经济危机的对策，更是中国的主要发展理念。时至今日，绿色发展也成为全球发展的重要方面。在推动绿色发展的过程中，全球应该协调一致，否则就可能形成国家机会主义的倾向。

在这一新的发展动态中，中国原有的比较优势可能要转换，因此，中国应该提前谋划在绿色发展全球化背景下比较优势的可能性改变，提早做出应对与规划。就能源而言，中国的比较优势可能有新的特点：在保持油气资源进口的情况下，中国在绿色清洁能源的生产方面也有一定发展，在能源基础设施建设方面独具一格。因此，在今后的能源国际合作中，中国可能要调整原有的贸易方式和合作内容，不断增加绿色能源国际合作的内容，让更多国家和人民享受到中国绿色发展带给世界的红利。

不仅仅是中国，全球各个国家都可能在这一变化过程中调整自己的比较优势。让更多的国家参与绿色发展的全球化潮流中来，每一个国家都可以在这一过程中获得利益，在推动清洁能源、环境保护等方面进行广泛的合作，寻求所有国家在全球绿色发展中的最大公约数，让绿色发展成为全球化的重要内容，从而深刻影响全球每一个国家和地区发展，促使全球形成由能源革命强力推动的绿色发展大潮流和大趋势。

中国在《能源发展“十三五”规划》中，更明确了中国能源合作取得了重大发展成就，即以“一带一路”为战略平台全面推进能源合作，中巴经济走廊能源合作深入推进，形成了事关中国全局发展的西北、东北、西南和海上四大油气进口通道，在电力、油气、可再生能源和煤炭等领域技术、装备和服务合作成效显著，核电的国际合作化迈上新的台阶。以此为基础，双边、多边能源国际合作和交流广泛展开，从而提高了中国在国际能源格局中的地位和影响力。

7.2 绿色发展全球化背景下中国能源国际合作的基本目标

在绿色发展全球化背景下，中国进行能源合作的目标不仅满足自身对能源的需求，还有其他的目标。

首先，保障中国的能源供给稳定，促进经济社会可持续发展。在中国经济社会发展过程中，随着经济社会对能源需求的激增，中国能源供需缺口日益增大。为了保障中国的能源供给，中国应该从具有比较优势的国家那里获得稳定的油气资源，以便扩充中国的能源供应量。这既是中国进行能源国际合作的首要目标，也是中国推行能源外交的重要内容。这一稳定的含义具有深刻的内涵：其一，在于进口量的稳定性。通过能源国际合作，寻求稳定的能源供应国，保障能源国际来源的稳定供应，持续满足中国对能源的需求。其二，在于避免能源价格大起大落，即能源价格的稳定。通过期货交易、现货交易、合同定价等机制，防止国际能源价格大起大落对中国经济社会造成影响。这是现代市场经济体系对中国能源合作提出的新要求。国际能源价格稳定不仅是中国发展的内在要求，也是全球经济平稳发展的重要要求。其三，在于确保油气通道的稳定，防止出现供给中断的风险。中国能源国际合作目前基本上是采取以油气管道、海上运输等方式，而这些运输方式的风险不可小视，特别是海上通道的风险更是值得关注和加以应对。海上运输风险可能受地缘政治的影响，也可能受海盗突发性因素的影响。无论哪种，都需要国家集中进行解决，这正是中国推行国际能源合作的重要内容。因此，确保能源国际运输渠道的安全是中国能源国际合作的基本内容。

其次，加大清洁能源合作力度，推进清洁能源合作机制的构建。在绿色发展全球化进程中，清洁能源生产比重上升，而国家间清洁能源的合作将成为新的全球化背景下应有的内容。随着美国页岩气资源的大规模开发，世界天然气资源进入一个黄金的发展时期。随着清洁电力的生产，以清洁能源的合作为主要内容，国家间正在积极开展合作与交流。中国既是发展中大国，也是绿色发展全球化的重要推手。因此，利用此次重大发展契机，推进与国外清洁能源合作成为中国能源革命和绿色发展的基本内容。打通国际能源合作通道，建立正常而畅通的合作机制，成为当下中国清洁能源合作的关键点。同时，以“一带一路”为合作纽带，联结沿线国家的合作关系，构建国际能源合作，特别是清洁能源合作的战略平台。

再次，有利于构建全球新型的能源治理体系，维护全球能源合作的秩序。目前，全球能源治理体系还处于发达国家和主要能源大国垄断的局面，因此，中国推动能源国际合作，为现有能源治理体系注入发展中国家的新生力量，有利于打破能源治理体系中的垄断因素，把全球能源治理体系推上公平和合理的台阶，让更多的国家享受全球能源治理体系带来的益处。以更加公平和合理的全球能源体系为基础，维护全球能源合作秩序。让中国成为能源国际治理体系中的重要一员，可以更好地、更充分地发挥作用，维护全球能源合作的良好秩序，使中国成为维护全球能源秩序的推动者。此外，中国在全球能源治理体系中通过广泛参与区域性和全球性能源合作组织，影响全球能源合作的规则制定、秩序维护，倡导以发展中国家为主的全球能源合作秩序，从而提高中国在全球能源秩序中的话语权，树立中国能源大国的地位，从而为中国的伟大复兴提供强有力的能源外部支援。

最后，以能源国际合作为契机，加速推进中国经济国际化合作进程。在加强能源国际合作的同时，打通与其他国家的关系，助力中国与其他国家建立更加广泛的经济社会合作关系。在中国经济发展过程中，随着经济实力的增强，全方位开展国际合作有利于中国在国际事务中开展合作关系，更加凸显在新时代背景下中国的国际角色。同时，以此为基础，全面构建国家能源外交关系，与主要能源国和发展中国家构建良好的合作共赢关系，将是中国能源国际合作的重要内容。

7.3 能源国际合作的内容与策略

7.3.1 油气资源合作是中国绿色发展全球化的主导内容

油气资源成为国际能源合作的重要能源品种，其经历一个演进过程。在煤炭时代，世界以生产和消费煤炭资源为主，煤炭成为工业化的重要推动力。工业化初期阶段，一些国家为争夺煤炭资源而发生战争，可以说第一次世界大战与争夺煤炭资源紧密相关。在以煤炭为主的时代，除了以战争的形式争夺煤炭资源，还有一些以煤炭交易的方式，这是较为原始的能源合作形式。进入油气时代后，油气替代煤炭成为主要的能源消费品种。在油气时代，除了通过战争的办法获取资源以外，油气资源国际合作成为主要的资源获取方式。因此，油气资源国际合作是油气时代国家之间重要的合作方式，是由时代决定的以油气为主要贸易对象的方式。

和平与发展仍然是时代主题，每个国家应按照市场经济全球化方式参与能源国际合作。在推动油气资源国际合作方面更应如此，更何况，油气国际合作是一种双赢乃至多赢的方式，何乐而不为。

中国油气资源的国际合作源于中国石油储量和产能不能满足快速发展的经济需求，而与此相对的是中国对石油需求量也在逐年不断增加。自1993年，中国成为石油净进口国，中国便开始积极拓展国际通道，与世界主要产油大国建立较为稳定的合作关系，通过贸易进口的方式，进口石油。同时，允许主要油气企业走出去，通过直接投资的方式，帮助投资国生产石油，从而获得优先进口石油的权利。

在中国的努力下，中国现已形成中亚—俄罗斯、中东、非洲、美洲和亚太五大油气合作区，汽油管道和海上运输条件得到进一步完善。在油气资源合作方面，中国应该以以上五大油气合作区为战略重点，以强化油气运输安全保障为重点，采取多种多样合作方式，构建与中国绿色发展新时代相适应的油气保障基地。

在中国与中亚—俄罗斯油气资源合作方面，从地缘角度来看，中亚—俄罗斯油气资源合作区距离中国近，因此，该合作区是中国开拓能源国际合作的首位合作区。中国与该合作区的能源合作可以追溯至苏联时代。新中国成立后至1960年初期，苏联是中国进口石油的主要来源国。1993年，哈萨克斯坦决定对其主要大型能源企业进行私有化改造，该国寻找实力较强的国外战略合作伙伴，其中，中国石油是与其合作的中方企业。1997年6月，中国石油通过股份制收购了哈萨克斯坦的阿克纠宾公司，从此拉开了中国与中亚油气合作的序幕。中哈原油管道全线总长约为2800千米，从哈萨克斯坦西部的阿特劳起始，经肯基亚克、库姆克尔、阿塔苏等，再过中哈边境的阿拉山口，进入中国境内，其终点在阿拉山口—独山子输油管道首站，此管道既是中国第一条陆路进口跨国原油的通道，也是哈萨克斯坦唯一的不经过第三国直接输送至终端消费市场的原油运输通道。不仅如此，此后还开通了中哈天然气管道。自此，中国与中亚地区形成了近距离、高效率的油气合作通道。

对于中亚与中国的油气合作，学术界一直将其视为研究重点和热点。这是因为，一方面，中亚五国油气资源丰富，是仅次于中东和西伯利亚油气产区的第三大油气富集区域。作为油气集聚区，中亚五国在10个具有一定规模的盆地发现了油气资源，它们分别是滨里海、阿姆河、南里海、海图尔盖、曼格什拉克等。这些油气盆地支撑着中亚五国油气资源的开采与利用。从油气储油量来看，根据《世界能源统计年鉴》的数据，2016年，中亚地区的石油储量大概为40亿吨，约占世界总储量的1.83%。其中，石油主要分布在哈萨克斯坦，该国石油储量约为39亿吨，占世界总储量的39%，在世界排第12位。天然气主要分布在土库曼斯坦，该国的天然气储量约为17.5万亿立方米，约占世界天然气储量的9.4%。另外，乌兹别克斯坦的油气资源也很丰富。另一方面，中国与中亚地区地缘距离近，交通方便，已形成了较为完善的原油和天然气运输通道。现在，中国与中亚之间的原油通道和天然气通道如同两条巨龙，承载着中国和中亚各国的油气资源合作共赢之梦。

在中亚—俄罗斯合作区中，俄罗斯与中国具有战略协作伙伴关系。早在苏联时期，中国与苏联就有紧密的关系，但应该承认的是也有摩擦。苏联解体后，俄罗斯积极发展与中国各方面的关系。在能源领域，中国与俄罗斯之间建立全面的能源合作伙伴关系。主要原因有两个：在经济社会发展过程中，中国对油气资源的需求明显激增，国内供应不足，巨大的能源缺口需要从能源出口国来弥补。而俄罗斯油气资源丰富，正好能够满足中国的油气需求。俄罗斯油气资源丰富，主要分布在西西伯利亚、伏尔加—乌拉尔、东西伯利亚—远东、季曼—伯朝拉、高加索等地区。其中，陆上石油资源所占的比重为87.4%，在这之中，超过60%的陆上石油资源分布在西西伯利亚地区。现在，俄罗斯已经投入开发的油田大概有1580个，其中巨型油田为7个，大型油田有60个，未开发的油田约为1300个，包括4个巨型油田和25个大型油田（侯学理，陆大卫，2017）。根据《BP世界能源统计数据2016》，俄罗斯天然气探明储量为32.3万亿立方米，约占全球天然气储量的17.3%，仅次于伊朗，位居世界第二位，约是中国的10倍。

俄罗斯拥有丰富的天然气和石油资源，是中国的主要能源合作伙伴。自2011年中俄原油管道开通后，中俄石油合作进入一个快速发展的阶段，每年有1500万吨的原油供应中国。中俄原油管道的开通，标志着一条连通东北亚的能源要道贯穿中俄两国之间。2016年，俄罗斯成为中国第一大原油进口来源地、第一大电力进口来源地和第五大煤炭进口来源地。在油气资源的纽带带动下，中国和俄罗斯之间的合作关系已经提升到一个新的高度。

中国与中东油气资源合作区，是中国目前仅次于中亚—俄罗斯的油气资源合作区。中东地区是世界上著名的油气资源富集区，在美国开发页岩气资源前，中东地区也是美国重点依靠的对象之一。该区石油储量占世界的比重超过60%，仅波斯湾地区的天然气资源储量约占全球的45%，而且还有大量的油气田有待发现和开发。不仅如此，该地区油质好，埋藏浅，开采成本低。其中，产油国包括沙特阿拉伯、卡塔尔、科威特、阿联酋等，这些国家被世界贴上“石油黄金”的美称。探索与中东国家油气合作模式，创新能源国际合作模式。以能源企业之间的技术合作、入股参股等形式，创下了中国与中东国家之间能源合作的新篇章，中东地区已是中国海上运输石油和天然气的重要区域。该海上通道从波斯湾出发，经霍尔木兹海峡、阿拉伯海、印度洋、马六甲海峡抵达南海，然后至中国沿海各港口。从距离来看，虽然比中亚合作区远，但较其他合作区近。因此，从战略合作角度来说，中国非常看重作为中国重要的中东油气合作区。

中国与非洲油气资源合作区。非洲地区是世界上新启的油气资源区，其中，石油储量超过400亿吨，约占世界石油总储量的9%，天然气资源量超过30万亿立方米，占世界天然气储量的比重超过6%。在非洲地区，石油最为丰富的国家有利比亚、尼日利亚，在全球分别位居第9位和第10位。天然气最丰富的国家主要包括尼日利亚和阿尔及利亚，全球排名分别是第7位和第8位。自1996年开始，中非油气合作呈现一个快速发展的态势，中国多数以直接投资的形式进入非洲主要油气国家的能源领域，直接参与当地油气的生产。因此，中国往往通过回购的方式获得油气资源。但与中亚和中东合作区相比，中非石油合作面临很大风险，如非洲存在很大的政治风险，油气设施可能会遭到破坏，工人罢工现象时有发生。再如，非洲的法律体系不健全，其有法不依、执法不严现象经常发生，这就使中非油气合作出现一些不愉快的事情。尽管如此，中国和非洲国家这种患难与共的国家情怀，以及中国发展模式和道路，都是非洲国家愿意和中国合作的基础。因此，中非之间的油气合作前景广阔。中国应该加快推进和非洲的油气合作进程，扩大非洲油气合作区的战略范围，并且以此为基础，为中国提供更多的油气资源。

中国和美洲合作区。作为世界石油工业的发源地，美洲一直以来以雄厚的油气资源而著称。美洲以海域和非常规油气形成的油气富集带为主要特点，有数据显示美洲石油和天然气储量分别约为世界的1/3和1/10。从国别分布来看，油气资源主要分别在美国、加拿大、巴西和委内瑞拉等。美国的油气资源主要分布在阿拉斯加、加利福尼亚和墨西哥湾3个油气产区，特别值得一提的是美国近年来发生页岩气革命，推动了页岩气资源的开发与利用。加拿大也是世界上油气资源丰富的国家之一，在油砂上独具特色。委内瑞拉以其独有的重油富集带著称，是南美最大的石油产国。巴西也具有典型的已开发的油气资源，主要分布在海上的坎波斯盆地和桑托斯盆地。此外，中国与墨西哥在油气领域有较大合作潜力。中国与能源丰富的美洲地区之间的油气合作成为中国能源多元化战略中重要的内容。

由此可见，美洲的油气资源富集程度可以与中亚、俄罗斯比肩。因此，中国应该和美洲各国建立稳定的合作关系，集中力量开发油气资源，并通过能源贸易的渠道，为中国绿色发展提供更多的油气资源，特别是非常规的油气资源。

亚太地区也成为中国重要的能源合作区。亚太地区虽然油气储量不及其他的合作区，但亚太地区中一些国家如印度尼西亚和马来西亚等都是较为知名的产油国。中国也属于亚太地区的一员，因此，这种同属感也是和其他亚太地区国家进行能源合作的纽带。特别需要说明的是，近年来，在一些海域发现的油气资源也很丰富，因此，采取合作共赢的方式，维护中国与亚太地区国家之间的能源合作关系，具有非常重要的意义。

以上中国进行油气合作的五大合作区，是中国通过海外渠道获取宝贵的油气资源的重要门路，不容任何人破坏。因此，从这个角度来看，进一步拓展能源合作的渠道，加深双赢或多赢的良性循环，与全球主要油气国家和地区建立密切的合作关系，为中国油气资源提供多元性保障，从而为中国的能源多元化战略提供坚定的支持，多种获取渠道、多种能源品种、多个国家和地区、多条运输路径，这些都是中国能源战略中的重要组成部分。唯有以此，才能实现中国油气资源的可持续供给，才能为中国经济社会发展提供足量的外部资源，也才能使中国在绿色发展过程中不被油气资源“卡脖子”。

油气资源国际合作，对中国和合作国家都有双重的意义。对中国来说，在国内石油资源进入枯竭期时，通过原油的国际合作保障中国国内对石油的需求，对于保障经济社会的正常运转具有积极的意义。此外，通过引进海外油气资源，保障中国的能源安全，提高中国能源的安全系数，稳定中国的能源市场，从而推动了中国市场经济体系的正常运转。对于合作国来说，一方面，和中国合作，让中国企业参与当地油气的生产经营等，有利于和中国开展以能源为主要内容的经贸合作，促进了本国的就业，拉动了本国的经济增长。另一方面，通过了解更多的油气生产、贸易等方面的规则，有利于推动世界能源体系和秩序的完善，防止寡头垄断对世界能源市场的严重影响，这在客观上具有一定的意义。

7.3.2 非化石能源合作是中国绿色发展全球化的新兴内容

中国与其他国家和地区的能源国际合作，除了油气外，还包括非化石能源的合作。随着可持续发展理念的深入推进，绿色发展成为国际的共识，一场以清洁能源和非化石能源为主要内容的国际合作顺势开展而来。以清洁的电力和非化石能源为核心的合作关系也逐渐明朗化和趋势化。

从根本上讲，在这场非化石能源合作的潮流中，最为根本性的内容就是电力的国际化。这是因为无论是风能、水能，还是太阳能和海洋能，都需要转化为电力这种清洁能源，才能够被更多的人在更大程度上使用。因此，非化石能源的使用形式就是清洁的电力资源，再以电力资源的形式与其他国家和地区进行较为便利的合作。非化石能源合作是以电力为主要形式，进行大规模的国际合作，这也符合联合国制定的可持续发展的目标，即人人都可拥有能源。目前，在这一领域内国际合作的情况大致如下：

水电国际合作。中国已经掌握了世界上先进的水电技术，由此成为世界水电大国、水电技术强国，中国水电已形成了从规划、设计、施工、装备输变电等全产业链的各种技术体系。目前，中国已经和世界 80 多个国家和地区建立了水电规划、水电建设和投资的长期合作关系。根据王海霞的研究成果，到 2016 年底，中国承建了约 200 项国际水电工程，占国际水电市场 50%以上的份额。中国水电的标志性工程，如中国电建承建的厄瓜多尔辛克雷水电站的投产发电，标志着中国水电成功打入南美中高端水电市场。全球在建的 200 米以上的高坝有 77 座，其中中国承建的超过了 1/3。中国承建的水电工程主要分布在非洲、美洲和亚洲等，可以说，中国凭借先进的水电技术把以水电技术为代表的可再生能源生产模式推向世界。但在中国水电技术标准方面仍然存在不足，没有构成国际影响力的成套技术标准，这是中国当前在水电技术发展方面最为紧迫的工作。

核电国际合作。在 20 世纪的众多发明和发现中，原子能的发现和利用是一项具有深远影响的发现。尽管初始目的用于军事，但在和平发展时代中，军用的核能转换为民用性质，推动了核能在发电领域内的重要应用，在一定程度上提高了社会的电力供应水平。中国的核电技术研发与苏联和美国相比，起步较晚，始于20世纪70年代，而核电的国际合作起步于20世纪80年代，在20世纪90年代，核电取得了突破性进展。其主要标志是中国独立自主设计建设的浙江秦山核电站的并网发电及中法合作的广东大亚湾核电站的成功运行。目前，中国已有11台核电机组，其中8台是通过国际合作的形式建成的。核电国际合作不仅是单方面为中国建设核电站，而且，中国也向其他国家和地区支援建设核电站，例如：中国不仅向巴基斯坦出口了成套设备，还承建了恰希玛核电站一期和二期工程。此外，中国还参股投资了英国核电站项目欣克利角C项目及布拉德维尔B项目。中国以第三代核电技术“华龙一号”与英国、南非、阿根廷、巴基斯坦等国家进行了核电的合作，以第四代核电技术“高温气冷堆”与沙特、阿联酋等国家和地区签订了合作意向书。由此可见，中国已经成为和平利用核能的重要国家，把强有竞争力的核电技术推向国际，成为中国的重要责任和使命，也是中国绿色发展走向世界的要求。

风电国际合作。风电产业是中国发展中的强势清洁能源工程，推进风电项目的国际合作不仅有助于中国自身的风电产业的发展，也有利于完成中国既定的2030年风力发电的目标，而且还有助于合作国家的风电的开发利用。倡导风电“引进来”和“走出去”是中国发展清洁能源的既定战略，是促使中国清洁能源开发利用的重要途径。近年来，中国一些风电企业凭借技术优势和规模优势，在海外投资合作，已经初步形成了良好的合作关系，例如：金风科技与澳洲大量电力零售商进行合作，收购了澳洲最大的风电项目，建成后将成为澳洲最大的风电场，可满足约40万户家庭的用电需求。可以预测的是，中国风电企业在国际并购中再举获得新的突破，通过并购，大举进入海外市场，提高了企业的核心竞争力，提升了行业集中度，将出现一个陆上风电和海上风电并行发展的大局面。

太阳能国际合作。中国是新起的太阳能大国，太阳能国际合作经历了三个阶段，一是20世纪90年代，通过太阳能光伏产品贸易的方式与其他国家合作；二是自2009年开始，通过中国制造技术的输入方式，与其他国家建立合作关系；三是近些年，合作的内容不断提高，包括服务、价值和解决方案。中国太阳能的国际合作从海外销售为主，变为海外制造再到海外投资的形式，深入本地化参与国际合作过程之中。凸显出一批典型的企业，例如：以协鑫、晶科、隆基、天合光能、晶澳等为代表的光伏企业，以中国电建为代表的太阳能 EPC 企业，以阳光电源、华为为代表的太阳能装备企业，以协鑫、通威为代表的硅材料企业，以首航节能为代表的光热企业等。这些企业是中国太阳能领域内的佼佼者，代表中国太阳能产业的前沿发展水平，是推动中国太阳能合作的重要支点力量。例如：协鑫集团在印度尼西亚、土耳其、斯里兰卡等国家和地区推行的太阳能光伏项目，不仅如此，该集团也在北美、日本、非洲等不同国家和地区设立了海外公司，建立了多座光伏电站，在越南推广高效电池项目。同时，中国太阳能电站通过 EPC 总包的形式，创新了太阳能的合作模式。例如：2016 年，晶科能源在墨西哥成功接手了太阳能光伏项目。阳光能源于 2015 年在印度设立办事处，直接推动了中国和印度的太阳能合作项目。此外，也有太阳能集团如晶科、晶澳、正泰等光伏公司在东南亚、欧洲设立光伏电池厂，就地发展市场，等等。

上述太阳能国际合作方式的多样性，意味着太阳能国际合作广阔的发展空间，从而说明，大力发展太阳能产业是绿色发展背景下的全球共识，这种共识不仅存在于发达国家，也遍及广大发展中国家。另外，这也凸显了太阳能产业在技术成熟的条件下极易获得发展的特点，只要具备条件，都可以用到清洁的太阳能能源。

电力互联互通。在电力互联互通方面，中国做出了很大的贡献。以全球能源互联网的发展理念，倡导在世界建立以特高压电网为骨干网架，以坚强智能电网为重要依托，以实现清洁能源在全球范围内大规模开发利用、安全输送等为主导目标的电网互联互通平台。值得一提的是，全球能源互联网是由中国发起并成立的首个国际能源组织。该组织现有成员超过 300 家，遍布 40 多个国家和地区，打造了 110 多个重点联网工程。以此组织为重要前提，中国积极推进了电力互联互通的工作。首先，中国与周边国家建立了定向的电力互联互通关系。中国以三大电力公司为基础，以边境省域为支点，积极推进了和周边国家的电力互联互通，可以说电力的互联互通架构已经初步形成。现在中国已和俄罗斯、蒙古国、越南、老挝、缅甸等周边国家实现了部分互联。此外，还有很多具有互联互通意向的国家，如尼泊尔、巴基斯坦、吉尔吉斯斯坦等。随着中国全球能源互联网的深入推进，到2020年，将实现全国范围内的联网，而后至2030年，将实现洲际内的电力联网，而后至2050年将实现全球范围内的联网。这具有非常大的可行性。届时，全球的非化石能源都在全球能源互联网生产和消费平台上进行交易，实现了非化石能源和清洁能源的全球配置，极大地利用了非化石能源，保障了全球及每个国家能源的可持续供应。

由此可见，多种可再生能源齐齐发力，在国际备受青睐的根本原因在于世界各国对化石能源带来的严重约束的理性选择。此外，更为重要的是，非化石能源的发展在保障能源需求的同时，也能解决环境污染问题。因此，无论是发达国家，还是发展中国家，都对非化石能源情有独钟。尤其是在欧洲，一些国家大部分能源的需求需要可再生清洁能源来保障。这就加大了对非化石能源产业发展的需求。这种存在需求的地方，必然需要供给来满足，于是非化石能源的国际合作必然成为全球绿色发展的重点。

这种能源国际合作是双向的，即包括"引进来"和"走出去"两部分。通过"引进来"，壮大了本国和本地区的非化石能源产业，促进了本国和本地区的可再生能源的生产，提升了本国的绿色能源总量，促进了本国的绿色发展。通过"走出去"，带动了本国的企业积极到海外从事核电、风电、水电、太阳能等清洁能源的生产，提高了企业海外投资生产和销售营销的能力，提升了清洁企业的生存能力，提高了中国在海外市场的影响力。同时，合作的国家和地区可再生能源产业也得到了发展，满足了本国对清洁能源的需求。因此，非化石能源国际合作，是一项有利于国家和企业的大事。

这种合作是绿色发展全球化的内生要求，是由绿色发展催生的各个国家对清洁能源的自然需求，是每个国家和地区主动发起的能源生产革命。因此，中国推进能源革命是一场给全球带来福利的革命，不仅是中国解决能源环境约束的重要手段，也是其他国家和地区推进能源环境合作的重要促成因素，更为重要的是它为全球可持续发展奠定了基础。通过全球能源互联网的构建与完善，全球大规模的清洁能源都可以在这一平台上实现互通有无，成为全球可持续发展的重要力量。试想一下，如果世界上绝大部分都使用的是清洁能源，那么全球污染问题就能从根本上得到解决，高质量的环境不仅可以在发达国家找到，在发展中国家也成为常态，全球可持续发展的目标指日可待。同时，这一过程伴随大量的基础设施投资。借此，全球可持续发展得到持续推进，有利于解决欠发达国家和地区的经济社会发展问题。

7.3.3 能源基础设施合作是推动绿色发展全球化的重要内容

在绿色发展全球化过程中，能源基础设施合作是具有决定意义的重要一环。能源基础设施决定了中国和其他国家和地区进行能源合作的程度、深度和广度。这是因为能源国际合作需要能源基础设施的铺就。如果没有中国与周边国家的电力互联互通网络的搭建，电力就不能进行跨境配置。如果没有油气管道的建设，中亚、俄罗斯等油气资源就不能很好地进入中国境内。如果没有海上运输设备的构建，美洲、非洲等海外的油气资源更不能抵达中国，为中国所用。现代化能源基础设施的建设和合作，加快了中国与其他国家和地区的能源配置的速度，提高了中国能源国际合作的效率。因此，积极推进能源基础设施合作是推进绿色发展全球化的重要内容。

中国在《能源发展“十三五”规划》中指出，要推进能源基础设施互联互通，即“加快推进能源合作项目建设，促进‘一带一路’沿线国家和地区能源基础设施互联互通，研究推进跨境输电通道建设，积极开展电网升级改造合作”。

从能源基础设施主要内容上来看，能源基础设施合作主要包括东北通道的中俄、西北通道的中亚、西南通道的中缅和东部通道的海上四条油气通道和电力互联互通网络，具体而言，表现在以下五个方面。

(1) 东北通道——中俄油气管道

中国与俄罗斯的油气管道建设不断推进与完善，打通了中国东北部能源战略通道，促进了中国与能源大国俄罗斯之间的油气合作。中俄油气管道分为原油管道和天然气管道。其中，中俄原油管道又可分为一线和二线管道，一线管道是从俄罗斯远东管道斯科沃罗季诺分输站起始，途经中国黑龙江省和内蒙古自治区等 13 个市、县、区，到大庆站，全长 999.04 千米（由俄罗斯境内 72 千米和中国境内 927.04 千米组成）。根据中俄双方“贷款换石油”协议，一线管道工程年输送能力为 1500 万吨原油，合同期为20年，中方向俄罗斯提供250亿美元贷款。此管线于2010年11月进入试运行阶段，而后，2012年9月，一线管道最终签约合同，开始按照原协议向中国输送原油。之后，中俄两国积极推进了原油管道二线工程的建设。该二线工程起于2016年8月开工建设，并于2017年11月完工，二线管道起于黑龙江的漠河县漠河站，经过黑龙江、内蒙古，至黑龙江省大庆市林源站，全长941.8千米。根据中俄协议，该二线工程于2018年1月1日正式投产，这促使中俄原油规模由原来的年供应量1500万吨增加至3000万吨。

俄罗斯富集的天然气资源通过管道运输至能源消费中心中国，这是能源国际合作的典范。在中俄原油管道的基础上，中国与俄罗斯开始研究建设中俄天然气管道工程。中俄天然气管道由东线和西线两部分组成。其中，东线工程定于2014年5月中俄双方签订的中俄东线天然气购销合同。根据该合同，俄罗斯通过东线管道向中国每年提供380亿立方米的天然气，其供应期限长达30年，预估价值超过4000亿美元。该工程全长3371千米，起于黑龙江黑河市的中俄边境，经过黑龙江、吉林、内蒙古、辽宁、河北、天津、山东、江苏、上海9个省域，至上海，是中国目前口径最大、压力最高的长距离天然气输送管道。该工程在2015年6月开始开工，计划分为北段、中段和南段三段工程，其中，北段是从黑河至长岭，中段是从长岭至永清，南段是从永清至上海。预计2019年10月，北段投产，2020年年底，中俄天然气管道东线将全部贯通。

在东线管道谈判后，2014年11月，中俄签署了《关于沿西线管道从俄罗斯向中国供应天然气的框架协议》，该协议规定了俄罗斯通过中俄西线天然气管道向中国供气300亿立方米/年、供气期限为30年的主要技术经济条款的合作框架。该西线管道全长2800千米，从西西伯利亚出发，经过阿尔泰共和国，到达中国新疆，并与中国的西气东输工程相连接。该线起始点正好在俄罗斯西西伯利亚，而该地有现成的天然气气田，有相应的开采能力。尽管现在西线工程处于框架协议层面，尚未开工建设，但中国和俄罗斯致力推进西线工程的加速建设。例如：2017年11月在中俄总理第二十二次定期会晤中，俄罗斯明确表示“在东线天然气管道于2019年开始通气的基础上，我们将持续致力于达成通过西线工程供气的协议，推动谈判”。由此可见，中俄天然气的西线管道建设将是中国油气合作过程中的重要内容。

（2）西北通道——中国中亚油气管道

中国与中亚五国已经基本形成“四气一油”的格局，即中哈原油管道和中国中亚天然气 ABCD 管道。作为中国第一条跨国原油陆上管道，中哈原油管道于 2004 年 9 月开工建设，分一期和二期工程分批建设。该条管道西起哈萨克斯坦石油重镇阿特劳，途经肯基亚克、库姆克尔和阿塔苏，终点为中哈边界的阿拉山口，全长 2800 多千米。在 2017 年 4 月，该条原油管道向中国输送了超过 1 亿吨的原油。

中国中亚天然气管道的 ABCD 线连通了中亚和中国。其中，A 线、B 线承载着把土库曼斯坦的天然气输送至中国的作用，这两条线基本上是同时建设，起点在阿姆河右岸的土乌边境，经乌兹别克斯坦和哈萨克斯坦，从阿拉山口入境，与国内的西气东输二线相连，向南直达广州，向东抵达上海。全长超过 1 万千米，是世界上最长的天然气管道。A 线、B 线分别于 2009 年和 2010 年完工运行，这两条线的运输能力为 300 亿立方米/年。C 线则负责把乌兹别克斯坦的天然气出口至中国，于 2012 年开工建设。该线全长 1830 千米，年运输能力为 250 亿立方米，西起土、乌边境格达依姆，经乌兹别克斯坦、哈萨克斯坦，在新疆的霍尔果斯口岸进入中国境内，并与西气东输三线相连。D 线全长 1000 千米，年运输能力为 300 亿立方米，气源地为土库曼斯坦的复兴气田，从土乌边境起始，途经乌兹别克斯坦、塔吉克斯坦、吉尔吉斯斯坦，通过新疆乌恰入境，并与西气东输五线相连。这些管道通气后，中国从中亚进口的天然气规模将达到 850 亿立方米/年。

在西北通道中，以“一带一路”为重要平台，中国和巴基斯塔之间筹划共建中巴油气通道。这条管道主要承接来自中东、伊朗等国家的原油和天然气。通过这条通道，可以减少原油进口至中国的输送距离，降低运输风险。这条管道被誉为中国的第五条能源战略通道。

（3）西南通道——中缅油气管道

此管道包括原油管道和天然气管道，其中，原油管道缅甸境内管道全长 771 千米，中国境内全长 1631 千米，天然气管道缅甸境内全长 793 千米，中国境内全长1727千米。中缅原油管道起点位于缅甸西海岸的小岛马德岛，天然气管道起点位于皎漂港。中缅油气管道途：经缅甸的若开邦、马圭省、曼德勒省和掸邦，到达中国云南，后在贵州的安顺实现油气管道的分离，随后，天然气管道直达广西，原油管道北上抵达重庆。该管道的运输能力分别是：原油管道的设计输量为2200万吨/年，天然气管道年输气120亿立方米。该管道的总投资额为25.4亿美元，其中原油和天然气管道投资额分别为15亿美元和10.4亿美元。原油管道分别由中国和缅甸出资建设，其比例分别为50.9%和49.1%，天然气管道由中国、缅甸、韩国和印度共同出资建设，其比重分别为50.9%、7.4%、29.2%和12.5%。

根据张国宝于2017年在《中国经济周刊》第17期上发表的题为《十年磨一剑的中缅油气管道》文章，中缅油气管道建设酝酿于2004年，2004年10月张国宝主持会议，要求中石化研究中缅原油管道前期工作，同时，也让中石油同步开展研究工作。2005年4月，国家发改委到缅甸对中缅油气管道的可行性进行了考察，随后5月，缅甸能源部长访华，中缅签署《中缅关于加强能源领域合作的框架协议》，强调了“双方同意适时就启动中缅输油管道前期研究开展进一步磋商”。2005年9月，缅甸能源部长建议“中国在考虑原油管道的同时最好能一起考虑开展天然气管道问题”。之后，2006年6月，国家发改委向国务院报告“关于开展中缅油气管道有关工作的请示”，经过两个月，在2006年8月，国务院给出了批准报告，提出由中石油集团负责筹建。2009年3月，李长春同志出访缅甸，与缅方签订了《关于建设中缅原油管道和天然气管道的政府间协议》。2009年12月，习近平同志访问缅甸，加快推动中缅油气管道建设。期间经过多次推动，于2013年7月，中缅天然气管道开始向中国供气。随后2014年10月，马德岛码头完工，具备了向中国输送原油的条件。2016年6月，缅甸国务资政昂山素季访华，习近平主席和李克强总理与她进行了会谈，其中都谈到了中缅油气管道的合作问题，最终达成了原油管道的运输协议，缅甸开始向中国输送原油。

（4）海上通道

中东、非洲、东南亚、南美的油气资源往往通过海上通道进口至中国。尽管陆上通道基本就绪，但是海上通道承担中国进口原油的超过一半的比重。这说明海上通道依然是中国进口海外油气资源的主要渠道。目前，中国的海上通道主要包括以下几条航运路径（张明明，2015）。

首先是中东航线。这条航线主要保障了中东石油向中国出口。这条航线从波斯湾出发，穿越霍尔木兹海峡，经过阿拉伯海进入印度洋后，从马六甲海峡进入中国南海地区，随后经台湾海峡抵达中国内地。其次是非洲航线。这条航线包括两个方向：一条是从北非地区出发，在地中海起航，经苏伊士运河和红海，过曼德海峡和亚丁湾，进入阿拉伯海，再过印度洋，经马六甲海峡入中国南海。另一条是从西非出发，经好望角，入印度洋，也从马六甲海峡入中国南海地区。再次为东南亚航线。这条线从马六甲海峡出发，经台湾海峡，直接到中国内地。最后还有南美航线。这条线经巴拿马运河，进入太平洋，最终到中国。

由此可见，海上油气通道线路长，且容易发生运输风险。在关键地段，受到马六甲海峡的制约，因此，马六甲海峡成为中国海上运输的咽喉要道。

（5）电力连通网

电力网络的构建，对清洁能源的跨国利用具有十分重要的推动作用。目前，中国围绕三个重点进行建设，一是“丝绸之路”经济带输电走廊，建成从中国新疆至中亚五国的输电通道；二是俄罗斯和蒙古国向中国的输电通道；三是中国南部邻国联网通道。现在，中国与周边国家已经组成了18条跨境输电通道。

整体而言，与其他通道相比，电力互联网络建设的进展较慢。其原因在于：电力作为商品，具有一定的特殊性，即不可储存性和同质性。前者是电力最为基本的特征，指的是在现有蓄电技术水平下，电力没有办法进行大规模存储。这意味着人们不能像对待其他商品一样，通过库存来解决电力商品即时消费的问题。油气资源可以通过存储的方式，采取运输的渠道，实现从生产地到消费地的运输，而电力则不能做到这一点。电力输送必须采取另一种措施，即国际通行的电网输送方式。还有一个特点即电力生产和消费的同步性。该特点与服务商品有点类似，生产和消费同步发生。但因为不能储存，所以生产和消费基本上等量发生。如果存在错位的话，那么就需要调峰的机制来解决，如果生产端和消费端发生不一致，就会给电力系统的稳定性带来严重的破坏性影响。同质性也是电力商品最为明显的一个特性。无论是火电、水电，还是核电和其他的清洁能源发电，都是以电流的形式，在这一点上都是相同的，其差异仅在于通过发电成本而制定的不同的电价。

由于电力的不可存储性，需要特殊的电网来输送电力资源。电网从生产到构架的过程都需要投入大量的资金、人力和财力，耗时较大。加之国与国之间的谈判需要时间，综合以上因素，中国与周边国家的电网构建进展较慢，但也取得了很大的成就，初步实现了中国与周边国家的电网互联互通，有利于中国与周边国家电力的配置。未来，按照全球能源互联网的设想，先进行洲内互联，然后在进行洲际互联，这是一个巨大的规划，借此，全球各国都可以在全球能源互联网上进行清洁电力的配置和交易，一个庞大的能源金融与交易市场将出现在人们的眼前。

7.3.4 推动能源国际合作的长短期结合策略

深入推动能源国际合作，为中国能源革命和绿色发展提供新的活力，必须采取一定的策略。

(1) 以现有合作基础为基点，不断深入推进未来的能源国际合作

在现有能源国际合作的基础上，进一步推进能源合作的空间和范围，重点是为中国创造更多的获取海外能源特别是油气资源的机会和渠道。

在油气资源合作方面，以现有的五大合作区为战略空间，不断扩充中国油气合作的国际发展空间，充分提高海外油气资源对中国的保障能力。中国在新形势下推进油气资源国际合作的策略在于：

以中亚和俄罗斯合作区为基础，采取北进的策略，不断把中亚和俄罗斯的油气资源引入中国的消费区。充分利用中国与中亚—俄罗斯合作区之间的能源地缘关系，构建陆上原油和天然气管道，并且把它们与中国境内的原油和天然气管道相连，使之形成联通海外、通达四方的中国油气管道，直接经过中原地带，深入中国东部沿海发达的能源消费中心。

以中东合作区为基础，深入推进能源企业入驻中东合作区积极展开工作，通过多种合作形式，如直接投资、参股、技术合作等，加快中国油气企业在中东地区生产油气的比重，并且通过既定的合同，通过完全的海上

运输形式，源源不断地为中国提供更多的油气资源。

以非洲合作区为基础，加快推进中国与非洲的油气合作区涉及的范围，拓展中国对非洲的战略影响。重点与非洲的油气资源国建立稳定的战略合作伙伴关系，并以直接投资的形式一方面帮助非洲国家建设油气项目，实现就业目标，促进非洲地区经济社会发展；另一方面，有利于完成中国回购油气资源的目标。从中国和非洲同志加兄弟的合作基础入手，强化中国能源企业走向非洲的战略实施，不断提升中国在非洲地区的影响力。

以亚太合作区为基础，强化中国和亚太地区能源关联性，以此推进中国与亚太地区之间的各种合作关系。

总体而言，以现有的五大油气合作区为战略支点，稳步推进中国与其他国家和地区的油气合作，最大限度地以合理的价格为中国输入更多的低碳油气资源，支援中国经济社会发展。同时，通过不同的联系点，建立以中国为中心的能源生产、消费和贸易市场，进而形成新型的油气合作网络，逐步提升中国在全球能源体系中的话语权，为完善新型的全球能源治理体系而不懈努力。这是中华民族在复兴过程中的时代诉求和世界诉求。

同时，以电力网络互联互通为契机，加大清洁能源的电力生产与跨国配置，实现电力先在中国与周边国家之间配置，而后在更大范围内进行配置的总体目标。提高电力资源在全世界生产和生活中的使用比重，以电力资源为主导，推进全球能源互联网的建设、布局。

（2）提速能源基础设施合作进程，实现清洁能源的全球化布局

中国能源国际合作已形成了不同方位的战略通道，陆上和海上齐备。因此，在绿色发展的趋势下，中国从海外引进大量的低碳能源，特别是天然气和清洁电力，这对于中国实现“去煤化”具有重要的保障意义。加上，中国本来能源供应不足，难以应对日益见长的能源需求。通过能源的国际合作，不仅可以提高中国能源的安全保障能力，而且还有利于实现中国能源结构的清洁化调整。因此，加速推进各种类型的能源基础设施合作进程，是中国能源国际合作的重中之重。

加快推进中国与俄罗斯、中亚五国、巴基斯坦、缅甸等油气通道的完善与扩充，构建支撑中国油气消费的西部和北部大通道，实现中国对油气

资源的安全进口，不断保障中国对石油和天然气，特别是对天然气的需求量。通过海上运输的通道，实现中国南部和东部地区石油和天然气的进口，同时，西部、北部与南部和东部的大通道实现互联，构筑覆盖全国的中国油气管道大通道，有效地把国外的油气资源和中国境内的油气资源实现有效配置，加速提升天然气资源在中国工业化和城镇化过程中的保障地位，提高中国低碳能源消费比重。同时，稳定石油及其产业在中国的发展。

有步骤地推进中国在全球能源互联网中的地位，在“一带一路”框架下，深入推进中国与周边国家和其他国家电力网络的大关联，切实加快全球能源互联网的建设步伐。同时，以全球能源互联网学会为重要载体，推进与其他国家的能源互联网建设工作，以重点国家为突破口，引导各个国家率先主动承担起建设全球能源互联网的任务，争取于2030年在全球五大洲内构建起洲内连接基本架构，而后于2050年左右实现洲际能源互联网连通。这是中国首次提出的发展框架概念，以全球能源互联网为重要支点形成全球能源，特别是清洁能源的充分有效利用。

通过四通八达的油气管道和全贯通的电力网络，中国即可形成地下的油气管网和地上的电网，为引进外来低碳能源搭好桥梁。油气管道的作用在于把全球的油气资源汇集至中国，以便满足中国工业化和城镇化对能源的需求；电力网络的作用在于把清洁能源引进中国，以便推动中国绿色发展对清洁能源的需求。无论哪一方面，都有利于中国能源生产和消费结构的调整，加速中国去煤化的进程。油气资源的引进，有利于天然气在中国的消费；电力资源的引进，有利于中国清洁能源的生产和消费。这些都是煤炭资源的替代产品，对于加速替代煤炭资源具有重要的作用。

不仅如此，中国与其他国家的能源基础设施的构建还具有其他的经济社会发展效应。第一，有利于增加社会就业，维持社会稳定。大规模兴建能源基础设施，促使当地国家和地区就业水平提高，增加当地收入，从而有利于稳定社会。我们知道，任何基础设施的兴建，都需要大量的人力资源，而能源基础设施也具有这种特性。在生产、运送和安装这些能源基础设施的过程中，都需要大量的劳动力付出大量的劳动。因此，积极推进这些能源基础设施的兴建，除了增加就业外，也会给合作国家增加一定的就业量，这对于实现国家的经济社会发展目标具有很好的促进作用。就业水平是衡量一个国家和地区宏观经济运行的重要标准，尤其是在经济危机背景下。通过能源基础设施建设促进就业水平的提高，有利于合作国家深入推进能源基础设施的合作和建设。第二，有利于提高社会收入水平，增强国家实力。兴建能源基础实施，需要大规模地投资，这些投资会通过乘数或类似乘数的机制实现对经济发展的促进。经济学原理告诉我们，任何有效的投资都会带来经济总量的增加。能源基础设施投资也不例外。高达几百亿元规模的投资，可以促使中国及其合作国家的经济发展。在发展中国家内，特别是在经济下滑背景下，大规模地进行能源基础设施的投资，不仅有利于中国的经济社会发展，而且还有利于合作国家和地区的经济发展，是一举多得的重要工程。

（3）以推动能源基础设施为契机，搭建全球能源治理的平台

以推动能源基础设施为契机，真正意义上把能源合作的各个国家连在一起，形成了一个类似地球村的“能源村落”。然而，从全球能源治理体系来看，目前的全球能源治理体系存在明显的碎片化治理的特点，即全球能源治理呈现碎片化的性质，缺乏全球同步同时的治理体系和效果。无论是二十国集团，还是国际能源署，都可以在一定程度上维护全球能源治理体系的运转，加速了全球能源秩序的形成。这对于全球范围内能源交易、贸易和运输等各个环节内的良性的秩序有一定的帮助。然而，尚未涵盖全部方面和国家，呈现一定的碎片化治理的现象。这种碎片化治理的模式，显然存在很大程度上的漏洞，其治理和协调的作用有限，功效也很有限，不能满足大部分国家，特别是小国对能源治理的需求。因此，构建全覆盖性的全球能源治理体系具有非常重要的作用和意义。

首先，把全球所有国家对能源需求的意愿反映在全球能源治理体系中。纳入了全球所有国家的意愿，能够反映全球所有国家对能源需求、生产、贸易和运输的愿望，有利于把所有国家的要求体现在全球能源治理的体系中，保障治理的结果，反映全球所有国家的利益。

其次，把所有国家纳入全球能源治理体系内，通过油气基础设施和电力基础设施，形成有效关联，有效地突破了原有的虚无治理，形成了真正意义上的实体治理，有利于将所有国家真正地纳入到全球能源的治理体系

内，在享受全球能源发展红利的同时，也为全球能源治理的顺利推进提供关键支持。

再次，有了全球所有国家对全球能源治理体系的支持，巩固了全球能源治理体系的成果，为全球能源互联网的构建提供了坚强的支持，推进了全球能源一体化进程。

以能源基础设施合作为重要前提，推进全球能源治理体系的加快形成，成为全球可持续发展过程中的重要任务，而能源基础设施合作成为全球能源治理体系的关键力量。能源设施合作是实体内容，通过各个国家油气管道和电力网络的合作，全球能源治理体系就可以从虚无状态演进为良性的实体状态。这是中国和其他国家的重要任务。我们没有办法影响其他国家的政治决策，但我们可以通过能源基础设施合作的利益导向，引导其他国家积极参与到全球范围的能源基础设施合作，以期真正地构建起全球能源互联互通的网络，加快构建对全球有实质影响的能源治理体系，可以把全球所有国家都纳入到该体系中。

由此可见，中国可以成为推进全球能源治理体系中的重要一员，为全球能源治理体系的构建奠定坚实的中坚力量，这是中国能源革命的内涵。因此，能源革命，不仅对中国而言有意义，对世界发展也有重要的推动作用。这就很好地解释中国能源革命和绿色发展，本质上是在全球化背景下做出的利于自身和全球协同发展的战略选择。从这个意义上来讲，中国的能源革命和绿色发展突破了狭隘的视角，把视野放眼至全球，从而体现出中国的国际责任和担当，这也是十九大体现的要义。未来，随着中国经济社会发展进程的深入推进和实力的增强，中国要在全球能源治理体系中保持一定的话语权，才能最大程度上体现发展中国家的利益，维护既定的全球能源治理中的秩序。

8 中国能源革命和绿色发展的影响：基于低碳生活方式的研究

坚持绿色发展，坚定不移推动能源革命向纵深发展，具有极其重要的世界性意义。主要表现在三个方面：其一，中国的示范意义。中国作为发展中大国，绿色发展能够为世界其他国家和地区提供重要的借鉴经验。这是因为中国面临的人与自然关系紧张的问题，在其他国家和地区也存在。特别是一些发展中国家，同样也面临这些问题。中国以能源侧改革的形式推动绿色发展，将对其他国家产生重要的示范意义。其二，中国能源革命和绿色发展对世界发展具有非常重要的影响。这是因为中国目前所处的经济地位和能源消费与碳排放在世界中的比重都说明，中国的能源情况影响世界能源的基本情况。因此，中国能源革命和绿色发展将为世界发展注入新的动力。其三，中国能源革命和绿色发展将对世界生产和生活方式产生极其重要的影响。这种革命式发展和绿色发展的态势，将推动现有的高碳生产方式和生活方式的转型。本章从生活方式的转变角度，系统论述中国能源革命和绿色发展对世界的影响，而对低碳生产方式的影响则另文研究。

8.1 生活方式的变革

生产和生活方式的演变基本上构成了人类社会发展的全貌，特别是生活方式，又和人类社会演进变化紧密相关。从生产力与生产关系的角度来看，生产与生产力直接对应，生活与生产关系直接对应，并且生产在一定程度上决定了生活的水平、层次与发展状态，生活反过来又会影响生产的规模、效率、水平，等等。探讨人类生活方式的转变，有助于深刻把握生活方式的重大发展与转折，即革命性变化，例如，绿色低碳生活对传统生产生活方式就是一场革命。

在原始文明社会中，人类以采集和狩猎为主，生产力水平十分低下。人类的生活方式直接建立在依赖于周围自然环境的基础上，人类从自然界中获取天然的生活资料，以维持个体和种群的生存。自然界是人类赖以生存的对象，人们崇拜、敬畏自然，人类和自然处于原始的和谐关系。

随着生产力的发展，从原始文明社会过渡到农业文明社会。在生产力显著提高的农业文明社会中，生活方式随之发生了变化。主要表现在以下几个方面：

一是饮食方面从生向熟的转换。原始文明社会的人类以生食为主，而农业文明社会的人类则以熟食为主，这里的熟食主要以蒸煮方式而制，炒煎方式较少。熟食促进人类体制与大脑的发育，增强了抵抗疾病的能力，于是农业文明中人类的寿命要比原始社会人类的寿命长。

二是衣着方面从树叶向布料的变更。农业文明社会，衣着的面料发生质的改变，由原来的树叶、兽皮发展到麻和葛，而且衣着的样式在一定程度上有所设计，更加合体。随着人类社会的发展，从农业文明早期到晚期，衣料也存在明显的改进，新型衣料不断出现，例如：丝绸的出现更是把农业文明的衣着推向了又一个更高的层次。

三是居住方面从无房到有房的变化，“家”的轮廓和观念日益深化。进入农业文明社会以后，人类开始发挥能动作用，修房盖屋的技术进一步提高。此时，房屋结构大多数以木质结构为主。这是因为木质结构的房屋取材物产丰富的大自然，人与大自然之间的矛盾还没有上升至临界水平，处于和谐的状态中。有了房屋以后，人类以此为基本的活动范围，建立固定的村庄与集市，后又建立城市。木质结构房屋的出现，解决人类居住问题，从此以后，“家国天下”的理念进一步得以巩固。

四是出行方面从步行到车辆的更替。农业文明是出行发生革命性变化的时代。车、船是当时主要的出行、运输工具，而牲畜如马、驴、牛则是主要的动力来源，特别是马，是人类社会最为主要的动力来源之一。车船作为农业文明社会出行的载体，即解决了人类出行的问题，又促进了信息的传播。

由此可见，人类社会从农业文明社会开始，才能算作“家有定居、居有定所、衣有所式、食有所料、行有所载”的文明化状态。在此阶段，人类对资源开采和环境破坏基本没有或比较小，对自然资源的需求在地球生态承载范围内，人类与自然之间处于一种天然的和谐状态。

农业文明社会被工业文明社会取而代之后，人类开始尝试构建现代化生活方式。欧洲是工业文明的先驱，蒸汽机等现代化器械的发明与应用，推动了农业文明向工业文明转型，煤炭、石油与电力的使用，加速推进了工业文明的范围与影响程度，人类生活方式发生了翻天覆地的变化。

第一，衣着实现了“批量化生产与可选择性强”的转换。在工业文明强力作用下，人们衣着呈现出多样化趋势，主要包括批量生产后，衣着基本上出现“供给大于需求”的状态，面料和款式多样化、衣服设计时尚化，人类选择的空间余地增强。随着人类收入水平的提高，对衣服的消费也急剧增长，除了少数发展中国家外，世界上大多数国家已经告别了“短缺经济”，由此带动了世界纺织服装产业的大发展。

第二，饮食多样化及用能方式的转变。工业文明改变了人类的饮食结构与方式，饮食结构更加多元，饮食方式更加多样，呈现出“快餐”色彩。当然，在不同的区域内，又出现符合本区域特征与民族特点的独特的饮食习惯。以我国为例，在工业文明推动下，自改革开放以来，食物供给由短缺转变为富余，饮食呈现多样化。在农村，做饭用能模式实现了由薪柴向天然气、电力的转变；在城市，实现了由煤炭向天然气的转变。在欧美发达国家，炊事以电力为主。从食材来看，更加注重多样性、稀奇性。

第三，居住由平房向楼房转变。在工业文明时代，工业化与城镇化发展相互作用，推动整个人类社会不断向前发展，其直观体现在城市中的楼房中。现在主要发展中国家拔地而起的高楼大厦充斥着主要城市，而发达国家则出现逆城市化风潮，城市居民退居城市郊区居住，而且多数居住在至多两层的木质结构的楼房内。发展中国家的楼房则是以钢筋、水泥构筑而成，消耗了大量的资源。同时，居住时注重豪华装修，费时费工费料费钱。

第四，出行效率更高、速度更快。在工业文明下，从交通运输工具的使用，到交通基础设施的加大投入，再到综合性立体式交通枢纽的选择，都融入了高效率的意识。高速公路、高铁、飞机、水运等方式代表现代化出行方式的选择。现代化交通带来了出行效率的提高、速度的提升。

8.2 工业文明社会中生活方式的高碳特征

在工业文明社会中，人类过着现代化的生活，吃穿住用行，无论是哪一方面的生活，都受工业文明发展的影响。然而，此时的工业文明式的生活方式却存在另一种“隐痛”，那就是人类对自然的干扰与破坏，使大自然不堪重负。

第一，工业文明消耗了大量的资源，使全球资源供给受到严重威胁，能源的短缺制约着工业文明的持续发展，促使工业文明转型势在必行。通过比较工业文明社会和农业文明社会的生活变迁，我们就可以感知，工业文明生活离不开能源，特别是石油和电力。因此，我们就可以得出这样的结论：工业文明社会生活方式显性地增加了全球能源需求，并且工业文明社会的生活方式本身具有高消耗、高排放的特征。原因在于：处于工业文明社会的人们，特别是欧美发达国家的人们，还处于对工业文明引以为豪的自我欣赏中，还没有彻底认识到全球资源需求与供给紧张的关系，还没有真正了解当前的能源分布不均带来的能源危机。

以课题负责人访学所在的美国夏洛特城市为例，夏洛特城市的生活方式，是一种典型的“高物耗、高能耗与高浪费”的方式。在夏洛特的晚上，小区内基本上到处都是大功率的路灯。一栋房子外面每个窗户旁边安装一个大灯。很显然，这是一种典型的浪费方式。换句话说，美国也存在显然的资源浪费现象。

从全球来看，工业文明下人们的生活水平得以提高，相伴而生的是对能源需求大幅度的提高，导致全球能源需求日益攀升。全球日益增长的能源需求与能源供给之间距离在扩大，让我们这个本来不堪重负的地球快到“燃料燃尽”的状态，如果不转型，那么“增长的极限”便会来临。

第二，工业文明对环境造成了严重破坏，温室气体激增引起全球气候变化。越来越多的证据显示，工业化以来的近 300 年，是地球所处大气温度上升幅度最明显、气候变化最严重、气候灾害频发的时期。根据英国伦敦经济政治学院斯特恩教授以及 IPCC 的研究，全球气候变化的结果是由于工业文明中人类燃烧化石能源的高碳行为造成的。如果从生产与生活分类的话，那么就可以说，人类高碳式的生产与生活行为是导致温室气体排放增长进而导致全球气候变化的罪魁祸首。

我们没有理由不接受这一事实，我们可以通过我们的切身感受来判断。在城市，一到夏天，感觉比过去格外炎热，这其实就是全球气候变暖的结果。全球变暖，人类将面临诸多挑战，特别是对发展中国家，更有现实的兼顾发展与应对环境问题的双重压力。这也可以解释联合国气候变化大会上为什么全球在关键点上诸多国家很难达成一致。

凡此种种，均昭示工业文明社会中的生活和生产方式不再适宜社会发展，需要转变生活方式，积极践行低碳生活理念，这也是生态文明社会的重要内容。

8.3 低碳生活方式的建构

8.3.1 低碳文明社会下的低碳生活方式

工业文明社会中的高碳生活特征，与生态文明社会格格不入。生态文明，特别是低碳文明社会中，我们强调的是在生活水平有所提高的基础上，低能耗、低排放式的低碳生活方式是我们的目标导向，也是我们的精神追求。以此为基础，培养低碳生活习惯，低碳生活就是我们日常生活的一部分。

低碳生活方式是低碳文明社会中人类的必然选择。低碳文明将告别工业文明下能源消费方式，无论是生产，还是生活，我们都应该在清洁能源基础上对其进行适当安排。试想一下，如果我们用的电力均来自非化石能源，那么我们的电力就是清洁电力。在日常生活中，我们用到的电力对环境不产生负面影响。但我们不能因此而得出结论，我们可以浪费电力。因为在低碳生活中，浪费电力是最大程度上的“不低碳”，所以，尽最大努力实现能源的节约，将是低碳生活中的重要内容。

如此看来，低碳生活方式的选择，是低碳文明社会赋予我们的神圣权力。从全球责任的肩负，到个人行为方式的自然对接，具备低碳生活理念，选择低碳生活方式，无论是对自身，还是对全球，都是有益处的。从这一点上，我们可以说，选择低碳生活方式，我们责无旁贷。

8.3.2 低碳生活的内涵

低碳生活是对原有工业文明高碳生活的否定与升华，是人类受制资源环境刚约束的生活方式的自我革新与调整，是主动适应低碳文明的产物，其本质上是在生活过程中，尽量实现能源消耗的减少、碳排放的减少，由此促进其他资源消耗与环境排放和污染情况的好转。

这里有三层意思：第一，低碳生活与高碳生活的关系。低碳生活和高碳生活是两种生活方式和状态。前者是我们期盼的，后者是我们已经经历的，但不是我们生活的常态。高碳生活的直接体现就是不注重生活中的节能减排，抱着“地大物博”的精神观念。第二，低碳生活是人类的自我选择。生活方式是人类自我选择的必然结果。生活是人类生存的必要组成部分，选择什么样的生活，就有什么样的人生，也就有什么样的环境影响。高碳下人类在物质生活上得到极大满足的同时，带来了环境的极大破坏，严重威胁人类自身的进一步发展；低碳下人类在物质生活上也可以得到极大满足，这是因为物质生产力的显著发展。同时，由于对环境的负面影响小，实现了生活方式与自然的和谐共生，人类享受大自然的丰美。既有物质需求的满足，又有大自然的滋养，人类生命得到进一步延续。第三，低碳生活是人类低碳文明延伸至生活领域的结果。低碳生活是人类作为主体在低碳意识影响做出的符合人类社会发展方向的结果，其选择的缘由在于低碳意识下人类对所处地球的担忧，这种担忧源于人类对全球气候变化的科学认知。

那么，低碳生活的内涵是什么呢？我们从以下几个方面进行详尽论述。

第一，低碳生活是人类生活方式的全新低碳革命。低碳生活是对高碳生活的彻底否定。这种否定源于人类对自身环境的广泛的认识。只有通过生活方式由高碳到低碳的彻底转型，才能减少人类生活方式所带来的能源消耗及二氧化碳排放，才能够从根本上推动低碳文明社会的建立。当然，选择低碳生活，也是人类在低碳文明意识影响下的一种理性选择，是人类为了拯救自己而做出的自我选择。

第二，低碳生活进展程度决定人类对自身环境认知的程度。我们只有一个地球，但受工业文明对环境的负面影响，我们这个家正在变得岌岌可危，如果不对我们的经济行为、生活行为加以控制的话，地球将会受到严重破坏。如果地球没有能源做动力的话，人类也无法生活。如果气温不断上升的话，地球也会承受不住，影响人类的安居乐业。人类只有通过生活方式的转型，才能从根本上改变现有的生存状态。那么，如何改变我们的生活方式呢？这取决于人类对气候变化的影响范围、程度的认识。不同国家与民族，对此问题有不同的认识。这就能很好解释为什么在实际生活中对低碳生活有不同解读、选择不同的低碳生活方式。只有公众认识到环境污染所带来的严重危害，才会愿意改变自身的态度和日常行为。因此，广泛动员全社会，“自下而上”地推动公众参与低碳生活建设。

第三，低碳生活是具有正外部性的生活方式。个人选择低碳生活方式，有利于其他人，因此，低碳生活是一种具有正外部性的活动。按照低碳文明社会对低碳生活的供给少于个人对低碳生活的选择，这意味着需要提高低碳生活的参与度。因此，我们要广泛动员人们能够践行低碳生活，提高低碳生活的参与度，并通过质变，彻底扭转现存的高碳生活方式。

既然这种具有正外部性的生活方式参与的主体很少，那么这就为我们构建低碳生活方式找到突破口。低碳生活的社会利益远远大于个人利益，因此，从整个人类社会角度来讲，我们必须倡导低碳生活方式的构建、推进与普及。这种利他的生活方式，又与我们时常提到的绿色发展理念相一致。这就是生态文明下的必然产物。从世界范围来讲，一个国家或区域的低碳生活，对其他的国家和地区是有益处的。全世界低碳生活的构建与原有生活方式的转型，需要很长的时间，在这一过程中，还伴随着以国家为主体单位的博弈过程，防止出现“搭便车”的现象。

第四，低碳生活的内容与形式具有多样性特征，包括人类日常生活的一切内容。低碳生活不是虚构的概念，而是具体的，完全融入我们的日常生活中，在衣食住行等方面，都有低碳生活的影响范围、作用途径与实施路径。

因为低碳生活不是虚构而是具体的，所以我们可以根据我们的生活习惯等，改变原有的生活方式，依据低碳文明的要求与低碳生活的做法，构建新型的生活方式。这是个人修为、生活习性、生活方式的彻底改变，融入大量的天人和谐共生的理念，是一种更加健康、更加绿色、更加使人向往的生活状态。

第五，低碳生活水平与工业文明社会的生活水平相比普遍较高。生态文明社会是在工业文明社会基础上建立起来的。根据生产力不断发展的逻辑，生态文明社会平均生产力水平远高于工业文明社会的生产力水平，从而说明，生态文明社会人类的平均收入水平高于工业文明社会的相应水平。于是，生态文明社会的生活水平就会高于工业文明社会下的生活水平。这意味着人类社会是不断向前发展的，不存在倒退的生产力水平、收入水平与生活水平。从这一方面来讲，低碳生活不是退回原始文明的朴素生活状态，不是生产力和生活水平低下的农业文明的生活状态，也不是工业文明下的生活方式，是建立在生产力发展、收入水平不断提高的基础上。换句话说，低碳生活并不意味着收入水平的下降，而且恰恰相反，是收入水平的持续提高。

8.3.3 低碳生活方式的意义

构建低碳生活方式，事关个人、他人与社会的全面发展，养成低碳生活的习惯，意义重大。

首先，低碳生活方式有利于个人生活的健康化发展。低碳生活方式基于更加健康的视角，推动人类生活方式朝更加健康的方向发展，这有利于个人生活方式向低碳化、绿色化迈进。在低碳文明社会中，人们生活将会更加舒心安逸。由此，我们认为，低碳生活是人类个体对过去高碳生活方式的彻底告别，是健康绿色的生活习惯。

低碳生活方式本身具备的这种健康化的特点，加深了我们对健康生活的进一步认识，实现低碳健康生活的大众化。这对于推动低碳文明社会的建立具有至关重要的作用。

其次，低碳生活方式对人类社会的影响意义重大。根据我们关于低碳生活的理解，个人低碳生活方式的选择，不仅对自身有利，而且还对其他社会主体有重要的影响。人类社会中每个人都遵循低碳生活行为规范，那么将会出现集成式“汇流成海”的效应。可以想象，选择低碳生活后，人类社会就会靠近低碳文明社会。如果生产方面也进行低碳化改造的话，结合低碳生活，这就是全部的低碳文明社会。作为低碳文明社会中的重要组成部分，低碳生活直接关系着人类社会的可持续发展。

这样看来，低碳生活的转型，能够实现人类社会生活状态由高碳向低碳的转型，减缓全球温室气体排放，使其在人类可适应的范围内，不会对地球产生危机式的影响。

8.4 低碳生活面面观

人类生活包括衣食住行等方面。低碳文明下的低碳生活则是对人类日常生活的低碳化改造（见图 8-1），具体包括衣着的低碳化改造——低碳衣着、饮食的低碳化改造——低碳饮食、居住的低碳化改造——低碳居住、出行的低碳化改造——低碳出行。

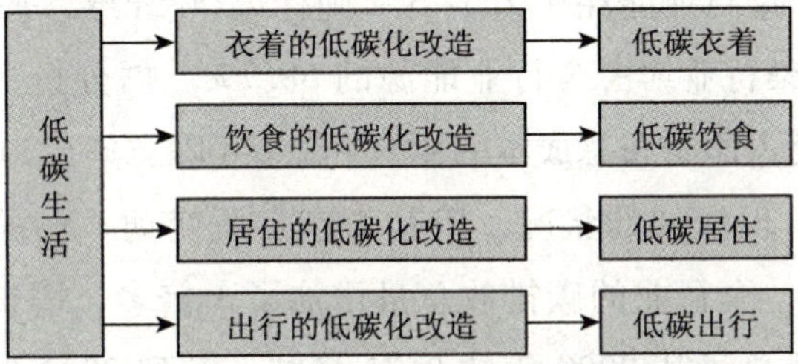

图 8-1 低碳生活的衣食住行方面

8.4.1 低碳着装

低碳着装，是指人类根据低碳主张和理念，从购衣、穿着、维护等过程中处处体现三低即低排放、低污染、低消耗的着衣方式和习惯。其主要目标在于通过培育健康的着装方式，实现在着装消费过程中，人类的行为对能源消耗与碳排放的影响越来越小的新型着装方式与样式。

如果从全生命周期角度理解，衣着所承载的碳排放更值得关注。衣着的生命周期碳排放主要包括：原材料种植过程中的碳排放；材料选择、纤维提取、染色、布料加工、成衣制作过程中的碳排放；衣服购买使用过程中洗涤、烘干、熨烫的碳排放；衣服运输过程的碳排放；以及衣服废弃后回收再利用过程的碳排放几个环节（邓向辉，李惠民，齐晔，2011）。一件衣服的碳排放量有多少？以一件200克纯棉T恤为例，从棉花种植，到成衣制作，再到销售终端，以至被消费者购买后经过多次洗涤、烘干、熨烫整个过程将会排放近7千克的二氧化碳。也就是说，一件200克的纯棉衣服，将排放出接近其自身重量30倍左右的二氧化碳。而采用化纤面料的衣服，其碳排放会更高。如一件采用100%涤纶面料制成的裤子，假定其使用寿命为2年，包括生产和消费环节，整个碳排放量将约为47千克，相当于其自身重量的117倍①。

如果从服装行业来看，更为震惊。一是纺织服装行业能耗较高。研究报告显示，我国纺织行业的能源消费量在轻工业中居于首位，约占轻工业耗能量的1/3。我国纺织行业全过程能耗大致为4.84吨标煤/吨纤维，其中，服装行业能耗为1.05吨标煤/吨服装，织造行业能耗为0.95吨标煤/吨纤维左右，印染行业能耗在2.5~3.2吨标煤/吨纤维，平均为2.84吨标煤/吨纤维，印染行业约占全行业能源的58.7%。据分析，我国印染厂的水、电、汽能耗占印染布总成本的40%~60%（陈志华，2010）。二是该行业碳排放总体出现增加的状况，但其增速有所变动。根据马月华和卢安（2016）的研究，全行业的碳排放总量增加了1倍多，增长速度呈现阶段式变化，碳排放总量从2000年的0.71亿吨上升到2012年的1.60亿吨，2000—2003年，纺织服装业碳排放量增幅比较缓和，而在2004—2007年则加速增长，后在2010—2012年，该行业碳排放量增长趋势较小。这表明纺织服装行业日渐呈现低碳化趋势。

根据以上的分析，我们可知，衣服既是能源消耗与碳排放的大户，又是低碳生活的重点，根据我国的数据分析，衣服碳排放增幅呈现一定的放缓趋势。

如果放眼全世界，服装的低碳化更应该加以推进。发达国家要实现服

① 以技术创新谋求中国纺织服装行业新发展［EB/OL］. http：//www. efu. cm/news/show-2782. html.

装的低碳时尚化，发展中国家则需要坚持推进低碳化转型。只有发达国家与发展中国家同时协同推进服装低碳化，全球的低碳生活成效才能更加明显。

按照低碳着装的基本主张，制衣方从衣服的设计到生产，都应该融入低碳理念，生产出“消费者满意、低碳环保”的低碳衣服来。消费者应该优先选择大麻纤维、竹纤维、亚麻等环保面料的低碳衣服，并且优先考虑环保款式，如百搭又经典的款式、浅色无印花的服装，避免抗皱、防水、防污的服装。同时，提倡简约与时尚相结合的穿衣风格，并且，根据季节变换选择不同的颜色服装，如夏天以浅颜色为主，避免吸收太多的环境热量导致消耗过多降温所需的电能；冬天以深色为主，多吸收太阳辐射能，降低取暖消耗。此外，尽最大努力减少衣服的购买，倡导一衣多穿。

在维护衣服过程中，也应该注意方法得当。例如：通过减少洗涤次数，不仅节省水电，还能防止洗涤剂的污染；尝试选择环保洗涤，可以考虑使用无磷洗衣粉，减少磷污染，且降低洗涤温度，变烘干为自然晾干。另外，应该把旧衣服送给需要的人。

8.4.2　低碳饮食

低碳饮食是遵循低碳观念，获取、使用和处置食材，直接或间接减少温室气体排放，尽可能缓解饮食对生态环境造成的破坏。低碳饮食并不是提倡偏重素食，而是倡导更多地选择低碳食材（如当季、当地、原生态、植物性产品等）、选择低碳烹调方式及减少厨余垃圾，吃得简单健康，均衡摄取各类食物（Yang Xiaowei，Jia Xing，2011，梁承磊，李秀荣，2015）。

人类在食物获取、使用和处理废弃物等多个消费环节中的碳排放历来引人关注。以肉类生产和消费为例，在过去的60年里，全球范围内肉类食物的消耗量增长了5倍，畜牧业因此至少产生了50亿吨温室气体（Noam Mohr，2005）①。也有学者指出，当前最该被关注的消费行为应该是饮食，

① Noam Mohr. A New Global Warming Strategy：How Environmentalists are Overlooking Vegetarianism as the Most Effective Tool Against Climate Change in Our Lifetimes ［R］. An Earth Save International Report，2005：68-72.

饮食消费行为占全球碳排放量的27%左右，对生态环境的影响程度甚大(Trar Garnett，2011)①。因此，改善饮食方式，建构低碳饮食新内容，将是一个系统的长期工程。

低碳饮食的一个重要的内容就是确定低碳食谱，确定每天饮食的基本状况。根据包永华等（2011）的研究，一日三餐能量适宜的分配比例为早餐占30%、午餐占40%、晚餐占30%。早餐可以选择一些低脂高营养、方便快捷的食品作为早餐，多吃些鲜果或果汁等脂肪含量低的食物，保证有一定量的牛奶、豆浆或鸡蛋等优质蛋白质的摄入。午餐是补充能量最关键的一餐，应以吃蛋白质和胆碱含量高的肉类、鱼类、禽蛋和大豆制品等食物为主。晚餐不可暴饮暴食，讲究量少质高，选择少肉多菜的饮食②。同时，他们整理得出了1周的低碳食谱（见表8-1）。此外，他们对以上食谱给出了营养分析，结果见表8-2。

表8-1　1周低碳食谱

日期	早餐	午餐	晚餐
星期一	鸡肉米粥（米粥150g、鸡肉50g、菠菜50g、胡萝卜30g）、百果包（面粉60g、核桃仁30g、葵瓜子仁30g、白砂糖20g）、苹果200g	米饭（粳米100g）、清蒸草鱼（草鱼45g）、冬瓜排骨汤（冬瓜200g、猪排骨45g）、素什锦（黄瓜120g、腐竹30g、胡萝卜100g、黑木耳70g）、食用油（大豆油10g）、哈密瓜150g	米饭（粳米100 g）、苦瓜虾仁（苦瓜200g、虾仁50g）、丝瓜蛋汤（丝瓜200g、鸡蛋60g、虾皮20g、竹笋丝50g）、食用油（大豆油10g）、芒果150g
星期二	燕麦片（燕麦片80g、水100g）、松子蛋糕（松子30g、蛋糕70g、水煮蛋（鸡蛋80g）、西瓜200g	米饭（粳米40g）、五彩海中宝（玉米粒900g、蚕豆40g、胡萝卜100g、鲜虾仁50g、鲜鱿鱼40g）、白萝卜炖鸭（白萝卜300g、鸭70g）、食用油（豆油10g）、草莓200g	馒头（面粉100g）小黄鱼萝卜豆腐汤（小黄鱼40g、白萝卜100g、内酯豆腐120g）、拌三样（绿豆芽100g、豆腐干丝30g、金针菇50g）、食用油（豆油10g）、樱桃120g

① Trar Garnett. Where are the Best Opportunities for Reducing Greenhouse Gas Emissions in the Food System (including the Food Chain)? [J]. Food Policy, 2011, 36 (2): 523-532.

② 包永华等．低碳主张下的合理膳食研究［J］. 中国食物与营养，2011，17（12）：82-84.

续表

日期	早餐	午餐	晚餐
星期三	核桃粥（米粥100g、干枣30g、核桃60g）、蔬菜包（面粉40g、黄豆芽20g、小白菜80g、豆腐干30g、香菇20g、白萝卜80g）、香蕉100g	米饭（粳米80g）、鸭子海带汤（鸭50g、海带150g）、白菜黄豆芽（大白菜250g、黄豆芽50g、枸杞子10g）、皮蛋凉拌豆腐（皮蛋70g、豆腐120g）、食用油（豆油10g）、桃子200g	米饭（面粉80g）、黄瓜鸡蛋（鸡蛋90g、黄瓜200g）、海蜇拌苦瓜（海蜇50g、苦瓜200g）、香菇菠菜汤（香菇100g、菠菜200g）、食用油（豆油10g）、柑150g
星期四	饭团（糯米60g、肉松30g、甜面酱20g、榨菜70g、花生65g、土豆60g）、银耳蛋汤（银耳40g、鸡蛋60g）、橙200g	米饭（粳米80g）、香菇油菜（油菜250g、豆腐干丝20g、香菇40g）、白萝卜土豆鸡汤（白萝卜150g、鸡块40g、土豆150g）、食用油（豆油10g）、枇杷150g	三鲜汤面（面条60g、牡蛎20g、鱼片20g、虾仁20g、大白菜200g）、黑木耳炒鸡丁（鸡肉40g、黑木耳80g）、食用油（豆油10g）、梨150g
星期五	皮蛋粥（小米粥150g、皮蛋70g、芹菜30g）、雪菜包（面粉40g、雪菜70g、鸡肉50g、土豆30g、胡萝卜10g）、花生豆浆（豆浆150g、花生40g）、荔枝150g	米饭（粳米70g）、莴笋虾仁（虾仁30g、莴笋200g、胡萝卜50g）、黄豆炖笋（黄豆85g、笋100g）、凉拌三丝（红萝卜100g、白萝卜100g、黄瓜100g）、食用油（豆油10g）、柿子150g	米饭（粳米70g）、素什锦（茭白100g、黑木耳30g、胡萝卜100g、黄瓜100g）、冬瓜紫菜汤（冬瓜200g、紫菜10g、虾皮10g）、食用油（豆油10g）、菠萝150g
星期六	牛奶果羹（牛奶100g、西瓜50g、橘子50g、葡萄50g）、凉皮（粉皮80g、海带50g、绿豆芽50g、豆腐干30g、芝麻酱30g）、卤蛋（鸡蛋60g）	米饭（粳米100g）、白菜黑木耳（白菜200g、黑木耳50g、枸杞10g）、雪菜炖青鱼（雪菜70g、青鱼50g）、食用油（豆油10g）、哈密瓜150g	芹菜鸡肉饺子（面粉80g、芹菜100g、鸡肉50g、冬笋70g、香菇30g）、番茄炒蛋（番茄200g、鸡蛋100g）、食用油（豆油10g）、鲜枣150g
星期日	绿豆糕150g、酸奶150g、红枣蛋汤（干枣50g、鸡蛋120g）、苹果150g	米饭（粳米80g）、菠菜蟹丸（蟹50g、菠菜120g）、凉拌豆腐（豆腐100g、胡萝卜30g、芝麻油5g）、金针菇200g、海蜇丝50g、小葱10g、芝麻油5g、猕猴桃150g	绿豆粥（米粥100g、绿豆50g）、拌五丝（鱿鱼40g、红萝卜200g、小葱10g、辣椒20g、豆腐干30g）、食用油（豆油15g）、橘子150g

表 8-2 低碳食谱营养分析

日期	营养素	能量（kcal）	蛋白质（g）	脂肪（g）	碳水化合物（g）	维生素 B_2（mg）	钙（mg）	铁（mg）	锌（mg）
	参考值	2400.00	90.00	80.00	330.00	1.40	800.00	15.00	15.00
星期一	实际值	2351.63	98.54	73.82	304.66	1.29	827.20	90.93	15.01
	比例	0.98	1.09	0.92	0.92	0.92	1.03	6.06	1.00
星期二	实际值	2232.38	98.15	64.52	311.00	1.28	1183.39	32.36	14.25
	比例	0.93	1.09	0.81	0.94	0.91	1.48	2.16	0.95

续表

日期	营养素	能量（kcal）	蛋白质（g）	脂肪（g）	碳水化合物（g）	维生素 B_2（mg）	钙（mg）	铁（mg）	锌（mg）
	参考值	2400.00	90.00	80.00	330.00	1.40	800.00	15.00	15.00
星期三	实际值	2173.37	98.93	64.40	311.74	3.17	981.42	42.30	23.74
	比例	0.91	1.10	0.81	0.94	2.26	1.23	2.82	1.58
星期四	实际值	2258.79	98.22	65.18	277.77	2.09	1003.69	47.64	20.30
	比例	0.94	1.09	0.81	0.90	1.49	1.25	7.07	1.35
星期五	实际值	2381.13	98.80	64.29	280.87	1.22	1020.21	59.68	12.08
	比例	0.99	1.10	0.80	0.85	0.87	1.28	3.98	0.81
星期六	实际值	2211.70	98.56	66.42	301.03	2.45	1266.77	80.22	17.69
	比例	0.92	1.10	0.83	0.91	1.72	1.58	5.35	1.18
星期日	实际值	2186.71	98.73	64.54	288.78	1.84	962.88	33.51	14.12
	比例	0.91	1.10	0.81	0.88	1.31	1.20	2.23	0.94

当然，在实际操作过程中，由于世界各国饮食文化与传统各异，在低碳饮食推行过程中，应该考虑各个国家不同的饮食文化与习惯，结合这些实际情况，制定符合各国实际情况的低碳食谱，方为上策。

8.4.3 低碳居住

居住环境在一定程度上反映了文明社会的标准。据统计，全世界总能耗的1/3来自建筑上的能耗。建筑业的 CO_2 气体的排放量约占人类温室气体排放总量的30%。我国目前平均每年要新建约10亿 m^2 建筑，相当于全世界每年新建建筑的40%，水泥和钢材消耗量也占全世界总消耗量的40%①（魏力，2010）。因此，现有的工业文明社会的高能耗和高排放的居住方式已经不适应低碳文明的要求，改变高碳居住方式，构建低碳居住方式，是低碳文明和生态文明时代的要求。

低碳居住是根据主流的低碳经济发展理念，改善现有居住条件，或者营造新的低碳条件，以达到人类“能用可再生能源、享受蓝天白云、生活

① 魏力．建筑室内装修施工中建材选择的低碳理念应用［J］．福建建材，2010（5）：52-54.

舒心安逸”的愿望。低碳居住的内涵包括：

第一，低碳居住规划先行。建设居住小区和环境，常常以建设规划起步。低碳居住也应该以低碳建设规划为起点，以低碳经济的先进理念，设计融入生态文明的要求，对建筑材料的选择、施工建造、建筑设计、建筑装饰、居住环境等都应做低碳处理，使其完全与大自然和谐共处。

第二，小区可再生能源系统设计。可再生能源的利用既是低碳居住的最明显表征之一，也是降低建筑碳排放的重要手段。例如：我国住建部明确提出：“到2020年要实现可再生能源在建筑能耗中的比例达到15%以上”。可以考虑采用太阳能发电、发热的能源转换方式，以及风电的形式构建小区的可再生能源系统，充分利用世界不同地区的光热、光电和风电资源，并且把可再生能源系统与小区居住系统融合在一起，相互衬托，共同构筑完美的居住生活小区。

第三，低碳建筑优化与设计。低碳居住以低碳建筑为重点，低碳建筑要集中体现在集群低碳系统技术的设计与优化。首先，系统优化低碳建筑的围护结构。通过让建筑“穿衣”，如采用铝合金外遮阳卷帘以及带有通风空气层的外挂石材幕墙，加厚的外墙保温和高性能保温外窗、顶层配风光雨控电动遮阳系统的天窗等，就可实现建筑的“冬暖夏凉”。其次，配备天棚辐射采暖制冷系统、新型置换式新风系统，把整个建筑打造成全新的低碳式样式（陈亚君，2013）①。

第四，低碳建筑装饰。低碳建筑装饰是低碳居住的重要组成部分，有时候对于提升居住条件与品味发挥十分重要的作用。高祥生（2011）指出，建筑装饰装修的低碳化是一个系统工程，贯穿于装饰装修的全过程，它包括设计、材料选购、现场施工、维护与更新、拆除与重新利用等环节。具体说来，建筑装饰设计要低碳化、节能化、简约化，使用环保装修材料，并推行装配化施工、提高施工工艺、规范施工管理，同时，还要对材料、设施、设备进行维护与更新、减少装饰装修材料的拆除与再利用中的碳排放等②。

---

① 陈亚君．建立低碳居住系统［J］．建筑学报，2013（3）：34-37.

② 高祥生．用低碳理念控制建筑装饰装修全过程［J］．中国建筑装饰装修，2011（5）：178-181.

8.4.4 低碳出行

日常出行涉及的交通、道路、住宿等都会面临能源消耗与碳排放问题。随着发展中国家产业结构的转型，第三产业将成为主体产业，那么，能源消耗与碳排放将与日俱增。如此看来，从低碳生活的要求出发，我们必须在出行方面实现尽快地、彻底地低碳化。

低碳出行就是人类出行方式的低碳化改造、发展与完善，具体包括：低碳交通工具与方式的选择、道路的低碳化建设与改造、出行住宿的低碳化等方面。

首先，低碳交通运输。它是一种以“高能效、低能耗、低污染、低排放”为主要特征的交通运输发展方式，它通过改善交通运输的用能结构，优化交通运输的发展方式，使交通运输系统减少对传统化石能源的高消耗，并提高能源利用效率①（顾尚华，2013）。交通运输体系则成为首要的低碳化对象，重点交通运输工具的低碳化，如大力发展节能型公共交通，严格限制小汽车的不合理使用，改善城市交通结构，鼓励发展智能技术汽车、新能源汽车；同时，以构建集约化出行网络为突破口，努力形成以“长距离航空出行，地面公交为基础，轨道交通为主体，专线交通为骨干，有效限制小汽车”的集约化交通方式网络。

其次，重点建设智能交通系统，其主要目标是最大程度上提高交通效率，最大限度削减碳排放。交通信息服务系统是一个平台，包括交通综合信息平台、交通信息服务应用平台、交通信息子平台等；其职能是引导受众出行、支撑交通管理、提供信息服务及支持。以该系统为支撑，通过使用交通指南、交通网站、交通服务热线、电台电视台、可变信息标志、手机、车载导航终端、触摸屏等多种现代化方式，为不同的居民选择合适的出行方式、路径、出入口和换乘方案提供交通信息服务。同时，利用该系统，还可以为交通指挥管理者提供日常道路交通、公共交通、客流、交通运行状况、交通综合管理政策等信息，科学组织交通运力，从而提高交通效率，有效治理城市病。

---

① 顾尚华．构建低碳交通策略［J］．交通与运输，2013（1）：21-22.

其次，道路设施的低碳化建造。着重规划设计道路断面与道路线形优化。建议结合自然地形，在道路左右两侧灵活调整绿化带或慢行交通道路宽度，再结合沿线地形设置自然变化的景色，整合自然景观与人工景观，形成一定的道路休憩功能；选择路面新材料，强力铺设温拌沥青路面、功能性路面和排水路面；科学设计道路照明，选择以高压钠灯为代表的节能路灯；同时，种植植被，形成道路的绿色化，增加其碳汇功能（曹玫等，2012）①。

8.5 低碳生活方式的构建路径：基于主体的考量

构建与深化低碳生活方式，需要广泛动员，为其顺利推进创造有利的条件。本章节从推进路径的主体出发，明确其路径的逻辑与方向。

8.5.1 政府

8.5.1.1 政府是低碳生活方式的规划者

根据我们以往的分析，低碳生活方式是一种有利于他人与社会的新型生活方式。从整个世界来看，践行低碳生活方式的人少于期望数。为了深入推动低碳生活方式，发动一切参与的主体转变现有的生活方式，需要政府做好顶层设计和引导，提前做好各方面的工作，使低碳生活的思想与观念深入人心。

首先，从整个社会出发，界定低碳生活的样式与模式，让人们清楚地知晓什么样的生活方式是低碳生活方式，人们在日常生活中如何践行低碳生活方式。这需要考虑人们原有的生活习惯、习性与经验，引导人们要把过去与低碳文明相违背的生活习惯彻底改掉，改善现有的生活方式。同时，政府主动带头践行低碳生活方式，在购买的过程中，时常注意多购买一些低能耗、低排放的商品作为政府的消耗品，以上带下，为整个社会低碳生活方式的创立与深化起到榜样与示范作用。

---

① 曹玫等．城市道路低碳化设计技术综述［J］．浙江交通职业技术学院学报，2012（3）：15-18.

其次，政府是低碳文明教育的推行者。构建低碳生活方式需要民众的全面参与，其参与程度直接决定他们的认识程度。对低碳生活的了解与理解，需要低碳文明教育。低碳文明教育层面广、推行深，受教育的民众越多，对低碳文明理解的越深入，参与低碳生活的人就会越多。为此，政府应该科学布局低碳文明教育体系，从学前教育、基础教育、中等教育、高等教育等层面建立“一线串”的低碳文明教育体系，使低碳文明为代表的生态文明理念进教材、进课堂、进头脑，并且落实到实际行动中，发挥对低碳生活的指导作用，引导人们从自发向自觉改变生活方式。

其中，学前教育下的低碳文明主要通过图画形式，让学前学生感知大自然，了解全球气候变化及其后果，树立其亲近自然的观念。基础教育下的低碳文明主要通过科学常识的形式，让小学生掌握自然基本演进规律、地球自然地理、全球气候变化、生态环境等方面的知识。中等教育主要让中学生（初中生、高中生）科学理解自然环境、气候变化的发生、发展与演变趋势，使他们认知人类才是生态环境持续变化的重要原因。高等教育则是引导大学生、研究生探索自然环境变化的规律，实现创造性发现，能够解释，并且向他人展示所学的科学常理。

低碳文明全方位教育的结果是形成社会良性循环的效应，教育的对象是学生，通过学生的行为影响家长群体，然后影响其他的社会群体，形成影响不断外推的释放效应，这样整个社会就会成为低碳文明教育的受益者。

8.5.1.2 政府是低碳生活的政策制定者

为推进低碳生活深入推进，制定强有力的政策必不可少。政府是政策制定与实施者，引导推行低碳生活的政策包括激励性政策与惩罚性政策。激励性政策是指引导大众广泛参与低碳生活的引导性、刺激性政策，以鼓励为主，如对民众的消费性政策。政府负责构建系统性的低碳生活的政策体系，主要包括：

（1）低碳生活的产品政策

低碳生活中的居民消费的来源就是产品，包括各种消费性产品与生产性产品。在产品设计中体现低碳理念，则是低碳生活政策制定的着力点。

低碳产品要能够满足人类低碳需求，并且促使人类过上更加美好、健康的低碳生产。对此，要倡导低碳产品的生产，对相关企业实行扶持政策，在企业用地、用人等方面给予支持；同时，政府要倡导人们参与低碳产品的消费，对于直接消费低碳产品的居民，采取一定的折扣，以更加灵活的营销手段加以促进，目的是积极推广低碳产品。

对于低碳产品的生产与消费，政府应该制定动态的科学的低碳产品目录，引导企业向低碳生产模式转型，引导消费者转向低碳生活模式。同时，要根据经济社会发展的趋势与规律，及时修订低碳产品目录，让居民更好地了解哪些是低碳产品，哪些不是低碳产品。

（2）低碳生活的能源政策

低碳生活不能离开能源保障。因此，政府要制定保障措施，保障低碳生活的能源供应。在这一问题上，要和全球能源革命发展趋势相顺应。国家提出的能源革命，已深入影响全球其他国家，能源革命逐渐成为国际发展的趋势。能源革命的目标之一便是实现清洁能源对化石能源的替代。这对于低碳生活的能源供给来说，是一件好事。为保障低碳生活的能源供应，应该优先制定并实施如下的能源政策：

第一，优先发展天然气。随着城镇化进程的加快，城镇生活方面天然气需求越来越大。同时，随着我国西气东输工程的推进，沿线农村天然气用量不断增加。综合这两种情况，人们生活所需天然气将会不断上升。因此，优先发展城乡使用天然气是低碳生活中的重要内容。推进天然气价格体制改革，优先支持民用，保障民众所需。探索有益于民众的天然气价格定价方案，在不增加底层人民大众的生活负担时，又能满足其基本用气需求。

第二，倡导太阳能的低碳生活使用和生产。太阳能是无穷的、可再生的清洁能源，给我们提供了无穷的能源，只是我们现在还停留在光热与光电两种形式的能源利用方式上。在低碳生活中，太阳能应该成为主导性的能源利用方式，加大对太阳能的开发利用范围、幅度、成效，将是对人类有所裨益的事情。因此，在城镇、乡村，应该广泛开发对太阳能的利用，发挥光伏发电的作用，在特殊的高原、草原等海拔较高的地方，大力铺设太阳能光伏电板，创造性布局太阳能产业的发展，推进光电、光热的利用范围。

在这一点上，政府必须高度重视，制定实际政策来促进太阳能产业的发展，以及太阳能能源方式的进一步推进。鼓励不同地方、不同地域根据其实际情况，优先开发太阳能，加大太阳能开发力度，尽可能研发其他的更为有效率的产品，如太阳能充电设备等。

同时，要求国家电网公司全力支持居民利用国家的有关政策积极进行太阳能光伏发电工作。居民参与太阳能发电，则是低碳生活的另一显著方面。建议制定专项政策，调动居民广泛参与，在楼房房顶、在农村空闲地段搭建光伏电板，并要求相关技术部门无条件给予帮助，开展一场全民参与的光伏发电运动。

第三，研究制定煤炭替代政策。制定并推行严格的煤炭替代政策，煤炭既可以在冬季用于取暖，还可以作为原材料支持煤化工行业的发展。除此以外，在其他领域应减少煤炭的使用。同时，引导全社会开发新型的煤炭制品，在全社会推行弃煤政策，如首都北京规划 2020 年底城六区禁燃煤。

（3）低碳生活的收入政策

低碳生活是一种经济健康的生活方式，是利于全社会的活动。随着社会的发展，我们要在民生方面上做些“业务”，不能让人民因为过低碳生活而引起人们的收入水平的下降。

因此，需要研究低碳生活下民众的收入变动情况，同时，设法创造更加有利的创业渠道，增加就业机会，不断提高民众的收入水平。我们要始终以“民生就业”为根本出发点，让老百姓的日子过得更好，而不是生活水准有所下降。

政府作为低碳生活的首倡者，应该努力提高民众的收入水平，保障低碳生活的顺利推进，特别是维护低收入人群的基本低碳生活，让普天下的老百姓都能因低碳生活而过得更加舒服。

为此，政府应该通过收入政策，首先，保障最基本的低碳生活，其次，促进低碳生活质量和水平的提升。因此，政府应该做好统筹安排，分类施策，对低收入群体和非低碳收入群体都可以采取不同的收入政策。为体现社会公平性，对高收入群体应该征税，转嫁给低收入群体，从而增强低收入群体的社会认同性、正义性。同时，政府应实施财政补贴、绿色信贷等措施，引导消费者节能减排，实现低碳生活。当然，这是以国家财力为基础的。对发达国家，可以优先考虑；对部分发展中国家，可以适当考虑；对大部分发展中国家，我们稍后考虑。

（4）财税金融政策

首先，大力执行财政补贴政策。结合国家发展的低碳趋势和扶持政策，凡是符合低碳生活内涵的行为都可以享受财政补贴，助推低碳生活的深入开展。研究界定低碳生活的主体，如企业、家庭等，并根据参与低碳生活的程度进行适当的财政补贴。同时，补贴低收入群体，引导居民节能减排，实现低碳生活方式。

其次，修订税收减免、惩罚政策。认真研究制定针对低碳生活的税收减免政策，以及违反低碳生活的税收惩罚性政策。例如：对新能源汽车、低碳日常生活用品、低碳服装、低碳食材、低碳建筑材料等可以给予税收减免以资鼓励，对于违反低碳生活标准的行为，可以采取惩罚性税收的政策，如对高碳生产的企业可以适当采取此政策。

再次，深入研究引导低碳生活的金融政策。结合碳金融大政方针，深入研究低碳生活导向的金融政策，特别是对低碳产品、低碳能源汽车的生产企业应该给予优惠利率的贷款融资政策，对小微企业而言，提供更加优惠的小微企业贷款的优惠政策。

8.5.2 企业

（1）企业是低碳生活的推行者

低碳生活的商品和服务都是由企业生产和创造的，因此，企业应该成为低碳生活的重要推动者。为保障企业对低碳生活的推动作用，使其着力参与低碳生活的过程中，需要从以下几方面着手。

第一，提高企业参与低碳生活的自觉性。引导企业生产低碳产品和提供低碳服务，通过财政补贴，调动企业参与低碳生活的自举性，这是上上之策。那么如何提高企业参与低碳生活的自觉性呢？可以从以下几方面考虑。因为低碳产品与服务是朝阳性产业，又有国家政策的支持，同时，广大消费者也有很强的购买欲望。企业开发和生产低碳产品有利可图。因此，要让企业明晰低碳产业的朝阳性特征、发展潜力等。

从利益着手，抓住企业的“心”。对企业进行补贴，鼓励企业开发生产低碳产品。那么，企业会真的愿意持续地生产低碳产品么？答案在于低碳生活是否会持久。根据我们对低碳生活的分析，低碳生活具有长期性的特征。放眼展望，低碳生活是今后生态文明的新常态，直到全球环境持续好转，各种环境污染排放持续下降，资源保障有力，此时标志着低碳生活的基本完成。而这个时期具有长远性，估计需要半个世纪。因此，低碳生活的长远性保障了低碳商品的长期盈利性。这种长期盈利性又可以促使企业生产的长期性。

这种收益的长期性，赋予企业独特的参与的自觉性。这种低碳收益的获得，本质上是企业顺应了全社会低碳生产和生活的大潮流，抓住机遇而获得利润。其内容主要包括：一是消费者支付给企业正常的盈利所得；二是社会与政府给予企业的补贴、优惠利息等而带来的变相收益；三是企业的低碳品牌为企业积累内在品质收益。这些收益的长期性，保障了企业参与生产的自觉性，从而促使企业成为推动低碳生活的坚定推动者。

（2）企业是低碳生活的示范者

企业作为社会经济的基本单位，是倡导和践行低碳生活的主体，对其他参与低碳生活的主体具有非常重要的示范作用。这让社会其他成员看到企业不仅有逐利的动机，更有社会责任。

企业这种对社会负责的态度与行动，成为社会低碳生活和生产的重要示范者，影响社会其他企业和个人积极投入到低碳生活的过程中去，这种示范效应势不可挡。

企业参与低碳生活的示范效应主要体现在：一是对当代现存的社会主体的影响与示范。低碳企业对当代的企业和其他经济主体的示范，这种示范是通过盈利引导的方式传递给其他企业的，一般来说，这种示范效应要大于下面所说的隔代示范。二是对下一代经济主体的示范效应。正如上文分析，尽管这种示范效应较小，但直接能够影响下一代企业的低碳生产与低碳生活行为，其效果不可估量。无论是对当代的示范效应，还是对隔代的示范效应，都表明了企业的社会责任。

由评选专家评选出来的中国绿色企业 100 强，就是一个很好的例证。

该活动是由道农研究院、《绿公司》杂志主办，其流程和评价指标体系分别见图 8-2 和表 8-3①。

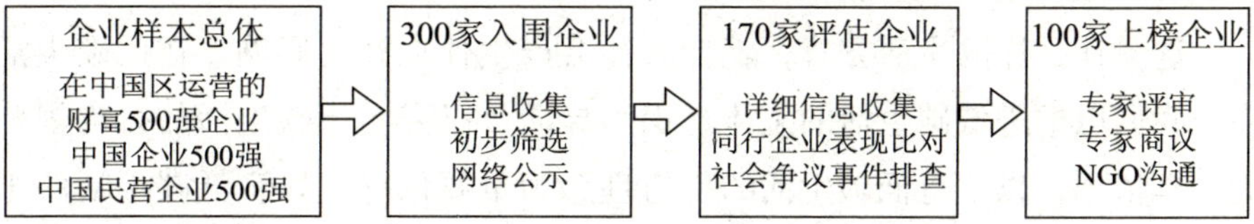

图 8-2　中国绿色公司百强评选流程

表 8-3　中国绿色公司百强评价指标

评价标准	指标内容	权重（%）
文化	企业将可持续发展思想融入核心战略； 坚守打造良性生态的价值理念，并设定企业可持续发展目标，在制度设计和激励机制上将可持续发展绩效与高管收益相关联； 主动建立信息披露管理体系，并持续提高信息披露质量	20
经济	企业在各项财务数据上持续表现优异； 对投资者负责，有效管理上市公司，推动资本市场良性生态的打造	10
环境	提升原料利用率，使用可回收原料，开展清洁生产，促进循环经济发展； 推动企业在供应链上的环境管理；进行产品生命周期管理，持续投入，监督效果	25
社会	保证员工职业健康和安全，提供培训，改善员工待遇和实际工作环境； 保证产品安全，减少产品使用或处理过程中对健康安全的影响； 进行供应商管理，控制供应链上的社会风险	25
创新	设立研发机构，推动企业进行开放式合作创新； 建立以解决可持续发展问题为导向的研发项目； 在商业模式、组织与制度方面持续推动创新	20

因此，我们要通过企业的示范效应，提高公众低碳生活参与度，为低碳生活的推进搭桥铺路。

① 具体内容参见 http：//www. daonong. com/green100/zuixindongtai/20130220/36163. html。

8.5.3 居民

（1）居民是低碳生活的实践主体

选择什么样的生活方式，就会对社会产生什么样的影响。在低碳生活中，我们以推进低碳生活的主体意识为导向，以夯实低碳生活的行为规范为基本依据，以践行低碳生活的价值理念为重要依托，培育低碳生活的主体力量。

居民应具备低碳意识。人与自然趋于紧张的关系，时刻提醒着人们不要对自然做出一些过激的行为，否则正如恩格斯所说的必然遭到自然的报复。次次发生的环境污染事件以及“雾霾”天，人们开始理性思考环境问题，人类也因此逐渐树立环境保护的意识、低碳的意识。在低碳发展模式下，具备低碳意识的居民，可以称为低碳新型居民。大力推动低碳生活方式，需要具有胸怀自然、关心地球、低碳环保的新型居民的广泛参与。

作为消费者的居民，绝大多数关心的是日常消费、教育、医疗、住房等事情，忽视了大自然的作用和生态保护。这是一种人类中心主义的体现，更是自然从属于人类理论的实践依据。此间，人类把自然看作人类社会的外在东西，可以左右决定和影响的产物，即人造的自然。然而，还有一种现象，人们对环境方面的诉求不断增加，特别是在发展中国家，人们对自己所处的环境的要求不断提高，对清洁环境的需求不断增加，敢于用法律武器守护自己的清洁家园。这是低碳生活最为直接的表征，也反映出居民不断反思人类与自然的关系，以求得人类在自然环境中的可持续发展。

由以上分析，新型的低碳居民是我们构建低碳生活的行为主体，无论是企业员工，还是居民，需要我们从人类社会各个方面培育低碳生活的主体。

（2）低碳生活方式的为民性

第一，低碳生活服务民众的基本需求。低碳生活也是生活，其主要目标就是满足人类的基本需求。从衣食住行各个方面，低碳生活都能为人类提供各种各样的产品与服务，满足人类日常的生活需求。这是人类的最低需求。从人类最低需求出发，我们能够设想低碳生活中人类的生存状况。

正如我们已经分析得出的结论一样，低碳生活下人类的生活水平不会下降，只会上升，这是由于生产力不断发展的必然结果。而从人类衣食住行这些基本需求角度，我们发现低碳文明下的衣食住行，不同于工业文明下的衣食住行。这是在人类生产力高速发展下而带来的收入水平不断提高后产生的衣食住行。然而，除了绝对能够满足人类基本生活需求以外，还赋予了更高的要求，那就是与自然和谐相处。

第二，低碳生活满足于民众的健康需求。对健康的追求是人类普遍的要求。健康是人类个体发展、种族延续的重要手段，只有保持健康的身体与心态，人类生命才能得到延续。人类这种对健康与生命延续的需求，内生地刺激着人类对新型生活方式的选择与优化。低碳生活是一种经济、健康、幸福的生活方式，受到越来越多人的关注。

第三，低碳生活满足民众的休闲需要。休闲需求是人类社会发展的应然产物。随着人类收入水平的提高，除了满足基本生活需求以外，人类需求层次会不断上升，由基本需求过渡到非基本需求，如奢侈性需求。

（3）倡导居民参与低碳生活

历史告诫我们，凡是民众广泛参与的，都是人类乐于发展的。因此，争取引导广大群众的参与，成为低碳生活的重要问题。而破解这个问题，还需要回到低碳生活中来。从低碳生活的吸引力来看，低碳生活方式作为一种新型的社会发展方式，有利于个人全面健康发展，能够吸引大多数民众积极参与到该过程中来。既然受到低碳生活的吸引，那么广大居民就应该坚持按照低碳生活的要求加以约束自己，积极参与到低碳生活中。

大力推进低碳生活方式，有利于低碳生活的普及。首先，要从自身的习惯出发，彻底改掉吃油腻食物、穿化纤衣服、浪费的不良习惯。从事实上来讲，这些不良习惯并不容易改掉，这是因为过去生活的习惯，时常左右人们的行为选择。我们要改变过去的不良的高碳生活方式，不断强化低碳生活习惯的培养，养好良好的低碳生活习惯方式，从而为低碳生活方式的深入推进奠定坚实基础。

8.6 结束语

8.6.1 低碳生活方式是顺应时代潮流的伟大变革

低碳文明社会是人类发展进程中社会形态演进的必然结果。我们不能否认低碳文明社会的客观存在性，我们要倡导、践行绿色低碳生活方式，实现经济社会、人与自然和谐发展。

低碳生活方式是低碳文明社会的生活存在形式，与低碳生产相伴随。人类作为社会中的重要组成部分，应顺应低碳文明的时代潮流，积极践行低碳生活方式。

与之相反的是，如果我们不能改变原有的高碳生活方式，依然我行我素，那么我们就会被社会淘汰，与低碳文明社会发展不相适应。

作为社会的主宰，人类必须坚持走低碳之路，从基本的衣食住行等方面入手，不断矫正人类自身的原有行为及习惯，建立符合低碳文明要求的新型低碳生活方式，坚定不移地走绿色低碳文明道路，逐步建立低碳文明社会。

8.6.2 低碳生活就在我们身边

低碳生活方式与我们的日常生活方式息息相关，低碳生活方式体现在我们的一日三餐中、衣着服装中、出行交通中、居住房屋中，而这些又都是我们常见的、具体的生活方式。我们只有在日常生活中养成低碳习惯、建立低碳方式、搞活低碳氛围，那么，低碳生活方式就可以在全社会中建立起来。

如果说低碳生活是具体的，那么，我们就可以制定更加科学、更加有针对性的措施，促进低碳生活的顺利开展。低碳生活就在我们身边，与人类的日常生活融合在一起，构成低碳文明社会中人类必不可少的生存与发展方式，这是低碳生活方式具体化的内涵。

我们只要善于发现低碳生活的广泛存在性，远离原来的高碳生活，就可以顺利建立有利于自我健康发展的低碳生活方式，这是个体、群体与社会都期待的生活方式。唯有不断加深推进低碳生活，人类社会的明天才能变得“天越蓝、水越秀、山越青、人越富”。

8.6.3 践行低碳生活需全民参与

低碳生活方式的构建并不能靠几句空话，而是靠我们的实际行动。因为生活涉及每一个个体，所以践行低碳生活方式，需要全民参与。

人类是践行低碳生活方式的主体，为此，全民理应成为推动低碳生活方式深入发展的主要力量。因此，构建低碳生活方式的策略就是动员全社会的一切力量，广泛调动人们参与低碳生活的积极性，构建低碳文明社会的框架。

家庭、企业、政府、行业组织等社会的主体，都应该参与低碳生活中来。强化主体对低碳生活的推动，加速提升低碳生活的普及力度，构建全社会、全方位、全主体参与低碳生活的网络体系与支撑架构，不断夯实低碳文明社会的基础，需要全社会每个主体贡献一份力量。

只有通过每一个主体的深入参与，才能够建立低碳生活体系，也才能够证明人类是拯救自身的唯一主体。我们通过践行低碳生活方式，开始了拯救自身的历史征程。此时，低碳生活的全部价值也就体现出来，这需要每个国家和地区、每个人共同努力。

9　能源革命推动下中国环境污染排放峰值时代的到来：以碳排放为例

9.1　引言

由人类消耗化石能源产生温室气体导致的全球气候变化将成为人类社会可持续发展进程中的拦路虎。联合国气候变化专门委员会连续出台的系列报告，给人以信服的结论，如果不积极应对气候变化，全球将深受气候变暖带来的海平面上升吞噬沿海城市、产业（农业）遭受重创、海岛国家面临消失等重大风险。因此，积极应对全球气候变化需要世界各国深入推进下去。

从气候科学的逻辑来看，应对全球气候变暖，就要控制全球气温上升的幅度。目前，国际社会对此已形成共识，即把全球气温上升的幅度控制在2℃以内，并努力朝向1.5℃目标的迈进。为了实现上述温控目标，亟须实现全球二氧化碳排放峰值的尽早到来。因此，调控全球二氧化碳排放峰值成为应对全球气候变化的首要任务。

从主要国家二氧化碳排放峰值目标的实现情况来看，发达国家，如欧、美、日等，早已实现了二氧化碳排放峰值目标。与此同时，发展中国家，如中国、印度，以煤炭消费为主，且正处于工业化与城镇化加速过程中，能源消耗与二氧化碳排放量与日俱增。客观地讲，中国现在已是世界上第二大经济体、第一大煤炭消费国、第一大二氧化碳排放国。在二氧化碳排放峰值的控制背景下，中国何时实现二氧化碳排放峰值成为国内外关注的话题。

中国在2014年11月《中美气候变化联合声明》中早已明确，到2030年左右实现二氧化碳排放峰值的目标，后来中国政府又在不同的国际场合中多次重申该目标，这对全球应对气候变化具有关键的作用。从一定意义上讲，中国已成为全球应对气候变化的“引领者”。那么，这一目标是否能够实现和如何实现，再次成为国际、国内关注的焦点问题。

从经济学上来讲，有很多减排二氧化碳的途径，如调整产业结构、放慢经济增长速度、控制人口增长、实现技术进步、调整能源结构，等等。在根源上，调整能源消费结构是实现二氧化碳排放峰值目标最为主要和最直接的途径。这是因为二氧化碳排放源自化石能源的消费，所以从能源消费结构调整的角度有利于尽快尽好地实现二氧化碳排放峰值目标。例如：欧、美、日等发达国家，能源消费结构以石油、天然气和清洁电力为主，煤炭所占比重不大，所以发达国家早已实现二氧化碳排放峰值目标。作为最大的发展中国家，中国的能源消费结构以煤炭为主，能源消费结构的清洁度不高，二氧化碳排放峰值因此尚未达到。

促使能源结构向清洁化方向调整一直是中国能源革命的主轴线。2017年4月，中国发布《能源生产和消费革命战略（2016—2030）》，明确提出能源结构调整具体而长远的目标，到2050年，非化石能源消费占比超过1/2，并建成能源文明消费型社会。这为我们指明了能源消费结构转变的演进方向。

基于此，本章从能源消费结构演进与发展的角度出发，设计能源结构调整的惯性、规划和低碳情景，进而分析中国实现二氧化碳排放峰值目标的情景状态和有效路径，以期考察中国能源消费结构调整对二氧化碳排放峰值的动态影响。

为应对全球气候变化，必须控制温度，努力把气温升高控制在2℃以内，进而要求全球二氧化碳排放尽早达峰。尽管对此有所争议，但这在国内外已形成基本一致的看法①。中国二氧化碳排放在全球的比重超过20%，是名副其实的第一大排放国。因此，国际社会对中国二氧化碳排放达峰有很高的期望。学者们对中国二氧化碳排放峰值的研究也取得了富有成效的

---

①　2℃温控目标成为共识的历程是：IPCC是首提者，1995年，第二次评估报告根据1000多位科学家的研究成果，提出如果温度较工业化革命前增加2℃，气候变化产生严重影响的风险将显著增加。随后，1996年欧盟提出2℃目标，并将2℃与二氧化碳浓度水平“不大于550ppm”进行对应；这一目标在2009年12月的哥本哈根会议上被广泛认可；2015年《巴黎协定》再次确定了该目标。

诸多成果（见表9-1）。

表9-1 对中国二氧化碳排放峰值研究的成果

序号	发表时间	作者	主要模型	设定方法	峰值年	峰值水平
1	2014	He Jian-Kun		一般设定	2030	117亿吨
2	2016	Zhang Xilian, etal	China - in - Global Energy Model	No Policy, Continued Effort, and Accelerated Effort scenarios.	2040 2030	121亿吨 102亿吨
3	2016	Wang Zheng, etal	Hybrid energy model	Simulation	2025	152亿吨
4	2016	Michel den Elzen, etal.	Bottom-up framework: FAIR/TIMER model:	Current policies enhanced policies scenario	2030	11.3~11.8亿吨
5	2014	Chai Qimin Xu Huaqing	integrated assessment model for climate change	Deep Green Scenarios LightBlue Scenarios Deep Blue Scenarios	2025—2030	小于12亿吨
6	2014	Jia Haiyuan, etal.	Kaya identity	Different Scenarios for different variables	2030—2035	93亿吨
7	2016	Zhi Fumi; Yi Mingwei, etal.	Integrated Model of Economy and Climate	Different Scenarios for different variables	2026	11.20亿吨
8	2014	Wang Yi, Zou Lele	Chinese inter - regional CGE model		2025	11.8亿吨
9	2017	Fergus Green, Nicholas Stern			2025年之前	

从表9-1中，我们发现，对中国二氧化碳排放峰值问题的研究成果主要集中在2014年以后，换句话说，自从中美气候变化联合声明发表后，对中国二氧化碳排放峰值的研究是国内外学术界的一个重点，预计未来还会有更多的相关成果陆续出现。

从学者们对二氧化碳排放峰值研究的结论来看，大多数研究支持中国在2030年二氧化碳排放达到峰值，并且也有研究如Fergus Green，Nicholas

Stern（2017）and Wang Yi，Zou Lele（2014）认为，中国通过产业结构调整、能源结构调整、技术进步等努力，二氧化碳排放可提前达到峰值。

二氧化碳排放是由人类消耗大量化石能源所致，因此，如果从能源消费总量及其结构角度考虑，对二氧化碳排放峰值会有一个更加清晰的理解。然而，绝大多数研究要么把能源消费结构的情景纳入整体情景中，这样就会导致我们不清楚能源消费及其结构的未来发展趋势，要么是设置的能源消费结构情景与《能源生产和消费革命战略（2016—2030）》中提到的非化石能源消费比重在2050年达到1/2以上的要求相差甚远（见表9-2）。这样就会导致，以往对中国二氧化碳排放峰值的分析可能存在“失真”的情况。

表9-2 对能源消费结构的设置情景

作者	情景	结构比重（%）				年份
		煤炭	石油	天然气	非化石能源	
Zhang Xiliang, etal.（2016）	No Policy	65.8	17.4	7.4	9.4	2050
	Continued Effort	39.2	20.9	13.9	26	
	Accelerated Effort	27.5	21.1	12.5	38.9	
Wang Zheng, etal.（2016）		43	19	10	28	2050
Wang Xin & Zhang Shuwei（2015）		50	18	12	20	2030

因此，为了更好地反映中国二氧化碳排放峰值的时间、水平和变动情况，本书收集最新的数据和文献资料，从中国能源消费总量及其结构变动情景入手，对中国二氧化碳排放峰值进行系统全面的研究与分析，特别是详尽研判调整能源消费结构对中国二氧化碳排放峰值的影响。

9.2 中国二氧化碳排放峰值的情景设计

9.2.1 惯性结构情景

在惯性结构情景中，我们不考虑经济发展阶段的变化，仅假定中国能源消费总量及其结构按照过去的发展经验来变动。其中，能源消费总量的惯性情景为：以 2011—2015 年中国能源消费总量的平均增速为参考，设定 2016—2050 年的能源消费变动比例。同时，在能源消费结构中，煤炭也是根据 2011—2015 年的平均增速来设定，由于可再生能源的发展，石油和天然气消费比重变化不大，假定石油比重稳定在 20%，天然气消费比重在 2030 年按照 2011—2015 年的平均增速变动，且至 2050 年稳定在 15%（见表 9-3），而后我们就可以推算出煤炭、石油、天然气和可再生能源至 2050 年的结构情况。

表 9-3　惯性结构情景下中国能源消费总量及其结构设定的情况

能源消费	2016—2050 年
能源消费总量	年均增速为 3.6%
煤炭消费比重	年均增速为-1.82%
石油消费比重	稳定在 20%
天然气消费比重	2030 年之前其增速为 5.2%，2030 年以后稳定在 15%

9.2.2　规划能源结构情景

随着生态文明建设力度的增强，中国从能源角度加强生态文明建设，并以此提升应对全球气候变化的国家自主性贡献。而本书设置的规划能源结构情景，主要参考了 2014 年出台的《能源发展战略行动计划（2014—2020 年）》《国家应对气候变化规划（2014—2020 年）》和 2017 年颁布的《能源生产和消费革命战略（2016—2030）》。

根据上述出台的规划文件，能源消费总量及其结构的规划能源结构情景可反映至 2050 年，如表 9-4 所示。

表 9-4　中国能源消费总量及其结构的规划情况

年 份	能源消费总量（亿吨标煤）	煤炭占比（%）	天然气占比（%）	非化石能源占比（%）	数据来源
2020	48（50 亿吨以内）	62	10	15	《能源发展战略行动计划（2014—2020 年）》《国家应对气候变化规划（2014—2020 年）》
2030	60 亿吨以内		15	20	《能源生产和消费革命战略（2016—2030）》
2050	稳定			50 以上	

根据以上对能源消费及其结构中长期设计，本书综合考虑中国经济社会发展的前景，对中国能源消费总量及其结构设置如下情景：

能源消费总量情景：从 2016 年开始，能源消费总量增速逐期下降（见表 9-5），具体来说，“十三五”2016—2020 年、“十四五”2021—2025 年、“十五五”2026—2030 年、“十六五”2031—2035 年、“十七五”2036—2040 年、“十八五”2041—2045 年、“十九五”2046—2050 年的能源消费年均增速分别为 3%、2%、1%、0.5%、0.3%、0.05%和 0.01%。

表 9-5　中国能源消费总量规划能源结构情景

能源消费总量	“十三五”	“十四五”	“十五五”	“十六五”	“十七五”	“十八五”	“十九五”
能源消费总量变动	3	2	1	0.5	0.3	0.05	0.01

能源消费结构情景设定为：煤炭消费占比年均下降 0.1 个百分点；石油消费在完成工业化与城镇化之前有所增加，主要是因为一些石油刚性产业的发展需要，然后在工业化、城镇化完成阶段之后，有所下降；天然气作为清洁能源，基本上呈现出快速发展的态势，只不过在后工业化社会，由于清洁电力资源的普及和替代，天然气的需求也有所下降；可再生电力是一直处于发展快速的能源，随着其他能源消费的变动而随着变动。其具体变动速度见表 9-6。按照设定的变动速度，中国至 2050 年的能源消费结构见表 9-7。

表 9-6 中国能源消费结构变动的规划能源结构情景（%）

能源消费结构	“十三五”	“十四五”	“十五五”	“十六五”	“十七五”	“十八五”	“十九五”
煤炭占比变动	-1.6	-1.7	-1.8	-1.9	-2.0	-2.1	-2.2
石油占比变动	0.5	0.1	0.05	-1	-2	-2.5	-3
天然气占比变动	4	4	4	4	2	1	-1.5
可再生能源占比变动	3.6	3.6	3.6	3.6	3.6	3.6	3.6

表 9-7 中国 2020—2050 年能源消费结构的规划能源结构情景（%）

能源消费结构	2020	2025	2030	2035	2040	2045	2050
煤炭占比	59.0	54.2	49.5	45.0	40.6	36.5	32.7
石油占比	18.6	18.7	18.7	17.8	16.1	14.2	12.1
天然气占比	7.2	8.7	10.6	13.0	14.3	15.0	13.9
可再生能源占比	15.2	18.4	21.2	24.2	29	34.3	41.3

9.2.3 低碳能源结构情景

能源消费总量情景：在低碳能源结构情景下，能源消费总量增速逐渐降低，且降低的程度大，并且，随着低碳经济的发展，能源效率不断提高，能源消费达到顶峰，随后明显下降，具体如表 9-8 所示。

表 9-8 中国能源消费总量低碳能源结构情景（%）

能源消费总量	“十三五”	“十四五”	“十五五”	“十六五”	“十七五”	“十八五”	“十九五”
能源消费总量变动	2.5	1.5	0.5	0.1	0.05	-0.1	-0.2

能源消费结构情景：在低碳能源结构情景下，天然气、可再生能源等清洁能源消费占比不断增加，煤炭占比急速减少，2050 年非化石能源消费占比达到 50%，这标志着中国能源生产和消费革命的基本完成，煤炭、石油、天然气与可再生能源消费占比的高比例情景是在规划能源结构情景基础上修订的，具体可见表 9-9，能源消费结构的情况见表 9-10。

表 9-9　中国能源消费结构变动的低碳能源结构情景（%）

能源消费结构	“十三五”	“十四五”	“十五五”	“十六五”	“十七五”	“十八五”	“十九五”
煤炭占比变动	-1.8	-2	-2.4	-2.7	-3.0	-3.3	-3.6
石油占比变动	0.4	0.1	0.03	-2	-3	-4	-5
天然气占比变动	4.5	4.5	4.5	4.5	2.5	1.5	-1
可再生能源占比变动	4.2	4.2	4.2	4.2	4.2	4.2	4.2

表 9-10　中国 2020—2050 年能源消费结构的低碳能源结构情景（%）

能源消费结构	2020	2025	2030	2035	2040	2045	2050
煤炭占比	58	53	47	41	35	30	24
石油占比	18	19	19	17	14	12	9
天然气占比	7	9	11	14	16	17	17
可再生能源占比	17	19	23	28	35	41	50

9.3　中国二氧化碳排放峰值情景分析

本书利用二氧化碳排放与能源消费总量及其结构的定量关系式，在不同的情景下对中国二氧化碳排放的情况进行分析，以便把握中国二氧化碳排放峰值的时间和水平情况。

根据许广月和宋德勇（2010）的研究，二氧化碳排放的计算公式为：

$$C = \sum_i \frac{E_i}{E} * \frac{C_i}{E_i} * E = \sum_i S_i * F_i * E * 44/12 \tag{9-1}$$

其中，C 表示二氧化碳排放量，E 表示能源消费总量，C_i 为 i 种能源消费的碳排放量，E_i 为 i 种能源的消费量，S_i 表示 i 种能源在能源消费总量中的所占比重；F_i 表示各类能源的碳排放系数，44/12 表示碳转化为二氧化碳的定量值。

根据上式，估算二氧化碳排放量的关键是要确定各类能源消费的碳排放系数。目前，主要有 4 个研究机构给出了能源消费碳排放系数（见表 9-11），而本书采用“取平均”的处理方式，即以这四个研究机构的平均值为基准，分别得到煤炭、石油、天然气、水电与核电等可再生能源的碳排放系数。

表 9-11　主要研究机构能源消费的碳排放系数

数据来源	碳排放系数			
	煤炭	石油	天然气	水电、核电
日本能源经济研究所	0.756	0.586	0.449	0
DOE/EIA	0.702	0.478	0.389	0
国家科委气候变化项目	0.726	0.583	0.409	0
国家发改委能源研究所	0.748	0.583	0.444	0
平均值	0.733	0.558	0.423	0

9.3.1　惯性结构情景下二氧化碳排放变动

在惯性结构情景下，无论是中国二氧化碳排放峰值，还是化石能源消费量峰值，均没有出现（见图 9-1），中国二氧化碳排放和化石能源消费均处于增加的态势，到 2050 年，中国化石能源消费占比高达 69%，其消费量超过 160 亿吨标准煤，二氧化碳排放量高达 379 亿吨。

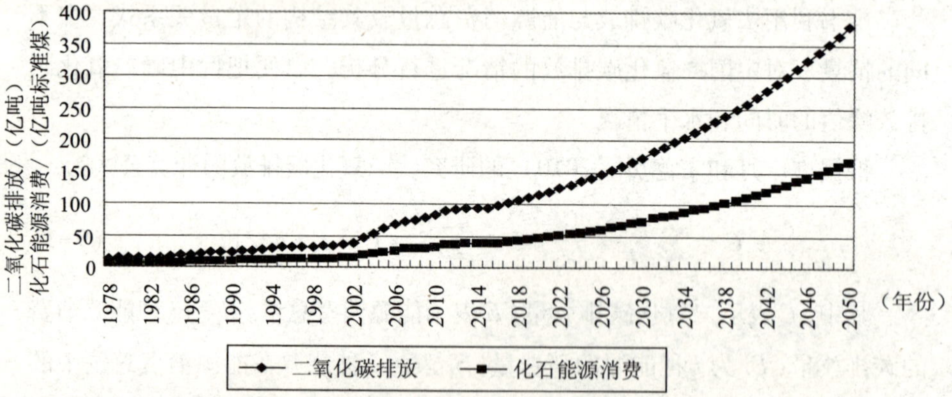

图 9-1　1978—2050 年惯性结构情景下中国二氧化碳排放和化石能源消费趋势

9.3.2　规划能源结构情景下二氧化碳排放峰值

在规划能源结构情景下，中国二氧化碳排放峰值出现在 2030 年，其值为 106.9 亿吨（见图 9-2）。

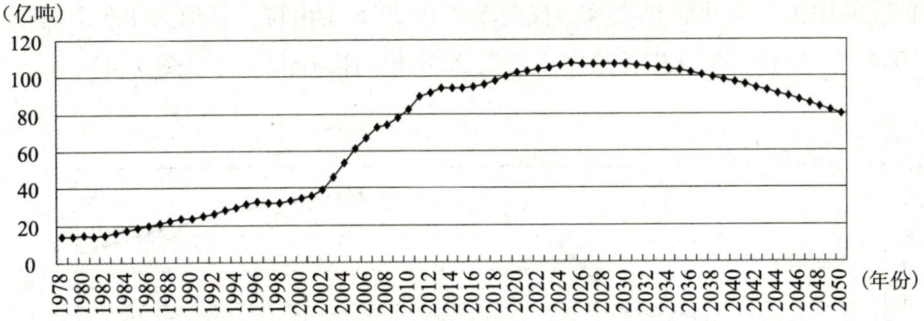

图 9-2　1978—2050 年中国二氧化碳排放峰值的规划能源结构情景

此外，中国二氧化碳排放在 2016—2050 年减少速率出现不断加大的情形（见图 9-3）。从“十三五”期间 1.68%的平均增速下降至“十五五”期间-0.0039%的增速，中国二氧化碳排放峰值将在 2030 年出现。随后，中国二氧化碳排放增速逐渐下降，从“十六五”期间的-0.64%下降至“十九五”期间的-2.24%。2050 年，中国二氧化碳排放大体相当 2009 年的水平。

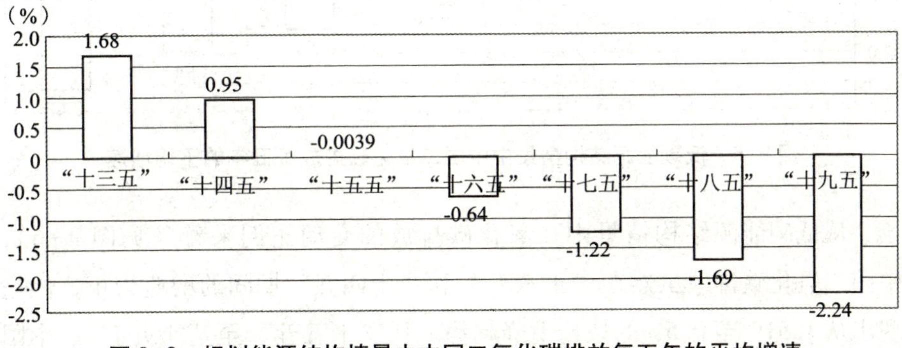

图 9-3　规划能源结构情景中中国二氧化碳排放每五年的平均增速

9.3.3　低碳能源结构情景下二氧化碳排放峰值

根据低碳能源结构情景分析，中国能源在满足经济社会发展基本需要的基础上，能源需求增速较规划能源结构情景的增速更慢，甚至出现负增长。与此同时，煤炭消费占比下降得更快，非化石能源消费占比增长得更快，到 2050 年达到 50%，与能源生产和消费革命规划的比例一致。这种情况使中国二氧化碳排放峰值提前 5 年在 2025 年出现，其值为 103.7 亿吨。2050 年，中国二氧化碳排放水平接近 2007 年的排放水平（见图 9-4）。

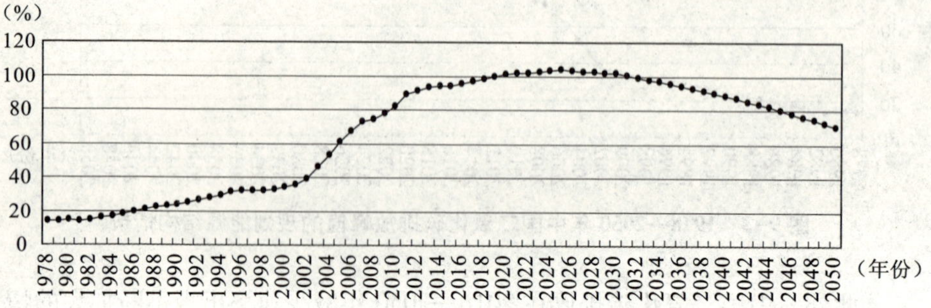

图 9-4　1978—2050 年中国二氧化碳排放峰值的低碳能源结构情景

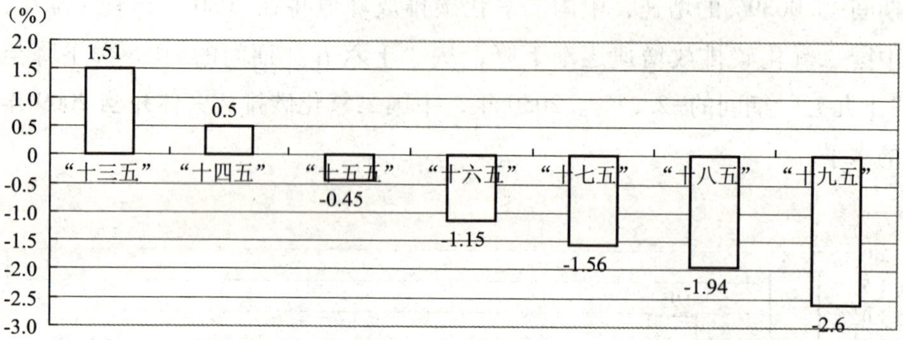

图 9-5　低碳能源结构情景中中国二氧化碳排放每五年的平均增速

从低碳能源结构情景中二氧化碳排放的变动比例来看（见图 9-6），中国二氧化碳排放虽然在“十三五”和“十四五”期间的增速为正，但呈现出从 1.51%至 0.5%的快速下降趋势。从“十五五”至“十九五”，中国二氧化碳排放增速为负，分别-0.45%、-1.15%、-1.56%、-1.94%和-2.6%，说明这期间二氧化碳排放量下降的速度越来越快。

9.3.4　三种情景下的比较

第一，除了在惯性结构情景下外，在规划能源结构和低碳能源结构情景中，中国二氧化碳排放都能达到峰值水平。但较低碳能源结构情景，规划能源结构情景中中国二氧化碳排放峰值出现的时间晚 5 年，且水平高于

3.2 亿吨。第二，低碳能源结构情景中，中国二氧化碳排放变动的绝对值要大于规划能源结构情景的相应值。这样看来，二氧化碳排放峰值方案具有可行性，中国将在 2030 年左右二氧化碳排放达到峰值。该结果尽管采用能源消费及其结构的情景分析方法，但与国际学者的研究预期和分析结论基本一致。这是中国在基本完成工业化和城镇化进程中，为应对全球气候变化做出的贡献，是中国对世界的庄严承诺，体现了中国勇于承担国际责任、履行国际义务的大国风范。

不仅如此，中国化石能源消费峰值也与二氧化碳排放峰值基本保持同步性，在规划能源结构情景和低碳能源结构情景中，中国化石能源消费峰值分别出现在 2030 年和 2025 年，其值分别是 44.9 亿吨标准煤和 42.2 亿吨标准煤。而中国煤炭和石油消费峰值在以上两种情景下均提前 5 年达到，即分别是 2025 年和 2020 年，其峰值量分别是 39.5 亿吨标准煤和 37.4 亿吨标准煤。

9.4　能源消费结构调整对中国二氧化碳排放峰值的影响

9.4.1　能源消费结构调整引起的二氧化碳减排效应

用规划能源结构情景下的能源消费总量与低碳能源结构情景下的能源消费结构比重的乘积所得到的二氧化碳排放量减去规划能源结构情景下的二氧化碳排放量，来定义能源消费结构调整使二氧化碳排放变动的数量。据此，我们就可以对能源消费结构调整的二氧化碳减排效应进行分析（见图 9-6）。随着时间的推移，能源消费结构低碳化调整而减少的二氧化碳排放量不断增加，2017 年，减少的二氧化碳排放量为 0.29 亿吨，而 2050 年减少的二氧化碳排放量为 14.17 亿吨，年均二氧化碳减排速率为 12.9%。

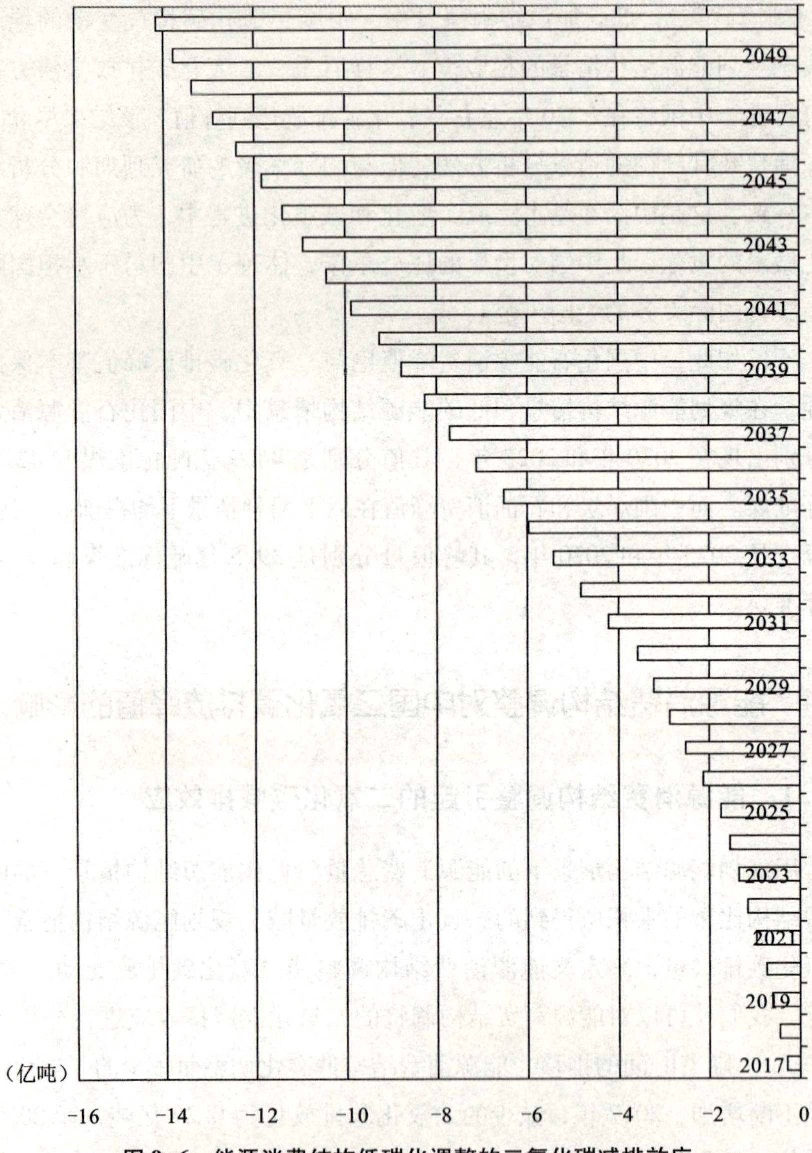

图 9-6 能源消费结构低碳化调整的二氧化碳减排效应

9.4.2 能源消费结构调整引起的二氧化碳峰值变动效应

(1) 能源消费结构调整情形的设置

为了更好地分析能源消费结构调整对中国二氧化碳峰值影响的效应，本书在上述三大情景分析的基础上，对中国能源消费结构的情景又加以详尽分析。具体如下：

无论是在惯性和规划情景下，还是在低碳能源情景下，中国能源消费结构变动可分为7种情况，分别是：①A_1：每年煤炭消费比重较以上参考情景低0.1个百分点，非化石能源消费比重则高0.1个百分点；②A_2：石油消费比重较以上参考情景每年低0.1个百分点，非化石能源消费比重则高0.1个百分点；③A_3：天然气较以上参考情景每年低0.1个百分点，非化石能源消费高0.1个百分点；④A_4：煤炭和石油消费比重较以上参考情景每年各低0.1个百分点，非化石能源消费比重高0.2个百分点；⑤A_5：煤炭和天然气消费比重较以上参考情景每年各低0.1个百分点，非化石能源消费比重高0.2个百分点；⑥A_6：石油和天然气消费比重较以上参考情景每年各低0.1个百分点，非化石能源高0.2个百分点；⑦A_7：煤炭、石油、天然气消费比重较以上参考情景每年各低0.1个百分点，非化石能源消费比重高0.3个百分点。

（2）二氧化碳排放峰值变动的效应分析

在惯性结构情景下，无论是煤炭消费、石油消费，还是天然气消费，比重每年降低0.1个百分点，抑或是三者同时降低0.1个百分点，中国二氧化碳峰值都不会出现（见图9-7）。

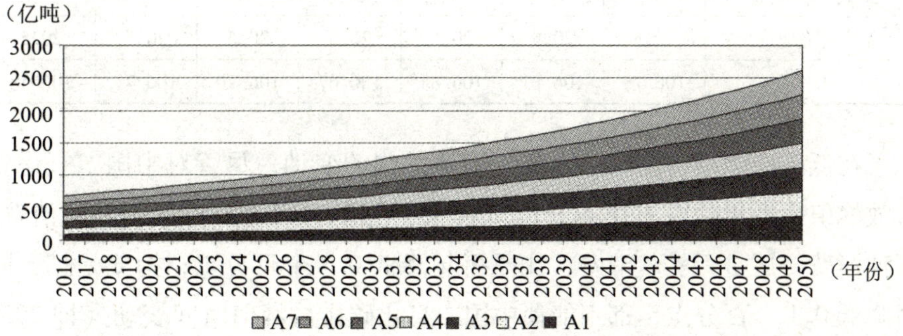

图9-7　2016—2050年惯性结构情景下中国二氧化碳排放峰值的变动

在规划能源结构情景下，能源消费结构的变动对中国二氧化碳排放峰值出现年份与水平的影响较为明显。无论是煤炭消费、石油消费，还是天然气消费比重每年降低0.1个百分点，抑或是三者同时降低0.1个百分点，都会使二氧化碳排放峰值时间提前5年，即在2025年出现，且使中国二氧化碳峰值水平降低的程度各有不同（见图9-8和表9-12），其中，A_7使其降低的幅度最大，为0.32亿吨，A_4、A_5、A_6、A_1、A_2、A_3使其分别降低了0.23亿吨、0.2亿吨、0.17亿吨、0.12亿吨、0.09亿吨和0.06亿吨。

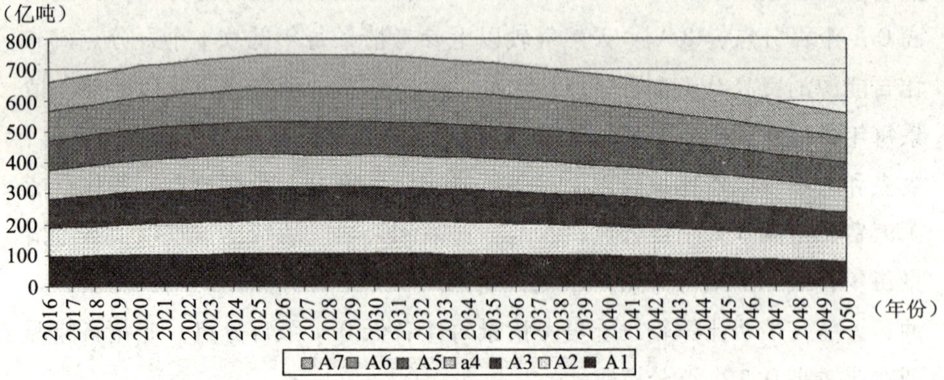

图9-8　2016—2050年规划能源结构情景下能源消费结构调整后中国二氧化碳峰值情况

表9-12　规划能源结构情景下能源消费结构变动后中国二氧化碳峰值情况

单位：亿吨

二氧化碳峰值	A_1	A_2	A_3	A_4	A_5	A_6	A_7
年份	2025	2025	2025	2025	2025	2025	2025
水平	106.78	106.81	106.84	106.67	106.70	106.73	106.58

在低碳能源结构情景下，能源消费结构的变动，尽管对中国二氧化碳排放峰值出现年份没有影响，但对其水平的影响明显。无论是煤炭消费、石油消费，还是天然气消费，比重每年降低0.1个百分点，抑或是三者同时降低0.1个百分点，都不能使中国二氧化碳排放峰值时间变动（即2025年），但可使中国二氧化碳排放峰值水平有很大程度上的降低（见图9-9和表9-13），其中，A_7使其降低的幅度最大，为2.27亿吨，其次是A_4、A_5、A_6、A_1、A_2、A_3使其分别降低了2.19亿吨、2.16亿吨、2.13亿吨、2.08亿吨、2.04亿吨和2.02亿吨。

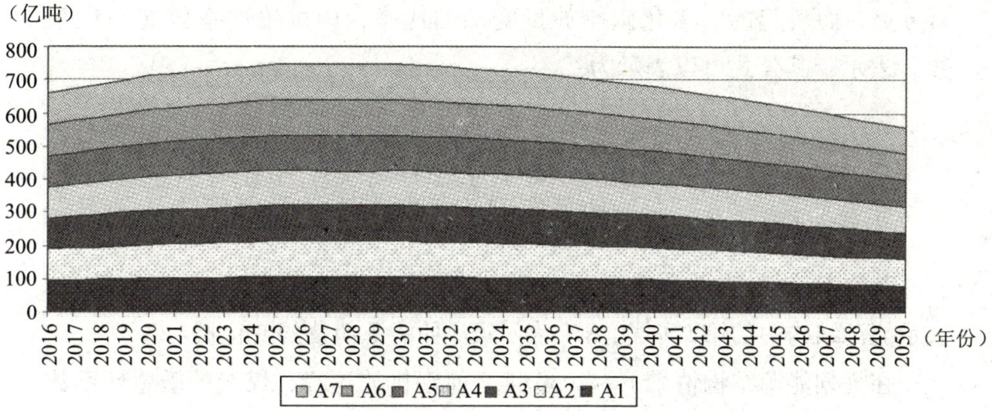

图 9-9 2016—2050 年低碳能源结构情景下能源消费结构调整后中国二氧化碳排放变化情况

表 9-13 低碳能源结构情景下能源消费结构变动后中国二氧化碳峰值情况

二氧化碳峰值	A1	A2	A3	A4	A5	A6	A7
年份	2025	2025	2025	2025	2025	2025	2025
水平	101.62	101.66	101.68	101.51	101.54	101.57	101.43

由上述分析可知，能源消费结构向低碳化方向的调整是推动中国二氧化碳排放峰值时间提前和水平降低的重要因素。在规划能源结构情景下，调整能源消费结构不仅可以实现中国二氧化碳排放峰值时间提前，而且还能使其水平有所降低。在低碳能源结构情景下，能源消费结构的低碳化调整尽管不能改变中国二氧化碳排放峰值出现的时间，但却能使中国二氧化碳排放水平降低的幅度更大。尽管在惯性结构情景下，调整能源消费结构不能使二氧化碳排放达到峰值，但却能使中国二氧化碳排放量有所下降。

由此，我们发现，中国只要改变原有的发展状态，就可以实现二氧化碳排放峰值的目标。同时，在既定的规划和低碳情景中，中国可在 2030 年左右二氧化碳排放达到峰值，且可通过调整能源消费结构，争取提前至 2025 年并在更低水平上实现二氧化碳排放峰值的目标，从而兑现对国际社会的庄严承诺。

（3）能源结构调整对中国二氧化碳排放峰值的敏感性（弹性）分析

敏感性分析是指在能源消费结构中煤炭、石油或天然气消费变动 1 个百分点，而引起的二氧化碳排放量变动的比率，用敏感性系数（弹性系数）表示，其公式可以表示为：

$$\varepsilon = \frac{\frac{\Delta C}{C}}{\frac{\Delta E_i}{E_i}} \tag{9-2}$$

其中，ε 为敏感性系数，C 和 ΔC 分别表示二氧化碳量和它的变化量，E_i 表示能源结构中的第 i 种类，ΔE_i 表示第 i 种能源消费的变化量。

在规划能源结构情景下，2030 年之前碳排放达峰，煤炭的敏感性系数最大，其次为石油和天然气，它们的均值分别为 170.7%、32.4% 和 13.6%。之后，煤炭的敏感系数衰减，而后稳定，天然气和石油的敏感性系数上升，至 2050 年，它们的敏感性系数分别为 101.7%、74.6% 和 149.2%（见图 9-10）。整体上看，煤炭、石油和天然气对中国二氧化碳排放峰值的影响依次递减。

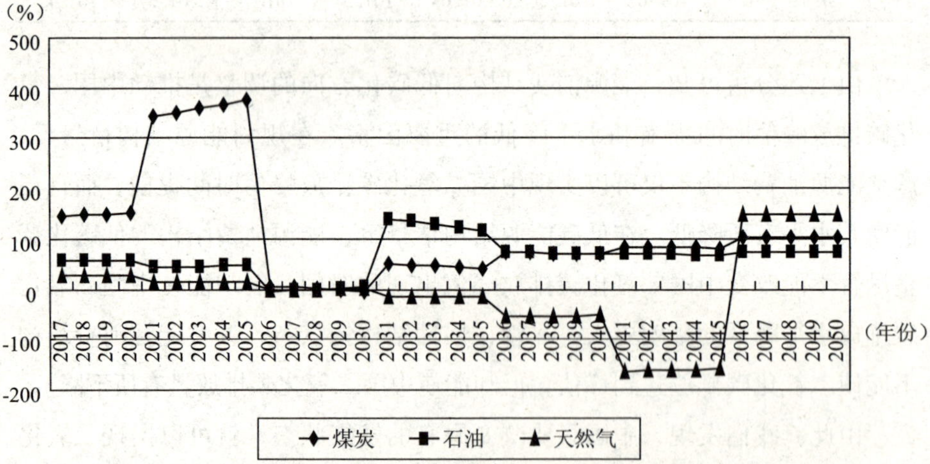

图 9-10　2017—2050 年规划能源结构情景下煤炭、石油和天然气的敏感性系数

在低碳能源结构情景下，煤炭、石油和天然气的敏感性系数对二氧化碳排放峰值的影响更为明显。截至 2025 年，三者的敏感性系数分别为 -107.8%、34.3%和 9.1%。而后，至 2050 年，它们的敏感性系数分别为 67.8%、49.6%和 214.7%（见图 9-11）。在此情景下，二氧化碳排放达到峰值之前，煤炭消费敏感性系数大，而在后峰值时代，天然气的敏感性系数大。

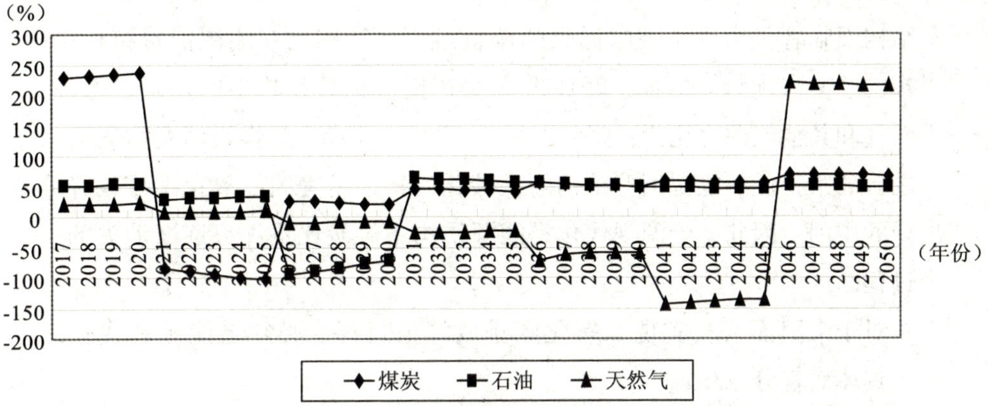

图 9-11　2017—2050 年低碳能源结构情景下煤炭、石油和天然气的敏感性系数

综合敏感性分析来看，在碳排放峰值出现的情景下，调整化石能源结构，将对二氧化碳排放峰值产生实质性影响。其中，在峰值到来之前时期，煤炭的敏感性系数最大。因此，随着煤炭消费峰值的到来，中国二氧化碳排放峰值也为时不远。

9.5　中国能源现代化“三步走”战略

通过对中国二氧化碳排放峰值的情景分析，以能源消费及其结构为主要参考点，分析中国二氧化碳排放峰值具有一定的科学性。这种科学性源自能源消费及其结构的变动受制于经济—能源—环境系统的综合影响。从能源消费及其结构情景出发，研究中国二氧化碳排放峰值和其他模型研究的结果基本一致，这就补充了当前对中国二氧化碳排放峰值研究的方法、结论等内容。

为了实现二氧化碳排放峰值目标，应采取什么样的方案呢？我们认为，基于对情景分析的前景展望，中国应该走能源现代化的道路。

能源现代化是基于能源体系的演进，以清洁化和电力化为手段，以构建满足人类社会基本能源需求、解决生态环境问题并实现可持续发展的现代能源系统为目标，以人人享有清洁能源为基本特征的现代化。

从一定程度上讲，能源现代化就是能源结构的清洁调整。综观欧、美等发达国家，在工业化和城镇化进行期间和完成之后，能源生产结构和消费结构面临着一个从高碳向低碳的调整过程，特别是在能源消费结构中，煤炭已经不占优势。例如：2015 年，美国能源消费结构中的煤炭、石油、天然气和其他能源之比为：16%：36%：29%：19%①。煤炭消费位居天然气之后的第三位。能源消费结构的低碳化调整，是美国二氧化碳排放峰值出现的主因。因此，能源现代化是能源结构中煤炭比重优势逐渐消失的一个过程。

对于中国而言，实现二氧化碳排放峰值目标，必须走能源现代化之路，具体而言分三步：

第一步，2016—2030 年，能源现代化布局阶段。以低碳经济发展为契机，推动能源生产和消费革命，推进能源价格体系改革，构建能源现代体系，着力推动能源互联网建设，努力调整能源消费结构，扩大清洁能源的比重，显著降低煤炭消费的比重，到 2030 年煤炭消费比重降至 50%以下，非化石能源消费比重在 20%以上，标志着能源现代化的初步完成。

第二步，2031—2040 年，此为能源现代化的加速推进阶段。此阶段，中国工业化和城镇化基本完成后进入后工业化社会，能源需求增速下降，能源消费结构清洁化程度再次提升，截至 2040 年，煤炭消费比重下降至 40%左右，非化石能源消费比重在 35%左右。

第三步，2041—2050 年，此为能源现代化的深度推进阶段。中国在全面建成小康社会的基础上，人们对清洁能源的需求不断得以满足，并且电力化进程不断提高，煤炭消费比重继续下降，非化石能源消费比重再次提升，至 2050 年，煤炭消费比重降至 30%左右，非化石能源消费比重升至 50%左右，这标志着中国能源现代化的基本完成。

中国能源现代化并不是单独进行，而是与工业化、城镇化交织进行的。其中的逻辑在于：能源现代化既保障了中国工业化与城镇化的能源需求，同时也给人们的生活带来了便利，从而推动中国工业化与城镇化的快

① 以上资料来源美国能源信息署。

速稳定发展；同时，工业化为能源现代化提供科学手段和技术，如智能电网、能源互联网等，促使能源现代化水平的进一步提升；城镇化为能源现代化带来的是巨量的能源需求空间，特别是为清洁能源市场的运作提供了重要平台。这样中国能源现代化、工业化与城镇化形成相互促进和相互影响的制衡关系，缺失哪一个，中国经济社会发展都无法持续推进。

9.6 结论与政策建议

本书展望了中国至2050年经济社会发展远景，以能源消费总量及其结构变动趋势为切入点，从惯性结构情景、规划能源结构情景和低碳能源结构情景，对中国二氧化碳排放峰值的概况进行了分析，主要得出以下结论：

第一，中国不能选择能源消费的惯性结构情景，应该备选的是规划能源结构和低碳能源结构情景，并且从能源消费角度来说，二氧化碳排放峰值背后是能源消费总量增速下降和能源消费结构向低碳方向调整的合成结果。在规划能源结构情景下，中国二氧化碳排放峰值时间为2030年，在低碳能源结构情景下，中国二氧化碳排放可提前至2025年达到峰值，中国应该较易在2030年左右实现二氧化碳排放峰值目标。

此外，能源消费结构的低碳化调整使中国二氧化碳排放量下降速度逐年增加，年均减排速度为12.9%，其减排效应非常显著。不仅如此，能源消费结构的低碳化调整，有助于减缓碳排放的增加。无论是在规划能源结构情景中，还是在低碳能源结构情景中，能源消费结构的低碳化调整均可降低中国二氧化碳排放峰值的水平。在规划能源消费结构情景中，此调整可以使中国二氧化碳排放峰值出现的时间提前。这意味着，能源消费结构向低碳化方向调整，可尽快实现中国二氧化碳排放峰值的目标。

第二，中国化石能源消费峰值与二氧化碳排放峰值的实现过程具有一致性。无论是在规划和低碳能源结构情景下，中国化石能源消费峰值和二氧化碳排放峰值要么在2030年出现，要么在2025年出现，这种高度同步性充分说明了中国化石能源消费峰值和二氧化碳排放峰值问题其实是一个问题。抓住了化石能源消费峰值，也就抓住了解决二氧化碳排放峰值问题的关键。同时，中国煤油消费峰值比化石能源消费峰值出现的时间提前5

年。这意味着，中国煤油消费峰值、化石能源消费峰值和二氧化碳排放峰值依次出现。

从1978—2050年中国二氧化碳和化石能源消费的进程来看，二氧化碳与化石能源消费存在非规则的倒“U形”变动，换句话说，即环境库兹涅茨曲线理论在中国二氧化碳和化石能源消费上具有可适性。

第三，能源现代化是尽快尽好地实现二氧化碳排放峰值目标的中国方案。中国应该分三步推行能源现代化之路，根据煤炭消费和可再生能源消费比重，详细划分能源现代化布局、能源现代化的深入推进、能源现代化的基本完成的三个阶段，并指出，能源现代化是与国家工业化、城镇化交织进行。

调整能源消费结构，中国推进能源现代化进程，需要从以下几个方面入手：

第一，推动能源基础设施的现代化转型。顺应现代化要求，改造传统电网、油气管道，运用大数据、云计算等技术手段，建造以智能化、信息化、清洁化为主要特征的能源互联网，重点打造可再生能源发电的平台通道。

第二，构建能源结构清洁化调整的技术体系。在条件允许的情况下，大力发展煤炭洁净化技术，提升煤炭的清洁化水平；在保障生产、生活用气的前提下，不断推进天然气发电技术；充分利用中国丰富的水电资源，提升水电的存量；未来应该重点推进提升太阳能光伏发电、风力发电的规模、效益与水平。

第三，创建引导能源结构清洁化调整的政策体系，例如：制定并落实化石能源消费总量控制政策，分地区、分行业严控煤炭等化石能源消费量；大力推进分布式可再生能源发电层次，支持社会公众参与其中，构建可再生能源生产和消费的社会基础。

中国二氧化碳排放峰值目标及其实现清晰可见，但国际社会还有许多人质疑中国目标的实现程度，提出最多的问题是“中国二氧化碳排放峰值目标能否实现”。为了实现“在2030年左右使二氧化碳排放达到峰值且将努力早日达峰”的目标，中国始终将国际责任与自身可持续发展目标相结合，提出了务实可行的政策措施和实施路径，展现了中国作为负责任大国在应对全球气候变化问题上的决心和诚意。

10 中原经济区需以碳排放峰值为着力点推进绿色发展

10.1 研究背景

自工业革命以来，化石能源得到广泛的应用，导致化石燃料燃烧产生的二氧化碳排放过多，因此，近年来全球气候不断变暖。全球气候变暖严重影响了人类社会的可持续发展，国际社会对这一问题的关注度持续提高。1992 年里约联合国环境与发展大会召开，制定了《联合国气候变化框架公约》。该公约是世界上第一个应对全球气候变暖的国际公约，国际社会关于全球气候变化问题的合作基本都是围绕这个框架进行的。自 1995 年起，全球各国每年举行一次缔约方会谈，至今，已达成了诸如《京都议定书》《巴厘岛路线图》《哥本哈根协议》等推动全球气候合作的气候公约。很多国家认识到低碳发展的重要性，并踊跃加入碳减排的行列。

在这样的大环境下，中国也在积极主动地承担自己的碳减排责任。2009 年，温家宝同志在国务院常务会议上宣布：到 2020 年，中国的单位 GDP 二氧化碳排放要比 2005 年下降 40%~45%。2014 年的《中美气候变化联合声明》中，中方宣布计划在 2030 年左右尽快使二氧化碳排放达到峰值，并计划非化石能源到 2030 年占一次能源消费的比重提高到 20%左右。2015 年 6 月，中国在向《联合国气候变化框架公约》秘书处提交的《强化应对气候变化行动——中国国家自主贡献》一文中确定了二氧化碳排放力争尽快在 2030 年前后达到峰值的宏伟目标。届时单位 GDP 二氧化碳排放比 2005 年下降 60%~65%，非化石能源占一次能源消费比重将提高到 20%左右。

中原经济区是一个新兴经济区域，官方给出的范围涵盖了河南省全部地市，河北省的两个市：邢台市、邯郸市，山西省的三个市：长治市、晋城市、运城市，安徽省的五市一县一区：宿州市、淮北市、阜阳市、亳州市、蚌埠市和淮南市凤台县、潘集区，山东省的两市一县：聊城市、菏泽市和泰安市东平县。面积广阔的中原经济区人口数量和经济规模都非常庞大，产业结构相对来说比较落后，第二产业比重很高而且存在一批高污染高能耗的产业，第三产业发展相对滞后。从能源结构上来说，中原经济区对煤炭依赖严重，煤炭占总能源消耗的比重远高于全国平均水平。这些因素和中原经济区的碳排放量息息相关，导致中原经济区碳排放量也比较大。随着中原经济区工业化水平的不断推进、城镇化率的不断提高，发展所带来的二氧化碳排放也不可避免，碳减排的压力也在不断增大。在国际、国内碳减排的大形势下，结合中原经济区发展的现状和未来发展趋势，中原经济区需要在经济发展的同时考虑碳减排的问题。

10.2 研究意义

中原经济区在2012年11月上升为国家战略高度，国务院正式批复了《中原经济区规划（2012—2020年）》，中原经济区必将迎来跨越式的新发展。但同时，《中原经济区规划（2012—2020年）》也指出要在不牺牲农业和粮食、生态和环境的情况下，逐步探索新型工业化、城镇化、信息化、农业现代化和绿色化协调发展的道路，还提出到2020年单位GDP能耗比2010年下降30%左右的目标。在这样的目标压力下，对中原经济区碳排放峰值问题进行研究具有以下研究意义。

10.2.1 理论意义

本书基于STIRPAT模型建立一个关于中原经济区碳排放测算、碳排放模型构建、情景分析、峰值测度和碳排放目标实现路径分析这样一个完整的碳排放研究体系，为中原经济区“减排”工作提供一些理论依据，促进中原经济区低碳经济的稳步推进，将其建设为一个节能环保的低碳社会，实现经济社会的可持续发展。

10.2.2 现实意义

第一，国家要实现2030年达到碳排放峰值的目标，需要各个省市根据自身情况设计减排路径，在2030年甚至争取提前达到碳排放峰值。研究中原经济区的碳排放情况，并对CO_2排放峰值出现的时间和峰值排放量进行测度，制定科学的减排计划，选择合适的减排路径，以实现与全国同步甚至更早达到碳排放峰值，为全国碳排放减排工作做出贡献。

第二，目前中原经济区处在工业化、城镇化快速发展阶段，必须加大体制机制创新力度，促进经济发展方式加快转变，具体来说，就是要促进产业结构优化升级，改变以煤炭为主的能源消费结构，走更为符合新时期要求的新型城镇化、新型工业化、新型农业现代化的道路。根据国内外研究经验，碳排放峰值出现的时间和大小与经济发展方式密切相关，一般在工业化、城镇化基本完成之后碳排放峰值才会实现。因此，减少CO_2排放也是中原经济区将来经济发展的内在要求，研究碳排放峰值的问题、探究节能减排路径可以促进中原经济区更好地实现经济发展的各项战略目标。因此，本书的研究无论从理论意义还是现实意义上来说都比较重要。

10.3 国内外研究现状

10.3.1 国内研究现状

碳排峰值的研究在国内外都是热点，而且也是比较新的研究课题。目前，国内外在CO_2排放峰值测度方面的研究主要是指能源消费的碳排放量峰值。研究涉及的模型和方法有STIRPAT模型、LEAP模型、KAYA模型、环境库兹涅茨曲线、因素解析法、MARKAL-MACRO模型、IAMC模型等。这些学者研究了不同的地区或不同的行业的碳排放量和影响各地区碳排放的主要因素，并对CO_2排放峰值进行了测算，在此基础上，提出减排路径和策略，取得了很多成果，为以后的碳排放峰值研究积累了宝贵的经验。本书研究的是中国一个特定经济区域的碳排放峰值问题，以下主要介绍国内学者对碳排放峰值的一些相关研究成果。

（1）国家层面

渠慎宁（2010）等利用 STIRPAT 模型对中国 30 个省市的面板数据进行了分析，展示了各省市 CO_2排放的概况。对历史数据进行回归的结果表明，经济社会发展的同时保持了碳排放强度的合理下降，预测中国的 CO_2排放在 2020—2045 年会达到峰值。许广月（2010）等运用面板数据计量方法证实了中国的碳排放也是存在环境库兹涅茨曲线的。研究结果显示，中国及中国东、中部地区存在人均碳排放环境库兹涅茨曲线，西部地区不存在该曲线。杜强（2013）等发现以 2002 年为界线，前后两个时期中国碳排放变化缺乏内在的连贯性，2002 年以前的碳排放曲线无法表征未来年份碳排放趋势。他在 IPAT 模型的基础上去掉了人口因子，引入劳动者报酬率，进而对中国到 2050 年的 CO_2排放进行了合理的测算和分析。何建坤（2013）基于 KAYA 模型，将二氧化碳排放峰值的理论与条件进行了梳理，并总结了发达国家二氧化碳排放达到峰值的一些规律。结合中国未来经济发展和能源消耗的实际，他认为中国 2030 年前后具备达到碳排峰值的条件，CO_2峰值排放量可控制在 110 亿吨，但同时也存在一定的不确定性。柴麒敏（2015）等采用的是 IAMC 模型，设置了中国 CO_2排放达到峰值的四种不同的情景及实现路径，并从众多工业化国家发展历程及中国目前所处发展阶段两方面来考虑中国实现二氧化碳峰值的可能区间，认为临近 2030 年的时候中国将碳排放峰值控制在 120 亿吨左右比较合适。

（2）区域层面

王铮（2012）运用多种方法，考虑了能源、水泥工艺碳排放量及森林碳汇固碳情况，测算了京津冀区域碳排放总量和净碳排放量。由于数据比较难收集，大部分学者只是粗略地估计了所研究地区的能源碳排放量，细致地测算净碳排放量是比较少的，这是这篇文章的亮点。结果表明，在不特别控制排放的情形下，2030 年前北京、天津都可以达到碳排放峰值，但河北省和整个京津冀地区的碳排放峰值将会延迟 9 年。黄蕊（2012）测算了经济平稳发展情况下长三角地区上海、南京、杭州、苏州等 11 个城市未来的 CO_2排放量，所使用的是最优增长率模型。文章得出的结果是长三角地区的大部分城市在 2025 年以前是可以达到碳排放峰值的，只有上海例外，比其他城市推迟了 15 年，这和我们预想的上海作为中国较发达城市应该率先实现碳排放峰值的情况有所不同。

（3）省级层面

黄蕊（2012）研究中部六省将来的CO_2排放情况，使用的模型是王铮等学者提出的模型。结论表明中部各省的未来CO_2排放量会出现峰值，CO_2碳排放峰值出现的先后年份分别为河南（2034年）、湖南（2035年）、山西（2037年）、安徽（2038年）、江西（2040年）、湖北（2045年）。杜强（2013）等选用历史累计CO_2排放量和人均CO_2累计排放量两个指标，使用的是K-均值聚类分析法，将中国各省区碳排放分成了5类，并发现2002年是一个特殊节点，中国各省区碳排放在2002年前后差异很大。在此结论的基础上，他运用碳排放量增长的Logistic模型，对2011—2020年中国各省区CO_2排放进行了预测，得出中国2020年碳排放量将为367290万吨，但并未出现峰值。席细平（2014）在修正的IPAT模型中添加煤炭所占比例和石油所占比例这两个影响因素，通过对江西省1995—2012年的时间序列数据进行回归，得出江西省如果进行合理的能源碳排控制，其碳排放峰值大约可以在2032—2035年范围内实现。杨秀（2015）基于KAYA分解方法分析了城市层面，详细阐述了能源活动相关的二氧化碳排放峰值的预测方法，以北京市为例，对影响CO_2排放的经济因素的内涵和取值方法、排放峰值测算注意事项等一些研究碳排放过程中经常遇到的具体问题进行了深入的探讨。文章预计北京在2019年将会出现碳排放峰值，约为1.65亿吨。

此外，栾邵朔（2012）和马卓（2012）运用LMDI因素分解分析法和STIRPAT模型分别对山东省和吉林省的碳排放峰值进行了预测；郭志玲（2015）对甘肃省的CO_2排放峰值进行了测度，所采用的方法是系统动力学模型和情景分析法。

（4）市级层面

徐西蒙（2015）分析影响昆明市碳排放量的因素，将城市化率和煤炭使用量占比、第二产业占比作为新的解释变量引入STIRPAT模型，设定了昆明市2011—2035年碳排放发展的低、中、高3种情景趋势。结果显示：昆明在高情景下CO_2排放量一直上升未达到峰值，低情景下2021年、中情景下2028年达到峰值。于文金（2011）研究了南京市1978—2007年经济增长与CO_2碳排放的脱钩关系，并基于内生经济增长模型 Moon Sonn，探讨了南京在不同发展模式下未来几十年碳排放量的发展趋势及不同情境下南京CO_2排放量何时达峰值及峰值量大小。综合各种因素认为南京市碳释放量出现峰值约在 2028 年。

10.3.2 国外研究现状

在模型方面，Richard York（2003）的文章比较经典，曾被众多学者引用作为选择碳排放预测模型选择的重要参考文献。他在文章中讨论了 STIRPAT、IPAT 模型、ImPACT 这三个模型之间的关系，比较三者之间类似的概念和不同的用途，详细阐明在使用这些模型时具体应用上的一些问题。在针对中国二氧化碳碳排放的相关研究方面，国外从能源消费和供给入手进行二氧化碳碳排放分析，采用的模型方法多种多样。例如：用数学统计模型、宏观经济相关模型、能源供需模型、技术估计模型等不同的分析方法进行预测。许多国际知名的能源研究机构，如国际能源署（IEA）、亚太能源研究中心（APREC）、日本能源经济研究所（IEEJ）、美国 Lawrence Berkeley 国家实验室（LBNL）等都对中国到 2030 年或到 2050 年的碳排放情况进行过测度。在影响CO_2排放的因素选择方面，主要考虑人均国内生产总值、人口和能源价格等。

综上，国内外学者综合运用各种研究方法对中国以及部分区域、省、市的碳排放峰值进行了研究，其中对中国碳排放峰值的研究最多，对各省市的研究次之。但对中国区域经济格局的碳排放研究还是比较少的，个别研究也只是着重于对经济区域内各市的研究，将经济区域作为整体进行碳排放峰值的研究比较少，而对于中原经济区这样一个新兴的区域经济体的研究缺乏。本书将借鉴之前学者的研究成果和经验，对中原经济区这一特定经济区域的碳排放峰值进行研究。

10.4 理论基础与研究方法

10.4.1 碳排放峰值的理论分析

10.4.1.1 碳排放峰值的思想来源

可持续发展理念和低碳经济理念可以作为碳排放峰值研究的思想来源。所谓可持续发展，通常是说当代人追求自身发展需要的同时，不能对后代人的生存产生危害。低碳经济其实是可持续发展在经济发展模式上的一种体现，它强调经济发展中尽可能降低高碳能源消耗，减少碳排放，减缓温室效应。针对碳排放来理解可持续发展和低碳经济，就是指在人类社会的发展过程中，化石燃料的燃烧带来了巨大的碳排放问题。这些 CO_2 是温室效应的主要成分，会促使全球气温升高，带来气候异常、海平面升高等一系列波及范围广、后果严重的影响。如果人们不对碳排放加以控制，不发展低碳经济，将影响人类社会可持续发展。要发展低碳经济，就必须对碳排放进行一定的了解和控制，进行碳排放峰值的测度，根据峰值情景规划碳排放路径。也就是说，之所以会出现峰值是因为出于人类自身利益考虑和化石资源短时期内的有限性，人类不可能放任碳排放无限增长，会采取一系列措施控制碳排放，使碳排放零增长甚至负增长，这样就会出现所谓的碳排放峰值。

10.4.1.2 碳排放峰值与各影响因素的逻辑关系分析

从逻辑上来说，二氧化碳排放峰值什么时候达到峰值，与经济及社会等因素是分不开的。下面我们分析产业结构、能源消费结构、低碳环保技术、民众节能减排意识、环境管制等因素与碳排放峰值的逻辑关系。

（1）产业结构与碳排放峰值

产业结构在很多学者的研究中都被认为是影响碳排放峰值的主要因素，这是因为产业结构和能源消费、技术水平、经济发展水平等影响碳排放的因素息息相关。一般来说，在经济发展水平较低，第一产业为主导产业的时候，虽然伴随以煤为主的能源消耗，但由于经济发展水平的限制，对化石能源的消费需求量还不是很高，因此，二氧化碳的排放增速并不是很快，通常来说不会在这个阶段出现碳排放峰值。而随着工业化开始，第二产业逐渐占据主导地位，煤炭和石油等化石能源的消耗量激增，二氧化碳排放量也随之快速增加。另外，在工业化发展初期，第二产业中不乏高耗能高污染低附加值的工业企业，甚至成为工业增加值的主要来源。这样的产业结构必然需要大量的能源消耗从而会带来大量的二氧化碳排放，碳排放量持续快速增长，碳排放峰值也不会出现。到了工业化发展的中后期，第二产业占比逐渐下降，并且第二产业内部也逐步优化升级，高耗能高污染企业减少，新兴制造业和高新技术产业崛起，第三产业比重逐步上升，单位 GDP 能耗降低，碳排放量增速减缓。在基本完成工业化发展阶段，第三产业取代第二产业占据主导地位，经济发展呈内涵式增长，能源消费增长相对很低，此时二氧化碳排放量会出现峰值并不断下降。

（2）能源消费结构与碳排放峰值

由于不同的能源种类的发热量、含碳量和燃烧氧化率不同，最终在能源消耗过程中释放的二氧化碳数量的多少也不同。一般情况下，在化石能源中，每单位煤炭燃烧所产生的二氧化碳排放量由多到少分别为煤炭、石油、天然气。风能、太阳能、地热能等清洁能源在利用过程中基本上不产生二氧化碳排放。从这些能源的性质上我们就可以看出，化石能源的消费量和碳排放是正相关关系，化石能源消费越多，碳排放强度越大，二氧化碳排放量越多，尤其是煤炭能源消费的增加，在消耗过程中更会产生较多的二氧化碳。清洁能源的消费量和碳排放是负相关关系，清洁能源消费占总能源消费比重越大，碳排放强度越低，二氧化碳排放量越少。当化石能源消费量占总能源消耗比重持续增加，二氧化碳排放量只会持续上升，碳排放不会达到峰值，而且会推高达到峰值时的排放量。因此，减少碳排放、促进碳排放早日达到峰值的一个重要途径是进行能源结构调整。能源结构调整可以包括两方面的调整：一是化石能源内部的调整，尽量降低煤炭的消耗在总能源消费中的比重，用碳排放因子比煤炭低的石油、天然气替代煤炭的消费，用天然气代替石油的消费；二是化石能源与清洁能源之间的能源结构的调整，降低化石能源在总能源消费中的比重，大力提高水能、风能、太阳能、生物质能、地热能等清洁能源在总能源消费中的比重。

（3）低碳技术与碳排放峰值

低碳技术的进步是碳减排的主要动力。未来想取得碳减排的革命性成功，技术突破是关键。低碳技术按照对碳排放的处理方式不同，可以分为三个类型，分别是无碳技术、减碳技术和去碳技术。具体来说，无碳技术包括风能、太阳能、核电等清洁能源的开发和利用技术；减碳技术包括节能减排技术、化石能源的清洁高效利用等；去碳技术包括碳封存和碳捕捉技术等。这些技术的应用领域也十分广泛，涉及交通、建筑、化工、能源开发等领域。低碳技术的创新和进步可以极大地提高能源的利用效率，促进清洁能源的开发和利用，能够极大地降低单位 GDP 能耗，节约能源，有效地减少二氧化碳排放。低碳技术水平越高，对碳排放量的下拉作用越明显，越能推动碳排放峰值时间的到来，降低碳排放的峰值量。因此，政府要加大对低碳技术的支持力度，鼓励企业低碳技术创新，充分发挥低碳技术在碳减排当中的关键作用。

（4）民众节能减排意识与碳排放峰值

在影响碳排放的因素中，人口是一个非常重要的因素。人均碳消费量的多少直接决定了总的二氧化碳排放量，而人口的数量从现实角度考虑是不太容易控制的，但在提高人口的低碳素质方面却有很大的发展空间，民众的节能减排意识越高，碳排放越少，越有助于碳排放峰值的尽早出现。我们每个人为了生存，都享有一定合理范围内的基本碳消费额度，这是无可厚非的，但如果个人的碳消费额度过高，超过合理范围太多则是不允许的。因为从经济学理论上说，碳排放问题是具有外部性的，过量的碳排放会造成大气中二氧化碳过多，气候变暖，从而引发一系列环境问题。因此，碳排放不是某个人、某个企业或者某个国家的"私事"，而是和每个人的利益都密切相关。如果每个人都选择低碳生活的方式，碳排放会大大减少，我们每一个人也都可以享受到良好的气候环境带来的好处；反之，气候环境将会因为过量的碳排放遭到破坏，每一个国家和地区的人们都会遭受气候变暖带来的严重后果。因此，提升民众的节能环保意识，并且将这种意识落实到生活具体的行为当中就显得至关重要。具体来说，在宣传方面，要充分发挥电视台、报纸杂志、网络等媒体的宣传作用，也可以在社区、街道设宣传栏或组织相关活动，为民众普及节能环保的常识。在行动方面，我们每一个人在日常生活的中都可以做到节能减排，如尽量不使用一次性饭盒和塑料袋，减少高耗能家电使用，出门选择公共交通工具，短途可骑自行车等。每个人都为节能减排做一点贡献，全社会的碳排放量就会少一些，碳排放峰值就会尽早出现。

（5）环境管制与碳排放峰值

环境问题具有外部性，因此，政府需要提高环境管制强度，减少企业生产经营活动过程中污染物的排放，从而控制环境污染。针对碳排放来说，适当的环境管制力度有助于减少碳排放，促进碳排放峰值的早日到来；反之，如果不对碳排放采取任何管制措施，企业为了追求利润最大化会不顾环境影响，碳排放量可能会无限增大，最终对环境造成严重的污染。对于碳排放的环境管制，可以从以下几个方面考虑：一是要进一步完善关于碳排放的法律法规和监管制度。关于碳排放识别、核算、碳排放标准、碳排放主体权利与义务的明确界定等，都需要详细、实施性强的法律法规来明确。如果只有法律法规，没有完善的监管制度，各种措施也不会得到有效落实，因此，要理顺政府和环保部门的关系，进一步明确环保部门的监管责任，加大对环境的监管力度。二是可以利用诸如碳税、碳排放权交易等市场手段进行管制，对企业的过度碳排放行为进行约束，激励企业采取措施积极减排。虽然这些手段存在一些争议和落实上的困难性，但在没有更好的处理碳排放问题的方法时，不妨做一些有益的探索和尝试。当然，对碳排放的环境管制也不是越严厉越好，必须考虑经济社会发展的现状和能承受管制的程度，不能盲目提高环境管制，而应该因时因地因主体的不同采取符合实际的管制，而且环境管制要循序渐进、一以贯之，才能取得较好的减少碳排放的效果。

以上只是分析了部分单个因素对碳排放峰值的影响，但在实际中，这些因素是同时存在、交叉影响的，而且也存在上述没有罗列出来的一些影响碳排放的因素，比如城镇化率。城镇化水平和以上各个因素都存在内在的联系，同样也会影响碳排放量，进而影响碳排放峰值，一般来说，碳排放峰值出现在基本完成城镇化之后。因此，在研究碳排放峰值时需要多方面综合考虑。

10.4.2　中原经济区碳排放峰值的形成机理

以本研究选择的影响因素为例，我们再来对中原经济区碳排放峰值的经济逻辑进行梳理。本研究经过反复拟合，选择了人口、人均 GDP、煤炭消耗占比、第二产业占比、城镇化率这五个因素作为影响碳排放量的控制因素。根据发达国家的历史发展经验，二氧化碳排放峰值一般出现在工业化和城镇化发展大体完成后。在工业化高速发展时期，这五个因素基本都呈现高速增长的态势，经济发展迅速，化石能源消耗量巨大，碳排放量不会出现峰值。但随着工业化的完成，经济逐渐转为内涵式增长，增长速度放缓；能源消费结构不断调整，能源消耗出现下降，化石能源的占比降低，清洁能源所占比重上升；产业结构发生变化，第二产业占比持续下降，产生碳排放较少的第三产业逐渐增加并替代第二产业成为国民经济的主导产业；城镇化已经基本完成，城市化率接近零增长；人们生活水平和受教育水平提高，生育思想发生变化，人口会保持稳定甚至出现负增长，人们的低碳环保意识不断提高。这五个因素未来的发展趋势决定了二氧化碳排放的年下降幅度巨大，碳排放不会无限增长，而是会出现峰值。

不同的国家和地区的国情和经济发展模式不同，达到峰值的时间和峰值量也会有区别，甚至差异巨大。各个国家和地区应该研究影响各自碳排放的主要因素，考察不同情景下各因素对碳排放时间和峰值量的影响程度，拟定本地区的 CO_2 排放目标，规划符合当地实际的碳排放目标实现路径。

10.4.3　模型方法

10.4.3.1　STIRPAT 模型

STIRPAT 模型最早是由 EE 模型、IPAT 模型等逐渐发展而来的。EE 模型中是指任何一种因素变化都会对环境效应造成一定的影响，由此衍生出了 STIRPAT 模型。Ehrlich 和 Holden 在 20 世纪 70 年代初提出 IPAT 模型，IPAT 模型从众多环境影响因素中选择人口规模（P）、富裕程度（A）和技术水平（T）这些主要的影响因素组建了模型。但该模型也存在一些不足：环境影响与各个影响因素之间的关系表现为同比例线性关系且无法进行假设检验。为克服这些局限性，Dietzetall（1997）和 York 等（2003）学者在“$I=PAT$”的基础上建立了可拓展的随机环境影响评估模型，即 STIRPAT 模型。该模型的形式为：$I=aP^{b}A^{c}T^{d}e$，其中，a 是比例常数项，b，c 和 d 为指数项，e 为误差项，当 $a=b=c=d=e$ 时，就变成了 IPAT 模型。STIRPAT 模型是一个多元非线性模型，为了方便应用，在实际研究中经常对等式两边取对数，变为：

$$\mathrm{Ln}I=\mathrm{Ln}a+b\mathrm{Ln}(P)+c\mathrm{Ln}(A)+d\mathrm{Ln}(T)+\mathrm{Ln}e \qquad (10-1)$$

在实际应用中，往往不仅仅考虑以上公式中涉及的人口规模（P）、富裕程度（A）和技术水平（T）这三个影响因子对环境的作用，一些学者根据自己不同的研究需要，还将城镇化率、能源结构、产业结构及人均 GDP 的二次方项等因素加入模型当中，使其更符合研究的现实情况。由于研究的区域不同、侧重考量的问题不同、数据拟合效果的不同，不同的研究者根据自己的现实需要对模型做了很多拓展和调整。STIRPAT 模型为环境研究的学者们提供了一个简洁的考量各变量对环境的影响程度的分析框架，据此既可以分析各种驱动因素对环境影响作用的大小，还可以预测当这些因素变化时对未来的环境影响变化。

10.4.3.2 情景分析法

（1）情景分析法简介

情景分析法（Scenario Analysis）最早出现于 20 世纪 60 年代，是通过假设、预测、模拟等方法呈现将来的情景，并分析情景对目标产生影响的方法。该分析法能够弥补传统单纯根据历史数据进行定量分析的统计预测在展示较远的未来并制定远期发展策略的局限性。也就是说，对要研究的目标对象所处的环境进行分析，根据分析筛选出关键因素，对这些关键因素设置不同的数值，构建不同的情景并模拟得出结果，最后对结果进行讨论，找出研究问题的解决方法。情景分析建立在人们对未来发展趋势大胆预测的基础上，它的主要目的不是要精准预测未来会发生的情况，而是根据设置的各种假设，给予合理的、自圆其说的解释，并对未来可能出现的各种状况来反思目前状况，找出目前问题的解决方式。情景分析法广泛应用于企业的管理、经济评价与预测等领域。

情景分析法最常见的分类方法包括定量分析和定性分析。本书模型的情景预测是将定性与定量分析结合在一起。定量情景分析法，是对选定的各种参数进行设置，通过调整参数数值设置不同的情景进行分析。定量情景分析有比较充分和精确的情景设定，但对各种情景分析合理性的评价是基于对模型和参数结果的再分析、再思考。定性情景分析方法，是用文字语言描述参数设置有差别的方案，适用数据等信息比较缺乏的情况，对于较复杂的系统比较适用，但只能对研究对象粗略线条的把握。

根据应用的领域不同，可采取不同的情景分析方法，但一般包括 3 个主要阶段：情景构建阶段、情景量化阶段和结果分析阶段。针对碳排放峰值的研究来说，在情景构建阶段，根据模型或历史数据的情况确定关键的不确定因素，通过情景构建逻辑，构建将来碳排放的不同情景。在情景量化阶段，按照设定的不同的未来碳排放前景，将关键性指标量化，并将量化的指标代入对应的模型进行模拟。碳排放的关键性指标一般包括人口、城市化率、人均 GDP、产业结构、能源消耗结构等因素。不同情景下这些关键性指标的增长速度是有差别的。在结果分析阶段，根据不同情景计算出的碳排放峰值等情况，确定碳排放发展路径和相应的减碳策略。

（2）情景与预测的联系与区别

很多人会把情景和预测混淆，认为情景就是预测，其实是不对的，情景和预测既有联系又有区别。从概念上来说，情景和预测都含有对未来事物发展态势的展望之意。而预测是在现有信息的基础上，按照一定方式对过程和结果进行较为直观的一种预言和推断。学术研究中的“情景”只是一种观点和理解方式，用来描述未来可能面临的各种环境和情况，以及可能采取的策略。

情景与预测有很大区别。情景是预测未来可能发生的一些情况，但不是预测的绝对结果，可以说只是对未来一些发展态势中较为确定部分的定性和定量描述，以及对未来可能出现的趋势的描述。未来充满了不确定性，有可以预测的不确定性，也有无法预测的不确定性，情景分析尽管无法准确预测未来，但是给了我们针对未来可能发生的情景应对之策。如果说预测侧重的是未来事情发展的过程和结果，那情景只是一种较为合理的自圆其说的解释。情景是通过一系列的假设条件，构建未来事件可能发展的框架，以及在这个框架中，各种相互联系的因素在特定的环境中相互作用可能构成的不同的未来境况。设置情景的最根本的目的不是预测，而是审视我们当前的状况，提高我们应对事件的能力，对未来可能需要采取的措施做到心中有数，帮助人们科学决策。本书希望通过不同情景的设定，描述未来中原经济区可能会面临的碳排放发展趋势，引发人们的思考，以便反思现状，做出较为合理的决策，推动中原经济区低碳经济的发展和低碳社会的建设。

10.5 中原经济区碳排放峰值测度与分析

10.5.1 数据来源和碳排放计算

在CO_2的排放量中，能源消费即化石燃料燃烧所产生的CO_2排放量是最大的，再加上数据获得和处理的便利性考虑，目前国内外的学者大部分研究的都是关于能源消费的碳排放峰值的测度方面，也就是说，将能源消费产生的二氧化碳排放量作为整个地区的二氧化碳排放总量。国家的碳指标体系目前也是以对煤炭、石油、天然气的数据为基础核算的。本书的研究也是把中原经济区一次能源消费总量的二氧化碳排放当作本区域的碳排放总量。由于中原经济区是一个跨越多个省份地市的经济区域，二次能源的调入调出数据获取困难，本书不考虑二次能源的调入调出问题。二氧化碳的排放量根据中原经济区一次能源消耗总量，根据不同能源种类所占比例，算出各种能源分别的消耗量，再乘以它们的二氧化碳排放系数，测算出每种能源的CO_2排放量，相加即可得出总的能源消耗的CO_2排放量，公式如下：

$$I=E_1\times EF_1+E_2\times EF_2+E_3\times EF_3 \tag{10-2}$$

其中，I表示CO_2排放总量，E_1、E_2、E_3分别为煤炭、石油、天然气消耗量，单位为tce，EF_1、EF_2、EF_3分别为煤炭、石油、天然气燃烧过程二氧化碳排放因子，单位为tCO_2/tce。EF_1、EF_2、EF_3使用《2005年国家温室气体排放清单》中的较为简化的排放因子（单位：tCO_2/tce）：煤炭，

2.64；油品，2.08；天然气，1.63。计算所需数据是通过查阅中原经济区涉及的省、市2000—2014年的统计年鉴，将各地市数据汇总计算获得。此外，本书中用到的GDP是换算成2000不变价的GDP，人口为常住人口，部分地区由于数据缺乏，用总人口代替常住人口。由于数据缺乏，能源结构中煤炭的比例选用的是河南省煤炭消耗占比作为中原经济区煤炭消耗占比，这样替代的理由是中原经济区各省能源结构基本趋同，煤炭都占据相当高的比重。而通过对比发现，河南省煤炭消耗占比和涉及的其他省份相比，恰好处于中等水平，将河南省煤炭消耗占比作为中原经济区煤炭消耗占比具有一定的合理性。

表10-1　中原经济区能源消费碳排放总量等指标数据

年份	CO_2排放量（万吨）	人口（万人）	人均GDP（万元/人）	煤炭消耗占比（%）	第二产业占比（%）	城市化率（%）
	I	P	A	Es	Inds	Ur
2000	38837.81	15766.27	0.49	87.60	43.80	23.93
2001	40737.15	15876.37	0.53	87.00	44.07	25.25
2002	43180.84	15981.05	0.58	86.60	44.88	26.75
2003	46539.07	16070.89	0.64	86.70	47.00	28.05
2004	50845.08	16187.70	0.73	86.60	47.99	29.54
2005	55661.51	16231.88	0.83	87.20	49.46	31.35
2006	61560.48	16293.30	0.94	87.40	50.89	32.86
2007	67472.14	16359.74	1.07	87.70	52.28	34.46
2008	70518.03	16434.99	1.19	87.20	53.12	36.08
2009	73483.56	16505.44	1.31	87.00	53.64	37.60
2010	76725.67	16925.26	1.44	84.30	54.79	38.67
2011	70869.09	17009.52	1.61	83.50	55.62	40.34
2012	71070.80	17075.74	1.76	80.20	56.27	42.12
2013	73441.55	17165.24	1.91	77.09	56.60	43.50
2014	73436.32	17276.14	2.06	77.70	56.69	44.90

10.5.2 中原经济区碳排放模型构建

本书使用STIRPAT模型，它是一个环境评估模型，反映了人口、经济发展水平、能源及其他社会发展因素对环境的影响作用。近年来，该模型被广泛用于碳排放研究领域。不同的研究者根据自己的研究需要对该模型做一些拓展和调整，应用起来比较方便灵活，而且相较一些线性的碳排放模型，更能反映各因素对碳排放的影响程度的差异，因此，本研究选用了该模型。我们使用其基本模型 $I=aP^bA^cT^de$ 对中原经济区碳排放进行建模，对等式两边取对数，变为：

$$\text{Ln}I=\text{Ln}a+b\text{Ln}(P)+c\text{Ln}(A)+d\text{Ln}(T)+\text{Ln}e \tag{10-3}$$

其中，P 代表人口，A 代表财富，T 代表技术，它们的系数 b、c、d 表示各因素对被解释变量的影响程度，其中系数的绝对值大小和系数的正负表示影响程度和方向。通过总结国内外学者的扩展模型思路和方法，发现先前文献使用的能源强度或碳排放强度代表技术T。然而能源强度和碳排放强度的改善不完全是技术进步的原因，本研究表征技术T用两个变量：第二产业结构占比以及煤炭消耗占比。之所以选第二产业结构是因为第二产业在中原经济区经济发展过程中占据重要地位，能源消耗占总能源消耗的比重和碳排放量都比较大，尤其是过去很长一段时间中原经济区第二产业中高耗能高污染等产业对碳排放影响巨大，故将第二产业比（Inds）引入STIRPAT模型。同样根据历史数据，煤类在中原经济区化石燃料中使用占比一直以来接近80%，远高于全国平均水平，而煤的燃烧是二氧化碳碳排放的最大来源，这种高煤炭占比的能源结构势必对碳排放有很大程度的影响，因此，将能源结构用煤类消耗占比（Es）引入模型。部分学者认为随着城镇化的快速推进，城市化率（Ur），即城镇人口占总常住人口的比重，也将对碳排放产生一定程度的影响，因此本研究也尝试将城镇化率加入模型进行考察。

综上所述，本研究所建立的经过拓展的STIRPAT模型为

$$\ln I=a+b\ln(P)+c\ln(A)+d\ln(Es)+e\ln(\text{In}ds)+f\ln(Ur)+u \tag{10-4}$$

其中，a 为常数项，b、c、d、e、f 为各变量系数，u 为误差项，模型中各

个变量的具体释义见表 10-2。

表 10-2 模型各变量的说明

变 量	定 义	单 位
I	二氧化碳排放量	万吨
P	人口	万人
A	人均 GDP	万元/人
Es	煤炭消耗占总能源消耗的比重	%
Inds	第二产业占 GDP 比重	%
Ur	城镇化率	%

用中原经济区的数据在 Eviews 中构建模型，通过最小二乘法进行拟合，但回归结果显示 $R^2=0.99$，F 检验显著，但自变量的 T 检验不显著。通过 VIF 检验，注意到自变量的方差膨胀因子 VIF 都大于 10，而且变量 P 的系数为负，与经济理论上预期的 P 系数为正的结果相反。因此，推测解释变量之间可能存在严重的多重共线性，并造成了较为严重的影响。

本书采取了岭回归方法以消除多重共线性对模型的影响。岭回归是一种有偏估计回归方法，从本质上来说是一种改良的最小二乘估计法，非常适用于处理共线性数据。岭回归以降低精准度为代价，损失了一部分信息，但却使回归系数更为符合实际、更可靠，大大降低了变量之间的共线性，提高了估计的稳定性。按照公式（10-4）建立的 STIRPAT 扩展模型，将因变量和自变量输入 SPSS 软件中进行岭回归分析，岭回归系数 k 的取值是在 0~1，在软件中将搜索步长设置为 0.01，进行岭回归拟合后，各变量在取不同的 *k* 值时，岭迹图如图 10-1 所示。

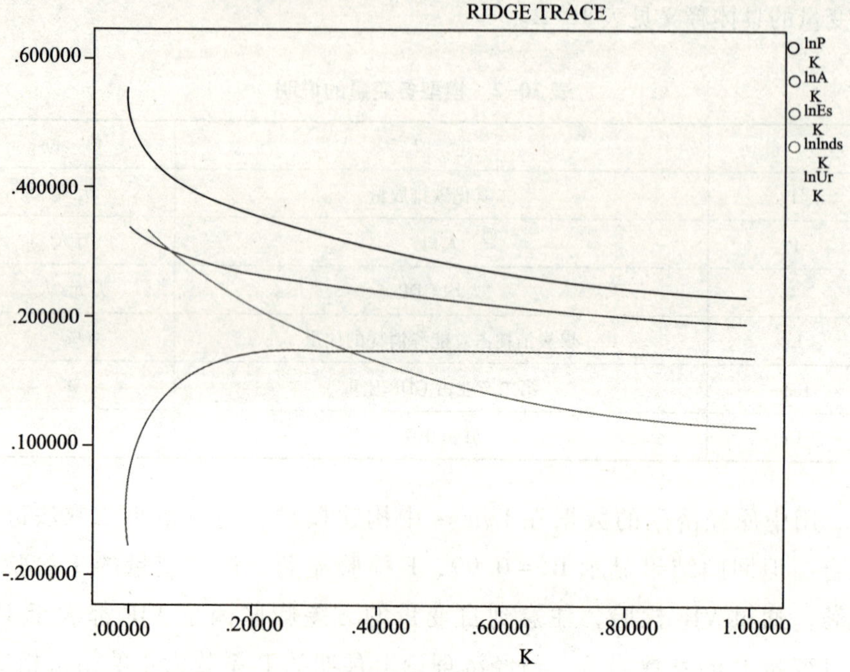

图 10-1 岭迹图

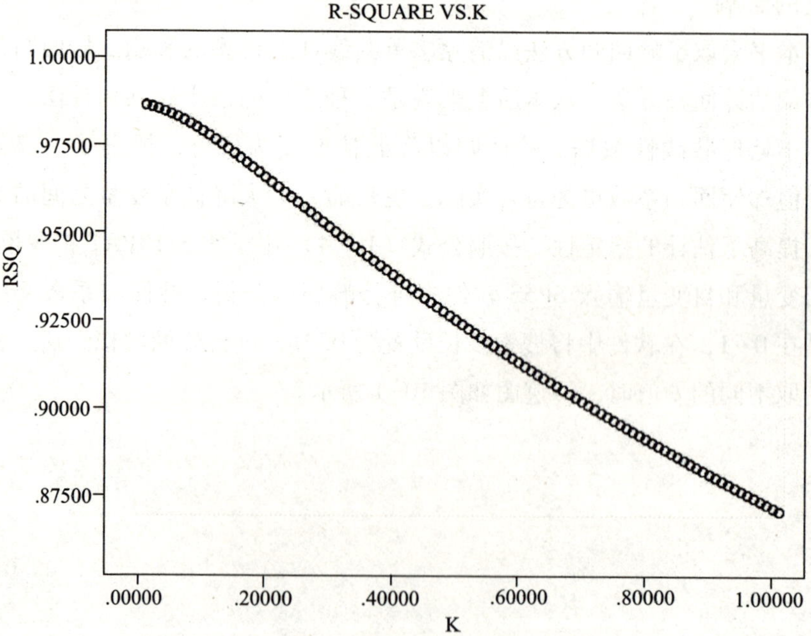

图 10-2 K 值对应 R^2 图

当 $k=0.12$ 时岭迹图变化趋于稳定，模型拟合结果见表 10-3、表 10-4 和表 10-5。

表 10-3　模型综述表

Mult R	Rsquare	Adj Rsqu	SE
0.988154	0.976449	0.963365	0.046422

表 10-4　方差分析表

	df	SS	MS	F value	Sig F
Regress	5.000	0.804	0.161	74.6298	0.00000047
Residual	9.000	0.019	0.002	—	—

表 10-5　系数分析表

	B	SE（B）	Beta	T	sig
lnP	0.971055	0.358514	0.11976	2.708554	0.02405439
lnA	0.146034	0.012493	0.289612	11.68926	0.00000096
lnEs	1.463061	0.308211	0.267131	4.74695	0.00104866
lnInds	1.020016	0.089179	0.391581	11.43787	0.00000116
lnUr	0.381274	0.03272	0.31908	11.65268	0.00000099
Constant	-10.2881	3.834455	0.00	-2.68306	0.0250799

由以上表格显示结果看出，当 $k=0.12$ 时，各自变量岭迹图变化趋于稳定，自变量岭迹图变化基本呈稳定趋势，此时各变量拟合结果显示，$R^2=0.976$，方程具有较好的拟合度较好；由拟合结果的方差分析表看出，F 检验显著（$F=74.63$ sig $F=0.00$），自变量的回归系数的 T 检验 Sig 值都小于 0.05，说明在 5%的水平下，各自变量都显著。此时对应的标准化岭回归方程为：

$$\ln I=0.971\ln(P)+0.146\ln(A)+1.463\ln(Es)+1.020\ln(Inds)+0.381\ln(Ur)-10.288 \tag{10-5}$$

该模型从现实的经济意义上说也是比较合理的，模型中的五个因素变化方向和碳排放量的变化方向是一致的，因为人口规模扩大、人均 GDP 的增加、煤炭消耗占比和第二产业占比的增长、城镇化率的提高，都一定程度上使碳排放总量增长，这和我们预期的是一样的。然后我们需要验证模型的拟合效果，就要对该模型进行误差检验。将历史数据代入，计算 2000—2014 年碳排放的模拟值，将真实值与拟合值进行比较，对比结果如图 10-3 所示。

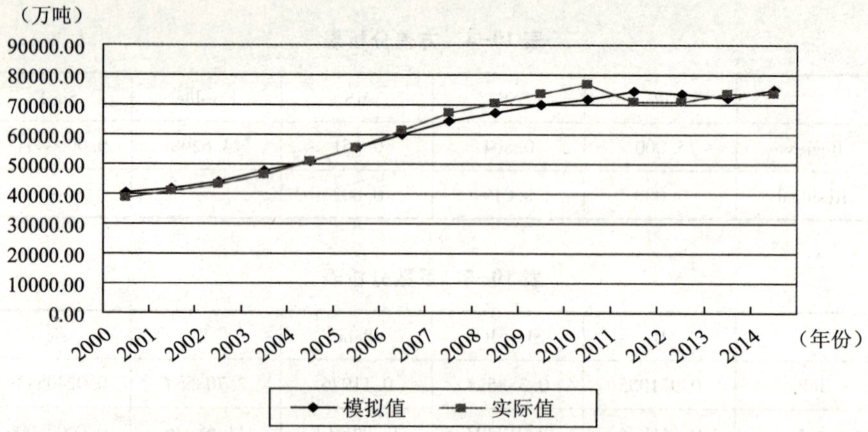

图 10-3　中原经济区 2000—2014 年碳排放量实际值与拟合值比较

模型检验的平均误差大约为 3. 16%，2000—2014 年中原经济区碳排放量实际值与拟合值基本吻合，说明模型确实具有较高的拟合度，该模型较为接近实际情况。

10. 5. 3　中原经济区碳排放峰值情景分析

10. 5. 3. 1　情景设定

要按照 STIRPAT 模型预测未来中原经济区碳排放总量，就必须知道将来一定时期人口（*P*）、人均 GDP（*A*）、第二产业所占比例（In*ds*）、煤炭所占比例（*Es*）、城镇化率（*Ur*）的具体数值。各变量的预测值参考历史数据的平均增长率、中国和中原经济区各省的政策规划以及发达国家发展规律进行设计，尽可能确保设定符合中原经济区未来经济社会发展的实际情形。此外，因为河南省的经济规模在中原经济区中最大，所以本书在设定数据的时候也着重考虑河南省的相关政策规划。

本书选取2014年为预测基准年，预测2015—2050年中原经济区的碳排放情况，分为2014—2020年、2021—2030年、2031—2040年、2041—2050年四个阶段。设定将来中原经济区三种碳排放的情景：基准情景、低碳情景和强低碳情景。在基准情景下，人口（P）和人均GDP（A）等变量以较高速度增长，能源结构和产业结构调整缓慢。按照2000—2014年年均增长率不断增长。低碳情景是与基准情景相比，各变量增速略有下降，煤炭消耗占比下降速度稍快，第二产业占比逐步下调；强低碳情景是与低碳情景相比各变量增速进一步下降，煤炭消耗占比下降速度进一步加快，第二产业占比低碳情景又有所下调。设置情景数据的方法是先确定第一阶段的数据，然后根据第一阶段数据再设定第二、第三、第四阶段的具体数据。具体设置方法如下：

（1）人口（P）

对人口（P）方面的总体推断是：中国正在转向鼓励人口生育政策，但随着经济水平的提高和人们生育思想的改变，人口在未来一段时间可能略有增加但最终还是会趋于下降。我国“十三五”（2016—2020年）生育规划的目标是年均6‰的目标，而根据本书历史数据推算，2000—2014年中原经济区人口年均增长率为6.568‰，再参考渠慎宁等对人口的3种低模式、中模式的情景预测进行设定，设定基准情景第一阶段人口增速由6‰下降到第四阶段的1‰；低碳情景第一阶段人口增速由5‰下降到第四阶段的0‰；强低碳情景第一阶段人口增速由4‰下降到第四阶段的-1‰。

（2）人均GDP（A）

对人均GDP（A）方面的总体推断是：中原经济区崛起过程中经济发展人均GDP仍然会不断上升，但人均GDP的增长率会不断下降。2000—2014年中原经济区人均GDP年均增长率为10.77%，过去五年河南省的GDP年均增速在9.6%左右，高于全国平均水平。《中原经济区规划（2012—2020年）》提出的目标是2020年实现人均GDP比2011年增长1倍以上，综合以上信息再参考中国总体的经济发展规划进行设定基准情景第一阶段年均增长率为9%，然后逐渐降低到第四阶段的5%；低碳情景第一阶段年均增长率为8%，然后逐渐降低到第四阶段的4%；强低碳情景第一阶段年均增长率为6%，然后逐渐降低到第四阶段的2%。

（3）第二产业所占比例（Inds）

对第二产业所占比例（Inds）方面的总体推断是：中原经济区第二产业占比在临近峰值后不断降低。十八大报告指出，中国要在2020年基本实现工业化，而且自2013年起中国第三产业的比重已经超过了第二产业。但中部地区由于历史原因，工业化水平相对有些滞后，中原经济区目前第二产业占比仍在上升阶段，但从2013年开始增长率非常缓慢，2014年增速仅为1‰。2000—2014年中原经济区第二产业所占比例年均增长率为1.88%。结合以上信息，我们推断中原经济区的第二产业占比已经接近峰值。设定基准情景第二产业占比到2050年逐渐下降到45%；低碳情景第二产业占比到2050年逐渐下降到40%；强低碳情景第二产业占比到2050年逐渐下降到38%。

（4）煤炭所占比例（*Es*）

对煤炭所占比例（*Es*）方面的总体推断是：随着中国节能减排力度的加大，清洁能源比重会不断上升，煤炭比例会不断下降，但随着能源结构调整难度加大，下降速率不断减小。中国《能源发展战略行动计划（2014—2020年）》中提出的目标是到2020年，非化石能源占一次能源比重为15%，煤炭消耗占比控制在62%之内；《河南省"十三五"能源发展规划》提出，到2020年全省煤炭消费比重降低到70%以下，那么2014—2020年年均下降率大概在2%左右。再结合2000—2014年中原经济区煤炭所占比例年均下降率为8.25‰的历史数据，设定基准情景下，到2030年煤炭消耗占比在70%左右，到2050年煤炭消耗占比在64%左右，设定低碳情景和强低碳情景煤炭消耗占比在基准情景的基础上依次做一些下调。

（5）城镇化率（*Ur*）

对城镇化率（*Ur*）方面的总体推断是：随着城镇化的不断推进，中原经济区的城镇化率会不断提高，但提升速度会逐渐降低。《中原经济区规划（2012—2020年）》提出城镇化率到2020年要达到56%，"十三五"规划纲要提出，到2020年，内地常住人口的城镇化率要达到60%。根据发达国家经验，城镇化率达到70%～80%就基本饱和。经计算，按照2000—2014年中原经济区城镇化率年均增长率4.6%增长，到2020年城镇化率为 58.81%，基本上能完成预期目标。根据世界各国经验，城市化率在达到 30%左右时进入快速城市化，城市化率达到 70%以上基本完成城市化任务，这个过程美国用了约 100 年，日本约 50 年，韩国约 30 年。综上，那么设定基准情景下，到 2030 年城镇化率为 75%左右，到 2050 年城镇化率为 90%左右，再结合中原经济区过去 5 年城镇化率为 3.5%左右，设定低碳情景到 2030 年城镇化率为 70%左右，到 2050 年城镇化率为 80%左右；强低碳情景到 2030 年城镇化率为 65%左右，到 2050 年城镇化率为 70%左右，城镇化率的变化率在基准情景的基础上依次略有下调。

综合考虑以上信息，设定在三种情境下各影响因素 2015—2050 年各阶段的具体年均增长率如表 10-6 所示。

表 10-6　2015—2050 年中原经济区情景设定

影响因素(%)	情　景	2015—2020 年	2021—2030 年	2031—2040 年	2041—2050 年
P	基准情景	0.6	0.4	0.2	0.1
	低碳情景	0.5	0.3	0.1	0
	强低碳情景	0.4	0.2	0	-0.1
A	基准情景	9	7	6	5
	低碳情景	8	6	5	4
	强低碳情景	6	5	4	2
Es	基准情景	-0.8	-0.6	-0.5	-0.3
	低碳情景	-0.9	-0.7	-0.6	-0.4
	强低碳情景	-0.95	-0.75	-0.65	-0.50
In*ds*	基准情景	逐渐下降到 45%	—	—	—
	低碳情景	逐渐下降到 40%	—	—	—
	强低碳情景	逐渐下降到 38%	—	—	—
Ur	基准情景	4	3	2	1
	低碳情景	3.5	2.5	1.0	0
	强低碳情景	3	2	1	0

10.5.3.2　中原经济区碳排放峰值预测及结果分析

根据情景分析中对各影响因素未来变化的设定来计算未来各变量数据，

首先，算出每个期间内各影响因素的平均变化率；其次，算出三种不同情景下2015—2050年每一年的具体数值，最后代入之前建立的预测模型公式（3-4），得到2015—2050年中原经济区的CO_2排放量的预测值，见表10-7。

表10-7 三种情景下中原经济区2015—2050年碳排放量和其他变量的预测值

年份	CO_2排放量（万吨）			人口（万人）			人均GDP（万元/人）		
	I			*P*			*A*		
	基准情景	节能情景	低碳情景	基准情景	节能情景	低碳情景	基准情景	节能情景	低碳情景
2015	76339.33	75658.37	75214.95	17379.80	17362.52	17353.89	2.25	2.23	2.21
2016	77496.08	76119.68	75230.06	17484.08	17449.34	17431.98	2.45	2.41	2.36
2017	78670.35	76583.81	75245.16	17588.98	17536.58	17510.42	2.67	2.60	2.53
2018	79862.41	77050.76	75260.27	17694.52	17624.27	17589.22	2.91	2.81	2.70
2019	81072.54	77520.57	75275.38	17800.68	17712.39	17668.37	3.17	3.03	2.89
2020	82301.00	77993.23	75290.49	17907.49	17800.95	17747.88	3.46	3.27	3.10
2021	83100.57	77899.93	74859.59	17979.12	17854.35	17783.37	3.70	3.47	3.25
2022	83907.91	77806.73	74431.15	18051.04	17907.92	17818.94	3.96	3.68	3.41
2023	84723.09	77713.65	74005.16	18123.24	17961.64	17854.58	4.24	3.90	3.58
2024	85546.19	78201.29	73581.61	18195.73	18015.52	17890.29	4.53	4.13	3.76
2025	86377.29	78253.39	73160.48	18268.52	18069.57	17926.07	4.85	4.38	3.95
2026	87216.46	78305.53	72741.76	18341.59	18123.78	17961.92	5.19	4.64	4.15
2027	88063.79	78357.70	72325.45	18414.96	18178.15	17997.85	5.55	4.92	4.36
2028	88919.35	78409.90	71911.51	18488.62	18232.69	18033.84	5.94	5.22	4.57
2029	89783.21	78462.14	71499.94	18562.57	18287.38	18069.91	6.36	5.53	4.80
2030	90655.48	78514.42	71090.73	18636.82	18342.25	18106.05	6.80	5.86	5.04
2031	91029.31	77982.31	70287.90	18674.09	18360.59	18106.05	7.21	6.15	5.24
2032	91404.69	77453.81	69494.13	18711.44	18378.95	18106.05	7.64	6.46	5.45
2033	91781.61	76928.89	68709.33	18748.87	18397.33	18106.05	8.10	6.78	5.67
2034	92160.09	76407.53	67933.39	18786.36	18415.72	18106.05	8.59	7.12	5.90
2035	92540.13	75889.71	67166.22	18823.94	18434.14	18106.05	9.11	7.48	6.13
2036	92921.73	75375.39	66407.70	18861.58	18452.57	18106.05	9.65	7.85	6.38
2037	93304.91	74864.56	65657.76	18899.31	18471.03	18106.05	10.23	8.25	6.63
2038	93689.67	74357.19	64916.28	18937.11	18489.50	18106.05	10.84	8.66	6.90
2039	94076.02	73853.25	64183.18	18974.98	18507.99	18106.05	11.50	9.09	7.18

续表

年份	CO_2排放量（万吨）			人口（万人）			人均 GDP（万元/人）		
	I			*P*			*A*		
	基准情景	节能情景	低碳情景	基准情景	节能情景	低碳情景	基准情景	节能情景	低碳情景
2040	94463.96	73352.74	63458.35	19012.93	18526.50	18106.05	12.18	9.55	7.46
2041	94195.56	72621.54	62404.42	19031.94	18526.50	18087.94	12.79	9.93	7.61
2042	93927.93	71897.63	61367.99	19050.97	18526.50	18069.85	13.43	10.33	7.76
2043	93661.06	71180.94	60348.78	19070.03	18526.50	18051.78	14.11	10.74	7.92
2044	93394.94	70471.39	59346.49	19089.10	18526.50	18033.73	14.81	11.17	8.08
2045	93129.59	69768.91	58360.85	19108.18	18526.50	18015.70	15.55	11.62	8.24
2046	92864.98	69073.44	57391.58	19127.29	18526.50	17997.68	16.33	12.08	8.40
2047	92601.13	68384.89	56438.40	19146.42	18526.50	17979.69	17.15	12.56	8.57
2048	92338.03	67703.22	55501.06	19165.57	18526.50	17961.71	18.00	13.07	8.74
2049	92075.67	67028.33	54579.28	19184.73	18526.50	17943.74	18.90	13.59	8.92
2050	91814.06	66360.18	53672.82	19203.92	18526.50	17925.80	19.85	14.13	9.10

	煤炭消耗占比（%）			第二产业占比（%）			城市化率（%）		
	Es			Inds			*Ur*		
	基准情景	低碳情景	强低碳情景	基准情景	低碳情景	强低碳情景	基准情景	低碳情景	强低碳情景
2015	77.08	77.00	76.96	56.33	56.14	56.06	46.70	46.47	46.25
2016	76.46	76.31	76.23	55.97	55.60	55.44	48.57	48.10	47.64
2017	75.85	75.62	75.51	55.61	55.07	54.83	50.51	49.78	49.07
2018	75.24	74.94	74.79	55.25	54.54	54.23	52.53	51.53	50.54
2019	74.64	74.27	74.08	54.90	54.01	53.63	54.63	53.33	52.05
2020	74.04	73.60	73.37	54.55	53.49	53.03	56.81	55.20	53.61
2021	73.60	73.08	72.82	54.20	52.97	52.45	58.52	56.30	54.69
2022	73.16	72.57	72.28	53.85	52.46	51.87	60.27	57.43	55.78
2023	72.72	72.06	71.74	53.51	51.96	51.30	62.08	58.57	56.90
2024	72.28	71.56	71.20	53.17	51.46	50.73	63.95	60.93	58.03
2025	71.85	71.06	70.66	52.83	50.96	50.17	65.86	62.45	59.20
2026	71.42	70.56	70.13	52.49	50.47	49.61	67.84	64.01	60.38

续表

	煤炭消耗占比（%）			第二产业占比（%）			城市化率（%）		
	Es			In*ds*			*Ur*		
	基准情景	低碳情景	强低碳情景	基准情景	低碳情景	强低碳情景	基准情景	低碳情景	强低碳情景
2027	70.99	70.07	69.61	52.15	49.98	49.07	69.88	65.61	61.59
2028	70.56	69.58	69.09	51.82	49.50	48.52	71.97	67.25	62.82
2029	70.14	69.09	68.57	51.49	49.02	47.99	74.13	68.93	64.07
2030	69.72	68.60	68.05	51.16	48.55	47.46	76.35	70.65	65.36
2031	69.37	68.19	67.61	50.83	48.08	46.93	77.88	71.36	66.01
2032	69.02	67.78	67.17	50.51	47.62	46.41	79.44	72.08	66.67
2033	68.68	67.38	66.74	50.19	47.16	45.90	81.03	72.80	67.34
2034	68.34	66.97	66.30	49.86	46.71	45.39	82.65	73.52	68.01
2035	67.99	66.57	65.87	49.55	46.26	44.89	84.30	74.26	68.69
2036	67.65	66.17	65.44	49.23	45.81	44.40	85.99	75.00	69.38
2037	67.32	65.77	65.02	48.91	45.37	43.91	87.71	75.75	70.07
2038	66.98	65.38	64.59	48.60	44.93	43.42	89.46	76.51	70.77
2039	66.64	64.99	64.17	48.29	44.50	42.94	91.25	77.27	71.48
2040	66.31	64.60	63.76	47.98	44.07	42.47	93.08	78.05	72.19
2041	66.11	64.34	63.44	47.67	43.64	42.00	93.08	78.05	72.19
2042	65.91	64.08	63.12	47.37	43.22	41.53	93.08	78.05	72.19
2043	65.72	63.83	62.81	47.07	42.81	41.07	93.08	78.05	72.19
2044	65.52	63.57	62.49	46.77	42.39	40.62	93.08	78.05	72.19
2045	65.32	63.32	62.18	46.47	41.99	40.17	93.08	78.05	72.19
2046	65.13	63.06	61.87	46.17	41.58	39.73	93.08	78.05	72.19
2047	64.93	62.81	61.56	45.87	41.18	39.29	93.08	78.05	72.19
2048	64.74	62.56	61.25	45.58	40.78	38.85	93.08	78.05	72.19
2049	64.54	62.31	60.95	45.29	40.39	38.42	93.08	78.05	72.19
2050	64.35	62.06	60.64	45.00	40.00	38.00	93.08	78.05	72.19

由以上结果可以看出，基准情景下，中原经济区人口保持持续增长，在2050年之前未能达顶峰；而低碳情景下人口在2040年达到峰值

18526.50 万人；强低碳情景下，人口在 2030 年达到峰值 18106.05 万人。到 2050 年，人均 GDP 方面（2000 年不变价），基准情景下人均达到 19.85 万元，低碳情景下人均达到 14.13 万元，强低碳情景下为人均 9.1 万元，经过计算转换以后，低碳情景接近目前较发达国家的人均 GDP 水平，基准情景稍高一些，强低碳情景则相对较低，设置比较合理。在煤炭消耗占比方面，2050 年基准情景下降到 64%，低碳情景下降到 60%，分别比 2014 年下降了 13%和 17%左右，下降幅度相对于中原经济区来说还是比较大的。因为中部地区煤炭资源较为丰富，经济也处在相对高的发展速度中，清洁能源的全面发展包括核电站建设规划还要相当一段时间。而石油和天然气管道的一些建设工程也只是在规划当中，距离工程建成还早，对能替代的煤炭也相对有限，在很长一段时间，中部地区煤炭的消费量还是不小的。因此煤炭消耗占比下降幅度的设置对于高度依赖煤炭资源的中原经济区是不低的，在一定程度上也是合理的。三种情景下，第二产业占比分别在 2050 年逐步下降到 45%、40%、38%。根据世界银行统计，发达国家第二产业占比近几年平均 25%左右，而中原经济区发展相对滞后，所以第二产业水平短时期内不会比发达国家下降的多，到 2050 年下降到 40%左右的设置是基本合理的。在城镇化率方面，结果显示，到 2030 年，中原经济区基准情景下达到 76%，低碳情景下为 70%，强低碳情景下为 65%左右。中国社会科学院城市发展与环境研究所出版的《城市蓝皮书：中国城市发展报告 No.8》指出到 2030 年将达到 70%左右，显然基准情景下是比较高的水平，中原经济区城镇化率相对较低，到 2030 年很难达到基准情景下的水平，如果以较高速度发展可以达到低碳情景下的水平，以较低速度发展可能会达到强低碳情景水平，因此，情景分析得到的城镇化率结果有一定的合理性。

依据表 10-7 得出不同情景下中原经济区的碳排放峰值大小及达到峰值时间为：

基准情景：2040 年中原经济区达到 CO_2 排放峰值，峰值量为 94463.96 万吨；

低碳情景：2030 年中原经济区达到 CO_2 排放峰值，峰值量为 78514.42 万吨；

强低碳情景：2020 年中原经济区 CO_2 排放达到峰值，峰值量为 75290.49 万吨。

表 10-8 中原经济区碳排放峰值大小以及峰值出现时间

情景	峰值排放量（万吨）	峰值出现时间（年）	2015—2050 年总排放量（万吨）
基准情景	94463.96	2040	3201410.117
低碳情景	78514.42	2030	2693806.923
强低碳情景	75290.49	2020	2428749.599

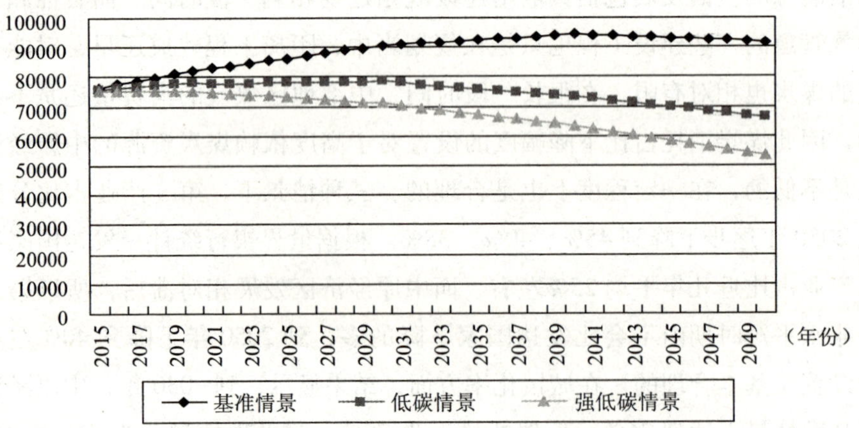

图 10-4 中原经济区不同情景下 2015—2050 年碳排放总量趋势图

通过图 10-4 可以发现，三种情景下中原经济区碳排放量都是先升后降，因此也都存在碳排放峰值。但由于不同情景下各变量的设置有所区别，CO_2 排放峰值出现的年份及峰值对应的排放量有很大差异。从趋势图上来看，基准情景高于低碳情景和强低碳情景。从 CO_2 排放峰值出现的年份和峰值量来说，低碳情景下 CO_2 排放峰值会比基准情景早 10 年出现，而且峰值量会降低 15949.54 万吨碳；强低碳情景 CO_2 排放峰值会比低碳情景早 10 年出现，而且峰值量会降低 3223.92 万吨碳。从 2015—2050 年总排放量来看，低碳情景下会比基准情景降低 507603.19 万吨碳，强低碳情景会比低碳情景降低 265057.32 万吨碳。可以看出，随着碳减排力度的加大，降低 CO_2 排放量所需要的技术、资金等成本投入等也会不断增加，节能降耗的难度不断加大。

10.6 中原经济区碳排放目标实现路径分析

10.6.1 中原经济区碳排放目标实现路径探讨

在影响碳排放量的5个因素中，人口、人均GDP、煤炭消耗占比、第二产业占比、城镇化率各因素对峰值都表现出不同水平的影响。在设定的三种情景中，基准情景是人口、人均GDP、城镇化率这三个变量都保持较高速度的增长，煤炭消耗占比、第二产业占比下降的速度也比较缓慢。在这种情景中，经济发展仍然被放在至关重要的位置，能源消耗和二氧化碳碳排放增加的速度比较快。碳排放达到峰值的时间比较晚，和中国承诺的2030年碳排放达峰的目标相比推迟较多。中原经济区作为中国经济版图中重点发展和规划的区域，其碳排放是否能按时达峰对中国的碳减排目标实现有很重要的影响，很显然，走基准情景下的碳排放发展路径是不科学的，也会影响全国碳排放峰值的实现。

在强低碳情景下，中原经济区在2020年碳排放就达到了峰值，但在这种情景下，人均GDP、城镇化率的增长速度比较低，这对于正在崛起的经济区域来讲，经济损失有点大。中原经济区农村人口规模庞大，城镇化率相对较低，需要在未来大力推进城镇化，提升人民生活水平是必须要做的事情，预计未来GDP和城镇化率的推进速度会高于全国平均水平。同时，在强低碳情景下，产业结构和能源结构调整较快，需要投入更高的技术和资源。对比峰值发现，强低碳情景峰值会比低碳情景峰值降低3223.92万吨碳，降低的幅度并不是很大。这说明随着节能减排措施的推进，降低碳排放的难度也在加大。这对发展中的中原经济区来说，走低碳经济道路存在一些阻力因素。

综上，排除两种极端的发展路径，我们认为中原经济区适合走低碳情景的发展路径，人口、人均GDP、城镇化率这三个变量都保持中速的增长，煤炭消耗占比、第二产业占比下降的速度适中，这样在2030年达峰，恰好可以赶上全国达峰目标。然而这是一种比较理想化的情景，想要在2030年甚至更早实现碳排放达峰，需要考量峰值的可控性。

10.6.2 中原经济区碳排放峰值各影响因素分析

从STIRPAT模型数据拟合方程系数来看，STIRPAT模型的标准化岭回归方程的回归系数的大小表示各影响因素对碳排放量的弹性，即人口、人均GDP、煤炭消耗占比、第二产业占比、城镇化率这五个因素的每一种变化1%对应引起的碳排放量的变化的百分比。

模型的岭回归分析结果表明，碳排放的5种影响因素按照其弹性系数从大到小依次为：煤炭消耗占比（1.463）、第二产业占比（1.02）、人口（0.971）、城镇化率（0.38）、人均GDP（0.146）。其中，煤炭消耗占比、第二产业占比、人口比弹性系数较大，它们各自变化1%将引起碳排放量的变化分别为1.463%、1.02%和0.971%，这几个变量对碳排放量的影响因素比较大。因此，在不影响经济社会发展的情况下调整产业结构和能源结构是控制碳排放总量的主要措施。人均GDP和城镇化率对碳排放的影响相对较小一些，这可能是因为中部地区发展过程中碳排放的来源并不主要是由经济因素引起的，而是能源结构和结构所代表的技术水平的影响更大一些。

虽然理论上人口碳排放弹性系数比较大，应该可以加以控制以促进碳排放量的减少，但在短期内却不可行。目前，国家开放了二胎政策，但随着经济社会发展，人们生育观念的改变，预计未来人口可能会有增长但不会增长太多，也不会突然减少，最有可能是近期内基本维持不变。人口政策等相关政策的实施使我国人口变动趋势不大，因此，通过加大控制人口来实现碳减排有一定的局限性。人均GDP和城镇化率的变化，从弹性系数上看，本身对碳排放影响也不是很大，而且根据一些学者的观点，降低经济社会发展速度对碳减排的影响没有大力发展技术、加大调整产业和能源消费结构的影响大。况且中原经济区作为一个蓬勃发展的新兴经济区域，各种发展规划正在陆续落实，人民的生活水平和城镇化水平都需要进一步提高，一味通过限制经济社会发展速度降低碳排放量的做法也不现实。因此，要进一步减少碳排放量，提高低碳技术水平，降低第二产业比，调整能源消费结构是最有效的措施。而且技术水平越高，第二产业占比和煤炭消耗占比越小，碳减排量就越大，峰值就越小，峰值到达的时间也会提前。其中，根据模型系数来看，降低煤炭消耗的比重要比降低第二产业占比更有效。

10.6.3 中原经济区碳排放峰值实现路径

从模型分析可以看出，煤炭消耗占比、第二产业占比和人口是影响中原经济区碳排放的主要因素，因此，在讨论碳排放峰值控制策略的时候需要重点考虑能源结构的调整、产业结构的优化升级及人们对碳排放思想观念转变的问题。此外，控制碳排放是一个系统性问题，在突出重点的同时，制度和技术方面的因素也必须加以考虑，多方管控的情况下才能取得较好的效果。具体来说，应做到以下几个方面：

10.6.3.1 路径一：调整经济结构

（1）调整能源结构，发展清洁能源和可再生能源

中部地区能源结构特征和中国情况类似，都是“富煤、贫油、少气”，煤炭长期以来在中原经济区的能源结构中占据着重要的地位。2014 年，中国煤炭消耗占总能源消费的比重为 66%，而中部地区煤炭消耗占比却高达 77%左右，高出全国水平 11 个百分点。这对处于快速发展中的中原经济区来说，短期内新能源发展无法满足快速上涨的能源需求，调整能源结构比较困难，但降低煤炭消耗占比迫在眉睫。在这种情况下，一方面，需要加强煤炭清洁化利用，对煤炭进行低碳甚至无碳化处理，淘汰一批落后的生产设备和工艺，推广先进的节能技术。另一方面，也要适当地输入燃烧过程中产生碳排放比煤炭较低的石油和天然气，在新出台的《促进中部地区崛起“十三五”规划》中就有进行日照—濮阳—洛阳原油管道、河南—山西成品油管道拟建设的计划，这些有助于改变以煤炭为主的能源结构。

除了改变化石能源中煤炭的消费比例外，更重要的是要发展清洁能源和可再生能源，提升它们在能源消耗中的比重。例如：要适当地发展核电，有条件的地区积极发展水电，大力开发太阳能、地热能、风能及生物质能等可再生能源，逐步减少煤炭在能源消费结构中的比例。具体来说，中原经济区可以在条件适宜的地区重点建设一些风电基地、光伏发电基地；在公众有一定核电接受度的时候，适当规划建立核电基地。因为核泄

漏事故，民众对核电有一定的恐惧心理，但不可因噎废食，应该让民众了解到在严格符合操作规定的情况下，核电是安全清洁的。同时，中原经济区生物质能资源潜力大，其中农作物秸秆以及城市生活垃圾等都可供能源化利用，发展生物质能的潜力巨大。

（2）调整产业结构，发展先进制造业及现代服务业

根据收集的数据显示，中原经济区 2014 年第二产业占比高达 56.7%，其中不乏资源型重化工等会带来高耗能、高污染的产业，这种产业结构不利于碳减排。要推动产业结构优化升级，必须淘汰高耗能、高污染的企业，严格规范高碳产业的市场准入制度。推动传统产业的优化升级，以高新技术改造石化、钢铁等传统行业，减少碳排放，使之成为低碳经济示范区。大力发展装备制造、汽车产业、电子信息产业、绿色食品加工以及新建材等先进制造业，培育一批新兴战略产业，如新材料、新兴信息服务、生物科技等。

此外，现代服务业是低能耗、低污染的产业，要降低碳排放，加速发展现代服务业是一个非常好的选择。一是可以发展现代物流业，中部地区一直是全国重要的交通枢纽，发展物流业具有很大的地理位置优势。例如：郑州作为多条铁路和公路的交叉点，具有非常优越的交通位置优势，可以发展为全国重要的物流中心。再加上目前正在建设的航空港，将来不仅可以发展陆路物流，还可以发展航空物流。二是可以进一步整合开发旅游资源，发展旅游业。中部地区历史文化悠久，风景秀美，拥有洛阳龙门石窟、嵩山少林寺、清明上河园等驰名中外的旅游景区，也有中国功夫、拜祖寻根等一系列特色文化资源。三是加快发展文化产业，如动漫、广播影视、文化创意等，健全文化市场，让中原文化走向世界。四是要大力发展金融业。金融业是服务业中一个相当重要的部分，发达国家的金融业一般都比较完善，而金融业在中国还有相当大的发展潜力。在中原经济区的部分较为发达的城市可以率先探索金融核心区的功能，培育新的、低碳排的经济增长点。

10.6.3.2 路径二：着力提高人口低碳生活素质，倡导低碳生活方式

以上研究中发现对碳排放的影响比较大的因素之一是人口。中国 2014

年人口总数为13.68亿，中原经济区常住人口约为1.73亿，占全国的比例约为12.65%，应当说是一个相当大的比重。十八届五中全会提出一对夫妇可以生两个孩子的人口政策，各省市在"十三五"期间会陆续落实二胎政策。未来中原经济区人口预计会有小幅增长，但从长期来看，随着经济发展和人们思想观念改变，未来人口趋势是零增长趋于稳定甚至会出现负增长。因此，要控制碳排放，控制人口数量是不符合现实情况的，而且从未来人口数量发展趋势上来看，也没有刻意控制的必要。我们可以着力提高人口低碳生活素质，加大对公民低碳意识的培养，使人们养成低碳生活习惯。

政府和企业要加强对公众的宣传引导，通过广播、电视、社区宣传等方式让低碳经济的理念融入家家户户的生活中。向全社会普及低碳知识，鼓励公众从自己身边的一点一滴做起，养成低碳生活的习惯。第一，在节能降耗方面，鼓励民众节水节电，使用能耗较低的家电，在农村开展家电以旧换新，逐步淘汰高耗能家电；普及垃圾分类知识，提高民众循环利用意识。目前，国内缺乏系统的垃圾分类回收体系，很多可再次循环利用的垃圾都被简单填埋焚烧处理，不仅污染环境，也造成了资源的大量浪费。因此，政府要出台相关政策，尽快建立城市社区垃圾分类体系，民众也要积极配合，多学习垃圾分类相关知识，在生活中做到合理分类，尽量减少资源的浪费。第二，在交通出行方面，尽量选择公共交通工具，减少私家车的使用频率，在城市设置共享自行车。在有条件的地区，政府应支持城市轨道交通的建设，引导民众选择购买小排量环保型汽车。第三，在供热供暖方面，建立符合环保标准的供热站，合理掌控供暖时间，使居民能享受到集体供暖，减少私自燃烧煤炭供暖和使用大功率电器供暖。农村可以发展沼气供热供暖，减少秸秆焚烧和煤炭使用，还可以充分利用太阳能。尤其在农村，每家每户屋顶上可以安装太阳能发电设备及太阳能热水系统，供居民使用，节省常规能源的使用。第四，转变消费观念，企业产品要有环保标识，政府应鼓励民众购买绿色环保产品。在中国大部分民众还没有根据环保标识购买产品的意识，而且由于各方面规定不够完善，部分企业也没有将环保产品和非环保产品区分开，公民即便想选择也不知道哪一类是环保产品。未来政府应该出台相关规定，明确分类各种产品的环保标识，鼓励公民购买绿色环保产品。这样公众投票的选择最终也会影响企业的生产，高碳产品自然会被市场淘汰。

10.6.3.3 路径三：加强碳减排方面的技术创新，同时增加碳汇

（1）加强碳减排方面的技术创新

第一，要提高碳排放方面的科研力度和经费投入，充分利用高等院校以及一些相关科研院所的科研优势，培养一批低碳技术方面的人才，形成一批碳排放方面的创新成果。对低碳技术的创新的投资本身存在一定的风险性和不确定性，有可能投入大量科研经费历经很长的科研周期也不一定有进展，这就需要在科研资金的筹措途径上有所创新。对于中原经济区重大且艰难的低碳技术科研项目，政府和企业可以共同承担，甚至可以跨区域合作，而金融和保险服务也要对此类投资进行支持。在人才方面，要联合中原经济区内的高校和科研院所培养专业化的人才，对急缺人才要加大引进力度。第二，重视风能、太阳能、生物质能等新能源应用技术的创新。这些清洁能源的利用存在一些技术上的难题，包括如何捕捉和储存这些能源，只有解决了这些技术性的问题，才能降低新能源的使用成本，使相关新能源的研究成果能够较快地转向市场化，提高新能源使用的普及率和利用率。第三，在碳捕捉、碳封存这些二氧化碳的处理技术方面要有更大的创新和提升。目前，这些减碳、固碳技术也不是很成熟，使用成本也很高，这方面也需要加大科研投入，并力争把一些新的技术尽早地向市场推广。第四，要提升能源尤其是煤炭在利用过程中的能效技术，也就是说，清洁、高效的利用能源方面的技术。尤其是化石能源的利用效率不是很高，导致燃烧过程中产生的碳排放较多，这些问题最终还需要从技术角度去解决。推进能源革命，技术创新应该是根本驱动力。

（2）保护环境，增加碳汇

第一，各地政府要增加改善生态环境的财政投入，加强对环境污染的治理，保护生态脆弱地区的环境，在有条件的地区扩大森林种植面积。中原经济区森林面积在全国来说并不高，森林覆盖率有待进一步提升，而且森林资源主要分布在山地和丘陵地区，如伏牛山区、太行山区和桐柏山区和大别山区等。森林是提升碳汇水平的主导力量，其固碳能力强。中原经

济区应该通过提高林地使用效率、荒地造林、建立自然保护区等途径增强森林的覆盖率，而且要提升林木质量，注意种植品种的多样性，防止森林系统过于脆弱，提高其固碳能力。

第二，重视湿地的建设和保护工作，增加碳汇。湿地由于其自身特殊的条件，拥有很高的固碳潜力。为了发挥湿地的环境保护作用，各地市目前都在加大湿地公园的建设力度。以河南省为例，2017 年，省级以上湿地公园（含试点）增加到 41 个，总面积达 125.8 万亩。这些湿地公园对改善气候环境、保护生物多样性等方面发挥巨大作用，同时也发挥了其强大的固碳能力。未来中原经济区各地区应继推进湿地公园的保护和建设工作。此外，中原经济区内存在一些黄河湿地保护区，应对这些保护区管理存在的问题进行整改，严禁非法挖沙等破坏湿地保护区的行为，对遭破坏湿地进行生态恢复，加大保护力度。

第三，在农村地区守住耕地底线，巧妙利用农田碳汇的作用。农业系统虽然也是碳源，但同时也具有强大的碳汇功能。农作物本身的光合作用以及农业土壤具有天然的固碳效应。中原经济区耕地面积广阔，也是重要的农业大区，我们应该利用这一优势注重发挥农业的固碳作用。中原经济区要发展循环农业和现代农业，减少农药化肥使用，注意节约能源和资源，农作物秸秆返田及其他废弃物合理再利用，保护农田土壤。

第四，在城市要合理规划城市园林绿地，保证绿化用地面积，既可以美化城市环境，又可以增加城市碳汇。以郑州为例，近年来，郑州对全市生态建设投入了大量财力物力，高标准建设生态廊道绿化工程，2014 年绿化面积已达 1.28 亿平方米。此外，近年来，郑州也在不断加快城市森林公园和绿地公园的建设，极大美化了城市环境，提升了城市的生态宜居性。中原经济区各个城市也应该重视城市的绿化工作，加大人、财、物的投入，不断提升城市的绿化水平，增加城市碳汇。

10.6.3.4　路径四：健全碳排放控制的制度体系，加强跨区域合作

（1）健全碳排放控制的制度体系

中原经济区内各地政府要加快制定低碳经济发展战略规划，明确节能减排的目标和责任，以及主要的实施措施，保证规划具有可执行性、可操

作性。第一，要完善政绩考核机制，将节能减排理念融入当地发展，建立节能减排工作责任制和问责制，将碳排放控制目标细化并逐级管理落实，要将碳排放责任落实到具体的负责人，形成完整有效的工作体系；不仅要考量经济发展业绩，也要考量节能减排效果。第二，完善环境法规标准体系。严格限定高耗能、高排放行业市场准入条件，拟定低碳生产指标及涉及有关碳排放控制的标准。政府也要运用价格、财政、税收、金融等手段，充分发挥市场机制对碳排放的约束作用，建立对低碳企业的补贴和高碳企业的惩罚机制体系，鼓励企业主动采取减少二氧化碳排放的措施，惩罚那些高耗能、高排放企业，在必要的时候，甚至要加重惩罚。政府要给予绿色环保项目政策上的便利和资金上的支持，同时要严格审批和管控高耗能项目，严重危害人民生活环境的项目坚决不能上马。第三，要建立城市低碳标准体系。建立低碳建筑、低碳交通标准等各种领域的碳排放标准，各企业生产的产品也都必须符合相关的碳排放标准。同时，政府也应制定低碳生活标准，倡导民众积极响应这些低碳生活的标准。

（2）加强跨区域协调合作，多方联手形成合力

气候变化和碳排放不是某一个地区的责任，而是所有人的责任。中原经济区是一个整体，每一个地区都有减少碳排放的责任，各地区要根据中原经济区的碳减排规划，将节能减排各项工作总体目标进行分解，细化为各地区、各行业的小目标，分发落实各市地、县和重点企业。不同省份和城市要积极开展碳排放技术方面的合作，可以采取共同研发、合理转让等方式提高碳排放方面的科研创新水准。借鉴国外发展经验，中原经济区可以建立区域性交易立法机制和立法协调机构，实现区域信息共享，联动管理、共同执法，将区域碳交易制度化、常态化、规范化，为构建全国碳交易市场奠定基础。在资金方面，可以由政府或企业出资，设立中原经济区碳基金，用于支持节能减排项目以及低碳技术的研发。此外，碳减排工作不仅需要政府的引导，更需要企业主体的参与、人民群众的积极响应，只有这样才能形成合力，促进碳减排工作的顺利推进。

10.7 结论

本书主要研究了中原经济区碳排放峰值问题及其减排路径分析。在碳排放问题研究中，首先，通过对2000—2014年历史数据的整理，计算了2000—2014年中原经济区碳排放量；其次，构建中原经济区碳排放STIRPAT模型；再次，用情景分析法设置了2015—2050年中原经济区各碳排放影响因素的数据，根据中原经济区碳排放模型，计算出基准情景、低碳情景及强低碳情景三种不同情景分析下中原经济区未来2015—2050年碳排放总量，确定了三种情景下的碳排放峰值年份及峰值排放量，并较为深入地分析了预测的结果。

在减排路径分析中，对中原经济区碳排放减排路径、峰值的可控性及控制碳排放的策略进行了分析。通过第三章内容发现，未来影响中原经济区碳排放因素中，努力改变中原经济区产业结构和能源结构是比较现实、比较有效地降低CO_2排放的方式。

通过以上研究，主要得到的结论是：

第一，2015—2050年，中原经济区碳排放的影响因素有人口规模、经济发展水平、产业结构、能源消费结构以及城镇化水平。模型拟合数据显示，2000—2014年中原经济区人口增长、经济和城镇化发展、产业结构、能源消费结构调整均不同程度带来了碳排放量的增加。

第二，运用2000—2014年中原经济区数据对建立的STIRPAT模型进行了岭回归拟合与修正；参照各种政策规划及国内外相关经验等依据进行了情景分析的参数设置，并进行数据模拟；拟合结果显示，基准情景下中原经济区2040年达到CO_2排放峰值，峰值量为94463.96万吨；低碳情景下中原经济区2030年达到CO_2排放峰值，峰值量为78514.42万吨；强低碳情景下中原经济区2020年达到CO_2排放峰值，峰值量为75290.49万吨。

第三，在设定的三种情景中，基准情景是人口、人均GDP、城镇化率这三个变量都保持较高速度的增长，煤炭消耗占比、第二产业占比降低的速度也比较缓慢。在这种情景中，经济发展仍然被放在至关重要的位置，能源消耗和CO_2碳排放增加的速度比较快。碳排放达到峰值的时间比较晚，和中国承诺的2030年碳排放达峰的目标相比推迟较多。在强低碳情景下，中原经济区在2020年碳排放就达到了峰值，但在这种情景下，人均GDP、城镇化率的增长速度比较低，这对于正在崛起的经济区域来讲，经济牺牲较大。综上，排除基准情景和强低碳情景，我们认为，中原经济区适合走低碳情景的发展路径，人口、人均GDP、城镇化率这三个变量都保持中速的增长，煤炭消耗占比、第二产业占比下降的速度适中，这样在2030年左右碳排放达到峰值，恰好可以赶上全国达到峰值目标。

第四，中原经济区碳排放的节能减排在不影响经济发展和地区稳定的情况下，可以采取主要措施对产业结构和能源结构进行调整，同时，也要考虑制度和技术方面的因素。可采取的措施主要有逐步改变中原经济区煤炭占比高的能源结构体系，推动产业结构向高端制造业和服务业发展；改革能源价格和税收政策；让低碳理念扎根在民众的日常生活中，形成全民参与低碳经济建设的大环境；加大在能源和固碳方面的技术创新，同时增加碳汇；健全碳排放的制度控制体系；增强跨区域合作，多方联手形成合力，共同推动中原经济区碳减排工作。

11 低碳社区开创绿色革命未来

11.1 引言

11.1.1 研究背景及意义

（1）研究背景

19 世纪末，斯特凡·阿列纽斯曾预测：化石燃料的燃烧会引起全球变暖。然而当时并没有引起学术界的足够重视。自工业革命至今，大气中的 CO_2浓度增加了 60%左右，全球平均气温上升 0.74℃，温室效应越来越突出。极端气候频繁出现，冰川消融、海平面上升、旱灾和水灾频发，同时，在大气污染、水环境污染、垃圾处理等方面也存在很大问题。据《新科学家》杂志报道，假如人类不积极减少温室气体排放，最早在 2050 年，最晚到 21 世纪末，地球表面的温度将会上升 4℃，很多种动物和 90%的人类也将消失，可见气候变化已经深刻影响人类的生存和发展。

我国经济发展迅速，能源需求快速增长，基础设施建设规模庞大，粗放的城市发展模式已经难以为继。根据相关资料显示，由建筑物排放的 CO_2约占 39%，交通工具排放的 CO_2约占 33%，工业排放的 CO_2约占 28%。推行低碳经济，必须落实到具体领域。可见，社区作为城市的基本组成单元，既是城市能源消费和碳排放的主体，也将成为应对温室效应的重要行动单元和建设低碳城市的有效载体。因此，低碳社区作为国家发展低碳经济的必然趋势，对其进行研究对整个经济的发展具有重要的理论和现实意义。

2014 年，我国的城镇化率达到 54.77%，明显超过 50%，据预测，2050 年我国的城镇化率将达到 80%。家庭是城镇的组成部分，我国家庭碳排放占总碳排放的 30%～40%，鼓励家庭低碳消费、降低家庭碳排放量，也就降低了我国的城镇碳排放量，进而达到控制碳排放总量的目的。

（2）研究意义

近年来，我国城镇化步伐加快，经济水平持续稳健提高，人们的生活水平也随之攀升，可支配收入也日益增多，家用电器和私家车的购买率也相应提高，随之而来的家庭能源消费和碳排放量也就越来越多，我国的家庭生活碳排放将快速增长，占我国碳排放的30%~40%，已经成为仅次于工业的社会碳排放的重要方面。因此，降低家庭碳排放越来越重要。

社区是人们生活的主要场所，通过家庭来降低社区的碳排放量是易行而有效的，我国现在正处于全面建设小康社会的关键时期和加快工业化、城镇化建设的重要阶段，能源需求还在持续增长，中国必须要改变以前的粗放式发展模式，发展集约经济，有效控制和减少温室气体的排放，应对气候变暖。社区是城镇的重要组成部分，要发展低排放型城市，就不可避免地要重视低碳社区的建设。我国在2014年发布了关于《建设低碳社区试点的通知》，对低碳社区建设提供了方向性建设指南。

本书以开封市家庭碳排放及其影响因素为研究对象，通过问卷调查对人们的日常行为习惯的规律进行总结，帮助和提醒人们更多地了解低碳和注意生活中降低碳排放，改善当前家庭碳排放居高不下的境况，并探讨了影响开封市家庭碳排放的因素，以及减少家庭碳排放、建设低碳社区的方法。

11.1.2 国内外研究综述

国内外部分学者在省级或市级范围内研究了家庭碳排放及影响因素，也有少数国内学者从家庭视角研究了居民碳排放问题，虽然对后续研究有所帮助，但基于微观家庭层面用能方面的碳排放研究依然较为薄弱，且相关文献均没有考虑影响因素之间的交互作用对家庭碳排放量的影响。本书则重点分析家庭特征因素及其交互项对家庭碳排放量的影响。

11.1.2.1 低碳社区方面

国外关于低碳理论的研究相对较多，20世纪60年代，Paofa Soleri综合生态（Ecology）与建筑（Architecture）提出“生态建筑”。查尔斯·凯博特博士在 1993 年提出“可持续建筑”，指出要以可持续发展观来规划建筑。Lucie Middlemiss（2009）指出低碳社区建设包含：技能性、组织性、制度性和文化性四种要素。Eva Heiskanen，Mikael Johnson（2010）等分析了低碳社区在解决与个人行为有关的包括社会问题、社会习俗、社会基础设施和社会援助的不同方式，导致出现不同种类的低碳社区。斯特恩报告从经济学的视角研究了气候变化，并评估了转向低碳经济的可能性，该报告对政府部门和科学界都具有重要的参考价值。

11.1.2.2 家庭消费行为与家庭碳排放

家庭是社区的基本组成部分，既是最终受益主体，也是最核心的能源消耗源和最重要的碳排放源，建设低碳社区的目的就是在保持经济发展及不降低居民居住舒适度的前提下减少碳排放。碳排放本质上源自人的行为，特别是消费行为（汪臻，2012）。居民家庭的生活能源消耗量仅次于工业部门，在总的能源消费中排第二位（叶红，2010）。消费水平是影响居民碳排放量的主要因素之一（范凤岩，2015），且与家庭消费行为直接相关（张艳，2012）。美国的消费需求以及相关的经济活动消耗了 80% 以上的能源和 CO_2排放（Bin and Dowlatabadi 2005）。Munksgaard 等认为，导致丹麦 CO_2排放量增加的关键因素是家庭消费水平的增长。

据统计，我国的家庭碳排放占社会总碳排放量的 40%以上，（王卉彤、王妙平，2011）通过对 11 个省区 1997—2007 年碳排放量影响因素分析，结果显示：碳排放量与人均消费、人口总数、碳排放强度的关联程度呈依次递减的关系。欧美国家的家庭碳排放占到城市总碳排放的 30%～40%，例如：伦敦家庭碳排放量占 38%，日本家庭碳排放仅次于工业，排第二位，占城市总碳排放的 15%以上，2007 年美国的住宅行业能源消耗占美国能源消耗总数的 20%以上。

影响家庭能源消费的因素很多，主要包括家庭成员特征、经济收入水平及电器拥有和使用情况等，一般认为，家庭人数、经济收入水平、年龄结构和消费观念等因素都会影响家庭碳排放。陈家瑛（2009）通过 STIRPAT 模型实证分析了总户数、家庭人数、家庭消费水平等因素对中国碳排放影响，结果显示总户数和家庭人数对家庭碳排放的影响比较显著。

本书主要从家庭收入、家庭人口数、住宅面积、家庭成员特征和是否拥有小汽车等进行考虑。

（1）家庭收入

张艳（2013）认为家庭能源消耗会随家庭收入的增加而增加。郑思齐、霍燚（2010）发现家庭收入的增长会增加人们购买私家车的愿望，从而会增加碳排放量，并且收入越高，交通碳排放所占比例也就越高。曲建升（2013）发现随着家庭收入的增加，人均碳排放量也会增加，但人均碳排放量的增加幅度要小于人均收入的增加幅度。王丹寅（2012）通过对丽江市两个不同经济发展水平地区的数据进行回归，结果发现，家庭规模、家庭收入和教育水平与家庭能耗碳排放显著相关。李燕（2012）也认为家庭规模、经济收入、年龄结构、消费观念等因素都会影响家庭碳排放。Golley 等（2009）认为，家庭收入是决定家庭碳排放的主要因素，并且人均可支配收入与家庭碳排放有很强的正相关性。收入水平越高的家庭，对舒适度要求越高，最终导致家庭碳排放就越高。杨上广（2014）却认为，家庭收入和家庭碳排放量没有明显的关系。

（2）家庭人口数

陈家瑛（2009）通过 STIRPAT 模型对中国 1978—2007 年的家庭模式变化进行分析发现，家庭人口数对家庭碳排放影响显著。陈琦等（2010）对 2000—2008 年昆明市城镇家庭消费情况进行调查发现，人口特征是影响城镇家庭碳排放量的显著因素。王丹寅（2012）通过对丽江市两个经济发展水平不同的地区的研究发现，家庭碳排放随着家庭人口数增多而增加，人均碳排放却会随之减少。范凤岩（2015）发现人均碳排放量随人口规模先增加再减少，呈现倒“U”形。张艳（2013）认为，人口规模对家庭人均 CO_2 排放的影响程度较大。曲建升（2013）发现家庭人口数对家庭碳排放影响突出。杨上广（2014）和魏一鸣等（2008）认为，家庭人口数影响着出行进而影响碳排放量。宁晓菊（2014）也认为，家庭人口规模影响公共交通进而影响家庭碳排放增长。陆莹莹（2008）等认为，人口因素是影响家庭碳排放的主要因素（包括人口数、家庭规模、家庭人口结构、年龄和教育程度等）。一方面，家庭总能耗和碳排放会随着家庭规模增大会相应增加但人均能源消费量也就越少。另一方面，规模较大的家庭更可能进行节能改进。但近年来家庭规模正在逐渐变小，也意味着规模经济效应的不断丧失，并可能抵销能源效率提高的作用。Jiang 和 Hardee（2009）研究发现，由于家庭成员数目少的家庭其人均能源消费和碳排放量明显比家庭成员数目较多的家庭要高，规模消费效应正在丧失。

（3）住宅面积

杨选梅等（2010）对南京 1000 个家庭和叶红（2010）对厦门岛的实地调研发现，住宅面积是影响家庭碳排放中的显著性因子，且与碳排放量正相关。冯玲（2011）通过对 1999—2007 年城镇居民生活能耗与碳排放的研究发现，人均住宅建筑面积是影响居民生活碳排放的主要因子。陈琦（2010）也认为，人均居住面积影响家庭碳排放。张艳（2013）认为，住房面积对家庭人均 CO_2 排放的影响程度较大。郑思齐、霍燚（2010）研究发现随着住房面积的增加，家庭会使用更多的电器，从而增加家庭的碳排放量。而朱雪梅（2014）则认为，住房面积越大，则家庭人均碳排放量越高，而平均单位面积的碳排放量则随住房总面积的增加而减少。

（4）家庭成员特征

家庭碳排放受家庭成员特征的影响。家庭成员个体特征包括年龄、职业、受教育程度等都会造成家庭碳排放量的差异。杨亮（2014）认为，年龄与家庭能源消费碳排放正相关。陈琦（2010）也认为，人口特征因素会影响家庭的碳排放量。研究表明，人均生活能耗和 CO_2 排放量在 60 岁之前随年龄的增长而增加，60 岁之后随年龄的增长而下降。Vringer 和 Blok（1995）研究发现，40~50 岁的居民的家庭碳排放量最大。郑思齐、霍燚（2010）也得出类似结论：随着户主年龄增大，家庭购车概率先增大后减小，45 岁达到最大值，进而影响家庭碳排放量。一般认为，受教育程度越高，节能意识越强（OECD，2008），但受教育程度高则收入一般也高，家用电器多且私家车使用频繁，导致碳排放量高，虽然节约意识较强，也是微乎其微（杨选梅，2010）。职业方面对家庭碳排放的影响，意见差异较大。Olsen（1983）研究发现，职业社会地位较高的居民更愿意采用节能措施来减少能耗，但 Curtis（1984）认为，职业与家庭节能活动无显著关系。另外，Long J.（1993）研究显示，家庭的节能支出在已婚夫妇家庭和其他类型的家庭之间没有显著影响。

(5) 是否拥有小汽车

郑思齐、霍燚（2010）认为，居民区附近的公共设施越完善，私家车拥有率越低，碳排放量就越低，私家车使用成本低则其碳排放量就高。宁晓菊（2014）认为，私家车在很大程度上增加了家庭的交通碳排放量。Glaeser and Kahn（2008）研究发现：居住在郊区要比在市中心更容易选择私家车出行。杨上广（2014）认为，家庭使用汽车出行，必然使碳排放量提高。Kahn（2006）发现私家车拥有率的收入弹性为0.91，且行驶里程的收入弹性超过1。

11.1.3 研究内容和方法

(1) 研究内容

家庭是社区的基本单元，既是社区最核心的能源消费源，也是最主要的碳排放源。因此，可以通过降低家庭碳排放来实现建设低碳社区的目标。国内外对于低碳社区研究多是基于低碳社区的评价体系以及建设过程中低碳材料的使用和能源的节约等宏观层面的研究，对于低碳社区在居民使用过程中的家庭的碳排放量的微观层面的研究相对缺乏。本书通过对低碳社区的概念及本质内容进行分析，建立相应的理论框架，以及通过家庭碳排放模型阐述我国低碳社区建设中需要注意的问题，以家庭碳排放为出发点，提出低碳社区建设的相关政策建议。

本书是以《关于创建低碳社区过程中家庭生活碳排放情况》的问卷调查为主要的数据来源，在研究分析国内外家庭碳排放研究的基础上，运用spss 21.0计量软件对家庭碳排放及其家庭人口数、户主年龄、户主职业、户主文化程度、住房面积、家庭年收入、是否拥有小汽车等相关影响因素进行多元线性回归和单因素分析，验证相关因素及其交互项对家庭碳排放的影响显著性程度。

(2) 研究方法

第一，实地调研法：本书是在大量研读国内外有关低碳社区和家庭碳排放相关文献资料的基础上，借鉴学者已有的研究成果和经验来构建的理论框架和设计调查问卷，针对开封市11个小区的居民进行随机抽样调查，通过与居民交谈了解问卷需要的信息及问卷以外的有助于更全面了解居民日常行为习惯的问题，并让部分居民提出自己的意见以及改进的办法等，为理论研究做铺垫。

第二，微观计量法：本书以对开封11个小区的居民进行实地调研的数据为依据，首先，运用碳排放系数法计算家庭的碳排放量；其次，通过多元回归分析模型对开封市家庭碳排放影响因素进行分析，对其中的显著因子再继续进行单因素分析，观察各个因素及其之间的交互项对家庭碳排放的影响显著性程度。

11.2　低碳社区的概念及本质内涵

11.2.1　低碳社区的概念

我国的低碳社区建设尚处于起步阶段，相关研究也相对较少，对低碳社区概念的辨析也不是很明确，不同学者提出了不同的观点。辛章平（2008）认为，低碳社区不仅要将社区所有活动产生的碳排放降到最低，也要通过生态绿化等措施达到零碳排放的目标。胡杰（2012）认为，低碳社区是减少资源、交通、能源、建筑等方面的以及居民生活过程中的碳排放量来建设低碳社区。曾丹芳（2011）从建筑生命周期的角度认为低碳社区是减少对化石能源的依赖，降低二氧化碳排放量。谢更放（2011）认为，城市低碳社区是指居民在日常生活中通过社区绿化、低碳建筑、高效利用能源、绿色交通、资源循环，再生能源利用和低碳生活等方面降低化石能源的碳排放量。陈永亮认为，低碳社区强调以可持续发展观来引导社区居民的行为，利用科技创新尽量减少温室气体排放，实现低碳社区可持续发展的目的。

低碳社区（Low-carbon Community），是指保障经济发展在不牺牲居民居住舒适性的前提下，以实现社区的可持续发展为目的，通过先进技术建造低碳节能型的绿色建筑，鼓励人们使用绿色交通工具出行，大幅度提高化石能源利用率和大规模使用太阳能、地热能等新型可再生能源，研发先进技术来达到节能减排环保、降低社区碳排放量的目的。

低碳社区的本质特征：

第一，宜居。社区最主要的功能就是为人们提供居住和生活的场地，低碳社区的宜居性就是通过社区的低碳建设使人们生活更加舒适健康。

第二，低碳。低碳社区最大的特点就是最大限度地降低碳排放量，利用新技术提高资源能源的使用效率，同时，在居民生活消费方面减少温室气体排放。

第三，经济发展。我国现阶段处于经济发展的重要阶段，建设低碳社区不能一味地降低碳排放量而忽视了经济发展，而在保证经济发展和提高居民生活质量的前提下进行低碳社区的建设。

第四，可持续发展。建设低碳社区要求能够最大限度且高效的利用自然资源和能源，减少对环境的污染和破坏，并通过先进技术的使用以及可再生能源的开发，保证社区甚至城市的可持续发展。

11.2.2 低碳社区的本质内涵

低碳社区主要从低碳节能建筑、绿色交通、水资源的节约使用等基础设施和居民家庭日常生活碳减排行为习惯的养成方面进行建设。

（1）低碳节能型建筑

低碳社区建设的一个重要组成部分就是绿色建筑，1992 年巴西里约热内卢联合国环境与发展大会明确提出“绿色建筑”的概念，绿色建筑理念在我国逐渐受到重视。之后我国在绿色建筑方面进行了许多探索，低碳建筑就是不仅能够最大限度地减少碳排放和保护环境，同时又能创造一个舒适、健康的生活环境。根据《低碳社区试点建设指南》，低碳建筑应从设计、选材、施工及使用等全过程减少资源能源消耗和碳排放。

设计阶段：因地制宜，考虑当地的自然条件、政府相关政策、人们的生活习惯等，因地制宜地进行设计，形成合理并可行的方案。

选材阶段：建筑材料的选择是社区节能的一个非常重要的方面，要求材料要健康、环保，尽量使用能够循环重复和可再生材料。应尽可能地利用新技术，并且优先选择国家和地方认证和推荐的节能型建筑材料，合理使用可再生能源等新能源、低能耗和超低能耗的产品，并结合实际情况鼓励利用当地的建筑材料和可循环材料。

施工阶段：施工单位参照《低碳社区试点建设指南》，在施工阶段使用新型设备和先进技术，注意施工过程中的环境保护和节能降耗，并大力推广和鼓励设计装修一体化，开展低碳节能评估验收活动，达到节能减排的效果。

使用阶段：在居住使用阶段，在采光方面，要尽可能地利用自然光，可以设计成落地窗的形式，减少白天室内对电能的使用。在通风方面，也要尽量采用自然风，不仅有利于身体健康，又可以降低空调的使用频率，节约电量，长期使用空调容易引起人的抵抗力下降，长期在一个密闭的环境中，空气质量也不好。对社区居民进行低碳宣传教育，加强普及低碳的相关知识，增强居民的低碳意识。倡导居民购买低耗能的家电，如节能型冰箱、电视、洗衣机等和节能灯具的使用，如声光控的 LED 节能灯，长期使用能够达到减少用电量的目的。

（2）低碳便捷的绿色交通

随着我国私家车拥有率的快速上升，我国的交通碳排放，特别是城市交通的碳排放呈现出高速增长之势。因此，推行低碳交通是实现低碳经济的必然选择。低碳交通就是以低污染、低碳排放为主的交通模式。低碳社区道路通过合理规划推行网格式布局以方便居民步行、自行车出行，通过在适当地点合理设置公交站点，鼓励居民乘坐公交车，通过高价停车位、设置步行专用道和自行车专用道等方式限制小汽车使用，并鼓励拼车或合租，以降低社区内部的小汽车使用率，同时，提供便捷的电动车充电和停泊位等方式鼓励自行车和电动车使用，建设综合型的社区，引入商业步行街及大小超市娱乐休闲场所等以满足居民日常生活需要，减少居民外出需求，从根本上降低社区碳排放量。

在城市规划中，针对不同的区域，大力发展公交系统并采用新技术和新能源充分推广太阳能汽车、生物质能汽车、氢气动力汽车等新型交通工具，并通过补贴，免费更换等措施提高居民对新能源交通工具的购买，有效地减少小汽车对于化石能源的消耗，降低汽车尾气排放带来的环境污染。绿色交通工具的选择，需要社区人们有较高的节能环保意识。大力发展公共交通，不仅可以节约资源，而且能够减少交通堵塞。目前，我国交通用能大概占社会总耗能的 12%，据亚太能源研究中心预测，到 2020 年我国的交通能耗将会增长到 16%。据统计，同等距离下，电瓶车的人均能耗是小汽车的 3.4%~4%，公共汽车的人均能耗是小汽车的 8.5%。鼓励居民选择步行、骑自行车等绿色方式出行，则大多数城市的交通压力可以减轻 20%以上，有的甚至可以高达 50%以上，可以从根本上减少交通能耗；通过大力发展公共交通，可以节约 50%以上的能源消耗。

（3）资源能源的合理利用

我国能源的利用率不高，国家能源局原副局长吴吟表示，我国单位 GDP 能耗是世界平均水平的 2.5 倍。国家能源局节约和科技装备司巡视员陈世海说，我国目前总体能源利用率为 33%左右，相比发达国家大约低了 10%。我国是资源能源消耗大国，仅 2013 年一年的能源消费量就高达 375000 万吨标准煤，提高资源利用率已是一件迫在眉睫的事情。2001 年我国水电、核电、风电能源生产量及消费量分别占能源生产总量及消费总量的 7.9%和 7.5%，并呈现出总体上升的趋势，到 2013 年占生产及消费总量比例则分别上升到 10.9%和 9.8%，生产量和消费量达到 37060 万吨和 36750 万吨标准煤。据国家发展改革委统计，中国石油消费的对外依赖度在 2008 年高达 49.8%，同比增长 1.4%。因此，有关部门进行预测，中国石油的对外依赖度在 2020 年将高达 60%，资源合理高效利用已成为当前重要目标。

积极开发清洁能源，优化能源结构，提高能源利用效率，建设节能型社区。社区的资源利用要按照自然生态系统的规律进行来实现碳的低排放甚至零排放，达到保护环境、实现社会、经济与环境的可持续发展的目标。我们在日常生活中保护生态环境和充分利用资源就显得十分必要。首先是应该对居民进行多层次的低碳文化教育，使他们树立节约资源的意识，养成良好的习惯；其次是生活垃圾处理方面，充分利用废弃物，如废旧衣物和书籍，可以捐给边远地区或其他有需要的地方；对日常生活垃圾进行分类回收，厨余垃圾和其他垃圾分开等；最后是注意节水、节电，建立中水回用系统，将部分生活污水处理达到使用标准后再利用，安装使用节水设备；电器在不用的情况下，要切断电源，养成随手关灯的好习惯，等等。

（4）水资源的节约使用

低碳社区建设的一个重要方面就是水的节约使用，目前，我国大约有

2/3 的城市供水不足，更有北京、天津、青岛、大连等 110 个城市严重缺水。在水资源的利用方面，传统的社区规划冲洗或冲厕使用的都是自来水公司统一提供的清洁水源，造成了不必要的浪费，与低碳节约的理念背道而驰。低碳社区的规划则采用水分质循环利用，饮用水和其他用水分开，通过设计有效的中水回用系统，收集雨水或厨房及洗浴废水作为中水的水源，经过水质处理器及消毒处理后，回用于家庭冲厕或绿地浇灌、景观水景补水等，厕所污水可以用来沼气发电，按照日常用水的用途初步估算，污水和冲厕用水分开可以节约 40%以上的水。

首先，建立完善的水循环体系，充分发挥中水回用系统的作用，建造蓄水池，收集雨水及居民日常生活用水，经过加工达到一定标准后用作观赏水景的水源，洗车或冲马桶，不仅能够缓解用水紧张的情况，更是达到了水资源的高效开发和利用。其次，可以建立人工生态系统，通过仿建自然生态系统，维持水生态平衡，在水中种植水生植物，豢养水生生物，使水环境质量得到改善，达到维持水环境生态系统稳定的目的，形成人与自然和谐发展的社区环境。

（5）居民家庭低碳文化

低碳社区的建设归根结底是为社区居民服务的，居民是最终的受益主体。因此，对居民进行低碳文化相关方面的宣传和教育十分必要，主要包括日常消费和交通出行两方面，倡导居民进行低碳消费和低碳出行非常重要。

首先，要引导居民树立低碳消费理念。低碳消费并不是要降低人们的消费水平，而是为了更好地提高居民的生活质量，鼓励居民购买低能耗、低污染、低排放的符合国家环保质量要求的产品，不仅对环境有利，对自己的身体健康也有益。据资料显示，仅有 1/2 的居民在购买产品时会注意是否标有环保标志。树立低碳消费意识，养成低碳消费的习惯，倡导人们购买节能灯、节能电器，随手关灯和及时关闭水龙头等，鼓励居民适量消费，对于不是必需的或不经常使用的家庭电器，尽量不购买或是几家小区统一购买，轮流使用。

其次，在出行方面，倡导绿色出行。在社区内可以设置专门的步行林荫小道和自行车车道和公共场地，使居民在社区内就可以享受到散步于花园的乐趣，并且社区门口摆放公共自行车以供居民近距离出行，这样不仅环保，还能达到锻炼身体的效果；偏远距离则鼓励居民乘坐公交车、地铁等公共交通工具，尽量减少乘坐小汽车出行，需要时可以选择拼车出行或租车。据统计，乘坐公交出行要比小汽车出行减少43%~47%的CO_2排放量。因此，社区要通过各种措施鼓励居民低碳出行，引导居民养成低碳出行的习惯，以减少碳排放。

11.2.3 低碳社区与家庭碳排放的关系

建设低碳社区的目的就是在保持经济发展及不降低居民居住舒适度的前提下减少碳排放。家庭是社区基本组成部分，是最终受益主体，也是最核心的能源消耗源和最重要的碳排放源。据统计，我国的家庭碳排放占社会总碳排放量的40%以上，因此，降低家庭碳排放是低碳社区建设的重要组成部分。通过降低家庭碳排放来建设低碳社区是易实施的且有效率的，以社区为载体更易于个人与家庭节能减排工作的进行，家庭成员之间通过协商探讨也更容易实现低碳决策。

11.3 开封市家庭碳排放的基本情况

家庭碳排放是指能引起温室气体排放的能源消耗，主要包括居民生活与交通所产生的碳排放。

11.3.1 数据来源

本书所用到的关于调查问卷的数据，来自2015年10—11月在开封11个小区进行的“关于创建低碳社区过程中家庭生活情况的问卷调查”，经过一个多月的调查，共发放问卷540份，有效问卷515份，问卷主要采取调查人员提问，被调查人员回答和填写问卷，被调查人员自主填写并回收两种形式。在与被调查者进行交流后发现，由于各个小区之间的客观情况不同，其居民对低碳的关注程度、态度等也不同。本问卷共2页，包括43个问题。其中，包括被调查对象的基本情况的11个问题、对低碳的了解情况的4个问题、关于家庭生活能耗的5个问题以及日常生活行为习惯的23

个问题四个基本方面。其中，被调查对象的基本情况包括户主的年龄、学历、职业、家庭人口规模、家庭住房面积以及家庭年收入等；对低碳的了解情况主要是“是否听说过低碳？是否听说过低碳社区？以及听说的途径是什么?”；家庭生活能耗主要包括每月的水费、电费、燃气费、私家车的加油费以及低碳的暖气费等方面；日常生活习惯主要包括“是否随时关灯，是否随手关闭水龙头，是否经常使用空调”等。

本问卷是在笔者的指导下，由蔡杜娟和段光正联合完成。问卷均是采用当场收回的形式，并由笔者亲自整理，及时装订成册并录入 SPSS 数据库，若问卷中存在重要问题的空白或存在逻辑错误，则视为不合格问卷，以确保问卷的可信度和高质量。

11.3.2 估算方法

本书首先采用碳排放系数法计算家庭直接消费产生的碳排放量，碳排放系数法是用于计算家庭直接碳排放比较认可的方法之一，是根据各种能源的使用量与各自的碳排放系数相乘得到，需要用到的碳排放系数有电力、水、天然气、汽油、煤热值。将原始问卷数据：水费、电费、燃气费、汽油费、暖气费等转化为碳排放量。水的碳排放系数来自彭文俊（2011）的研究成果；电的碳排放系数来自《中国区域电网基准碳排放因子》华中区域电网 2010—2012 年电力边际排放因子加权平均值；管道天然气的碳排放系数摘自朱雪梅（2014）的研究成果；汽油的碳排放系数来自陈飞（2009）的研究成果；煤的碳排放系数是根据张馨（2010）提出的计算方法测算出来的，把调查问卷得到的原始数据水费、电费、燃气费、汽油费、暖气费，根据开封当地的水费、电费、燃气费、汽油费、暖气费等的价格转化用水量、用电量、燃气量、耗油量及暖气使用量，再利用相应的碳排放系数计算各自的碳排放量。

表 11-1 家庭用能用水碳排放系数

种　类	水	电	天然气	汽油	煤
碳排放系数	0. 91kg/t	0. 9724tCO_2/MWh	2. 15 kg/m^3	2. 31kg /L	25. 8 t/TJ

根据本书所用调查问卷，对家庭碳排放量的计算主要包括家庭水费、电费、天然气费、暖气费和小汽车加油费的计算。因为暖气碳排放量计算用的是净发热值，所以可以分为水、电、天然气和小汽车燃油的碳排放量计算和暖气碳排放量的计算。根据表 11-1 以及问卷调查数据可以做如下计算：

第一，水、电、天然气和小汽车燃油的碳排放量计算，见式（11-1）：

$$E_1 = 12\sum_{i=1}^{4}\frac{c_i}{p_i}\cdot r_i \tag{11-1}$$

其中，E_1 为家庭用水、电、天然气和汽车加油的年碳排放量，c_i 为家庭平均每月的水费、电费、天然气费和小汽车加油费，p_i 为开封当地的水费、电费、天然气费价格和小汽车油价，r_i 是表 11-1 中水、电、天然气和汽油的碳排放系数，i 为 1，2，3，4。

第二，家庭冬天使用暖气的碳排放量计算，见式（11-2）：

$$E_2 = \frac{c}{p}\cdot h\cdot \alpha \tag{11-2}$$

其中，E_2 为暖气碳排放量，c 为冬天的暖气费，p 为暖气使用价格，h 为暖气热值碳排放系数，α 为单位转换系数。

11.3.3 统计分析

据《2013 年河南统计年鉴》，开封市总人口 544.4 万，市区人口 86.7 万，人均生产总值 25922 元，户均家庭人口规模 2.65 人，人均总收入 19387 元，人均可支配收入 18484 元，人均消费支出 14284 元，户均建筑面积 83.37 平方米，人均住房面积 31.58 平方米，开封市城镇家庭人均消费支出是 13831.9 元，农村人均生活性消费支出为 4640.59 元。

从调查问卷的统计数据以及访谈结果可知，开封市人均年碳排放量为 1455.7kg，根据家庭人口数主要集中在 2 人、3 人、4 人，分别占 22.72%、33.98%、24.47%，共占总体的 81.17%，家庭人口数最多的为 6 人，户均人口规模为 3.4 人，户主平均年龄 53 岁左右，户主年龄 45～60 岁的占 28.9%，将近 30%，而这个年龄段的家庭拥有小汽车的概率在 75.2%，明显高于所有家庭中的汽车拥有率 59.8%，是小汽车的主要消费人群。家庭住宅面积主要集中在 80~120 平方米，大约占 53.4%，120~140 平方米的住户占 33.8%，平均住房面积为 131.4 平方米；家庭年收入主要集中在 6~9 万元，大概占 40.8%，平均家庭年收入为 6.69 万元。户主文化程度主要是高中、大专和本科，占 86.5%左右，其中，大专和本科的占 61.5%，最高学历为博士，也有一部分为硕士学历，但也存在个别初中学历和没有上过学的户主。

（1）家庭年收入

家庭年收入是家庭的一个重要特征，近年来，由于我国经济的高速发展，人民生活水平的显著提高，居民的可支配收入也随之增加。收入对于家庭碳排放量的影响比较大，家庭收入高的居民，家里的家用电器数量以及其使用频率相对低收入的家庭，会有所增加。另外，收入高的居民可能会更倾向于购买小汽车，近几年开封的小汽车也越来越普遍，而小汽车的碳排放量也会增加家庭总体的碳排放量。

由调查问卷中得来的数据显示：本问卷根据开封当地居民实际收入水平将收入分为 5 个等级，分别为：①3 万元以下；②3 万~6 万元；③6 万~9 万元；④9 万~12 万元；⑤12 万元以上。调查的结果计算显示：家庭年收入的均值为 3.33，说明家庭年收入水平基本在 6 万~9 万元的水平，由表 11-2亦可看出，家庭年收入水平主要集中在 6 万~12 万元，占到总数的 70.49%，超过 2/3，偏低收入和偏高收入都比较少，基本呈正态分布走势，说明本问卷对开封市的收入水平分段比较合适，由此可以大致判断开封市的家庭年收入水平基本处在 10 万元左右的这个水平线上。

表 11-2　家庭收入水平频数

收入水平	1	2	3	4	5
频数	14	95	210	153	43

相关研究表明家庭收入状况是影响家庭碳排放量主要决定因素。从图 11-1 可以看出家庭碳排放量呈现出随着收入的增加而增加的趋势。家庭年收入在 6 万元以下的家庭的年平均碳排放量在 3000 千克以下。随着收入的增加，家庭的碳排放量也明显偏高，家庭年收入在 12 万元以上的家庭的平

均碳排放量高达每年8000千克以上，碳排放差距比较明显。

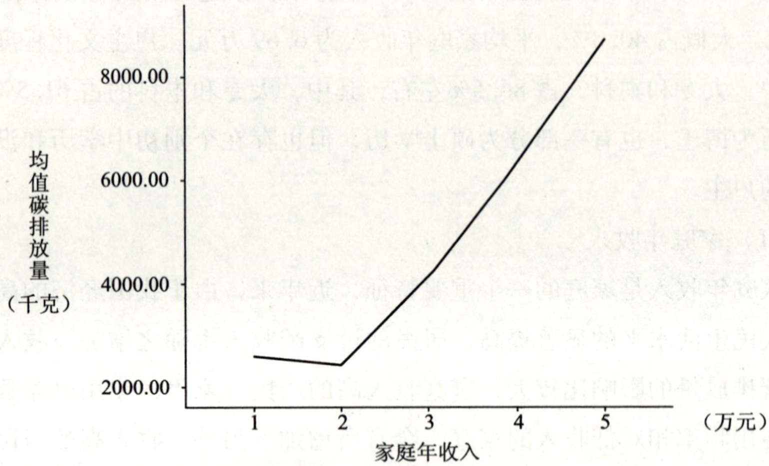

图11-1　家庭年收入

（2）家庭人口规模

相关研究发现，家庭人口规模对生活碳排放及人均碳排放量的影响最为明显，并且碳排放量随着人口规模的增加呈现出先增加再减少的倒“U”形曲线。家庭人口规模对家庭碳排放的影响显著，开封市的平均家庭规模为3.79人，其中，家中只有1人的家庭最少，只有6户，占被调查家庭总数的1.17%。家庭人口规模是2个人的有117户，占家庭样本总量的22.72%。家庭人口规模为3人或4人的家庭是最为普遍的，分别是175户和126户，分别占样本总量的33.98%和24.47%，这两种家庭规模所占比重比较接近，且这两种家庭结构占比超过1/2以上，是开封市的主导。家庭人口规模是5人的家庭有65户，占被调查家庭总数的12.62%。家庭规模为6人家庭共有26户，只占样本总量的5.05%。由此可知，开封市的家庭人口规模主要集中在2~4人。调查研究结果发现，家庭的碳排放总量会随着家庭人口规模的增加而增大，人均碳排放量却随着家庭人口规模的增加而呈现出递减的趋势。其中，1人户的家庭的人均碳排放量最大，为每年每人2500千克二氧化碳；然后是3人户的家庭，其碳排放量为每年每人1600千克左右，高于2人家庭和4人家庭，而6人的家庭的人均碳排放仅为每年每人1100千克左右。由此可以得出，应鼓励家庭多人居住，避免单人或 3 人居住带来的高碳排放量，不利于碳减排活动的进行，但是从相关角度分析家庭人口规模却不是影响碳排放量的显著性因素。

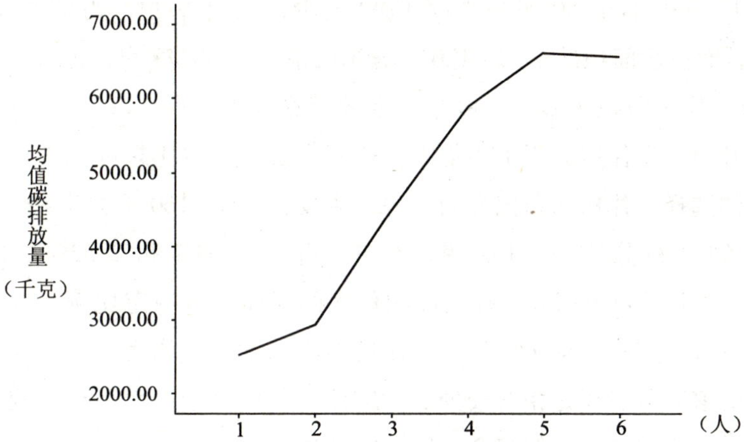

图 11-2　家庭人口数—家庭碳排放量

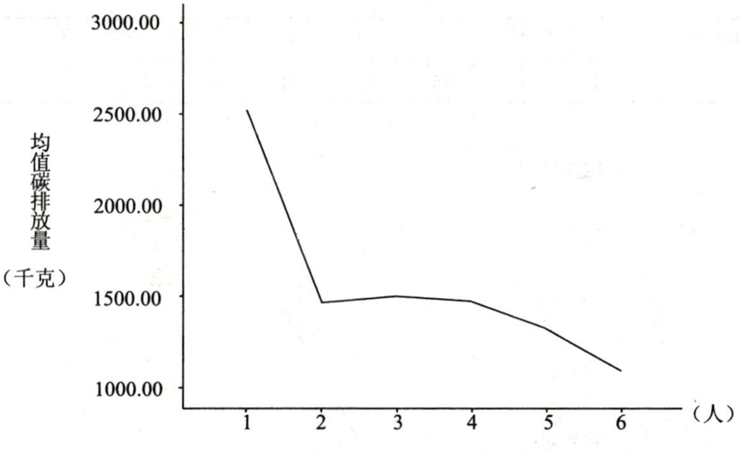

图 11-3　家庭人口数—人均碳排放量

（3）住房面积

杨选梅等（2010）认为，家庭住房面积是家庭特征的重要方面，是影响家庭碳排放的显著性因子，一般家庭条件好的偏向于居住面积比较大的房屋。由于建筑材料本身就是碳排放的来源之一，因为本研究主要研究对象是家庭的日常生活方面的碳排放，所以在此对建筑本身不做过多的赘述。调查问卷把住房分为 5 个等级，分别是①小于 80 平方米；②81～120

平方米；③121~140平方米；④141~160平方米；⑤160平方米以上。由开封的调查数据资料显示，住房面积的均值为2.79，大约在111平方米，其中住房面积小于80平方米的住户最少，只有9户，占调查对象的1.75%；而住房面积处于81~120平方米的最多，共275户，占样本容量的53.40%；住房面积在121~140平方米的家庭有174户，占33.79%。由此可知，开封家庭住房面积主要集中在这两个阶段，占比超过87%，是大多数家庭的选择。住房面积偏大的家庭，主要是141~160平方米和大于160平方米的家庭分别有44户和13户，占比8.54%和2.52%，共占约11.6%，说明开封市家庭选择大面积住房的居民占有一定比例。本调查问卷结果发现，家庭的碳排放量随着住房面积的增加呈增大趋势。选择大面积住房的家庭数量还是相对较少的，应该引导居民选择面积相对较小的房屋居住，这样有利于降低家庭总体的碳排放量。

表11-3　住房面积频数

住房面积等级	1	2	3	4	5
频数	9	275	174	44	13

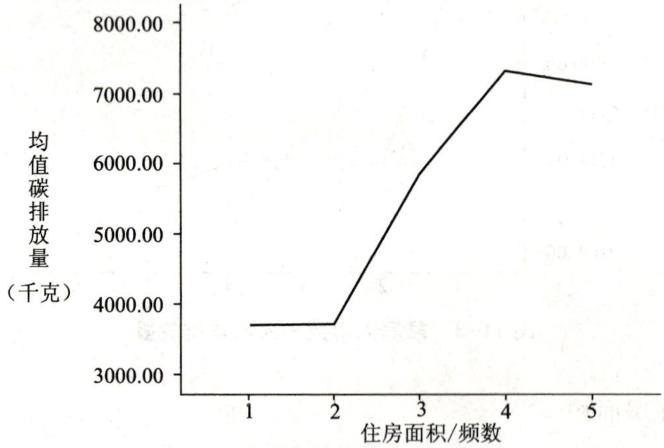

图11-4　住房面积—碳排放量

（4）户主特征

一般认为，户主情况能反映一个家庭的基本情况，由于在做调查问卷时，会深入小区内部，一般会选择上班时间，而此时在家里的一般以老年人居多，不能反映家庭的真实情况，所以本问卷选择户主的信息，包括户主的年龄、职业和文化程度三项。

首先，户主年龄方面，本问卷把户主年龄分为六类，分别是①18 岁以下；②19~25 岁；③26~35 岁；④36~45 岁；⑤46~60 岁；⑥60 岁以上。其中，户主年龄在 60 岁以上的退休老人，有 166 户，占总数的 32.23%，接近 1/3；年龄在 46~60 岁的共有 149 户，占比为 28.93%，所以 46 岁及以上年龄的比例超过 60%，而年龄在 26~35 岁以及 36~45 岁的住户分别为 77 家和 118 家，分别占 14.95%和 22.91%，而年龄在 18~25 岁的仅有 5 户，说明被调查对象中户主为年轻人比较少。由图 11-5 可以看出，家庭碳排放量随着户主年龄的上升总体呈现出递减的趋势，25 岁以下的家庭碳排放量比较高，25~60 岁家庭的碳排放量差距不同明显，退休老人家庭的碳排放量明显降低，根据实际调研情况，退休之前的家庭的各项开支比较大，如有车的家庭上班要开车，人际关系交往也比较多，日常花销也比较大，退休之后生活比较简单。

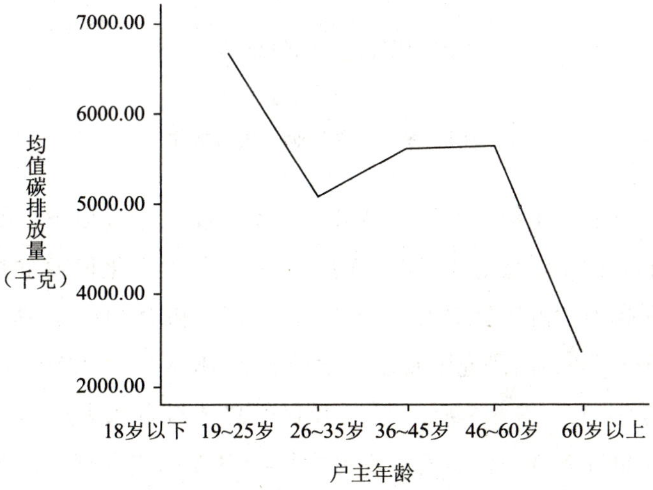

图 11-5　户主年龄—碳排放量

其次，户主职业方面，根据实际情况，把职业分为八类，分别是：政府职员、公司职员、教师、个体经商户、离退休人员、工人、农民和其他。由图 11-6 可以看到，家庭碳排放量最高的职业是个体经商户；其次是政府职员；公司职员、教师和工人的家庭碳排放量比较接近，在4500kg左右；碳排放量比较低的是离退休人员和农民，从调查中了解到个体经商户、政府职员的家庭碳排放量比较高的主要原因是小汽车的使用率比较高。而离退休人员一般很少出行，需要外出时也多会选择公交车出行，离退休人员平时开空调和电视的时间也比较少，用电用水比较节约，所以相应的家庭碳排放量就比较少。

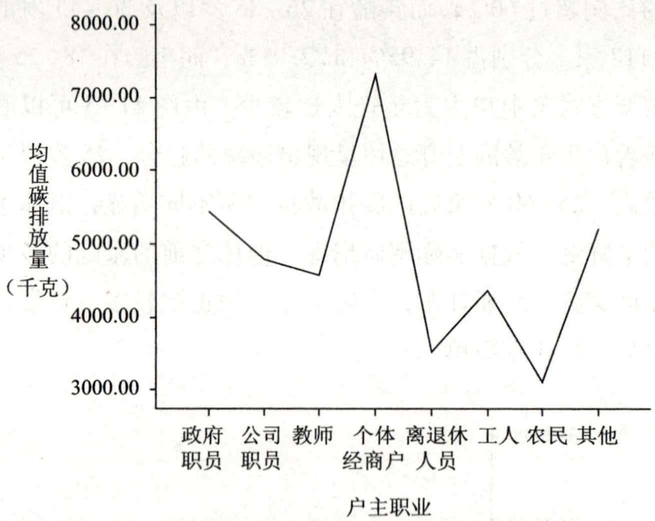

图 11-6　户主职业—碳排放量

最后，户主文化程度方面，共分为五类：①初中及以下；②高中；③大专；④本科；⑤研究生及以上。调查发现，户主文化程度主要集中在大专、本科和高中，占比分别为35.53%、26.02%和25.05%，其中，大专和本科共占61.55%，而研究生及以上学历的有18人，占3.50%，学历在初中以下的有51人，占9.90%，说明开封的总体教育水平还是挺高的，上过大学的人超过60%，但也有一部分学历相对较低或没有上过学，从调查中发现，学历较低或没有上过学的主要是集中在年龄比较大的人群。由图11-7可以看出，家庭碳排放量随着户主文化程度的提高先增加后趋于稳定，说明大学及以上学历的家庭的碳排放量相比没有上过大学的家庭的碳排放量要大，这可能是因为上过大学的家庭的总体收入水平较没有上过大学的高，经济水平高导致家庭的碳排放量升高。

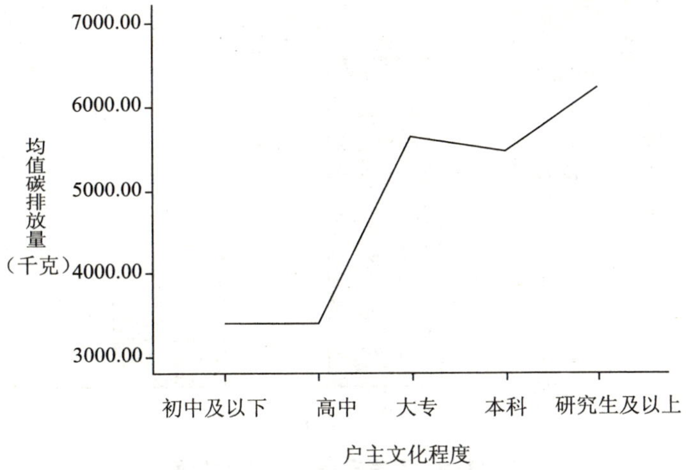

图 11-7　户主文化程度—碳排放量

（5）是否拥有小汽车

根据调查结果显示，开封市被调查的 515 户家庭中有 308 户拥有私家车，占到样本容量 59.81%，其中还有个别家庭的私家车不止一辆。根据问卷调查，拥有私家车的家庭，小汽车的使用频率与家庭收入和家庭人口规模有很大关系，根据图 11-8 可以看出，拥有私家车的家庭的碳排放量普遍比较高，没有私家车的家庭最高的碳排放量在 10000 千克/年左右，而且只有一小部分，大多数的家庭的碳排放量大约在 5000 千克/年以内；而拥有私家车的家庭的碳排放量总体比较高，最高可达 30000 千克/年，说明私家车对家庭碳排放量的影响非常显著。

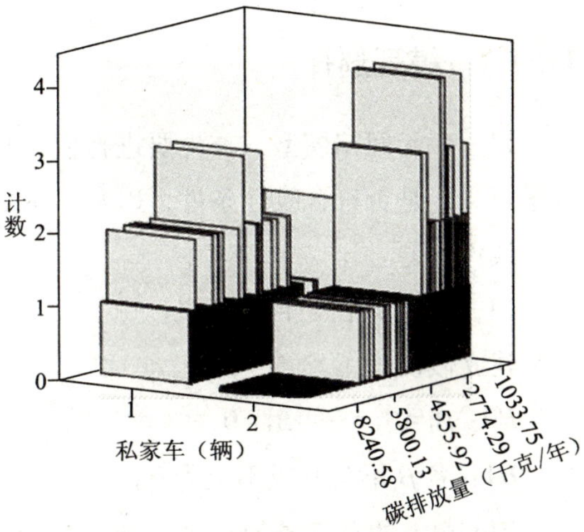

图 11-8　私家车—碳排放量

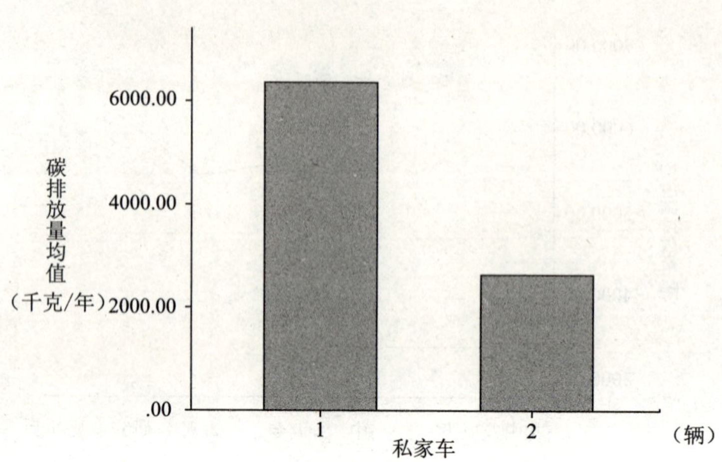

图 11-9　私家车—碳排放量均值

11.4　开封市家庭碳排放影响因素实证研究

11.4.1　模型选择

建立多元回归模型，首先要进行假设检验，观察样本数据是否具有统计学意义，是否符合线性条件，以及样本数据之间是否存在自相关性和多重共线性问题。

（1）检验方程是否有意义

建立假设：

$H0$：$\beta_1=\beta_2=\cdots=\beta_7=0$

$H1$：各 β_i 不为 0 或不全为 0。

因变量 y 的总变异为总平方和（Total Sum of Square），表示为 SS_{total}，$SS_{total}=\sum(y_i-\bar{y})$，表示反映变量的所有的变异，由以下两部分构成：

回归平方和（Regression Sum of Square，SSR），SSR（x_1，x_2，…，x_p）表示因变量的变异可以由回归模型中所包含的 P 个自变量解释的部分。

误差平方和 $SSE=\sum(e)_i^2$，（Error Sum of Square），表示回归模型中的自变量不能解释的因变量的部分。因此，$SS_{total}=SSR+SSE$。SS_{total}，SSR 和 SSE 与样本量 n 及模型中的自变量个数有关，样本量 n 越大，变异也就越大，本研究包含 515 份样本，所以分别除以相应的自由度，得到 F 检验统计量。

$$F=\frac{\frac{SSR}{p}}{\frac{SSE}{(n-p-1)}} \tag{11-1}$$

表 11-4 方差分析

方差分析[a]					
模 型	平方和	df	均 方	F	P 值
回归	2197421657. 700	7	313917379. 671	182. 030	0. 000[b]
残差	874337698. 925	507	1724531. 951		
总计	3071759356. 625	514			

a. 因变量：碳排放量。

b. 预测变量：（常量），家庭人口数、户主年龄、户主职业、户主文化程度、家庭年收入、私家车。

由表 11-4 可知，F=182. 030，P<0. 001，说明自变量的回归系数不全为 0，回归模型有统计学意义，回归方程有效。

（2）判断方程是否符合线性

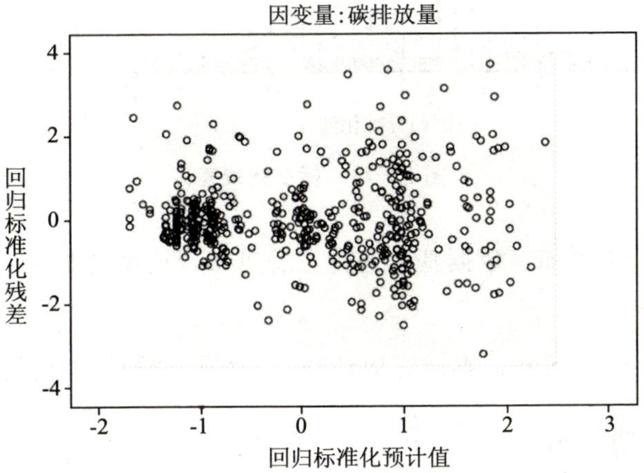

图 11-10 残差散点

散点图是判定自变量与因变量之间关系的重要方法之一，由此散点图可知，该样本的残差基本在0这条水平线的两边均匀分布，由此可知，碳排放量与其影响因素之间呈线性关系。

（3）检验自变量间多重共线性

检验多重共线性是指判断自变量之间是否存在线性相关，即一个自变量是否可以由其他自变量表示出来。由表11-5可知，七个自变量的VIF值均比较小，均未超过5，所以自变量之间不存在多重共线性问题。

（4）检验数据的正态性

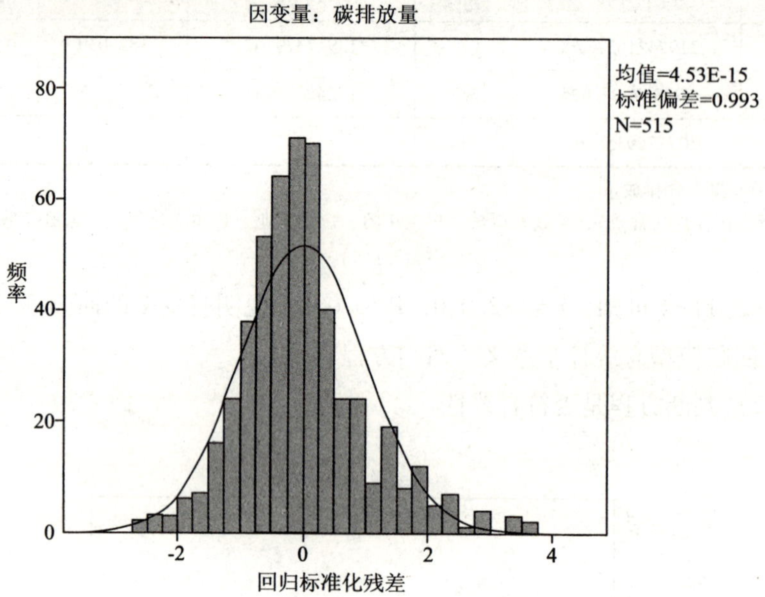

图11-11　标准化残差

由图11-11可知，数据基本符合正态分布，说明通过问卷得来的数据具有统计学意义。

综合以上分析可知，本研究应选择多元线性回归模型进行分析。

11.4.2　模型估计

进行多元回归分析时，因变量与自变量都需要是定量变量，本研究中对家庭碳排放的影响因素家庭年收入、家庭人口数、户主年龄、户主职业、户主文化程度、住房面积、是否拥有私家车等均为定类变量，首先需要利用虚拟变量法将这些数据转换成定量变量，转换方法为：选定一组为对照组，设为“0”，其余组分别设为1，2，3，4…为实验组。例如：本研究中关于是否拥有小汽车这个变量，选取没有小汽车的家庭作为对照组，设为“0”，将拥有小汽车的家庭设为“1”；而家庭人口规模的分类有：1人家庭、2人之家、3人之家、4人家庭、5人家庭和5人以上家庭六类，将单身家庭设为“0”，作为对照组，其余五类家庭分别按次序设为“1”“2”“3”“4”“5”作为实验组。

由第一节的检验分析可知，家庭碳排放量及其影响因素符合线性，且自变量之间不存在多重共线性，所以建立家庭碳排放量及其影响因素的线性回归模型见式（11-2）：

$$E = a + bP + cA + dW + eD + fH + g\mathrm{Inc} + hC + \varepsilon \tag{11-2}$$

其中，E 表示家庭碳排放量，P 为家庭人口数，A 为户主年龄，W 为户主职业，D 为户主文化程度，H 为住房面积，Inc 为家庭年收入，C 为私家车，a 为常数项，b、c、d、e、f、g、h 分别为各自对应的系数，ε 是误差项。

表 11-5　回归系数

系　数							
变　量	非标准化系数		标准系数	t	P 值	共线性统计量	
	B	标准误差	适用版			容差	VIF
（常量）	211.402	374.809		0.564	0.573		
家庭人口数	146.122	65.099	0.069	2.245	0.025	0.599	1.670
户主年龄	-91.291	68.667	-0.041	-1.329	0.184	0.601	1.664
户主职业	137.198	33.380	0.125	4.050	0.000	0.590	1.695
户主文化程度	42.393	79.270	0.018	0.535	0.593	0.516	1.938
住房面积	380.708	94.977	0.121	4.008	0.000	0.616	1.624
家庭年收入	892.103	97.765	0.341	9.125	0.000	0.401	2.493
私家车	2518.926	156.148	0.506	16.132	0.000	0.571	1.750

因变量：碳排放量。

由以上回归结果可知，在样本容量为515，自变量的个数为7，在5%的置信水平下，通过查 t 分布百分位表可得：$t=1.65$，家庭人口数、户主职业、住房面积、家庭年收入、私家车均通过了 t 值的显著性检验，且户主职业、住房面积、家庭年收入和私家车四个变量的 P 值通过 0.01 的显著性检验，说明对家庭碳排放量影响极其显著。家庭人口数的 P 值通过 0.05 的显著性检验，对家庭碳排放影响显著。户主年龄和户主文化程度则对家庭碳排放量的影响没有通过显著性检验，影响家庭碳排放的回归方程为式（11-3）：

$$E = 0.069P + 0.125W + 0.121H + 0.341\text{Inc} + 0.506C \qquad (11-3)$$

由式 11-3 系数可以看出：首先，家庭人口数、户主职业、住房面积、家庭年收入、私家车都对家庭碳排放量有正向影响，其中，家庭人口数对家庭碳排放量的影响程度比较小，只有 6.9%，说明家庭增加一个人，则碳排放量增加 6.9%；户主职业和住房面积对家庭碳排放量的影响程度比较接近，为 12.5%和 12.1%，说明户主职业和住房面积每增加一个层次，则家庭碳排放量增加 12%；家庭年收入对家庭碳排放量的影响比较大，为 34.1%，说明家庭年收入每增加一个层次，则家庭碳排放量增加 34.1%；私家车对家庭碳排放量的影响程度最大，为 50.6%，说明家庭每增加一辆车，则家庭的碳排放量就会增加 50.6%。

各个影响因素之间并不是独立存在的，因素之间存在相互影响关系，对家庭人口数、户主职业、住房面积、家庭年收入和是否有私家车进行单因素方差分析，观察变量之间的交互项是否对家庭碳排放量有影响，得到结果如表 11-6 所示。

表 11-6 主体间效应的检验

因变量：碳排放量

变 量	F 检验	P 值
家庭人口数	1.092	0.365
户主职业	3.805	0.001
户主文化程度	3.361	0.011
住房面积	2.912	0.022

续表

因变量：碳排放量		
家庭年收入	16.639	0.000
私家车	78.563	0.000
家庭人口数 * 户主职业	2.014	0.017
家庭人口数 * 户主文化程度	1.441	0.163
家庭人口数 * 住房面积	2.422	0.027
家庭人口数 * 家庭年收入	0.718	0.657
家庭人口数 * 私家车	0.146	0.932
户主职业 * 户主文化程度	0.561	0.762
户主职业 * 住房面积	0.827	0.579
户主职业 * 家庭年收入	2.604	0.004
户主职业 * 私家车	3.789	0.005
户主文化程度 * 住房面积	0.422	0.737
户主文化程度 * 家庭年收入	2.320	0.020
户主文化程度 * 私家车	0.499	0.481
住房面积 * 家庭年收入	1.411	0.240
住房面积 * 私家车	4.394	0.037
家庭年收入 * 私家车	0.065	0.799

a. $R^2 = 0.929$（调整 $R^2 = 0.848$）

11.4.3 结果分析

首先，从拟合优度角度考虑，样本对整体的解释程度，从单独分析各因素影响的调整 R^2 值为 0.711，到增加各个影响因素之间的交互项后的调整 R^2 值为 0.848，有明显增加，说明家庭碳排放的因素之间的交互项对家庭碳排放的影响也是很重要的方面。

其次，由模型回归结果和单因素分析结果可知，户主职业、家庭年收入、私家车和住房面积对家庭碳排放量的影响显著，而户主的受教育程度对家庭碳排放量虽然没有直接的显著影响，但是从现实生活出发，一般情况下，受教育程度高的家庭的生活水平要比受教育程度低的高，所以在分析家庭碳排放影响因素之间的相互关系时，考虑到户主文化程度这个因素，通过单因素分析法得到表 11-6。可以看出，户主职业、家庭年收入、私家车、住房面积和户主文化程度均是显著影响因素，家庭人口数则不是显著因子，可能是因为家庭人口数这个因子与户主职业、户主文化程度、家庭年收入、住房面积相互之间的影响不是很大，所以在考虑交互项的影响后就变得不显著了；比较显著的交互项有：家庭人口数与户主职业、家庭人口数与住房面积、户主职业与家庭年收入、户主职业与私家车、户主文化程度与家庭年收入、住房面积与私家车，这说明家庭碳排放的影响因素之间是互有联系的，并不是单独存在的，所以在研究影响因素时，单纯研究某个因素的作用是没有意义的。

家庭人口数与家庭年收入、家庭人口数与私家车的交互项不显著，可能是因为开封市民总体老年人口所占比重比较大，家庭中老年人多的话收入也不高，买私家车的概率不是很大；户主职业与户主文化程度交互项不显著，可能的原因是学历高低与职业并没有直接必然的联系，但职业划分并不十分明确；户主职业与住房面积的交互项不显著，可能是因为职业不同，也许家庭收入会比较相近；家庭人口数和家庭收入对住房面积影响比较大，与户主职业没有明显的关系；户主文化程度与住房面积和私家车的交互项不显著，可能是因为住房面积主要受家庭收入和家庭人口数的影响，文化程度的高低并不能完全代表家庭收入的高低；家庭年收入与私家车的交互项不显著，可能是因为家庭收入高的人一般文化程度也相对较高，低碳和环保意识比较强，会选择绿色出行方式。

11.5　降低碳排放的对策

从模型回归结果可知，户主文化程度、户主职业、家庭年收入、住房面积、是否买车对家庭碳排放量影响显著，且都成正向影响关系，一方面，家庭成员的基本素质越高，拥有的资源越多，家庭的碳排放也就越高；另一方面，相较家庭基本素质较低的家庭而言，基本素质较高的家庭受国家政策和相关制度的影响和制约比较大。因此，做好针对高素质家庭的引导和宣传，就能相对比较容易地降低家庭的碳排放量，继而也就随之降低国家总的碳排放量。因此，本研究分别从政府方面、社区建设方面和居民家庭方面提出相应的对策建议。

11.5.1 政府方面

首先，针对家庭人口数而言，家庭的碳排放总量随着家庭人口数的增加而增加，但是人均碳排放量却随着家庭人数的增加逐渐降低，1 人家庭平均碳排放量最高，而 6 人家庭的平均碳排放量达到最低。由此可知，政府应鼓励宣传老少同堂，儿女赡养老人，老人与儿女共同居住；针对住房面积，由问卷数据可知，家庭的住房面积在 121～140m^2 的碳排放量最低，由此政府应出台政策对购买该住房面积的居民给予一定的优惠政策。住房面积在 141m^2 以上的家庭的碳排放量大幅增高，所以应限制此类“奢侈”住房的消费。

其次，针对私家车的消费量大的问题，根据问卷调查可知，一方面，1/2 以上的居民使用私家车是上班的需要。原因主要有，上班时间公交车拥挤，乘车人员多，公交车的间隔时间长，公交车站点离家距离远，等等。另一方面，家庭出行的需要。由于家里有老人和孩子，远距离出行不方便，乘坐私家车可以解决此类问题。因此，政府应大力发展公共交通系统，争取出行高峰期多设车次、多设站点，尽量覆盖大型公共场所和小区，网格化布局，争取所到之处居民都可以方便地乘坐公交车。另外，由于燃油汽车碳排放量大，针对需要私家车出行的家庭，可鼓励和支持、引导家庭购买清洁型能源汽车代替燃油汽车。政府鼓励生产商生产电动汽车、太阳能汽车等，并对生产和购买清洁能源汽车进行补贴和减免税等，大力促进清洁能源汽车的发展。同时，提高油价、对汽车加收碳排放费等，增加燃油汽车的使用成本，鼓励全社会共同参与减碳活动。

11.5.2 社区建设方面

据资料显示，我国单位建筑面积能耗可能是发达国家的 2～3 倍，新建建筑中 80%以上为高能耗建筑，已有建筑的 95%以上是高能耗建筑。因此，建筑的节能减排是降低总碳排放量的重要方面，本研究建议从以下三个方面降低碳排放量。

首先，优化社区结构，建设综合型住宅。良好的社区结构可以有效地减少居民的出行，减少碳排放，在社区内部建设完善的休闲、娱乐、购物、医院、学校等公共场所，一个社区就是一个小型的城市，居民足不出区基本生活的需求就可以得到满足，这样不仅为居民提供方便，而且从源头上减少家庭碳排放量。

其次，建造绿色节能建筑，采用环保材料。低碳社区的建筑要求低碳节能环保，第一，就要从建筑材料方面考虑，减少传统化石原料的使用，选用符合国家环保标准的材料或可再生材料，并积极开发新型环保节能材料。第二，在建筑材料的获取上，要尽量使用本地建材，既能带动当地的经济发展，同时又减少了材料的运输费用，减少交通碳排放。第三，要因地制宜，充分利用地形和气候条件，合理安排建筑的位置和朝向，充分利用阳光、温度和风向等，尽量做到人与自然和谐共生。

再次，利用新能源。我国传统化石能源储量有限，利用效率低，污染严重，2014 年的水电、核电、风电占能源消费总量的 11.2%，近些年虽然呈现增长之势，但与发达国家相比仍有差距，美国 2012 年的可再生能源已经占到 14%，而中国 2012 年可再生能源仅占 9.4%。因此，低碳社区的建设需要积极提高能源使用效率以及清洁能源的使用，并积极开发新能源，例如：地热能、风能和太阳能等。太阳能几乎是永不枯竭的能源，不仅能量大，而且普遍存在，要致力于提高太阳能光电技术，充分利用太阳能，可以在社区屋顶上安装太阳能发电系统和太阳能热水系统，供居民使用，以及安装太阳能路灯设备，节省常规电力。

11.5.3 居民低碳行为方面

家庭是社区的组成元素，降低社区碳排放就要从引导居民降低家庭的碳排放量入手，主要包括倡导居民低碳生活，增强居民低碳意识，鼓励低碳生活和消费方式；低碳出行，倡导公共交通出行，减少私家车的使用两方面。

（1）提高居民低碳意识，倡导居民低碳生活

调查问卷显示，97.9%的家庭使用节能灯具，97.3%的人有随手关灯的习惯，说明家庭基本会选择节能灯具，居民也基本养成了随手关灯的习

惯。93.6%的人平时洗脸或刷牙时会将水龙头开至中小水量并及时关闭水龙头，72.3%的人有一水多用的习惯，但是还有不少人没有养成重复利用水的习惯，按照日常用水的用途初步估算，污水和冲厕分开可以节约40%以上的水资源。因此，要宣传鼓励居民节约用水并重复利用水。居民平时在菜市场买菜有12.8%的家庭会用菜篮子或纸袋，一般超市购物，更多的市民会选择自行配备塑料袋或布袋子。这恰恰说明了塑料袋虽然给居民带来便利，但只要是通过收费的形式控制塑料袋的使用，效果还是很有成效的。可以借鉴此类经验，通过经济手段达到抑制居民的某些不良习惯的养成。59.5%居民在购买产品时会注意有没有环保标志，同时也说明了还有将近40%的居民并没有意识到环保的重要性。居民中有75.9%的家庭有废品回收利用的习惯，但是这里所谓的废品回收主要是家里垃圾袋和饮料瓶、书、本、纸收集变卖等方面，回收利用的范围还较狭窄，居民之间可以就更多的废旧物进行交换或捐赠，既帮助了他人，也方便了自己。另外，也要注意适度合理消费，树立科学的消费观，增强低碳意识，培养低碳消费习惯。

（2）倡导公共交通出行，减少燃油汽车使用

根据调查问卷的数据，居民日常出行37.4%的人会选择公交出行，选择此方式的原因主要是公交车成本低和环保；31.3%的人会选择私家车，选择这个方式的主要原因是省时间、方便。由此可知，居民依靠私家车出行的比例还是相当高的。汽车的碳排放量是公交车的16倍，控制私家车的数量是降低碳排放量的有效途径。首先，应通过社区活动、媒体、学校等宣传教育，引导居民认识高排放出行的危害，大力倡导居民选择拼车上班出行、公交车出行，避免一人空载的现象，提高小汽车的利用率，减少环境污染和资源能耗。鼓励居民平时多锻炼身体，比较近的距离可以选择步行或者自行车出行等绿色出行方式。其次，鼓励居民购买新型能源汽车，如电动汽车、太阳能汽车等，新能源汽车能耗较低，同等距离的用电的成本仅是燃油成本的20%。既方便了居民的出行，促进了经济的发展，又能有效减少对化石能源的需求，在提高生活品质的同时更注重健康原生态的低碳生活。

（3）引导公民积极参与低碳建设

近年来我国出台了太阳能光伏发电的有关补贴扶持政策，2013 年出台了《国家发展改革委关于发挥价格杠杆作用促进光伏产业健康发展的通知》，规定了并网电价和相关补贴力度等情况，对促进个人光伏发电事业起到了一定的帮助。许多人也随之以积极的态度参与到低碳活动中来，例如：开封市民王勇先生，在 2012 年 10 月花费 1.7 万元安装了小型家庭太阳能发电系统，并且现在已经并入国家电网，平均每年能发电 3000~3200 度，不仅满足了家用，而且还有富余以每度 0.76 元卖给国家，实现个人光伏发电盈利，7~8 年可以完全收回成本。据估计，太阳能光伏发电设备可以使用 20~25 年，总体算下来，收益还是可观的。但是，到目前为止，家庭太阳能光伏发电还没能普及，可能的原因有：第一，投资成本高，回收成本时间太长，根据调查问卷显示，每户家庭平均每年用电 1152 元，1.7 万元几乎可以用电 15 年；第二，很多市民对光伏发电了解甚少，不敢贸然进行投资。因此，针对此类情况，政府应加大补贴力度，并通过各种渠道进行宣传，做好对市民的咨询答疑工作，以达到推广家庭太阳能光伏发电的目的。

12 结束语：能源革命、绿色发展与中国生态文明新时代

12.1 中国将开启生态文明新时代

十九大报告强化了生态文明建设的重要意义，对生态文明建设进行了新的定位，指出“生态文明建设是中华民族可持续发展的千年大计”。这是站在中华民族可持续发展的角度高瞻远瞩地理解生态文明，在科学的认知层次上对能源问题和环境问题的解决给出顶层性的设计和具体操作指南。在2018年5月18日至19日召开的全国生态环境保护大会上，习近平总书记又对生态文明建设进行了清晰的研判，强调要“像保护眼睛一样保护生态环境，像对待生命一样对待生态环境”“良好生态环境是最普惠的民生福祉”等。中国将以时代为己任，以责任为担当，制定出守住绿水青山的“中国方案”。这标志着中国走向生态文明新时代。

同样在全国生态环境保护大会上，习近平总书记向国人和世界宣布了生态文明建设的目标设想，即“确保到2035年，生态环境质量实现根本好转，美丽中国目标基本实现。到本世纪中叶，建成美丽中国。”这是对中国生态文明建设的新指向，是一条通往人与自然和谐相处与发展的道路。此外，还可以通过中国生态文明建设的实践，向全世界提供更好地处理能源问题和资源问题的经验。因此，可以说，中国生态文明新时代的到来，必将加速推动人类和世界进入生态文明建设的新阶段和新征程。

习近平生态文明思想为我国生态文明建设指明了方向。第一，全面推进生态文明建设。以往生态文明建设往往是在一个领域内，从一个行业试点开始，而后不断摸索经验，再向其他领域推广。新时代，中国必须加速在经济社会各领域内广泛研究并推进生态文明建设，并要求除了生态文明

建设以外在经济建设、社会建设、政治建设和文化建设的领域内，都要融入生态文明建设。这意味着要从千年大计的战略高度，从保持中华民族的可持续发展角度，深入推进生态文明建设。第二，生态文明建设已进入全国全民协同共建的新时期。现在，中国已形成了生态文明建设的制度保障体系、文化观念形成体系等，构建全民参与的生态文明建设体系。环境执法越来越严，生态文化理念已经深入人心，从硬件制度上越加严格，从教育普及方面越加深入，生态文明建设获得了法律制度上的支撑，同时，也获得了民众人心。建立最严格生态环境保护法律制度，为全面推进生态文明建设提供可靠保障，为企业真正地从事节能活动、污染处理活动提供了法理基础，同时，也为环境保护“撑腰”。

从以上的分析可以看出，生态文明建设不仅仅是单个主体的事情，现在已经变成全国性的重大任务。党的十八大将生态文明建设纳入中国特色社会主义事业总体布局，并明确写入党章。这标志着我国开始走向社会主义生态文明新时代。

生态文明建设正处于关键期，我们要深入贯彻党的十九大“加快生态文明体制改革，建设美丽中国”决策部署，纳入民众、企业、行业、政府等不同的部门，构建生态文明体系。

12.2 能源革命是推进中国生态文明建设的根本动力源

根据前文分析，能源革命提供的充足可靠的非化石能源是中国推进生态文明建设的根本动力源。从经济社会系统的能源投入端来看，投入什么类型的能源，经济社会系统就会产生什么样的环境问题。因此，从经济社会系统运转来看，选择什么样的能源呢？

从选择标准来判断的话，一般应该具备两个标准：首先，应该给经济社会系统提供动力，这是首要的、第一位的因素。每一次能源转型都推动了人类社会文明的进步，而生态又与文明相联系，这就要求，在经济社会系统中，只要能源充足，无论是化石能源，还是非化石能源都是该系统可以选择的动力源。其次，在为社会提供动力的同时，不要给社会带来额外的负外部性问题。化石能源存在着资源有限性和负外部性的双重问题，无论哪种问题，都形成了对社会可持续发展的重大约束。资源有限性问题则制约了经济社会的发展。第二个问题则是更为现实的障碍。这是因为在经济社会发展过程中，一旦由化石能源消耗带来的环境污染超过既定的资源环境临界值的时候，环境就会不堪重负，可能发生影响深远的环境污染事故，就会对人体健康产生严重的影响。

如果按照以上标准的动力源和负外部性问题来选择的话，很显然，非化石能源是经济社会理想的动力来源。第一，随着可再生能源技术的不断进步，各种发电用电技术的提升，非化石能源具备了为经济社会提供重要动力的条件。各种非化石能源发电的成本不断降低，将与化石能源发电成本不持平，并且发电的稳定性、调控性不断提高，强化了非化石能源动力源的角色地位。根据中国对非化石能源的规划定位，要把非化石能源由补充性能源不断转变为主流能源，进而转变成主导性能源。可以想象的是，中国将通过能源革命，大力调整能源生产和消费结构，不断加强非化石能源的发展，为中国经济社会发展提供充足而清洁的动力来源。现在的问题在于非化石能源动力不够的问题。因此，在调整能源结构的过程中，一定要采取稳妥的办法，在大力发展非化石能源的同时，逐步降低化石能源占比，以防止出现能源供应不足，导致的大面积停电限产和影响居民生活的问题。只有保障非化石能源供给，我们才能持续稳定使用来自于非化石能源带来的动力源。

因此，在充分借鉴国际非化石能源技术发展的经验基础上，举全国之力，把非化石能源发展技术列为优先发展领域，进一步推动相关技术的自主创新，从而在全国范围内创造一个良好的非化石能源发展环境。其中，一个关键的问题是非化石能源的消纳和储存问题。目前，消纳问题正在逐步得到解决，但是储存问题确是一个很棘手的问题。因为目前的可再生能源发电的储存技术还不能完全有效解决发电后“留存下来”而待日而用的问题。

在技术创新的支撑下，中国能源革命的重点也应该在于非化石能源的发展，发展可再生能源的关键在于“有源头、能发电、留得住、用得起”。大家可以想象，如果中国在能源消费总量中有50%的比例使用非化石能源的话，那么，将是一个什么样的情形。在中国能源革命的长期规划中，到

2050年非化石能源消费比重要超过50%。通过不断提高非化石能源消费比重，中国将在经济社会系统、能源系统和环境系统之间找到一个相对平衡的发展路径，即可解决中国经济社会发展的清洁动力来源问题，又能解决中国严重的生态环境问题，这是全民期盼已久的事情。而这是中国生态文明建设新时代的根本动力源，中国将通过非化石能源为中国描绘一幅幅精彩的画卷。这是我们的期待，也是中国的希望。

第一幅画卷是非化石能源发电的就地化。电力现代化是推动能源革命的最大体现。在中国能源革命的进程中，随着制约非化石能源发电技术因素不断消除，中国将在适宜空间布局太阳能发电设备、风力发电设备等，而这些设备就可以构成一道亮丽的风景旅游线。在现代化技术的推动下，这些非化石能源发电设备即将形成就地发电、随时发电、及时存储和就地消纳的独特功能。这样就可以满足绝大部分的生产用电和生活用电需求。

第二幅画卷是智能充电设备广泛投入使用。随着能源革命的推进，在能源使用的终端，大量的陈旧能源设备将被淘汰，换成了现代化的充电插电的智能化接口。届时，无论是城镇，还是农村，在生活中，方便快捷的电力设备被广泛使用。在生产中，除了必备的能源原料以外，绝大部分的能源动力都基本上是电力。不管是生产，还是生活中，在使用电力的时候，基本上是“即插即用”智能化的操作，这就是现代化的生活和生产方式。到那时，一切能源使用均已实现智慧化运作，在提高能源效率的同时，也清洁了环境。

12.3 绿色发展是推进中国生态文明建设的根本路径

产生大量环境污染的生产方式，我们称之为黑色发展；与黑色发展相对的便是绿色发展。绿色发展是人类社会期盼的发展方式，即以实现人与自然和谐共处、净化自然的发展方式，它追求的是经济的可持续发展和环境友好。因此，在生态文明建设中，最需要的就是绿色发展方式。

值得庆幸的是，中国历来重视在经济社会发展过程中的环境保护问题，中国是最早签署全球可持续发展协议的发展中国家之一。在应对全球气候变化中，中国走在世界的前列，成为全球生态文明建设的重要参与者、贡献者和引领者。中国其实也一直在探索经济社会发展和环境保护的协调之道，探索发现生态文明建设过程中一些创新做法。

践行绿色发展理念，走绿色发展和可持续发展之路是必然选择。而中国绿色发展最具特色的地方就在于中国体量巨大，绿色发展的示范效应很突出。而且，中国产业结构偏重，第二产业化石能源消耗量较大，走绿色发展和可持续发展之路是经过认真思考的自主选择。我们要在绿色发展中站稳脚跟，必须具备持之以恒的勇气。而能源革命中非化石能源的使用将为中国绿色发展提供重要的资源保障。随着非化石能源投入量的不断增加，绿色动力来源不断增大，清洁能源越来越多，产生污染排放量也就越来越少。因此，从投入端来看，非化石能源投入量的增加必然导致“污染排放”的减少和“清洁绿色”的增加，从这一点上看，非化石能源替代化石能源就是绿色发展。

作为能源革命主体内容的能源结构调整，是中国绿色发展的重大前提，其结果是与绿色发展一脉相承的。与此同时，让我们再来分析绿色发展与生态文明建设之间的关系。第一，绿色发展与生态文明的理念相契合。绿色发展是环境友好式的发展模式，这与生态文明建设的理念契合。从本质上来讲，生态文明建设与绿色发展是相互融合的，相互内生的。在一定程度上，我们可以说，绿色的本质在于生态，生态是最深沉的绿色。第二，从路径对策来看，可以说相互支撑，部分重合。在这里强调的是，凡是绿色发展的路径选择、政策保障都是有利于生态文明建设的。在一定程度上可以说，没有办法把两者截然分开。可以说，绿色发展是中国生态文明建设的根本路径。

这就意味着，离开绿色发展，中国生态文明建设就失去了路径导向。因此，坚持绿色发展，就是进行生态文明建设。在新时代，坚守绿色发展，有利于推进生态文明建设的进程。

中国绿色发展的结果便是人民的生活质量不断提升，生态环境质量不断优化，资源得到有效保障。其具体的分阶段目标和全国环境保护大会所制定的美丽中国的目标相契合，即展望两阶段，到 2035 年，生态环境明显优化；到 2050 年建成美丽中国的目标得以实现。

12.4 建立能源革命—绿色发展—生态文明建设相互影响的机制

通过以上的分析，最终目的是要建立一个能源革命—绿色发展—生态文明建设之间相互影响的机制，这种机制在于纲目并举。生态文明建设是总纲，能源革命是具体的“能源目”，绿色发展是具体的“绿色目”。生态文明建设的总纲明确了中国要通过能源革命保障非化石能源的供应，同时要解决好中国在经济发展过程中的突出的环境问题。纲目之间存在着相互影响的关系。其一，能源革命发展的程度在很大程度上决定了中国绿色发展的成效和生态文明建设的进程。这种决定性影响是根源性的和关键性的。其二，绿色发展的程度决定了生态文明建设的进程。这种影响具有立竿见影的效应。只有中国经济社会的动力来源性质改变了，中国才能从根本上走向绿色发展之路，才能实现中国生态文明建设的目标。要深入构建能源革命、绿色发展与生态文明建设之间的影响机制。从中，我们也发现，能源革命处于核心的地位，绿色发展处于中间传导地位，而生态文明建设可以看作是最终的结果。因此，要大力推进能源革命的进程，不断为经济社会提供更为清洁的非化石能源，为中国绿色发展提供重要的基础，进而促进中国生态文明建设的进程。由此，我们要扫清三者之间的障碍，只有这样，才能形成能源革命—绿色发展—生态文明建设的传导通道。也只有这样，才能从根本上保障能源稳定供应，才能最终构筑并维护中国绿色生态屏障，进而才能守得住绿水青山，这才是生态文明建设新时代的中国方案与行动。

参考文献

[1] 怀铁铮．低碳化：中国的出路与对策［M］．北京：人民出版社，2013：1-3.

[2] IPCC. 2013. Climate Change 2013：The Physical Science Basis［EB/OL］. http：//www. climate change 2013. org/images/uploads/WGIAR5_WGI-12Doc2b_ Final.

[3] 顾倩．基于低碳理念的生态社区规划研究［D］．杭州：浙江大学，2011.

[4] 蔡博峰．城市温室气体清单研究［J］．气候变化研究进展，2011，7（1）：23-28.

[5] 杨亮．基于消费水平的家庭碳排放谱研究［D］．上海：华东师范大学，2014.

[6] 张贡生，李伯德．低碳城市：一个关于国内文献的综述［J］．首都经济贸易大学学报，2011（1）：107-120.

[7] 杨选梅，葛幼松，曾红鹰．基于个体消费行为的家庭碳排放研究［J］．中国人口·资源与环境，2010，20（5）：35-40.

[8] 朱雪梅，江海燕，肖荣波等．广州居住区碳排放特征及对低碳社区的启示［J］．中国人口·资源与环境，2014，24（3）：19-23.

[9] 王莉．1995—2011年我国城乡居民家庭碳排放的分析与比较［J］．干旱区资源与环境，2015，29（5）：6-11.

[10] 张艳．生活方式对开封城市家庭采暖碳排放的影响［J］．地理科学进展，2013（7）：1072-1081.

[11] 叶红．城市家庭能耗直接碳排放影响因素［N］．生态学报，2010，30（14）：3802-3811.

[12] 郑思齐，霍燚．低碳城市空间结构［J］．世界经济交通，2010（6）：50-65.

［13］李亚男．低碳社区建设评价体系研究［D］．北京：北京交通大学，2014.

［14］Eva Heiskanen，Mikael Johnson，Simon Robinson，et al.. Low-carbon Commmunities as a Context for Individual Behavioural Change［J］. Energy Policy，2010（38）：7586-7595.

［15］汪臻．中国居民消费碳排放的测算及影响因素研究［D］．合肥：中国科技大学，2012.

［16］范凤岩，雷涯邻．能源碳排放影响因素研究综述［J］．生态经济，2015，31（3）：36-43.

［17］Bin S.，Dowlatabadi H. . Consumer Lifestyle Approach to US Energy Use and the Related CO_2 Emissions［J］. Energy Policy，2005，33（2）：197-208.

［18］Munksgaard J.，Pedersen K. A.，Wien M.. Impact of Household Consumption on CO_2 Emissions［J］. Energy Economics，2000（22）：423-440.

［19］刘希雅．城镇化与碳排放［D］．北京：清华大学，2014.

［20］王卉彤，王妙平．中国30省区碳排放时空格局及其影响因素的灰色关联分析［J］．中国人口·资源与环境，2011（7）：144-149.

［21］李燕．西北省会城市家庭碳排放及影响因素分析［D］．兰州：兰州大学，2011.

［22］陈家瑛，彭希哲，朱勤．家庭模式对碳排放影响的宏观实证分析［J］．中国人口科学，2009（5）：68-78.

［23］曲建升，张志强，曾静静等．西北地区居民生活碳排放结果及其影响因素［J］．科学通报，2013，58（3）：260-266.

［24］王丹寅，唐明方，任引等．丽江市家庭能耗碳排放特征及影响因素［J］．生态学报，2012，32（24）：7716-7721.

［25］Golley J.，Dominic M.，Xin M.. Chinese Urban Household Energy Requirements and CO_2 Emissions［M］. China's Dilemma-Economics Growth，the Environment and Climate Change，Washington D C，ANUE Press，Asia Pacific Press，2008.

［26］陈琦，郑一新，陈云波等．昆明市城镇家庭消费碳排放特征及

影响因素分析［J］. 环境科学导刊，2010，29（5）：14-17.

［27］Pachauri S. An Analysis of Cross-sectional Variations in Total Household Energy Requirements in India Using Micro Survey Data［J］. Energy Policy，2004（32）：1723-1735.

［28］Lenzen M.，Wier Z.，Cohen C.，et al.. A Comparative Multivariate Analysis of Household Energy Requirements in Australia，Brazil，Denmark，India and Japan［J］. Energy，2006（31）：181-207.

［29］Aydinalp M.，Ugursalb V. I.，Fung A. S.. Modeling of the Space and Domestic Hot-water Heating Energy-Consumption in the Residential Sector Using Neural Networks［J］. Applied Energy，2004（79）：159-178.

［30］王妍，石敏俊．中国城镇居民生活消费诱发的完全能源消耗［J］. 资源科学，2009，31（12）：2093-2100.

［31］杨上广. 上海家庭出行碳排放探究［N］. 东方早报，2015-03-03（3）.

［32］Park Hi-Chun，Heo Eunnyeong. The Direct and Indirect Household Energy Requirements in the Republic of Korea from 1980 to 2000：An Input-Output Analysis［J］. Energy Policy，2007（35）：2839-2851.

［33］魏一鸣，范英，王毅等．关于我国碳排放问题的若干对策与建议［J］. 气候变化研究进展，2006（1）：15-20.

［34］宁晓菊，张金萍，秦耀辰，鲁丰先．郑州城市居民交通碳排放的时空特征［J］. 资源科学，2014（5）：1021-1028.

［35］陆莹莹，赵旭．家庭能源消费研究评述［J］. 水电能源科学，2008，26（1）：187-191.

［36］Stokes D.，Linsay A.，Marinopoulos J.，et al.. Household Carbon Dioxide Production in Relation to the Greenhouse Effect［J］. Journal of Environmental Management，1994，40（3）：197-211.

［37］Wier M.，Lenzen M.，Munksgaard J.，et al.. Effects of Household Consumption Patterns on CO_2 Requirements［J］. Economics System Research，2001，13（3）：259-274.

［38］Sardianou E.. Household Energy Conservation Patterns：Evidence from Greece [EB/OL]. http://www.lse.ac.uk/europeanInstitute/research/hellenicobservatory/pdf2nd_ Symposium/Eleni_ Sardianou_ paper.pdf.

[39] 冯怡琳. 城镇居民的节能意识和节能状况 [J]. 中国统计，2008 (8): 15-16.

[40] Ironmonger D. S., Kaitken C., Erbas B., Economies of Scale in Energy use in Adult-only Households [J]. Energy Economics, 1995, 17 (4): 301-310.

[41] Jiang Lei wen, Hardee K. How Do Recent Population Trends Matter to Climate Change? [EB/OL] http://populationaction.org/wp-content/uploads/2012/01/population-trends-climate-change_ FINAL.pdf.pdf.

[42] 冯玲，吝涛，赵千钧. 城镇居民生活能耗与碳排放动态特征分析 [J]. 中国人口·资源与环境，2011, 21 (5): 93-100.

[43] Steg L. Promoting Household Energy Conservation [J]. Energy Policy, 2008, 36 (12): 4449-4453.

[44] Zaheni E. The Leverage of Demogaphic Dynamics on Carbon Dioxide Emissions: Does Age Structure Matter? [J]. Demography, 2011 (48): 371-399.

[45] Vringer K, Blok K. The Direct and Indirect Energy Requirements of Households in the Netherlands [J]. Energy Policy, 1995, 23 (10): 893-910.

[46] Olsen M E. Public Acceptance of Consumer Energy Conservation Strategies [J]. Journal of Economic Psychology, 1983, 4 (1-2): 183-196.

[47] Curtis R P, Simpson-Housley, Drever S. Household Energy Conservation [J]. Energy Policy, 1984, 12 (4): 452-456.

[48] Long J E. An Econometric Analysis of Residential Expenditures on Energy Conservation and Renewable Energy Sources [J]. Energy Economics, 1993, 15 (4): 232-238.

[49] Kahn, M. E. Green Cities Urban Growth and the Environment [M]. Brookings Institution Press, 2006.

[50] 辛章平，张银太. 低碳社区及其实践 [J]. 城市问题，2008, 10 (11): 91-95.

[51] 胡杰. 低碳理念下社区规划策略研究 [J]. 城市问题，2012

(5): 97-98.

［52］曾丹芳．低碳社区——房地产界的新趋势［N］．商业现代化，2011（2）：94-95.

［53］谢更放．城市低碳社区规划的理论构架与实施策略研究［D］．西安：长安大学，2011.

［54］陈永亮，黄时进．建设低碳社区的基本内涵及上海创建低碳社区的思路［J］．上海节能，2014（11）：1-3.

［55］黄经南，陈舒怡，王国恩．城市空间结构与家庭出行碳排放分析［J］．城市问题，2014（12）：93-100.

［56］曾静静，张志强，曲建升等．家庭碳排放计算方法分析评价［J］．地理科学进展，2012，31（10）：1341-1352.

［57］彭文俊．农村社区低碳建设评价研究［D］．武汉：华中科技大学，2011.

［58］陈飞，褚大建，许琨．城市低碳交通发展模型［J］．城市规划学刊，2009（6）：39-46.

［59］张馨，牛叔文，赵春升等．中国城市化进程中的居民家庭能源消费及碳排放研究［J］．中国软科学，2011（9）：65-75.

［60］王静．居民家庭交通碳排放模型研究［D］．西安：长安大学，2011.

［61］冯蕊，朱坦，陈胜男等．天津市居民生活消费CO_2排放估算分析［J］．中国环境科学，2011，31（1）：163-169.

［62］宗计川，谢冰．低碳城市建设路径与标准选择——基于深圳与重庆的比较分析［J］．中国市场，2012（33）：84-89.

［63］陈希．新型路网可变情报板对出行路径选择影响研究［D］．北京：交通部公路科学研究院，2008.

［64］余元旗．低碳社区及其规划特征［J］．现代装饰（家居），2011（6）：11-13.

［65］陈敏娟，邓国用．论中国农村低碳生活方式的实现［J］．消费经济，2010，26（1）：27-30.

［66］李剑玲，王卓．北京市民低碳生活质量调研［J］．商业经济研

究，2016（6）：216-217.

［67］李海燕．低碳生活方式支撑体系研究——基于协同演化的分析框架［J］．武陵学刊，2014（9）：42-50.

［68］李娜，孟杰．低碳生活方式的内涵、特征和实践［J］．经营与管理，2015（1）：25-26.

［69］李志红，郑超．低碳生活：生存方式的变革［J］．工程研究——跨学科视野中的工程，2012，4（3）：287-295.

［70］刘梅．论高碳生活方式向低碳生活方式的转变——以成都市为例［J］．西南民族大学学报（人文社会科版），2012（9）：134-137.

［71］刘敏．低碳经济背景下构建湖南低碳消费生活方式研究［J］．消费经济，2009，25（5）：60-63.

［72］胡玉东，瞿丹丹．大学生低碳生活方式现状及对策调查报告［J］．中国电力教育，2010（6）：196-197.

［73］孟禹言．依托社区推进低碳生活方式的途径［J］．开放导报，2011（1）：44-47.

［74］杨鲜兰．低碳生活的价值追求与建构［J］．湖北大学学报（哲学社会科学版），2012，39（5）：21-25.

［75］王友良，陶曼．基于低碳生活方式背景下对高碳生活方式的伦理反思［J］．长沙理工大学学报（社会科学版），2011，26（4）：35-39.

［76］渠慎宁，郭朝先．基于 STIRPAT 模型的中国碳排放峰值预测研究［J］．中国人口·资源与环境，2010（12）：10-15.

［77］何建坤．CO_2排放峰值分析：中国的减排目标与对策［J］．中国人口·资源与环境，2013（12）：1-9.

［78］杨秀，付琳，丁丁．区域碳排放峰值测算若干问题思考：以北京市为例［J］．中国人口·资源与环境，2015（10）：39-44.

［79］席细平，谢运生，王贺礼等．基于 IPAT 模型的江西省碳排放峰值预测研究［J］．江西科学，2014（6）：768-772.

［80］黄敏，廖为明，王立国等．基于 KAYA 公式的低碳经济模型构建与运用——以江西省为例［J］．生态经济，2010（12）：51-55，78.

［81］张占贞．基于 KAYA 模型的青岛市碳排放及驱动因素分析［J］．

青岛科技大学学报（社会科学版），2013（3）：84-87.

[82] 柴麒敏，徐华清．基于IAMC模型的中国碳排放峰值目标实现路径研究［J］．中国人口·资源与环境，2015（6）：37-46.

[83] 许广月，宋德勇．中国碳排放环境库兹涅茨曲线的实证研究——基于省域面板数据［J］．中国工业经济，2010（5）：37-47.

[84] 齐绍洲，林屾，王班班．中部六省经济增长方式对区域碳排放的影响——基于Tapio脱钩模型、面板数据的滞后期工具变量法的研究［J］．中国人口·资源与环境，2015（5）：59-66.

[85] 徐西蒙．昆明市二氧化碳排放峰值研究［J］．环境科学导刊，2015（4）：47-52.

[86] 马卓．吉林省碳排放峰值预测与控制策略研究［D］．长春：吉林大学，2012.

[87] 栾绍朔．山东省碳排放预测及其减排路径分析［D］．济南：山东大学，2012.

[88] 钟兴菊，龙少波．环境影响的IPAT模型再认识［J］．中国人口·资源与环境，2016（3）：61-68.

[89] 黄蕊，王铮，刘慧雅．中国中部六省的碳排放趋势研究［J］．经济地理，2012（7）：12-17.

[90] 杜强，陈乔，杨锐．基于Logistic模型的中国各省碳排放预测［J］．长江流域资源与环境，2013（2）：143-151.

[91] 杜强，陈乔，陆宁．基于改进IPAT模型的中国未来碳排放预测［J］．环境科学学报，2012（9）：2295-2302.

[92] 张丽君，荣培君．面向“十三五”低碳发展的河南省碳减排路径［J］．中国人口·资源与环境，2015（11）：29-32.

[93] 王铮，翟石艳，马晓哲．河南省能源消费碳排放的历史特征及趋势预测［J］．地域研究与开发，2010（6）：69-74.

[94] 中华人民共和国国务院．国务院关于支持河南省加快建设中原经济区的指导意见［Z］．2011-09-28.

[95] 中华人民共和国政府．强化应对气候变化行动——中国国家自主贡献［Z］．2015-06-30.

[96] 中美气候变化联合声明 [Z]. 2014-11-12.

[97] 中华人民共和国国家发展和改革委员会. 中原经济区规划 [Z]. 2012-12-02.

[98] 郭志玲. 甘肃省碳排放峰值预测与应对策略研究 [D]. 兰州：兰州大学，2015.

[99] 于文金，阎永刚，张朝林. 南京低碳经济定量研究 [J]. 中国人口·资源与环境，2011 (11)：28-32.

[100] 王铮，刘晓，朱永彬. 京、津、冀地区的碳排放趋势估计 [J]. 地理与地理信息科学，2012 (1)：84-89.

[101] 黄蕊，王铮. 长三角地区城市平稳增长下能源碳排放需求估计 [J]. 城市发展研究，2012 (7)：70-76.

[102] Ang B. W.. Decomposition Analysis for Policy making in Energy: Which is the Preferred Method? [J]. Energy Policy, 2004 (32): 1131-1139.

[103] Richard York A., Eugene A.. Rosa B., Thomas Dietz. STIRPAT, IPAT, and ImPACT: Analytic Tools for Unpacking the Driving Forces of Environmental Impacts [J]. Ecological Economics, 2003 (46): 351-365.

[104] IEA. World Energy Outlook [M]. Paris: DECD, 2009.

[105] APREC. Pathways to Energy Sustainability [M]. Tokyo: APERC, 2010.

[106] IEEJ. Japan Energy Brief [R]. 2011, No16. http://eneken.ieej.or.jp/en/jeb/1111.pdf.

[107] Japan Energy Brief [R]. 2011, No. 16. http://eneken.ieej.or.jp/en/jeb/1111.pdf.

[108] Nina Zhen, Nan Zhou, David Fridley. Comparative Analysis of Modeling Studies on China's Future Energy and Emissions Outlook [Z]. California: LBNL, 2010.

[109] WANG Dia, NIE Ruia, SHI Haiying. Scenario Analysis of China's Primary Energy Demand and CO_2 Emissions Based on IPAT Model [J]. Energy Procedia, 2011 (5): 365-369.

[110] Leya Wua, Weihua Zeng. Research on the Contribution of Structure

Adjustment on Carbon Dioxide Emissions Reduction based on LMDI Method [J]. Procedia Computer Science, 2013 (17): 744-751.

[111] Pengfei Sheng, Xiaohui Guo. The Long-run and Short-run Impacts of Urbanization on Carbon Dioxide Emissions [J]. Economic Modelling 2016 (53): 208-215.

[112] Zhang. C., Lin., Y.. Panel Estimation for Urbanization, Energy Consumption and CO_2 Emissions: a Regional Analysis, China [J]. Energy Policy, 2012 (49): 488-498.

[113] 中国国际经济交流中心课题组. 中国能源生产与消费革命 [M]. 北京：社会科学文献出版社，2014：152-156.

[114] 刘晴川，李强，郑旭煦. 基于化石能源消耗的重庆市二氧化碳排放峰值预测 [J]. 环境科学学报，2017，37 (4).

[115] 高世宪，任东明. 推动能源生产与消费革命 [M]. 北京：中国经济出版社，2014：28-38.

[116] 娄伟，李萌. 情景分析法在能源规划研究中的应用 [J]. 中国电力，2012 (10)：17-21.

[117]《中国煤炭消费总量控制方案和政策研究项目》课题组. 煤炭使用对中国大气污染的贡献 [EB/OL]. http：//cn. chinagate. cn/reports/2014-10/21/content_ 33824166. htm，2014.

[118] 环境保护部，国土资源部. 全国土壤污染状况调查公报 [N]. 中国国土资源报，2014-04-18.

[119] 沈镭等. 2050 年中国能源消费的情景预测 [J]. 自然资源学报，2015 (3)：361-373.

[120] 侯学理，陆大卫. 俄罗斯油气开采及测井工程服务现状 [J]. 测井技术，2017，41 (3).

[121] 王海霞. 加上成套出海标准，中国水电就无敌了 [N]. 中国能源报，2017-03-30.

[122] 张明明. 论中国海上油气通道安全 [J]. 当代世界，2015 (3).

[123] 田慧敏. 推动能源体制革命之我见 [J]. 中国石油和化工经济分析，2014 (12)：35-37.

[124] 叶荣泗，吴钟瑚．中国能源法律体系研究 [M]．北京：中国电力出版社，2006：3.

[125] 刘芳．能源革命需建立能源法治体系 [J]. 韶关学院学报（社会科学版），2015（5）：65-68.

[126] 徐斌．市场失灵、机制设计与全球能源治理 [J]. 世界经济与政治，2013（11）：78-95.

[127] "油气体制改革研究"课题组．油气体制改革的思路与建议 [J]．宏观经济管理，2015（9）：22-26.

[128] 邓向辉，李惠民，齐晔．我国衣着低碳消费的路径选择 [J]．生态经济，2012（11）：128-132.

[129] 陈志华．纺织行业的低碳经济路径 [J]．南通纺织职业技术学院学报，2010（2）：69-72.

[130] 卢安，马月华．基于环境学习曲线的我国纺织服装业减排潜力实证研究 [J]．毛纺科技，2016（11）：74-77.

[131] Yang Xiaowei, Jia Xing. Low-carbon Economy and Low-carbon Food [J]. Energy Procedia, 2011（5）：1099-1103.

[132] 梁承磊，李秀荣．基于计划行为理论的低碳饮食行为意向影响因素研究 [J]. 经济与管理评论，2015（4）：28-34.

[133] Noam Mohr. A New Global Warming Strategy：How Environmentalists are Overlooking Vegetarianism as the Most Effective Tool Against Climate Change in Our Lifetimes [R]. An Earth Save International Report, 2005：68-72.

[134] Trar Garnett. Where are the Best Opportunities for Reducing Greenhouse Gas Emissions in the Food System（Including the Food Chain）？[J]. Food Policy, 2011, 36（2）：523-532.

[135] 包永华等．低碳主张下的合理膳食研究 [J]．中国食物与营养 2011，17（12）：82-84.

[136] 魏力．建筑室内装修施工中建材选择的低碳理念应用 [J]．福建建材，2010（5）：52-54.

[137] 陈亚君．建立低碳居住系统 [J]．建筑学报，2013（3）：34-37.

［138］高祥生．用低碳理念控制建筑装饰装修全过程［J］．中国建筑装饰装修，2011（5）：178-181.

［139］顾尚华．构建低碳交通策略［J］．交通与运输，2013（1）：21-22.

［140］曹玫等．城市道路低碳化设计技术综述［J］．浙江交通职业技术学院学报，2012（3）：15-18.

［141］林卫斌，陈可馨．电力体制改革能否降低电价［J］．价格理论与实践，2017（2）：9-12.

［142］张世翔，苗安康．中国电价市场化改革现状及模式探索［J］．价格月刊，2017（3）：53-57.

［143］肖兴志．“新常态”下我国能源监管实践反思与监管政策新取向［J］．价格理论与实践，2015（1）：5-10.

［144］卢延国．推进能源“大监管”的新选择［J］．中国能源报，2017-08-23.

［145］王晓岭，何枫，武春友．环境约束下的能源效率国际比较——基于 20 国集团的实证检验［J］．科技管理研究，2016（19）：248-255.

术语索引表

附录　关于创建低碳社区过程中家庭生活情况的问卷调查

尊敬的先生/女士：

您好！我们是河南大学经济学院的研究生，我们正在做有关低碳家庭生活的调查问卷，感谢您在百忙之中协助我们，谢谢！

一、基本情况　　　　　　家庭所在地______________

编号	调查问题	回答
1	性别　　　（1）男　（2）女	
2	家庭人口规模　（a）1　（b）2　（c）3　（d）4　（e）5　（f）≥6	
3	是否是户主？　（1）是　（2）否	
4	您的年龄：（1）18岁及以下；（2）19~25岁；（3）26~35岁； （4）36~45岁；（5）46~60岁；（6）60岁以上	
5	您的职业：（1）政府职员　（2）公司职员　（3）教师　（4）个体经商 （5）学生　（6）离退休人员　（7）工人　（8）农民 （9）其他	
6	您的文化程度：（1）初中及以下　（2）高中　（3）大专　（4）本科 （5）硕士及以上	
7	户主年龄：（1）18岁及以下　（2）19~25岁　（3）26~35岁 （4）36~45岁　（5）46~60岁　（6）60岁以上	
8	户主职业：（1）政府职员　（2）公司职员　（3）教师　（4）个体经商 （5）学生　（6）离退休人员　（7）工人　（8）农民 （9）其他	
9	户主文化程度： （1）初中及以下　（2）高中　（3）大专　（4）本科　（5）硕士及以上	
10	住房面积：（1）≤80岁　（2）81~120岁　（3）121~140岁 （4）141~160岁　（5）>160	
11	您的家庭年收入（按进账收入）大概： （1）3万元以下　（2）3万~6万　（3）6万~9万元 （4）9万~12万元　（5）12万元以上	

二、对“节能和低碳”的了解和参与情况

编号	调查问题	回答
1	您是否听说过低碳？（1）是（2）否	
2	您了解的途径是什么？ （1）电视广播（2）网络（3）政府文件（4）宣传单（5）各种广告（6）报纸杂志（7）活动宣传（8）其他	
3	您是否听说过低碳社区？（1）是（2）否	
4	您了解的途径是什么？ （1）电视广播（2）网络（3）政府文件（4）宣传单（5）各种广告（6）报纸杂志（7）活动宣传（8）其他	
5	您家一个月电费大概_________元	
6	您觉得主要用在（1）空调（2）照明（3）做饭（4）其他家电	
7	您夏天是否经常使用空调？　（1）是（2）否；冬天呢？（1）是（2）否	
8	您家是否使用节能灯具？　（1）是（2）否；节能电器？（1）是（2）否	
9	您是否有离开房间随手关灯的习惯？　（1）是（2）否	
10	您家一个月 水费大概________元	
11	您觉得主要用在（1）洗浴（2）洗衣（3）做饭（4）冲厕所	
12	您家是否安装有节水器具？　（1）是（2）否	
13	您家日常用水是否一水多用（多次利用）？　（1）是（2）否	
14	您平时水龙头是否开至中小水量并及时关闭水龙头（1）是（2）否	
15	您家一个月大概使用 天然气费大概_________元	
16	您家是否统一供暖（1）是（2）否；暖气费大概_________元	
17	您家是否有私家车？　（1）是（2）否	
18	平均每月加油费大概_________元	
19	您上班或上学距离居住地大概______公里，您最经常的出行方式是？ （1）公交车（2）私家车（3）电动车（4）自行车（5）步行	
20	选此方式的原因是？ （1）成本低（2）省时间（3）环保（4）锻炼身体（5）距离近	
21	1公里以内的路程您一般怎样出行？ （1）公交车（2）私家车（3）电动车（4）自行车（5）步行	
22	您家装修是否采用环保型材料？（1）是（2）否	
23	您家里是否养有花草植物？　（1）是（2）否	
24	您家平时买菜用什么装？（1）塑料袋（2）菜篮子（3）布袋（4）纸袋	
25	您是否使用一次性餐具？　（1）经常（2）偶尔（3）从来不用	
26	您是否经常购买有环保标志的产品？　（1）是（2）没有注意过	
27	您家废品回收利用吗？　（1）是（2）否	
28	您家的垃圾分类扔吗？　（1）是（2）否	

后　记

能源经济与可持续发展问题是我博士学位论文的主要关注点。我在张培刚先生和宋德勇两位教授的指导下完成了博士学位论文，对于此问题的关注从来没有间断。受张培刚先生临终之前依然发出的“张培刚之问”的启发，我继续从事经济发展方式的转型的研究，本专著也是在这样的学术支撑下的研究成果。临去美国之前，我去了武汉，看望了张先生的遗孀谭慧老师及我的业师宋德勇教授，又去武汉大学瞻仰了张培刚先生的塑像，以此激励自己继续肩负起学术研究的使命。因此，以本专著来缅怀张培刚先生。

2014 年我的孩子出生，尽管给了我“潜伏在家”照顾家人的机会，但这并没有阻挡我继续对此问题的思考。特别是习近平总书记关于能源革命的重要论述，让我产生了能源革命与绿色发展相关联的研究设想。在这种想法的促使下，我定制了研究大纲，召集我的研究生搜集相关的文献资料。通过大量的文献收集和实地调研，经过近四年的刻苦钻研并几经易稿，最终呈现出我们的主要研究成果。因此，本专著是一部集体合作的成果，其具体分工如下：由我负责第一章、第三章、第四章、第五章、第六章、第七章、第八章、第九章和第十二章的撰写；由我的硕士研究生蔡杜娟在其硕士学位论文的基础上完成第十一章的撰写；由我的硕士研究生段光正根据其硕士论文修改而成了第二章；由我的硕士研究生张蓓在其硕士学位论文的基础上完成第十章的撰写。

同时，在写作的过程中，我们也荣幸获批了包括国家社科规划青年项目、中国博士后特别资助项目、河南省政府决策招标项目、河南省高等学校重点科研项目、河南省高等院校青年骨干教师培养计划，以及河南大学民生学院教改项目等。因此，本专著的出版也获得了这些项目的资助。

一部专著的完成背后除了个人的努力外，还有在学术上、生活上帮助过我的师长、朋友和家人的支持。感谢在学术上多年来一直鼓励我的耿明斋教授。耿老师是我的博士后指导老师，对我进行了大量的学术指导和帮助，不仅如此，在我去美国访学前，耿老师还专门特意给我引荐了北卡罗来纳大学教堂山分校的航空经济知名专家 John Kasarda 教授。在美国访学期间，感谢王明钦书记、宋丙涛院长的理解与支持，同时，感谢学院其他领导如李恒、高保中、郭兴方、王桂、王春晓、李保民等诸位老师对我的帮助。同时，具体在办理很多烦琐事情之中，赵洪磊老师、张巍老师等给予我很多帮助，在此表示感谢。

另外，我在美国北卡罗来纳大学夏洛特分校里，认识了很多国内外的知名学者，对我的生活和学习帮助很大。首先感谢 Peter Schwarz 教授。他是我的访学指导教授，是知名的能源经济学专家，在顶级刊物上发表诸多文章。感谢他对我访学期间的学术指导和关心，让我在美国感受到家的温馨。尤其感谢他邀请我在他家里小住几日以及多次带我参加能源经济学术会议，让我了解专业学术前沿。在美国访学期间，我认识了王为民老师，他在出行方面给予我很大帮助。当然，还有其他的老师如 Rob Roy McGregor 教授、Hwan C. Lin 博士、Artie Zillante 博士、Lisa Schulkind 博士等。没有这些老师的帮助，我可能无法在美国继续学习下去。值得一提的是，本专著成稿于该校。

在美国访学期间，感谢河南大学经济学院诸位老师对我的关心，如许兴亚老师时刻提醒着我“要注意安全”，赵学增老师还时刻关心我的学术进展。我在美国经常打搅他们，深感不安。庆幸的是，功夫总算没有白费。

感谢中国经济出版社的张利影编辑给予我的帮助和支持，自上次和张老师接洽过，张老师的专业眼界和负责精神深深地打动了我。

如果没有家人的支持，访学就会化为泡影。在美国访学期间，感谢妻子一如既往的支持，我的大事小情均由妻子打点。感谢母亲和岳母在家里对孩子的照顾，陪伴孩子成长。

在访学期间，我不能为经济学院做一些事情，心中无限自责，愧对学院领导对我的栽培。作为支部书记，不能为经济系做事，深感愧对经济系对我的信任，还有对家人的亏欠。我父亲自 2009 年查出“难以治好的病”以来，前后做了三次手术，因为我工作在身，不能全天回家照顾父亲，照顾父亲的责任就落在我的弟弟身上。对此，我多有愧疚。父亲去世的三周年忌日，按照老家的风俗，长子应该到场。可是，我远在美国，不能回家，深感愧疚，终于体会到古人所说的“忠孝不能两全”的滋味，但本书的出版也算是告慰父亲的在天之灵。回想起儿时，生活在外婆家，对外公、外婆颇有好感，但没有尽到孝心，深感不安。同样，以此怀念远在“另一个世界”里的他们。

应该说，本专著的出版为我以后的研究打下了良好基础。但我深知，自己是学术大海里的一滴水，很多专业知识还有所欠缺，研究方法还有待提高，尽管书稿已成，但内心诚惶诚恐。因此，希望各位专家、学者和读者对本书进行批评指正。

同时，随着我的研究生郑浩、董菁茹、方文鹏、李娟的加入，希望我和其他老师及我的研究生们在众多师长、朋友和家人的帮助和支持下，积极开展更多的科研活动。遵照张培刚先生的“遗训”，我一定把自己在美国所学的专业知识，通过论文和授课等不同的方式转化为“生产力”，实现“经邦济世”的初衷。对此，我将坚持到底，这算是自我勉励吧！

许广月

于美国北卡罗来纳大学夏洛特分校

当地时间：2018 年 2 月 9 日